可行能力与需要满足

残疾人社会福利转型设计

姚进忠 ◎ 著

中国社会科学出版社

图书在版编目(CIP)数据

可行能力与需要满足：残疾人社会福利转型设计/姚进忠著.—北京：中国社会科学出版社，2020.6
ISBN 978-7-5203-6324-2

Ⅰ.①可… Ⅱ.①姚… Ⅲ.①残疾人—社会福利制度—研究—中国 Ⅳ.①D632.1

中国版本图书馆CIP数据核字（2020）第064257号

出 版 人	赵剑英
责任编辑	刘凯琳
责任校对	任晓晓
责任印制	王　超

出　　版	中国社会科学出版社
社　　址	北京鼓楼西大街甲158号
邮　　编	100720
网　　址	http://www.csspw.cn
发 行 部	010-84083685
门 市 部	010-84029450
经　　销	新华书店及其他书店
印　　刷	北京明恒达印务有限公司
装　　订	廊坊市广阳区广增装订厂
版　　次	2020年6月第1版
印　　次	2020年6月第1次印刷
开　　本	710×1000　1/16
印　　张	22
字　　数	372千字
定　　价	108.00元

凡购买中国社会科学出版社图书，如有质量问题请与本社营销中心联系调换
电话：010-84083683
版权所有　侵权必究

序

残疾人及相关的社会问题与人类历史相随。残疾人社会福利制度的建立和发展却与人类公平正义平等理念的实现相关。放下歧视、排斥、标签化、类型化，用平视的眼光和这个特殊群体交流，研究他们真正的需要，建立需要为本的社会福利提供制度，是一个社会尊重个人权利，高水平社会发展的标志之一。早在春秋战国晚期，孔子就提出朴素的福利思想，社会应当"使老有所终，壮有所用，幼有所长，鳏寡孤独废疾者皆有所养"（《礼记·礼运篇》）。我国2007年实施的《联合国残疾人权利公约》、2008年实施的《中华人民共和国残疾人保障法》等，为消解残疾人在平等的基础上充分和切实地参与社会的障碍提供了政策支持，为残疾人福利服务提供政策支持；但中国残疾人作为特殊的弱势群体，残疾类型复杂，残疾人口数量大，面对的问题多，福利服务提供难度相当大。在这样的背景下，中国有关残疾人福利政策和服务都急需有深度的匹配研究，但残疾人研究学者数量少，研究成果十分缺乏。

姚进忠在南京大学攻读博士学位期间，主动选择具有挑战性的残疾人为研究对象。他多元化自己的学科视角，拓展自己的理论知识体系，夯实自己的政策实务基础，为博士论文打好基础。他采用能力为导向对残疾人社会福利需要特性和制度安排进行研究，其具有突出的理论意义和实际应用价值。他的研究探索性地引入诺贝尔奖获得者阿玛蒂亚·森的可行能力理论，构建以可行能力为本的残疾人需要研究框架。研究采取定性研究方法，围绕可行能力的五个核心维度（政治参与、社会参与、经济参与、心理健康、福利保障），对厦门市残疾人和残疾人社会服务体系展开实证调研，运用观察法、深度访谈法、文献档案法收集资料，采用内容分析方法对实证资料进行综合分析。研究从功能空间多维度考察残疾人社会福利需要特性，在此基础上评估与审视现行的残疾人社会福利制度运行的状况，分析残疾人社会福利的制度安排与需要满足之间存在的矛盾与张力，探讨残疾人社会福利需要满足缺失与制度设置缺位的影响因素，并对未来残疾人福利制度如何转型以充分满足现实需要进行系统研究，最后基于研究发现对可行能力概念进行本土的扩展讨论。最值得说明的是，本书最为突出的发现与贡献是基于研究发现对可行能力的概念延展。可行能力理论下残疾人社会福利需要特性、供给状况、供需张力与转型可能性的呈现中有强烈的家庭要素，需要和供给呈现出家庭化的趋势。立足于这样的研究发现，姚进忠将可行能力放置于中国文化背景下进行延伸探讨，尝试将可行能力从个人延伸至家庭进行运用，并对家庭可行能力从家庭政治参与能力、家庭社会交往、家庭经济能力、家庭凝聚力、家庭风险应对能力五个维度进行解析与实践的操作化，由此提出残疾人社会福利需要满足的政策践行方向。可以说，姚进忠的论文在四个方面实现了研究的创新与突破。

（1）识别残疾人福利需要特性的创新与突破。本书在深入论证可行能力与需要理论的内在契合性的基础上，以可行能力为框架构建残疾人需要考察体系，建构关注差异性需要的残疾人福利考量维度，为政策制定者和政策实践者提供一个可操作的福利需要考察工具，更为全面和真实地识别残疾人社会福利需要特性，丰富残疾人福利内涵，为构建新型残疾人社会福利服务体系提供实证数据支持，深化残疾人社会福利需要满足与制度建设的理论解释。

（2）呈现残疾人福利供需困境的创新与突破。以实证数据呈现在残疾人社会福利出现新的需要诉求的情况下，残疾人社会福利制度安排在满足残疾人福利需求中出现的供需困境，并从中剖析原因，以深入理解残疾人社会福利提供的相关影响因素。研究将残疾人社会福利需要特性、供需状况和影响因素整合于可行能力视角下进行，并以此探讨制度建设路径，以此发展需要考察与可行能力实证性的理论分析路径。

（3）提出残疾人制度转型建议的创新与突破。以可行能力为视角充分审视现行残疾人社会福利制度，并以残疾人社会福利需要特性为基础，提出残疾人社会福利制度改革和转型的相关建议，明确新形势下残疾人社会福利制度转型和发展的重点方向，促进能力为本的残疾人社会福利制度体系的形成。研究有助于政策制定者更有针对性地对残疾人社会福利制度进行改革，推动建立多元主体参与、需要为本的组合普惠型残疾人社会福利制度，全面提升残疾人的社会福祉。

（4）拓展可行能力理论本土研究的创新与突破。本书在功能空间内对残疾人社会福利需要特性和福利供给进行实证研究的基础上，透视可行能力理论的本土解释力、分析力与预见力，尝试提出了家庭可行能力概念，并对这个概念进行本土建构与解读，反思可行能力理论的本土化扩展，解决理论本土推广性与实效性问题。

行之力则知愈进，知之深则行愈达。姚进忠为人踏实谦和，社会倡导能力强。最为难得的是，他秉持社会工作理念，既具突出研究能力又具社会工作实务能力，这是他突出的优势。他完成博士论文后，一方面成功申请到国家社会科学基金和民政部项目的资助，在博士论文研究基础上发表多篇有分量有影响的CSSCI论文，入选福建高校杰出青年科研人才培养计划，获得日日知进；另一方面深入社区开展残疾人社会工作服务，脚踏实地为残疾人提供个性化服务，提升行之力。现在他担任集美大学社会学系主任职务，行政工作占了很多时间，这对于一个年轻的正在成长的学者未必是一件好事。未来的日子里，我希望他成长为知行合一的优秀学者，贡献更多的学术精品；成长为肩有担当的社会工作者，开拓更多的专业社会工作实务领域和模式。

"天开教泽兮，吾道无穷；吾愿无穷兮，如日方暾。"共勉。

彭华民
南京大学二级教授
教育部MSW教指委委员
中国社会工作教育协会副会长
2019年6月于仙林

摘　　要

中国残疾人作为特殊的弱势群体，数量大问题多，是民生工程的重要对象。健全残疾人社会保障和服务体系，加快推进残疾人小康进程是当前发展残疾人事业的重要工作。在这样的背景下，以能力为导向对残疾人社会福利需要特性和制度安排进行研究，具有突出的理论和实际应用价值。

本书探索性地引入阿玛蒂亚·森的可行能力理论，构建可行能力为本的残疾人需要研究框架。研究采取定性研究方法，围绕可行能力的五个核心维度（政治参与、社会参与、经济参与、心理健康、福利保障），对厦门市残疾人和残疾人社会服务体系展开实证调研，运用观察法、深度访谈法、文献档案法收集资料，采用内容分析方法对实证资料进行综合分析。研究从功能空间多维度考察残疾人社会福利需要特性，在此基础上评估与审视现行的残疾人社会福利制度运行的状况，分析残疾人社会福利的制度安排与需要满足之间存在的矛盾与张力，探讨残疾人社会福利需要满足缺失与制度设置缺位的影响因素，并对未来残疾人福利制度如何转型以充分满足现实需要进行系统研究，最后基于研究发现对可行能力概念进行本土的扩展讨论。通过分析，本研究发现：

（1）可行能力理论下残疾人社会福利需要呈现出复杂性、多样性与差异性。政治参与方面，残疾人对于选举这样的政治参与表现得很冷漠，认为这种形式可有可无；而在利益诉求上，残疾人则有着强烈的欲望，可是他们却无法获得有效的利益表达指导，呈现一种随机和混乱的迷茫状态。社会参与方面，残疾人在社会参与意识中表现出强烈的渴望，但却表述得很隐晦，因为他们知道这个需要要被满足存在各种障碍，因而他们在行动上只能无奈接受，踌躇不前。经济参与方面，残疾人的需要主要呈现在就业环境改善和就业能力提升两个方面。他们的经历让他们强烈地需要一个具有公平性和包容性的就业环境；在就业能力提升上，他们渴望政府和社会可以给他们一个针对性强的个性化的培训平台和机会。心理健康方面，残疾人在心理调节方面的需要表现较为内敛，从其话语的表述中可以发现他们有很强的调节需要，但并没有很强烈地向社会表达；心理健康的另一个需求是加强援助体系建设。福利保障方面，当前在残疾政策的可及性上，残疾人渴望消除获得性门槛，能够较为顺利支持残疾人生活；在惠及面上，残疾人希望福利政策可以适度扩展，弥补一些福利真空。

（2）可行能力理论下残疾人社会福利供给现状剖析发现，福利制度安排的理想建构与现实样态存在差异。在残疾人社会福利供给制度安排的应然状况上，国家基于公平优先、尊重人权的政策理念，以公民权利为理论指引，设置各类各级残疾人社会福利与社会保障政策，但在有些维度上仍存在制度空白。残疾人社会政策虽然没有明确地具体设置有关提升与扩展残疾人可行能力的制度，但在政策文本的表达上具有较强的增能意向。国家期待通过促能型的政策，努力实现残疾人"平等、参与、共享"的服务目标。在残疾人社会福利供给制度的实然运作状况上，基于经济文化社会的现实，各服务主体在促进提升残疾人政治参与、社会参与、经济参与、心理建设和福利保障这五个方面各有特色：宏观设置与微观作为互动，保证与推动残疾人政治参与；环境改造与平台建设多维作为，协助与扩展残疾人社会参与；重点突破与全面服务，促进与提升残疾人经济参与；专业引入带动基层自我探索，援助与支持残疾人心理建设；普惠性与针对性结合，提高残疾人福利保障水平。

（3）基于可行能力理论剖析对照残疾人需要和服务供给的数据可得出以下结论：残疾人社会福利供给制度安排在福利分配基础、福利给付形式、福利组织输送和福利目标导向上都存在一定的困境，一定程度上影响当前残疾人社会福利的供给质量和残疾人的生活质量，这些困境的出路就是对残疾人社会福利制度进行改革。以可行能力的提升为引导，结合调研的数据提炼，残疾人社会福利改革的可能角度是：个性化走向、优势化导向、整体性治理和生态性思维。从针对性服务提供、能力建设、体系整合、家庭视角的引入上进行残疾人社会福利制度安排与服务体系的改革与调整。

可行能力理论下残疾人社会福利需要特性、供给状况、供需张力与转型可能性的呈现中有强烈的家庭要素，需要和供给呈现出家庭化的趋势。

立足于这样的研究发现,将可行能力放置于中国文化背景下进行延伸探讨,尝试将可行能力从个人延伸至家庭进行运用,并对家庭可行能力从家庭政治参与能力、家庭社会交往、家庭经济能力、家庭凝聚力、家庭风险应对能力五个维度进行解析与实践的操作化,由此提出残疾人社会福利需要满足的政策践行方向。

目　录

第一章　导论 …………………………………………………………（1）
　第一节　研究背景 ……………………………………………………（1）
　　一　残疾群体规模扩大 ……………………………………………（1）
　　二　残疾社会观念变迁 ……………………………………………（2）
　　三　残疾福利制度转型 ……………………………………………（4）
　　四　残疾福利供给困境 ……………………………………………（5）
　第二节　研究问题和研究目的 ………………………………………（7）
　第三节　研究意义 ……………………………………………………（9）
　本章小结 ……………………………………………………………（11）

第二章　文献回顾 ……………………………………………………（13）
　第一节　社会福利中的残疾研究 ……………………………………（13）
　　一　残疾概念的演进研究 …………………………………………（13）
　　二　残疾人社会福利理念演变研究 ………………………………（17）
　　三　中国残疾人社会福利发展研究 ………………………………（22）
　　四　小结 ……………………………………………………………（27）
　第二节　福利治理中的需要理论 ……………………………………（28）
　　一　福利治理的需要理论内涵：对缺乏状态的关注 ……………（29）
　　二　福利治理的需要类型争论：基于福利供给的细化 …………（33）
　　三　福利治理的需要满足路径探索：多元取向的对话 …………（39）
　　四　需要理论的福利治理价值与本土启示 ………………………（47）
　　五　小结 ……………………………………………………………（51）
　第三节　可行能力的理论争辩与经验研究 …………………………（52）

一　可行能力的理论起点：基于传统福利测度思想的批判与
　　　　反思 ·· (53)
　　二　可行能力的概念与理论发展 ··· (57)
　　三　可行能力框架下福利状态的实证研究 ······························ (69)
　　四　可行能力的综合考察：发展评述与方向展望 ···················· (76)
　　五　小结 ·· (80)
　本章小结 ·· (81)

第三章　研究框架与研究方法 ·· (83)
　第一节　研究框架与研究内容 ·· (83)
　　一　研究框架 ··· (83)
　　二　研究内容 ··· (92)
　第二节　研究方法 ·· (93)
　　一　定性方法的选择 ·· (93)
　　二　定性方法中的资料收集 ·· (95)
　　三　定性方法中的资料分析与整合 ······································ (102)
　　四　研究资料的信度与效度 ··· (103)
　　五　残疾人研究的伦理问题 ··· (105)
　第三节　章节安排 ··· (106)
　本章小结 ··· (108)

第四章　多样与差异：可行能力框架下残疾人的社会福利
　　　　　需要 ·· (109)
　第一节　残疾人政治参与需要 ··· (109)
　　一　残疾人形式化的选举投票需要 ······································ (110)
　　二　亟须表达与回应的利益诉求需要 ·································· (113)
　　三　小结 ·· (118)
　第二节　残疾人社会参与需要 ··· (119)
　　一　残疾人隐约的社会参与强意识 ······································ (120)
　　二　残疾人无奈消极的社会参与弱行动 ······························· (125)
　　三　小结 ·· (129)
　第三节　残疾人经济参与需要 ··· (129)

一　残疾人公平就业环境建构的需要 …………………………（130）
　　二　实用性的残疾人就业能力提升需要 ……………………（136）
　　三　小结 …………………………………………………………（138）
　第四节　残疾人心理建设需要 ……………………………………（139）
　　一　待唤的残疾人心理求助需要 ……………………………（140）
　　二　残疾人专门心理援助体系建设的需要 …………………（143）
　　三　小结 …………………………………………………………（145）
　第五节　残疾人福利保障需要 ……………………………………（145）
　　一　残疾人福利保障政策实施的合理优化需要 ……………（146）
　　二　残疾人福利保障项目的扩展需要 ………………………（151）
　　三　小结 …………………………………………………………（154）
　本章小结 ……………………………………………………………（155）

第五章　应然与实然：可行能力下残疾人福利供给研究 …………（157）
　第一节　可行能力框架下残疾人社会福利供给的应然设计 …（157）
　　一　可行能力框架下残疾人福利供给制度设置 ……………（157）
　　二　可行能力框架下残疾人福利供给制度设置的特点 ……（178）
　　三　小结 …………………………………………………………（181）
　第二节　可行能力框架下残疾人社会福利供给的实然运作 …（182）
　　一　残疾人福利提供体系构建梳理 …………………………（182）
　　二　可行能力框架下残疾人社会福利供给制度的现实运作 …（184）
　　三　可行能力框架下残疾人社会福利供给制度现实运作的
　　　　特点 …………………………………………………………（208）
　　四　小结 …………………………………………………………（210）
　本章小结 ……………………………………………………………（211）

第六章　张力与转型：可行能力下残疾人福利供需困境与
　　　　改革研究 ……………………………………………………（212）
　第一节　供给张力：可行能力下残疾人福利供需困境剖析 …（212）
　　一　普特难择：残疾人社会福利的分配基础两难 …………（213）
　　二　孰优孰劣：残疾人社会福利的给付形式之惑 …………（218）
　　三　系统缺陷：残疾人社会福利的组织输送之困 …………（223）

四　生态断裂：残疾人社会福利供给导向偏差 …………… (229)
　　五　小结 ……………………………………………………… (233)
　第二节　供给转型：可行能力下残疾人福利供给改革的可能 …… (233)
　　一　量体裁衣：残疾人福利供给的个性化走向 …………… (234)
　　二　能力建设：残疾人福利供给的优势化导向 …………… (237)
　　三　体系整合：残疾人福利供给的整体性治理 …………… (240)
　　四　家庭为本：残疾人福利供给的生态性思维 …………… (244)
　　五　小结 ……………………………………………………… (247)
　本章小结 ………………………………………………………… (247)

第七章　研究讨论：可行能力的扩展 ……………………………… (249)
　第一节　残疾人需要呈现与供给的家庭化 …………………… (249)
　　一　残疾人需要呈现中的家庭元素 ………………………… (249)
　　二　残疾人福利供给中的家庭元素 ………………………… (252)
　　三　残疾作为家庭事务的对话 ……………………………… (254)
　　四　小结 ……………………………………………………… (259)
　第二节　基于家庭的可行能力扩展与残疾人需要满足 ……… (259)
　　一　中国人生活中的家庭概念 ……………………………… (259)
　　二　基于家庭的可行能力理论对话 ………………………… (262)
　　三　残疾人个体—家庭可行能力转化与需要满足 ………… (268)
　　四　小结 ……………………………………………………… (274)
　本章小结 ………………………………………………………… (275)

第八章　研究结论 …………………………………………………… (276)
　第一节　研究发现 ……………………………………………… (276)
　　一　可行能力框架下残疾人社会福利需要呈现 …………… (277)
　　二　可行能力框架下残疾人社会福利供给现状 …………… (278)
　　三　残疾人社会福利供需困境剖析与改革走向 …………… (280)
　　四　可行能力的扩展讨论 …………………………………… (281)
　第二节　研究不足与展望 ……………………………………… (282)
　　一　研究不足 ………………………………………………… (282)
　　二　研究展望 ………………………………………………… (283)

附　录 ·· (285)
　　附录1　残疾人访谈概况 ······························· (285)
　　附录2　残疾人相关服务人员访谈概况 ················· (287)
　　附录3　残联系统工作人员概况 ······················· (289)
　　附录4　残疾人访谈提纲（访谈提纲1）················ (290)
　　附录5　残疾人服务人员访谈提纲（访谈提纲2）········ (292)
　　附录6　残联系统工作人员访谈提纲（访谈提纲3）······ (293)
　　附录7　残疾人社会政策文件 ························· (294)

参考文献 ·· (298)

致　谢 ·· (323)

后记：一切都是最好的安排 ····························· (327)

第一章

导　　论

本章的第一节将简要阐述针对残疾人社会福利需要与制度转型展开研究的社会经济文化背景。第二节将提出本书的主要研究问题和主要研究目的，这是本章的核心所在。第三节将讨论在可行能力与需要理论的视角下研究残疾人社会福利需要特性与制度转型的理论与现实意义。

第一节　研究背景

社会研究始于社会问题，而对于某一社会问题进行学术研究均立足于特定的社会经济文化背景，受文化、理论与现实需要的推动。本书针对残疾人社会福利的需要满足与制度建设问题展开讨论，对于这样的研究主题的选择也是基于特定的背景展开的。

一　残疾群体规模扩大

残疾伴随人类社会而存在，是人类发展进程中不可避免要付出的一种社会代价。2011年世界卫生组织发布的《世界卫生报告》显示，在全球总人口中，15%左右的人身体带有某种形式的残疾，重度残疾者占比为2%—4%。[①] 中国作为人口大国，残疾人是政府与社会无法忽视的庞大群体。2006年第二次全国残疾人抽样调查数据显示，中国内地31个省、市、自治区共有残疾人8296万人，占全国总人口的6.34%。[②] 相比1987

[①] 世界卫生组织：《2010年世界卫生统计》，https：//www.who.int/gho/publications/world_health_statistics/2010/zh/。

[②] 第二次全国残疾人抽样调查办公室：《第二次全国残疾人抽样调查数据分析报告》，华夏出版社2008年版，第24页。

年第一次全国残疾人抽样调查,中国总残疾水平从 4.9% 上升至 6.34%。受人口基数增长与结构变化、社会经济环境变化、社会风险增加等因素的影响,中国残疾人的人口规模持续扩大,比例不断上升,残疾类别结构也随之产生变化。根据第六次全国人口普查及第二次全国残疾人抽样调查数据,推算 2010 年末我国残疾人总人数为 8502 万人。各残疾等级人数分别为:重度残疾人 2518 万人;中度和轻度残疾人共 5984 万人。[1] 根据调查数据结果的趋势预测,中国残疾人总人口规模会持续上升,预计至 2050 年中国人口的残疾率将达到 11.31%,全国残疾人总量将会达到 1.65 亿。[2] 持续扩大的残疾人规模对当前我国残疾人社会保障与社会服务体系建设提出更为严峻的挑战。基于残疾人的需要考察,优化当前残疾人社会福利体系成为回应现实的学术必然。

二 残疾社会观念变迁

"什么是合法的身体"是残疾话语的一个核心问题。残疾人一直在努力地寻求有效认同,而这种认同的形成主要由传统的医疗模式进行定义,它将其简化为一种不正常的状态,强调需要修正或规范化。[3] 传统的残疾人观以"个人模式"或"医学模式"作为出发点,将残疾视为个体的不幸。这种残疾人观关注的焦点是身体的"反常"、失调或缺陷,以及这反过来"导致"某种程度的"残疾"或机能局限的方式。在传统的残疾人观中,残疾人被视为需要"照顾与注意"以及依赖其他人的个体。这一视角成为当代旨在帮助残疾人处理和面对"他们的残疾"的社会福利的中心。[4] 以此思维,身体伤残成为专业注视的客体。残疾人社会服务所采用的解决方法集中于治疗与康复的医学介入,其基本的关注点是对身体或精神的反常进行诊断并给出适当的治疗建议。[5] 随着社会的发展与思潮的

---

[1] 中国残疾人联合会(2012):《2010 年末全国残疾人总数及各类、不同残疾等级人数》,2012 年 6 月 26 日,http://www.cdpf.org.cn/sjzx/cjrgk/201206/t20120626_387581.shtml。

[2] 姜丽:《东北农村残疾人社会保障供需矛盾研究》,博士学位论文,吉林大学,2013 年。

[3] Hilde Zitzelsberger, "(In) Visibility: Accounts of Embodiment of Women with Physical Disabilities and Differences", *Disability & Society*, Vol. 20, No. 4, 2005, pp. 389–403.

[4] Oliver Mike, "The Social Model of Disability: Thirty Years on", *Disability & Society*, Vol. 28, No. 7, 2013, pp. 1024–1026.

[5] Barnes, C. and G. Mercer, *Exploring Disability*, 2nd ed., Cambridge: Polity, 2010, p. 21.

演进，残疾人士与他们的组织逐渐清晰表达了要求承认他们作为平等公民的权利。[1] 20世纪70年代残疾人活动的政治化和残疾学生高等教育入学机会的争取，[2] 使残疾的"社会模式"逐渐获得肯定。此模式聚焦于社会盛行的造成残疾（disabling）的态度、环境、习惯与政策，[3] 旨在将关注的焦点从个体功能障碍所引发的限制转向由于社会环境和文化障碍所引发的残疾问题，[4] 认为是社会使伤残人士残疾，因此任何有意义的解决方法必须导向社会的改变而不是个人的调整与康复。[5] 这样的残疾解释思维逐渐影响残疾人士与他们的组织，他们要求定义残疾人自己需要的权利，同时主张自主地定义和控制任何他们所要求的促进独立生活的福利服务。[6] 残疾研究与观念蓬勃发展，国际上的一些学者主张残疾研究多元化，以回应各种突出的争论和差异，[7] 如后期的批判性残疾研究（CDS）。[8] 2006年《残疾人权利公约》强调："残疾是一个演变的概念，残疾是伤残者和阻碍他们在与其他人平等的基础上，充分和切实地参与社会的各种态度和环境障碍相互作用所产生的结果。"综观整个世界，从早期对残疾人歧视，到强调为残疾人提供医疗等各种福利保障，再到现在强调权利平等、社会参与与成果共享，各国残疾人事业的发展越来越体现出"平等"与"人本"的理念。[9] "平等·参与·共享"逐渐成为国际残疾人运动的方向和残疾人事业发展的目标。

残疾人观从强调个人责任、救济式的"医疗模式"发展为强调政府

---

[1] Oliver Mike, *Understanding Disability: From Theory to Practice*, 2nd ed., Basingstoke: Palgrave Macmilla, 2009.

[2] Oliver, M. and Barnes, C., "Disability Studies, Disabled People and the Struggle for Inclusion", *British Journal of Sociology of Education*, Vol. 31, No. 5, 2010, pp. 547–560.

[3] Barnes, C. and G. Mercer, *Exploring Disability*, 2nd ed., Cambridge: Polity, 2010.

[4] Oliver Mike, *Understanding Disability: From Theory to Practice*, 2nd ed., Basingstoke: Palgrave Macmillan, 2009, p. 45.

[5] Barnes, C., M. Oliver, and L. Barton, eds., *Disability Studies Today*, Cambridge: Polity, 2002, pp. 27–28.

[6] Oliver Mike, "Changing the Social Relations of Research Production?", *Disability, Handicap & Society*, Vol. 7, No. 2, 1992, pp. 101–114.

[7] Goodley, D., *Disability Studies: An Interdisciplinary Introduction*, London: SAGE, 2011, p. 25.

[8] Meekosha, H., and R. Shuttleworth, "What's so 'Critical' about Critical Disability Studies?", *Australian Journal of Human Rights*, Vol. 15, No. 1, 2009, pp. 47–76.

[9] 郑功成：《残疾人社会保障：现状及发展思路》，《中国人民大学学报》2008年第1期。

与社会责任、促进社会融合的"社会模式"。① 基于此，残疾人社会福利理念由"慈善救助"发展到"公民权利"再向"增能发展"转向。② 受残疾人权利与独立生活运动的推动，残疾人自主能力发展已成为残疾人社会福利关注的重要趋势。③ 支持残疾人独立生活与发展的议程已经成为残疾人社会福利关注的重心。这种理念的变化使得学术研究有了新的走向，本书的研究正是在这样的理念背景下展开的。

三 残疾福利制度转型

伴随改革开放的推进，中国经济有了突飞猛进的发展。2008年在改革开放30周年之际，中国人均GDP超过了3000美元，达到国际进入中等发展国家水平的通行标准。这样的经济水平对社会福利却有着另外的含义，即中国社会已经具备"从经济政策向社会政策的历史性跨越"的经济基础。④ 经济的发展引导国家建设向新的时代跨进，中国进入了关注民生的新时期。2007年10月，民政部提出中国社会福利转型的目标，即中国社会福利由补缺型向适度普惠型转型，这是我国社会政策的一次革命性变革。⑤ 党的十八届三中全会的召开，开启了中国改革与发展的崭新阶段。社会发展将从过去一味偏重经济增长转向注重社会经济协调发展。社会发展将更加注重系统性、整体性、协同性，"让一切创造社会财富的源泉充分涌流，让发展成果更多更公平惠及全体人民"。在这新的历史时期中，中国真正开始经历"走向社会政策时代"的关键阶段。作为中国社会福利发展的重要领域之一，残疾人社会福利制度在联合国《残疾人权利公约》的框架引领下，以"平等·参与·共享"作为新时期中国残疾人事业发展的总目标，开启了新一轮调整与建设。2008年《中华人民共

---

① Oliver Mike, "The Social Model of Disability: Thirty Years on", *Disability & Society*, Vol. 28, No. 7, 2013, pp. 1024–1026.

② Shakespeare, T. W., "The Social Model of Disability", In L. J. Davis, *The Disability Studies Reader*, New York, NY: Routledge, 2013, pp. 214–221.

③ Power, A., "Understanding the Complex Negotiations in Fulfilling the Right to Independent Living for Disabled People", *Disability & Society*, Vol. 28, No. 2, 2013, pp. 204–217.

④ 王绍光：《从经济政策到社会政策：中国公共政策格局的历史性转变》，载岳经纶《中国公共政策评论》第1卷，上海人民出版社2007年版，第29—45页。

⑤ 彭华民、齐麟：《中国社会福利制度发展与转型：一个制度主义分析》，《福建论坛》（人文社会科学版）2011年第10期。

和国残疾人保障法》进行了新的修订，从法制层面上更新残疾人发展的理念。并于同年的中国十一届全国人民代表大会常务委员会第三次会议批准了《残疾人权利公约》，承认残疾人是人类多样性的一部分，有其个人的尊严与自主，应该与正常人一样拥有平等的机会，充分和切实地参与和融入社会。《公约》为中国残疾人事业的未来发展提出了方向。2010年国务院下发了《关于加快推进残疾人社会保障体系和服务体系建设的指导意见》，提出：到2015年建立起残疾人社会保障体系和服务体系基本框架，到2020年做到"两个体系"更加完备，实现残疾人享有基本公共服务、基本生活保障、基本医疗保障和康复服务，文化教育水平显著提高，就业更加充分。《"十三五"加快残疾人小康进程规划纲要》明确提出："围绕'四个全面'战略布局，牢固树立和贯彻创新、协调、绿色、开放、共享的发展理念，坚持普惠与特惠相结合；政府主导与社会参与、市场推动相结合；增进残疾人福祉和促进残疾人自强自立相结合；统筹兼顾与分类指导相结合四个基本原则，把加快推进残疾人小康进程作为全面建成小康社会决胜阶段的重点任务，聚焦农村、贫困地区和贫困、重度残疾人，健全残疾人权益保障制度和扶残助残服务体系，增加残疾人公共产品和公共服务供给，让改革发展成果更多、更公平、更实在地惠及广大残疾人，使残疾人收入水平明显提高、生活质量明显改善、融合发展持续推进，让广大残疾人安居乐业、衣食无忧，生活得更加殷实、更有尊严。"①《国家基本公共服务体系"十二五"规划》专门对"残疾人基本公共服务"进行阐述，按照平等、参与、共享原则，以重度残疾人、农村残疾人和残疾儿童为重点，优先发展社会急需、受益面广、效益好的残疾人基本公共服务，增强供给能力，健全残疾人社会保障体系和服务体系。这些新的方向和要求坚持以残疾人为本，将切实改善残疾人民生、促进残疾人全面发展作为发展残疾人事业的根本出发点和落脚点，激励残疾人自尊、自信、自强、自立，创造社会财富、实现人生价值，为残疾人社会福利制度转型提供了重要契机，同时也为本书研究开展提供了时政的依据。

四　残疾福利供给困境

近年来，在新的执政理念与残疾人观的引导下，中国政府持续投入人

---

① 《国务院关于加快推进残疾人小康进程的意见》，2015年2月5日，http://www.gov.cn/zhengce/content/2015-02/05/content_9461.htm。

力、财力与物力关注残疾人各方面的事业发展，全国与各地残疾人事业发展规划的相关政策法规陆续出台，使残疾人基本生活、康复、医疗、教育、就业等基本需要得到稳定的制度性保障。① 近几年中残联发布的《中国残疾人状况及小康进程监测报告》均显示，残疾人小康进程继续向前迈进，表现为：残疾人生存状况逐渐得到改善；发展状况水平有所提升；参与社会生活的环境状况继续改善。② 但是作为特殊的弱势群体，由于其身体残缺及功能障碍的影响，残疾人在参与社会生产与日常生活中存在着各种限制。③ 残疾人总体生活水平与全社会平均水平差距仍然较大，残疾人在基本生活保障、康复、教育、就业等方面还面临着许多困难，主要表现为：全国残疾人家庭人均可支配收入远低于全国平均水平，差距明显；家庭医疗保健支出及其占家庭消费支出比例均远高于全国平均水平，交通和通信支出大大低于一般居民家庭；家庭恩格尔系数高于全国平均水平，生活质量明显落后；义务教育差距较大；城镇登记失业率远高于全国水平。④ 由此可见，当前中国残疾人社会福利体系无法很有效地回应残疾人的社会福利需要诉求，建设状态仍然不佳。残疾人社会福利制度缺乏总体的顶层设计，存在着特惠保障、特供保障、均衡保障和服务保障的体系性缺失，⑤ 致使中国残疾人社会福利体系的福利提供存在各种困境，远不能满足中国残疾人的福利需要，残疾人无法切实充分合理分享国家发展成果。这样的现实使得当下对残疾人的需要特性进行考察并以此促进残疾人社会福利制度进行改革的研究的重要性与迫切性更为凸显。

中国已经进入关注民生的时代，健全弱势群体的福利保障制度和服务体系成为持续推进民生改善工程的重要组成部分。社会福利制度是为满足人类需要而存在的，⑥ 立足于弱势群体的需要推进社会福利制度的建设成

---

① 田蕴祥：《公私协力模式下的劳动就业促进政策研究》，《湖北社会科学》2014年第4期。
② 中国残疾人联合会：《2013年度全国残疾人状况及小康进程监测报告》，2014年7月1日，http://www.cdpf.org.cn/sjzx/jcbg/201408/t20140812_411000.shtml。
③ 郑功成：《中国残疾人社会保障的宏观思考》，《河南师范大学学报》（哲学社会科学版）2007年第6期。
④ 中国残疾人联合会：《2013年度全国残疾人状况及小康进程监测报告》，2014年7月1日，http://www.cdpf.org.cn/sjzx/jcbg/201408/t20140812_411000.shtml。
⑤ 余向东：《论我国残疾人社会保障的体系性缺失及其建构》，《人口与发展》2011年第5期。
⑥ 彭华民：《社会福利与需要满足》，社会科学文献出版社2008年版，第3页。

为共识。本书所关注的问题正是在这样的社会经济文化背景下产生和展开的。

第二节 研究问题和研究目的

在新残疾人观与执政理念的引导下，中国残疾人社会福利制度持续优化，日益完善，但是体系演进更多体现为强制度性变迁和干预式发展路径，[1] 具有较强的国家赋权特点，是一种补缺型的社会福利体系。这种体系彰显出国家为本的社会福利目标定位，[2] 更多的是自上而下地推行残疾人社会福利制度，制度无法切实地觉察残疾人的福利需要，不能充分满足残疾人特定的需要，供需矛盾突出。这种现实迫切需要残疾人社会福利制度从补缺型向适度普惠型转变，将社会福利目标定位从国家回归到人，[3] 以残疾人为本，立足于残疾人的需要反思现行社会福利制度，"自下而上"地把握制度转型，改变原有的制度推行方式。因此，残疾人的福利需要成为残疾人社会福利制度转型的依据。对需要的考察是当代社会福利理论关注的重要组成部分。[4] 诸多学者对需要的内涵与类型进行深入与详细的论述，在社会福利研究中影响较大的有马克思、马斯洛、埃费、勒德雷尔、多亚尔和高夫等。这些努力和学术贡献让需要理论成为社会福利目标定位的理论基础。社会福利制度是公民需要满足的工具性手段，而需要的动态性又促使社会福利制度不断改善。可见，对于需要的有效把握是社会福利转型成功的重要基础。

福利需要是社会福利制度发展的动力，那么如何有效真实地掌握残疾人社会福利需要成为推动当前残疾人社会福利制度转型优化的核心问题。决定一个人需要什么样的成果与机会才是好的生活，这是一个艰巨的任务。好的生活即福利。福利是人类的一种美好状态，提升人类的福利水平是社会发展关注的核心主题。几个世纪以来，人类对于福利的概念内涵争议不断。诺曼·巴里（2005）在《福利》一书中提到"对于福利，也许存在某种最小程度的共识，我们进入了一个几乎无法解决的争议领域"。

---

[1] 张兴杰等：《残疾人社会救助体系优化论析》，《浙江社会科学》2012年第12期。
[2] 彭华民：《论需要为本的中国社会福利转型的目标定位》，《南开学报》2010年第4期。
[3] 同上。
[4] Thompson, G., *Needs*, London: Routledge, 1987, p. 13.

"福利"的含义从经济福利发展到人类基本需要满足,再到人类发展和能力建设,扩展为现在的生存权、公民权利、自由等,其概念内涵不断完善与丰富,也体现了人类对福利追求的发展。[1] 基于不同的概念解读,各种福利研究的视角与方法层出不穷:"经济"角度集中注意收入和财富的首要地位;[2] "功利主义"聚焦于个体心理满足;[3] "自由至上主义"全神贯注于自由权的程序。[4] 就中国而言,2007年民政部提出要建立"适度普惠型"社会福利制度的设想后,学者们纷纷就此提出各种解读,如从小福利向大福利的发展、[5] 适度普惠型社会福利内涵、[6] 需要为本的社会福利思路、[7] 组合式普惠型社会福利设计。[8] 这些方法为我们在判断一个人是否享有好的生活时需要考虑哪些重要因素提供了重要的见解。而诺贝尔经济学奖获得者阿玛蒂亚·森在对传统福利评价方法的批判与反思的基础上提出可行能力理论重新解释福利的内涵,评价人们的福利水平所采用方法的关注点有别于传统的经济学和实用伦理分析的事实基础——聚焦于人们有理由享受的实质自由。[9] 森的可行能力理论把注意力从手段(收入)转向了真正的目的,即"我们对商品的需要是相对的,它完全取决于我们身处的社会和经济环境。但是我们对能力的需要——对作为人类社会一员而发挥适当作用的自由的需要——则是绝对的"。[10] 森的可行能力方法为衡量人的发展、人的福利提供了更广泛的信息基础和更具包容性的价值标准,为我们考察残疾人社会福利需要提供了理论依据。[11]

根据残疾人社会福利困境产生的社会经济文化背景,基于福利供需困

---

[1] 彭华民:《论中国组合式普惠型社会福利制度的构建》,《学术月刊》2011年第10期。
[2] Marshall, Alfred, *Principles of Economics*, London: Macmillan, 1920.
[3] Pigou, A. C., *The Economics of Welfare*, London: Macmillan, 1920.
[4] Rawls, John, *A Theory of Justice*, Cambridge, Mass: Harvard University Press, 1971.
[5] 景天魁、毕天云:《从小福利迈向大福利:中国特色福利制度的新阶段》,《理论前沿》2009年第11期。
[6] 王思斌:《我国适度普惠型社会福利制度的建构》,《北京大学学报》(哲学社会科学版)2009年第3期。
[7] 彭华民:《论需要为本的中国社会福利转型的目标定位》,《南开学报》2010年第4期。
[8] 彭华民:《论中国组合式普惠型社会福利制度的构建》,《学术月刊》2011年第10期。
[9] Sen Amartya, *Development as Freedom*, Oxford: Oxford University Press, 1999.
[10] [美]哈特利·迪安:《社会政策十讲》,岳经纶等译,上海人民出版社2009年版,第3页。
[11] 姚进忠:《超越福利国家:自由发展观的考量与审思》,《中州学刊》2016年第6期。

境的现实性与制度转型动力逻辑的理论依据，本书主要关注的研究问题是：（1）在可行能力的框架下，残疾人社会福利需要呈现什么样的特性？（2）以可行能力为维度，残疾人社会福利需要的供给制度安排呈现什么样的状况？（3）在满足新的需要特性中，残疾人社会福利供需困境为何？（4）面对新的福利需要诉求，残疾人社会福利制度转型路径为何？

通过对上述问题的实证探索与研究，本书希望实现以下四个研究目的：

（1）识别福利需要特性：研究以可行能力为框架构建残疾人需要考察体系，以期更为全面和真实地识别残疾人社会福利需要特性，丰富残疾人福利内涵，为构建新型残疾人社会福利服务体系提供实证数据支持。

（2）呈现福利供需困境：以实证数据呈现在残疾人社会福利出现新的需要诉求的情况下，残疾人社会福利制度安排在满足残疾人福利需求中出现的供需困境，并从中剖析原因，以深入理解残疾人社会福利提供的相关影响因素。

（3）提出制度转型建议：以可行能力为视角充分审视现行残疾人社会福利制度，并以残疾人社会福利需要特性为基础，提出残疾人社会福利制度改革和转型的相关建议，以期明确新形势下残疾人社会福利制度转型和发展的重点方向，促进能力为本的残疾人社会福利制度体系的形成。

（4）拓展本土研究理论：研究在功能空间内对残疾人社会福利需要特性和福利供给进行实证研究的基础上，透视可行能力理论的本土解释力、分析力与预见力，反思可行能力理论的本土化扩展，解决理论本土推广性与实效性问题。

第三节　研究意义

本书以可行能力为框架从功能空间多维度考察残疾人社会福利需要特性，并以此为基础评估与审视现行的残疾人社会福利制度，分析残疾人社会福利的制度安排与需要满足之间存在的矛盾与张力，探讨残疾人社会福利需要满足缺失与制度设置缺位的影响因素，对未来残疾人福利制度如何转型以充分满足现实需要进行系统研究，以期提高残疾人社会福利制度的实施效率，更好地满足残疾人社会福利需要，全面提升残疾人的福祉。因此，研究意义与残疾人社会福利政策和福利服务的理论与实践密切联系。

本书的理论意义主要体现为：

第一，本书对社会福利的需要理论和阿玛蒂亚·森的可行能力理论进行演绎，考察可行能力理论提出的促进个体能力发展的五种工具性自由（政治自由、经济条件、社会机会、透明性保证和防护性保障）的实证运用性；并在此基础上着重审视可行能力与需要理论的内在契合性，并以此构建以能力为本的残疾人福利需要研究的新框架。研究主要从政治参与、经济状况、社会机会、心理健康和福利保障五个角度审视当前残疾人社会福利制度建设和服务提供的实际状况，以此分析制度在服务提供过程中存在哪些问题，深化残疾人社会福利需要满足与制度建设的理论解释。

第二，本书借鉴了可行能力视角下的福利研究方法，将需要理论与可行能力理论进行整合，设置残疾人社会福利需要考量体系，并依据这个考量体系进行数据收集，以期更深层次地了解和掌握残疾人的福利需要特性，分析现行福利供给对残疾人总体的福利需要满足状况，归纳总结残疾人社会福利制度安排对残疾人口主体福利需要的满足状况。本书将残疾人社会福利需要特性、供需状况和影响因素整合于可行能力视角下进行研究，并以此探讨制度建设路径，以此发展需要考察与可行能力实证性的理论分析路径。

第三，本书以可行能力理论为视角考察中国残疾人社会福利问题，深化对可行能力与残疾人社会福利问题的研究。阿玛蒂亚·森于 1979 年在塔纳进行题为《什么的平等?》的讲座中首次提出可行能力概念，其理论内涵随后被不断地修改，并应用于一系列议题研究中，包括生活质量问题，正义与发展等。可行能力从个体的异质性出发，引入了功能概念作为衡量的标准，把注意力从手段（收入）转向了真正的目的，认为合适的"评价空间"应该是个体的可行能力。[1] 鉴于其理论的张力，可行能力受到学术界和社会政策领域的诸多关注。在可行能力理论与中国实际相结合的研究中，农民（农户）群体的福利状态度量是学者较先和较多进行的实证研究领域，主要关注土地流转和农民集中居住对农民的福利状

---

[1] [印] 阿玛蒂亚·森:《以自由看待发展》，任颐、于真译，中国人民大学出版社 2013 年版，第 62 页。

况的影响。① 而在传统的社会福利与社会政策领域的研究者和制定者对于可行能力的研究尚显不足。可行能力基于对传统不同价值标准依据的信息的狭隘性分析，提出扩大信息基础，以一个人具有的可行能力去判断他的生活质量与福利，可以更为真实地考察一个个体的福利状况与需要，对于完善相关的社会福利制度有重要的参考作用。本书将可行能力理论运用于中国的残疾人社会福利问题研究，透视可行能力理论的本土解释力、分析力与预见力，反思可行能力的理论的本土化路径，解决理论本土推广性与实效性问题。

可行能力框架下的残疾人社会福利需要满足研究的实践与政策意义在于：

第一，残疾人社会福利需要考量维度创新意义。残疾人社会福利需要是制定残疾人社会福利政策和提供残疾人社会服务的出发点。研究围绕可行能力与需要理论的实际契合性，建构关注差异性需要的残疾人福利考量维度，为政策制定者和政策实践者提供一个可操作的福利需要考察工具，可以更为真实、全面地识别残疾人社会福利需要特性和福利状况。

第二，残疾人社会福利制度转型创新意义。在功能空间内考察残疾人社会福利需要特性，全面了解残疾人社会福利需要特性、满足现状和供需矛盾以及影响因素，为残疾人社会福利制度的改革与转型提供实证依据，有助于政策制定者更有针对性地对残疾人社会福利制度进行改革，推动建立多元主体参与、需要为本的适度普惠型残疾人社会福利制度，全面提升残疾人的社会福祉。

本章小结

在中国残疾人口规模持续扩大、残疾人社会福利理念与制度转型和残疾人社会福利困境呈现的社会背景下，本书以可行能力为视角，将可行能力与需要理论进行演绎，形成探讨残疾人社会福利需要与制度转型的研究

---

① 高进云、乔荣锋、张安录：《农地城市流转前后农户福利变化的模糊评价》，《管理世界》2007年第6期；高进云、周智、乔荣锋：《森的可行能力理论框架下土地征收对农民福利的影响测度》，《中国软科学》2010年第12期；王伟、马超：《基于可行能力理论的失地农民福利水平研究》，《农业技术经济》2013年第6期；关江华、黄朝禧、胡银根：《不同生计资产配置的农户宅基地流转家庭福利变化研究》，《中国人口·资源与环境》2014年第10期。

框架。研究在此框架下关注的主要问题有：（1）残疾人社会福利需要满足状况如何？（2）福利需要展现什么新的特性？（3）面对新的福利需要诉求，残疾人社会福利制度转型路径为何？研究主要目的是：在可行能力的框架下，更为全面和真实地识别残疾人社会福利需要特性，丰富残疾人福利内涵；探讨当下残疾人社会福利供需矛盾产生的制度原因，提出残疾人社会福利制度改革和转型的相关建议，以期明确新形势下残疾人社会福利制度转型和发展的重点方向，助推残疾人社会福祉的提升。

　　本书的意义主要包括两个方面。一是理论意义，研究对可行能力理论和需要理论进行演绎，达至两重意义创新：（1）探索可行能力与需要理论的内在契合性，对两个理论进行整合运用与提升，达到深化可行能力与需要理论的创新意义；（2）研究基于可行能力与需要理论建立中国残疾人社会福利需要特性考察的研究框架，深化可行能力理论与需要理论的实证运用，透视两个理论的本土解释力、分析力与预见力，反思理论的本土化路径。二是实际意义，研究围绕可行能力与需要理论的实际契合性，建构关注差异性需要的残疾人福利考量维度，有助于政策制定者更有针对性地进行残疾人社会福利制度转型，优化残疾人福利资源的运用，提升残疾人的社会福祉。

第二章

文献回顾

本章将对与研究主题相关的理论和实证研究文献进行综述，以明确研究开展的着力点。根据本书的研究问题和目的，本章将以思路递进的逻辑进行文献资料综述。本章第一节将对社会福利中的残疾研究进行综述，展现残疾人社会福利制度满足残疾人福利需要的理路演进、供需困境与未来趋势。第二节将回顾社会福利中需要理论的内涵、需要满足的路径以及对于社会福利制度的影响。第三节将对可行能力的理论争辩与实证研究进行回顾，展现可行能力在考察个体福利与需要的契合性。

第一节 社会福利中的残疾研究

残疾与人类存在相伴相随，各个学科从未停止对人类残疾的认识与研究。在残疾研究的发展历程中，社会福利是其中不可或缺的视角。残疾人社会福利的不断演进与扩展是保障残疾人合法权益、发展残疾人事业的重要维度。社会福利立足于残疾性质与残疾人社会角色解释的变化，深化残疾人福利理念，逐步完善解决残疾问题的相关社会政策，优化残疾人社会福利制度。

一 残疾概念的演进研究

残疾研究必须首先回应和面对的问题是"什么构成残疾"和"什么是残疾"。残疾是国际功能分类表中的简要术语。[1] 这是一个已经非常普

---

[1] World Health Organization, *International Classificationof Functioning, Disability and Health*, Geneva, Switzerland: Author, 2001.

遍被使用的术语，用于标示以下的情况：由疾病和损伤所产生的功能障碍；由于功能障碍所导致的身体、精神或情绪的功能限制或困境；对于特定活动的限制（如驾驶或某种商品或服务的获取）；或环境不支持所体验到的参与障碍。[1]

已有对于残疾的解释大多采用个体残损的病理学思维，他们对于生命的描述与定义是遵循专家的知识和权力的。因此，在传统主流政治立场中，残疾人社会福利与服务的发展和建设均以"医学模式"或"个人模式"为出发点。这个流派关注的焦点是身体的失调或缺陷，及其这种"反常"反过来"导致"某种程度的"功能障碍"或"机能局限"。[2] 身体上的某一功能的"无能力"被用来作为更广泛定义个人作为"残废者"（invalid）的基础。一旦他们以这种方式被归类，"残疾"成为他们的定义性特征，个人被认为是病态角色，个人的"无能力"也被一般化。在这种"无能力"或"病态"的角色中，个体没有社会义务，[3] 这构成了"个人悲剧"的基础，在这样的模式中，残疾人被视为需要"照顾与注意"以及依赖其他人。该视角成为当代旨在帮助残疾人处理和面对"他们的残疾"的社会福利的中心。[4] 以此思维，身体伤残成为专业注视的客体，残疾人社会服务所采用的解决方法集中于治疗与康复的医学介入，其基本的关注点是对身体或精神的反常进行诊断并给出适当的治疗建议。[5] 社会对残疾和残疾人的应对处理可以归结为两个方面：一方面是治疗康复，另一方面是慈善照顾。前一方面的权威决策者是医生，后一方面的主角往往是政府和社会慈善机构。所以，"医学模式"又可以衍生出"专家模式"和"康复模式"。[6]

在近几十年的残疾研究中，学者们开始了反医学殖民的策略，表现为

---

[1] Barbara M., "Another Perspective: Capturing the Working-Age Population with Disabilities in Survey Measures", *Journal of Disability Policy Studies*, Vol. 25, No. 3, 2014, pp. 146 – 153.

[2] Rovner, L., "Disability, Equality, and Identity", *Alabama Law Review*, Vol. 55, 2004, pp. 1043 – 1099.

[3] Kaplan, D., "The Definition of Disability: Perspective of the Disability Community", *Journal of Health Care Law and Policy*, Vol. 3, 2000, pp. 352 – 264.

[4] Oliver Mike, "The Disability Movement is a New Social Movement", *Community Development Journal*, Vol. 32, No. 3, 1997, pp. 244 – 251.

[5] Barnes, C., M. Oliver, and L. Barton, eds., *Disability Studies Today*, Cambridge: Polity, 2002, p. 21.

[6] 曲相霏：《〈残疾人权利公约〉与中国的残疾模式转换》，《学习与探索》2013 年第 11 期。

从残疾知识到实践多个领域对医学模式的驱逐。残疾的解读开始重视社会的因素，即后来的社会模式。残疾社会模式的起源要追溯至20世纪70年代由英国身体残疾者反隔离联盟（UPIAS）首先提出残疾人活动的政治化和残疾学生高等教育入学机会的争取。[1] 社会模式是一种解放性的认识论：它不是听从专业的定义和局限于专业知识的控制来对残疾进行理解。社会模式的重点是理解残损的个体在身体、文化和社会环境上被排斥的方式和它如何被标签为残疾。[2] 在这些思想的基础上，残疾研究学者发展出一个解放的研究范式，重点是研究残损的环境或残损的社会，而不是残疾人个人的缺陷，旨在将关注的焦点从个体功能障碍所引发的限制转向由于社会环境和文化障碍所引发的残疾问题。[3] 残疾社会模式对身体残损和残疾做出了明确区分。它反对医疗模式，强调关注偏见和歧视的消除，捍卫残疾人的自决权，社会整合与公民权利等。身体是生理残疾的重要表征。社会模式是唤起压迫意识的一个非常有效的理论工具，意识的唤醒是通过行动挑战压迫的关键性第一步。根据社会模式的立场，残疾来源于："结构化的社会环境不能调整自身来满足有残疾公民的需要与希望，而不是残疾者个人无能力去适应社会的要求。"[4] 即残疾指由于当前社会环境体制极少甚至没有考虑到残损人群生理上的特点而使他们从主流社会中脱离出来、缺乏社会参与的情况。[5] 这样的残疾解释思维逐渐影响残疾人士与他们的组织，他们要求定义他们自己的需要的权利，同时主张自主地定义和控制任何他们所要求的促进独立生活的福利服务。[6]

残疾的话语正在从强调残疾是需要被"治疗"或调整的个人问题的"医疗模式"向"社会模式"转变，逐步关注残疾人与社会环境之间的关系，聚焦于社会政策和制度实践的干预。当然后者也同样面临各种挑战。

---

[1] Barnes, C., and A. Sheldon, "'Emancipatory' Disability Research and Special Educational Needs", In L. Florian, *The SAGE Handbook of Special Education*, London: SAGE, 2007, pp. 233–245.

[2] Barnes, C., and G. Mercer, *Exploring Disability*, 2nd ed., Cambridge: Polity, 2010, p. 5.

[3] Oliver, Mike, *Understanding Disability: From Theory to Practice*, 2nd ed., Basingstoke: Palgrave Macmillan, 2009, pp. 44–45.

[4] Barnes, C., and G. Mercer, *Exploring Disability*, 2nd ed., Cambridge: Polity, 2010, p. 206.

[5] Oliver, Mike, *Understanding Disability: From Theory to Practice*, 2nd ed., Basingstoke: Palgrave Macmillan, 2009, p. 2.

[6] Oliver, Mike, "Defining Impairment and Disability: Issues at Stake", In Colin Barnes and Geof Mercer, *Exploring the Divide*, Leeds: The Disability Press, 1996, pp. 29–54.

社会模式受到的批评主要集中于两个角度：一是认为残疾的社会模式走向另一个极端，没有为残损的关注留下空间；二是批评残疾的社会模式没有考虑到差异性，将残疾人视为一个单一的集体，而现实中残疾人的种族、性别和年龄等要素的差异意味着他们的需要和生活比这更复杂。① 基于此，学者们主张残疾研究多元化，回应突出的残疾研究争论和差异。② 这些关键的解决方法，其中一大部分借鉴国际女权主义、后结构主义和后殖民等理论家的研究成果，被统称为批判性残疾研究（CDS）。③ 然而，奥利弗和巴尼斯质疑残疾人的活动和学术研究之间的密切关系是否继续作为残疾研究而在学术中制度化。他们提出了潜在的学术殖民化问题，认为学者们可能会从社会模式激进的社会/政治途径中退出而遵循正统的学术路线，以避免与残疾人活动者的合作伙伴关系，而这正是残疾研究发展至今最有特色的地方。④

综上所述，残损和残疾并不是二分的，而是描述一个连续事物的不同方面，或者一个单独经历的不同方面。残疾是一个多维的概念，包括身体功能或结构的损害（如失聪、失明等）、活动受限（如需要辅助器具进行移动）、参与的限制（如社会参与、互动、上学或工作的机会不足）等。残疾的多样性反映在经常将残疾操作化为个体一个或多个方位的障碍、活动的局限性或是长期社会参与或日常活动的限制。⑤ 从个体层面上看，残疾反映的是个体在功能能力受限或相比之前的能力下降所表现出的可识别的差异，它是指个体试图完成生命活动（参与）的身体、精神或情绪能力的受限或者说是将个体置于他不能完成这些活动的"危险"中。当关注的重点被放在参与上，"残疾"通常表示个体在参与某一角色的活动时受限或者被剥夺。这个要素是完全基于个体试图参与的社会角色类型和他

---

① Oliver Mike, "The Social Model of Disability: Thirty Years on", *Disability & Society*, Vol. 28, No. 7, 2013, pp. 1024 – 1026.

② Goodley, D., *Disability Studies: An Interdisciplinary Introduction*, London: SAGE, 2011, p. 25.

③ Meekosha, H., and R. Shuttleworth, "What's so 'Critical' about Critical Disability Studies?", *Australian Journal of Human Rights*, Vol. 15, No. 1, 2009, pp. 47 – 76.

④ Oliver, M., and C. Barnes, "Disability Studies, Disabled People and the Struggle for Inclusion", *British Journal of Sociology of Education*, Vol. 31, No. 5, 2010, pp. 547 – 560.

⑤ Samara M., "Disability and Community Life: Does Regional Living Enhance Social Participation?", *Journal of Disability Policy Studies*, Vol. 22, No. 1, 2011, pp. 40 – 54.

们试图参与的角色所在的物理环境与社会环境。从这一点出发,残疾的定义可能会被改变或波动不仅基于引发问题或功能限制的条件动态而且是基于辅助设备的可用性以及物理或社会环境的变化。图2-1较综合地反映了当前对残疾进行定义的几种模式的共识。在个体层面关注的是病理的指标、身体损伤与功能局限;从社会与政策的角度来看,关注的则是这些个体性指标在环境中的解读,它可以促进我们通过社会政策,教育或改变环境,以提高个人的能力来更好扮演自己的角色。所以残疾的定义和测量工具成了改善残疾人生活质量的一种工具性手段。可见,残疾是一个演变中的概念,残疾是伤残者和阻碍他们在与其他人平等的基础上充分和切实地参与社会的各种态度和环境障碍相互作用所产生的结果。

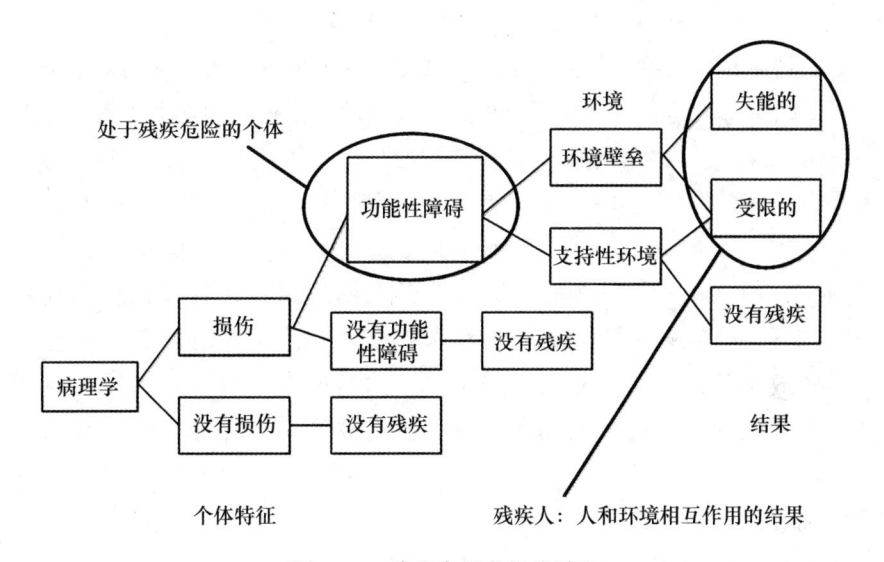

图2-1 残疾定义的操作过程

资料来源:Barbara M.,"Another Perspective:Capturing the Working-Age Population with Disabilities in Survey Measures",*Journal of Disability Policy Studies*,Vol. 25,No. 3,2014,pp. 146 – 153.

二 残疾人社会福利理念演变研究

政府出台残疾政策的理论基础都是源于残疾人社会福利理念的发展变化,而残疾人社会福利理念演变是根植于残疾观的转变。[①] 根据上述对残

---

① Sara E. Kimberlin,"Political Science Theory and Disability",*Journal of Human Behavior in the Social Environment*,Vol. 19,No. 1,2009,pp. 26 – 43.

疾的解读，残疾观从强调个人责任、救济式的"医疗模式"发展为强调政府与社会责任、促进社会融合的"社会模式"与"权利模式"。① 基于此，残疾人社会福利理念由"慈善救助"发展到"公民权利"再向"增能发展"转向。②

哈恩是较早讨论新旧残疾人社会政策模型的政治科学家之一。从历史上看，社会福利政策反映残疾概念主要是基于个体缺陷，专注于残疾为"身体功能的限制"的医疗定义或残疾为"对工作数量和类型有所限制"的经济学定义。③ 这两个残疾的定义均来自于传统的医疗或个人悲剧模式。基于医疗模式的残疾人社会政策背后的理念是一种慈善救助的思维，是基于同情而不是基于平等，是基于人道而不是基于正义。④ 在"慈善救助"的理念下，残疾人被视为个人存在某种程度的问题，是与正常人相异的，是需要社会给予特定的关注与帮助的，并要求残疾人在帮助下应该逐步回归正常。这种理念引导下的社会福利政策强调施恩而非平等，强调慈悲而非权利，认为政府是一个补缺性的角色，而且更多的是事后补救式的作为。基于此，国家和政府都是在迫不得已的情况下出台一些专门性的残疾人社会保障制度。这些政府更多关注残疾人生活、健康照顾和医疗研究，而且这些被认为是个人而非公众的问题，在具体运作中政府没有在支持残疾人上扮演重要角色。残疾的经济定义意味着一个更广泛的政府角色，将残疾视为类似于失业的情况，政府一直通过临时解决方法为受到影响的个人提供支持。公共政策集中在职业康复、收入维持和残障人士的收入支持等做法上。⑤ 这是一种典型的生存型与补缺型福利政策设计。

20世纪80年代，残疾人福利政策领域开始重新界定障碍定义，从社会政治角度入手，更多关注造成"残疾"的障碍性建筑环境、不灵活的

---

① Oliver Mike, "The Social Model of Disability: Thirty Years on", *Disability & Society*, Vol. 28, No. 7, 2013, pp. 1024-1026.
② Goodley, D., *Disability Studies: An Interdisciplinary Introduction*, London: SAGE, 2011.
③ Hahn, H., "Towards a Politics of Disability: Definitions, Disciplines and Policies", *Social Science Journal*, Vol. 22, No. 4, 1985, pp. 87-105.
④ 郑功成：《中国社会福利改革与发展战略：从照顾弱者到普惠全民》，《中国人民大学学报》2011年第2期。
⑤ 杨立雄：《中国残疾人福利制度建构模式：从慈善到社会权利》，《中国人民大学学报》2013年第2期。

工作设计、社会偏见和被公共政策影响的社会等各方面而不是个体的残损。新的残疾社会模式导致越来越多的人认识到残疾人作为一个少数群体与其他弱势的少数民族或种族群体一样面对相同的问题,需要被视为社会中正常的一员。① 因此,社会权利的社会福利理念逐步呈现,特别是随着《世界人权宣言》《残疾人权利公约》等国际性文件的颁布,这个理念已然成为残疾人社会福利制度发展的新的价值规范。社会权利这个词正式出现是在1911年的德国《魏玛宪法》。② 马歇尔的公民身份(citizenship)理论对社会权利给出了较为权威的学术解释,完整的公民身份包含民权(civil rights)、政治权(political rights)和社会权(social rights)。③ 马歇尔把社会权利上升到人权,随着西方国家普遍建立福利国家,社会权利是公民身份不可剥夺的基本权利的观点被广为接受,认为每个社会公民所要求的福利及待遇不是慈善机构给予穷人的救济,而是不可剥夺的权利。④在此思维下,社会权利引导下的残疾人社会福利制度接受残疾人作为社会正常的一员,强调残疾人的"公民资格",强调残疾人享有国民应该享有的各种合法的福利待遇,认为国家有责任和义务保护残疾人的合法权利,树立国家和政府在促进残疾人的福利与权利保障中的核心作用。⑤ 社会权利理念下的制度设置出发点是平等,即残疾人作为社会公民与其他社会个体同样拥有平等享受社会福利的基本权利。由"慈善救助"向"公民权利"理念的转向,残疾人由"被保护者""福利依赖者"向"承担社会责任者""福利权利拥有者"转向,意味着残疾人的社会平等主体地位得到肯定,残疾人与正常人间的平等地位得到承认。⑥ 公民权利理念下,残疾人无法正常工作或参与社会被看成是社会制度设置未能适应残疾人的需求所导致。因此,残疾人社会福利制度采用一种包容性的策略,努力消除

---

① Hahn, H., "Towards a Politics of Disability: Definitions, Disciplines and Policies", *Social Science Journal*, Vol. 22, No. 4, 1985, pp. 87–105.
② 郭魏清:《社会权利与和谐社会:关于中国福利政策的新视角》,载岳经纶、郭魏清主编《中国公共政策评论》第1卷,上海人民出版社2007年版,第93—106页。
③ Marshall, T. H., *Citizenship and Social Class and Other Essays*, Cambridge University Press, 1950.
④ 彭华民:《西方社会福利理论前沿:论国家、社会、体制与政策》,中国社会出版社2009年版,第52页。
⑤ 杨立雄:《从"居养"到"参与":中国残疾人社会保护政策的演变》,《社会保障研究》2009年第2期。
⑥ 刘婧娇:《建立残疾人特殊社会保障制度的必要性——一项基于需要理论的研究》,《黑龙江社会科学》2014年第1期。

残疾人参与社会的各种障碍。①

在社会权利理念的引导下，残疾人的基本诉求在于"正常化"与"社会融合"。残疾人社会福利一方面强调政府与社会要全面保障残疾人的各种经济与社会权利，但另一方面也强调残疾人的责任，鼓励残疾人自强自立，鼓励有能力的残疾人更多通过就业等方式实现自我需要的满足。② 因此，残疾人"增能发展"理念应运而生，成为深化社会权利、引导残疾人社会福利发展的另一个福利价值规范。增能理念的内涵是一个全面的视野，涵盖过程与结果，向度呈现出多元面向，包括个人、人际与政治宏观层面。宋丽玉基于各种文献对增能的概念界定给出了一个综合的定义："个人对自己的能力抱肯定的态度，自觉能够控制自己的生活，并且在需要时影响周围的环境。"增能并不是"赋予"服务对象权力，而是发掘或激发服务对象的潜能，即协助弱势群体或个体挖掘自身的潜能，排除各种障碍以增强责任感，通过自身积极的努力，促进自身的发展与成长，改变自己的生活。③ 在增能发展理念下，残疾人不仅不再被视为是不健全、有缺陷、有问题的"废人"，而且残疾人被认为是具有自己独特能量的个体，拥有个性化的技术知识、智慧和财富，有可能拥有用于扭转不幸、对抗疾病、消除痛苦、达成目标的力量和资源。④ 残疾人从拥有平等主体地位的公民逐渐发展为具有内在能量与主动性的个体。在这样的理念下，残疾人社会福利制度建设的取向应该是"积极型""发展型""参与式"的福利体系。福利制度不仅仅是为了应对残疾人的生存与贫困问题，而是要推动残疾人个体的发展，强调自我实现和责任，通过增强人自身的生存能力来面对和解决各种风险。⑤ 增能发展的残疾人福利制度着力于实现以下目标：一是帮残疾人"增能"，加强个别化的残疾人就业技能培

---

① Waddington, L., & Diller M., "Tensions and Coherence in Disability Policy: the Uneasy Relationship Between Social Welfare and Civil Rights Models of Disability in American, European and International Law", In M. Breslin & S. Yee, Eds., *Disability Rights Law and Policy*, New York: Transnational Publishers, 2002, pp. 241–280.

② 兰花：《我国残疾人社会福利制度重构研究——从救助模式到"去障碍"模式》，博士学位论文，南开大学，2008年。

③ 宋丽玉：《增强权能量表之发展与验证》，（台湾）《社会政策与社会工作学刊》2006年第2期。

④ 童星：《残疾人社会政策的基点》，《甘肃社会科学》2013年第1期。

⑤ 周沛：《积极福利视角下残疾人社会福利政策研究》，《东岳论丛》2014年第5期。

训,增强个体能力;二是帮助残疾人"复能",将残疾人康复纳入全民医保体系,通过多种形式建立并扩大康复基金;三是为残疾人"赋能",建立多层次、多类型和多元化的残疾人教育体系,增强残疾人个体的发展空间,广拓残疾人就业渠道;四是防止新的"失能",重视残疾人的预防保障,从源头上减少残疾的发生。[①]

残疾人社会福利理念的演变主要呈现了福利提供的价值导向、残疾定位、福利供给责任主体、福利供给内容、福利供给机制、福利供给目标等异同与变化,可以整理呈现如表2-1所示。[②]

表2-1　　　　　　　残疾人福利理念的内涵异同

福利理念	慈善救助	社会权利	增能发展
价值导向	效率	平等	公平
残疾定位	弱能	正常	优势
责任主体	个体	社会、政府、个体	个体、社会、政府、市场
供给内容	生存性补助	生存性与福利性支援	生存性、福利性与发展性整合式支持
供给机制	单向性、被动式的事后补助	双向性、主动式的社会干预	整合式、积极的事前预防与事后支援
供给目标	庇护	社会融合	发展、融合

在残疾人社会福利理念的演变中,学者莎拉(Sara E.)对残疾政治行为和公共政策背后的残障模式的转变、残疾人权利运动的发展进行综述,从另一个角度归纳出社会福利和个人利益模式(social welfare/ individual benefits model)、少众/民权模式(minority group/ civil rights model)两类残疾人社会政策的发展取向,并将引导解决残疾问题的正义理论整合进来,形成如图2-2所示的理论和模式脉络图,充分展现了残疾问题的各种领域发展逻辑与可能的未来走向。

---

① 童星:《残疾人就业援助体系研究——由"问题视角"转向"优势视角"》,《残疾人研究》2011年第3期。

② 姚进忠、陈丽清:《需要为本:残疾人社会工作实践模式研究》,载王思斌《中国社会工作研究》(第十三辑),社会科学文献出版社2016年版,第137—159页。

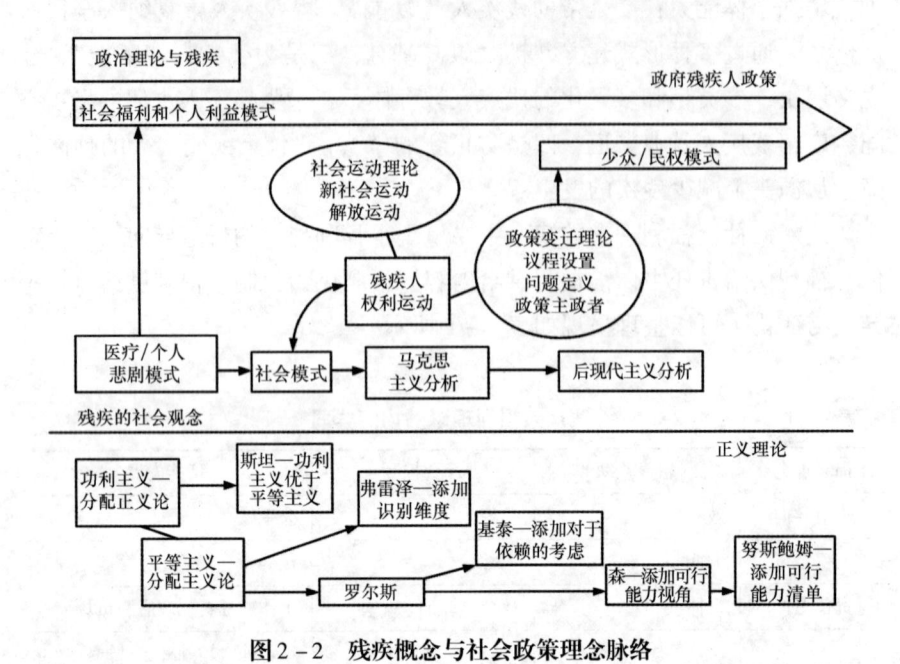

图 2-2　残疾概念与社会政策理念脉络

资料来源：Sara E. Kimberlin, "Political Science Theory and Disability", *Journal of Human Behavior in the Social Environment*, Vol. 19, No. 1, 2009, pp. 26–43.

三　中国残疾人社会福利发展研究

纵观残疾人社会福利的全球发展，各国残疾人福利事业的发展呈现多元化，越来越体现出"平等"与"人本"的理念。[①] 在残疾解读不断演进的过程中，国家与政府对残疾人社会福利制度与服务体系的建设理念也随之改变，由此衍生出不同形态的残疾人社会福利制度与提供机制。中国残疾人福利事业也不例外，经历了从无到有、从有到优、逐步完善的过程。依据时间和制度发展的状况我们可以将中国残疾人社会福利制度发展划分为四个阶段。

一是残疾人社会福利初创期（1949—1978）。这个阶段国家的所有社会福利制度都是处于初创阶段，依附于经济公有制和计划经济制度而发展。因此，在以社会主义意识形态为福利制度建设指导思想的背景下，政府对残疾人采取收养救济、社会规制等方式确保这个群体的基本生活权

[①] 郑功成：《残疾人社会保障：现状及发展思路》，《中国人民大学学报》2008 年第 1 期。

利，主要作为是兴建各种福利工厂、荣军疗养院、福利院、精神病院、特殊教育学校等机构来解决残疾人的就业、医疗、康复、教育等需要。在整个初创期，中国残疾人社会福利制度基本确立了以居养机构为主的保障方式，形成了对残疾老人以"养"为主；残疾儿童"养""治""教"相结合；精神病人"养""治"结合的残疾人社会福利的工作格局。① 这个阶段的残疾人社会福利制度在整个社会福利体系建设中处于边缘位置，是作为应急性和补救性的社会规制体系进行运作，具有非系统性、非规范化和可持续性差的特征。因此这个阶段残疾人社会福利社会保障水平低，忽视了经济性和服务性社会福利，福利保障效果不明显。②

二是残疾人社会福利发展期（1979—2002）。改革开放后，中国经济社会发展进入一个新的时期，中国残疾人社会福利也进入一个发展的转折期。在社会主义人道主义理念的引导下，中国残疾人社会福利日渐兴起。1988年中国残疾人联合会成立，1990年《社会福利企业管理暂行办法》出台及《中华人民共和国残疾人保障法》颁布，1994年《残疾人教育条例》颁布，1995年《残疾人就业保障金管理暂行规定》出台，1999年制定了《关于进一步做好残疾人劳动就业工作的若干意见》，2001年国务院批转了中国残疾人事业"十五"计划纲要以及配套的残疾人教育、康复、就业、保障等建设实施方案，出台了《残疾人社会福利机构基本规范》。福利体系的关注点由原来的关注残疾人生存性需要转向关注残疾人教育、就业和康复等权利性需要，并逐步建立起包括国家、社会、家庭、个体共同作为责任主体参与社会福利机制建设，形成强大的残疾人社会福利的社会化保障体系。这个时期的残疾人社会福利开始向系统化、法制化和社会化转变，逐步摆脱由政府和国家全面包揽和行政直接干预的局面，残疾人社会福利格局呈现出由收养救济型向劳动福利型转向，由基本生存保障向社会参与融合转向的特征。③ 这个时期残疾人作为平等的个体受到一定程度的尊重，残疾人社会福利对于基础性、经济性和服务性的福利均给予关

---

① 吴军民：《中国残疾人社会政策演进：经验、问题及下一步行动》，《理论与改革》2012年第3期。
② 杨立雄：《中国残疾人社会政策范式变迁》，《湖北社会科学》2014年第11期。
③ 张延辉：《我国残疾人社会保障制度绩效评价研究》，博士学位论文，吉林大学，2008年；吴军民：《中国残疾人社会政策演进：经验、问题及下一步行动》，《理论与改革》2012年第3期。

注，社会权益得到较好的保障，社会福利保障水平有了大幅度的提升。

三是残疾人社会福利转型期（2003—2012）。2003年起中国开启了落实科学发展观之路，以人为本的价值理念深刻影响经济社会的发展路径，国家逐步重视社会政策的转型，更加强调政策的公正与公平，强调民生权利。残疾人社会福利在这样的背景下进入了一个历史性的转型建设期。2006—2007年启动了第二次全国残疾人抽样调查，为国家制定相关残疾人法律法规、社会政策等提供决策依据；2007年中国签署了《残疾人权利公约》，通过了《残疾人就业条例》，制定了《福利企业资格认定办法》；2008年国务院发布了《中共中央国务院关于促进残疾人事业发展的意见》，第十一届全国人民代表大会常务委员会第二次会议修订通过了《中华人民共和国残疾人保障法》；2010年国务院办公厅转发了《关于加快推进残疾人社会保障体系与服务体系建设指导意见的通知》；2011年实施贫困残疾儿童抢救性康复项目；残疾人事业专项彩票公益金康复项目等；2012年国务院通过了《无障碍环境建设条例》，中残联制定了《全国防盲治盲规划（2012—2015）》，发布《关于加强残疾人文化建设的意见》。这个阶段的残疾人社会福利体系在国家逐步从经济政策向社会政策转型的背景下得到了有效拓展，持续向强调民生权利、个体发展、社会融合的服务性福利转型，初步形成一个由多元化主体多渠道、多层次参与，提供形式多样福利服务的残疾人社会福利工作机制，呈现出"普惠""特惠"相结合的福利体系特征。这个阶段中国残疾人福利事业的伦理道德、价值观念基础与理论基础正在发生重大结构性转型，由以往明显的人道主义色彩与伦理道德型福利向国家责任、公民权利型福利体系转型。[1]

四是残疾人社会福利深化改革期（2013年至今）。党的十八届三中全会的召开，开启了中国改革与发展的崭新阶段。社会发展将从过去一味偏重经济增长转向注重社会经济协调发展。社会发展将更加注重系统性、整体性、协同性，"让一切创造社会财富的源泉充分涌流，让发展成果更多更公平惠及全体人民"。在这新的历史时期中，中国残疾人社会福利事业也进入了深化改革和优化的时期。2014年，国务院政府工作报告提出"做好残疾人基本公共服务和残疾预防"，《国家残疾预防行动计划》制订

---

[1] 刘继同、左芙蓉：《中国残障福利政策模式的战略转型与"积极性"残障福利政策框架》，《人文杂志》2011年第3期。

工作已经启动，同年中残联发布了《关于特殊教育提升计划（2014—2016）》，下发了《关于推动建立困难残疾人生活补贴和重度残疾人护理补贴制度的指导意见》；2015年国务院发布了《国务院关于加快推进残疾人小康进程的意见》；2016年发布了《"十三五"加快残疾人小康进程规划纲要》。近几年国家以"两个体系"建设为核心完善残疾人基本公共服务体系，使改革发展成果更多更公平惠及广大残疾人，促进残疾人收入水平大幅提高、生活质量明显改善、融合发展持续推进，让残疾人安居乐业、衣食无忧，生活得更加殷实、更加幸福、更有尊严。这个阶段的社会福利体系属于进行时，但是残疾人福利制度设计及政策制定逐步彰显出"积极性"与"投资性"理念。

中国残疾人社会福利的问题与发展同步存在，学者们在研究发展历程中无法避免对中国残疾人社会福利的问题进行剖析。郑功成认为中国的残疾人社会福利事业发展与中国经济发展状况不匹配，处于滞后状态，社会将照顾残疾人单纯视为家庭责任的传统观念、整个社会保障制度建设与国民福利未能随着经济增长而发展、缺乏对残疾人保障的合理定位、缺乏对残疾人保障事业发展道路的合理选择。郑功成在对原因进行深入解析的基础上提出中国残疾人社会福利应该走以一般性保障制度安排为基础、以残疾人福利为核心、以就业保障及其他措施为补充的官民结合的社会化道路。[①] 许琳和张艳妮基于抽样调查数据对中国残疾人的生活保障、就业保障、教育保障、康复保障状况进行剖析，研究结果得出中国残疾人社会保障存在供需矛盾突出、保障城乡差距大和残疾人社会支持体系不健全的三大问题。[②] 李迎生等对残疾人社会保障（社会保险、社会救助）的研究发现，中国残疾人社会保障的覆盖面较小，社会保障内部体系不均衡，城乡地区存在较大差异。[③] 吴军民研究发现中国残疾人社会政策在从传统补缺型向适度普惠社会福利的跨越演进过程中呈现出主体角色冲突与职能弱化、城乡二元化、间断式非平衡困境以及剩余型财政投入倾向等问题。[④]

---

① 郑功成：《残疾人社会保障：现状及发展思路》，《中国人民大学学报》2008年第1期。
② 许琳、张艳妮：《我国残疾人社会保障的现状与问题研究》，《西北大学学报》（社会科学版）2007年第6期。
③ 李迎生、孙平、张朝雄：《中国残疾人社会保障制度现状及完善策略》，《河北学刊》2008年第5期。
④ 吴军民：《中国残疾人社会政策演进：经验、问题及下一步行动》，《理论与改革》2012年第3期。

宋宝安和刘婧娇研究认为供需错位是中国残疾人社会福利与社会保障存在的主要问题。当前中国残疾人社会保障重经济保障，轻医疗服务保障；重收入型贫困救助，轻支出型贫困救助；重残疾人本身保障，轻残疾人子女保障；重制度制定，轻制度执行的规范与监督。"错位"导致过多的精力和资源没有用在"刀刃"上，而残疾人最紧迫的实际需要却被忽视，严重影响了残疾人社会保障制度的运行效果。① 周沛认为中国残疾人社会保障尚是"生存型福利"和"选择型福利"，残疾人福利覆盖面窄，福利供给程度较低而且内容较为单一化，政策更多聚集于生存性福利，对于残疾人支持性和发展性福利关注不足。② 在机构和服务角度，学者们认为我国残疾人机构和服务体系存在理念滞后、顶层设计缺乏、管理分散、结构不平衡、社会支持不足等系统障碍。③ 大多数残疾人所得到的福利保障项目少、水平低，在生活、康复、教育与就业等方面都面临着许多困难，尚未充分公平地共享社会发展成果。④

针对当前残疾人社会福利存在的问题，学界以各种视角进行了深入的探讨与研究并提出了各种相关的建设意见，诸多的研究逐步从强调生存保障向强调支持与发展能力转向。⑤ 兰花基于对残疾人社会模式的发展，提出增能型社会模式对残疾人社会福利问题实质进行剖析，认为中国残疾人社会福利制度应该向以增能型社会模式残疾人观为基础的"去障碍"模式转型，即努力建设以国家为主导并高度介入、第三部门和家庭积极参与并致力于消除残疾人生存与发展障碍的社会福利提供模式。⑥ 刘继同等和周沛均以积极福利为视角为中国残疾人社会福利转型提供方向，认为中国残疾人福利服务模式应由社会救助模式向社会保险、公共服务、社会服务

---

① 宋宝安、刘婧娇：《强调差异性：新自由主义对残疾人社会保障的启示——兼论残疾人特殊社会保障的必要性》，《社会科学战线》2014年第12期。
② 周沛：《积极福利视角下残疾人社会福利政策研究》，《东岳论丛》2014年第5期。
③ 刘迟：《优势视角下残疾人社会保障模式初探——以黑龙江农垦区为例》，《社会科学战线》2014年第12期；孙健、邓彩霞：《我国残疾人公共服务体系：问题与完善》，《国家行政学院学报》2011年第1期。
④ 谈志林：《我国残疾人社会福利的发展模式与路径选择》，《残疾人研究》2011年第1期；周林刚：《残疾人社会保障体系与公共服务体系建设研究》，《中国人口科学》2011年第2期。
⑤ 王新宪：《健全残疾人社会保障体系和服务体系》，《求是》2012年第6期。
⑥ 兰花：《我国残疾人社会福利制度重构研究——从救助模式到"去障碍"模式》，博士学位论文，南开大学，2008年。

模式战略升级，推动中国残疾人服务模式由"行政管理型"模式向专业型的医务和康复社会工作模式转变。① 在残疾人两个体系建设的大背景下，以积极福利理念，优化残疾人社会福利政策，变"事后型""补救型""消极型"的残疾人社会保障制度为"事先型""预防型""积极型"的残疾人社会福利体系。② 李静从优势视角出发，剖析了传统问题视角下残疾人社会福利的困境，提出新的时代背景下残疾人社会福利的发展，必须实现由"问题视角"向"优势视角"的理念转换和由"生活救助"向"就业支持"的方式转变，方可较好地提高残疾人福利水平。③ 刘婧娇以需要理论为视角对中国残疾人社会福利体系中的特殊性社会保障进行研究，发现当前这些特殊性社会保障在实际运作中没有达成制度设置的预期效果，供需矛盾突出，更多是形式的平等。以此确立了实质平等才是残疾人社会福利的价值追求，认为能够实际满足残疾人差别性需要才是实现实质平等的关键。研究提出要构建"残疾人支援制度"以有效回应残疾人的差别需要。④ 诸多研究均呈现，中国助残政策正在发生较大的改变与调整，开始从强调直接给予各种物质资助以协助残疾人满足需要与改善生活到逐渐强调通过各种助残项目提高残疾人的各种能力，促使残疾人有选择、有能力自己面对社会、参与社会，一定程度地实现自我需要的满足。

四 小结

残疾作为一个多维的概念，其理解经历了从个体/医学模式向社会模式再到多元的批判模式的转向。根植于残疾社会观的转变，残疾人社会福利理念也逐步由"慈善救助"向"公民权利"再向"增能发展"转型。基于理念的演变，中国残疾人社会福利，经历了逐步优化、完善的过程。学者们也对这个领域进行了各种研究，通过综述我们可以发现：第一，残

---

① 刘继同、左芙蓉：《中国残障福利政策模式的战略转型与"积极性"残障福利政策框架》，《人文杂志》2011年第3期；周沛：《积极福利视角下残疾人社会福利政策研究》，《东岳论丛》2014年第5期。
② 周沛：《积极福利视角下残疾人社会福利政策研究》，《东岳论丛》2014年第5期。
③ 李静：《从生活救助到就业支持——优势视角下残疾人福利的实现路径》，《南京大学学报》（哲学·人文科学·社会科学）2012年第6期。
④ 刘婧娇：《从形式平等到实质平等——需要视角下中国残疾人特殊社会保障研究》，博士学位论文，吉林大学，2014年。

疾人社会福利研究有待深化，尽管学者们从不同视角对残疾人社会福利建设与发展进行诠释，但是实证性和深度不足，特别是对于残疾人个体的真实需要和想法的挖掘有待拓展；第二，当前残疾人社会福利更多关注生存性维度，对于残疾人自主的支持与能力的发展关注较少，残疾人功能性空间的关注和自主能力的发展已经成为残疾人社会福利研究的趋势；第三，以残疾人为本，如何从残疾人角度出发优化残疾人社会福利体系成了这个研究领域关注的另一走向。在构建新型的残疾人社会福利制度时应该更多注重残疾人的需要考察，以自下而上的视角进行相关的制度设置考量。

第二节　福利治理中的需要理论

需要是人类生命的推动力和组织者，马克思和恩格斯把人的基本需要和需要的满足作为历史发展的起点和重要推动因素。[1] 需要理论作为社会福利研究的重要视角之一，需要和需要满足也是社会福利治理现实运作中必须面对的同一议题的两面。社会福利制度与福利治理的设置起点是——就什么是目标群体的基本需要以及应该如何满足这些需要达成相当程度的共识。[2] 需要作为社会福利研究的最核心和最具争议的概念，也是社会福利治理的价值基础之一，所以需要理论研究已然是社会福利关注的重要领域。[3] 社会福利制度设计旨在回应变迁的社会需要与解决社会问题，改善生活状况与提高人类福利，[4] 它必须以某种方式把个人满足需要的权利及决定这种满足如何得到实现的参与权结合起来，[5] 所以建立一套连贯、严密的人类需要理论是社会福利理论的重要组成部分，也是社会福利治理有效运行的内在要求。需要作为一个跨学科、跨学派的研究空间，正统福利经济学、新右派、马克思主义、极端民主主义、现象学、心理学等多个学科和学术流派均从自己的理论站位对"需要"的

---

[1] 王海萍：《合理性的乌托邦与个人的自我实现》，《学术交流》2017年第4期。
[2] ［英］莱恩·多亚尔、伊恩·高夫：《人的需要理论》，汪淳波、张定莹译，商务印书馆2008年版，第6页。
[3] 彭华民：《社会福利与需要满足》，社会科学文献出版社2008年版，第3页。
[4] 刘继同：《人类需要理论与社会福利制度运行机制研究》，《中共福建省委党校学报》2004年第8期。
[5] ［英］莱恩·多亚尔、伊恩·高夫：《人的需要理论》，汪淳波、张定莹译，商务印书馆2008年版，第7页。

基本原理进行各种解读,对社会福利的需要理解产生了深度影响。时至今日,社会福利领域中仍没有对需要理论达成统一的共识。由于体系庞杂,社会福利中的需要理论存在着某些"令人困惑"的内容,无论是理论内涵的解说、需要类型的划分,还是满足路径均存在诸多争论,这些争论不仅让需要理论更为丰富与清晰,同时也为社会福利制度现实设计提供有益的启示。

一 福利治理的需要理论内涵:对缺乏状态的关注

社会福利制度旨在解决如何以最低成本提供最好服务来回应和满足公民基本需要的问题,在这个意义上需要本身被认为是理所当然的。[1] 但是在社会福利制度制定与执行中,我们应该明晰目标群体的需要是"什么"和"如何"满足,在这个实践界定的定义中存在多个因素影响需要的内涵:一是对"需要"本身的假设,认为它是弹性的,是相对而非静止或绝对的;二是社会政治环境;三是资源可获性和技术状况。[2] 这必然产生多种角度的解释,使得需要的含义充满各种争论。

在马克思主义哲学层面,"需要"产生于主体自身的结构规定性和主体同周围世界的不可分割的联系,是人的生存发展对外部世界及自身活动依赖性的表现,[3] 需要是与人类必然的、普遍的生存发展方式相联系的本质现象,不仅是属于人所特有的并表现为社会关系的客观存在,而且是极其丰富多样、不断变化的。[4] 从心理学角度,需要更多用于指示一种驱动力或产生驱动力的某种内在状态,它指的是一种动机力量,这种力量是由于特定的缺乏在体内产生的不平衡或紧张状态造成的。[5] 在社会福利学科中,需要被定义为:"为了生存、福祉和自我实现的生理、心理、经济、文化和社会要求。"[6] 这个定义将需要与人类进行的某种社会行为与环境

---

[1] M. Langan, "The Contested Concept of Need", In M. Langan, ed., *Welfare: Need Right and Risks*, London: Routledge, 1998, p. 4.

[2] P. M. Kettner, R. M. Moroney, L. L. Martin, *Designing and Managing Programs: An Effectiveness-based Approach*, Sage Publications, 1990, pp. 45-48.

[3] 李德顺:《价值论》(第2版),中国人民大学出版社2007年版,第62—63页。

[4] 李德顺:《"满足需要"有何错》,《马克思主义研究》2013年第9期。

[5] Thompson, G., *Needs*, London: Routledge, 1987, p. 13.

[6] Macarov David, *Social Welfare Structure and Practice*, Thousand Oaks, CA: Sage Publications, 1995, p. 18.

联系在一起，① 可以从以下四个角度进行解读：（1）需要涉及价值观，不同的价值观将引出不同的需要理解；（2）需要是目标群体所特有的问题，即生态视角是需要分析中重要的取向；（3）需要分析中所展现的问题可表示资源不足所产生的结果，也表示不足造成伤害的过程；（4）需要的界定与需要的满足紧密相关，即需要的界定蕴含了各种潜在需要的满足路径，当然各种满足路径在回应需要的成本、可能性与可行性是相异的。② 因此，社会福利视角下的需要理论的前提是社会人，不同于经济人假设中对人的价值认同和关心，它接纳个体的多层次需要，强调一种社会取向。③ 社会工作与社会福利领域，需要概念至少在六种不同取向上使用：动机、冲动、缺乏、要求、资源、问题。④ 这样的需要关注整体的社会人。

多亚尔和高夫作为社会福利领域中需要理论的集大成者，与那些认为不可能对人类基本需要进行界定的人相反，他们坚持认为存在着适用于全人类的参与美好生活的普适性先决条件，即人类需要具有普世性。他们从人的需要具有某种客观性和普遍性的信念出发，认为需要是人类行为和互动的前提，基本需要与避免严重伤害相关联，受到严重伤害就是使某人从根本上丧失了对自己未来的美好愿景的追求能力。如果以这样的逻辑思考，那么伤害的客观性就可以保证不会简化为偶然的主观感觉。基本的人类需要确定人必须达到什么目标才能避免在这个意义上的、持续而严重的伤害。⑤ 除非个人有能力参与在试图实现目标时不会受任何任意而严重限制的生活，否则他们在私人和公共事业方面获得成功的潜力将不能得到发挥——无论他们选择的内容是什么。基于此，如果个体缺乏基本需要的满足就会对个人构成某种伤害，汤森将其定义为权利剥夺："如果他们根本没有或者没有充分的生活条件……而作为社会成员必须享有这种条件，以

---

① 彭华民：《社会福利与需要满足》，社会科学文献出版社2008年版，第14页。
② J. McKillip, *Need Analysis: Tool for the Human Services and Education*, London: Sage, 1987, p. 10.
③ 彭华民：《社会福利与需要满足》，社会科学文献出版社2008年版，第7页。
④ Macarov David, *Social Welfare Structure and Practice*, Thousand Oaks, CA: Sage Publications, 1995, p. 18.
⑤ [英] 莱恩·多亚尔、伊恩·高夫：《人的需要理论》，汪淳波、张定莹译，商务印书馆2008年版，第64页。

便能够发挥一定的作用，参与各种关系，遵循习俗性的行为规范。"① 需要应被定义为主体为了避免某种客观性的伤害所必须达到的可以普遍化的目标。② 多亚尔和高夫识别的"需要满足因素"要能够保障个体有尊严地生存，即使可能是相当俭朴的。③ 社会政策的导向应该是保证一个社会的公民得到一系列的人生机会。与此相关的人生机会是为了保护个人作为一个社会的正式成员的地位所必需的，目的是为参与这个社会的生活方式提供物质机会。需要的定义是，为达到这个目的所需要的一切。一个个体"需要"社会政策的目的，是因为他缺乏必要的资源，无法作为一个正式的社会成员参与该社会的生活方式。④ 由于身体的存活和个人自主是任何文化中、任何个人行为的前提条件，所以它们构成了最基本的人类需要——这些需要必须在一定程度上得到满足，行为者才能有效地参与他们的生活方式，以实现任何有价值的目标。⑤ 需要可以被定义为实现这一目标所需要的各种商品和服务。我们可以从以下几点来理解这个需要的逻辑：第一，这样的需要定义是完全客观的，某种事物是不是人类需要与任何个人的信念、欲望或倾向无关，只是考虑它是否以生命参与的方式促进人类的发展这一客观事实。因此，这是客观需要与主观需求和喜好的主要区别，虽然，这两者有时存在必然的重叠。第二，虽然需要是客观的，但他们的概念化方式、满意的方式和相对重要性都是随社会历史情况不断变化、发展和扩大。第三，我们采用的方法在某种意义上是客观的，因此需要一个通用的标准，使我们能够通过批判地发问以下问题来评估一个给定的社会和比较不同的社会：一个社会是否允许其成员发挥自己的能力和满足自身需要，使他们能够参与社会并促进社会发展？一个能为人类的繁荣与发展提供良好条件的社会是一个好的社会。第四，这种方法拒绝任何人的需要层次排序，拒绝将需要分为生物和非生物，或作为必需品和奢侈

---

① Townsend, P., "Deprivation", *Journal of Social Policy*, Vol. 16, No. 2, 1987, p. 130.
② [英] 莱恩·多亚尔、伊恩·高夫：《人的需要理论》，汪淳波、张定莹译，商务印书馆2008年版，第70页。
③ [英] 哈特利·迪安：《社会政策学十讲》，岳经纶、温卓毅、庄文嘉译，上海人民出版社2009年版，第13页。
④ Harris, D., *Justifying State Welfare: The New Right Versus the Old Left*, Oxford: Basil Blackwell, 1987, p. 101.
⑤ [英] 莱恩·多亚尔、伊恩·高夫：《人的需要理论》，汪淳波、张定莹译，商务印书馆2008年版，第69—70页。

品。这些排序的典型假设是,那些生物或必需品的需要必须优先满足。正是这种预设导致一些社会系统"家长式"或"专政"的需要,即推迟或抑制那些不被认为是必要或基本的需要的表达。相反,笔者认为这样的分层和预定排序的需要在概念和经验上都是难以维持的,即使是最"必要"或"生物"的需要,如食物和住所,在非常低的收入水平中也有着不可分割的象征维度和在经济活动剖析中具有很小的解释力。笔者还认为,即使是炫耀性消费也不应该被先验地认为是非理性的,它很可能反映了一个"隐藏"的人的需要。第五,这种方法在某种意义上,不指定一个固定的或是简约的人的需要的完整列表。这是需要和能力之间关系动态性的结果,对两者中任一方的忽略都最终导致人类贫困。人类只能通过一种生命形式参与发挥他们的能力,满足他们的需要;当他们的需要得到满足时,又反过来促进他们的能力向更高层次发展。这样的概念意味着个人要成为完整的人,必须实现其自然属性,发挥他们的各种能力(认知、情感、实践),使其各种不同需要(如食品、医疗、住房、教育)得到满足。因此,每个人的最终目标都是实现自己的独特个性与发展。一个个体只有在社会中与他人互动交流,以生命参与的方式方可满足自己的需要和发展自己的能力。在这个意义上,每个人都是社会的、公共的。阿玛蒂亚·森提出的可行能力概念对社会福利与社会政策理解需要有了另一个层面的启示,森认为个体对商品的需要是相对的:它完全取决于个体所处的社会环境;但是个体对能力的需要——对作为人类社会一员发挥适当作用的自由需要——则是绝对的。[1]

从上述需要概念的争议中,我们可以发现需要具有多元特征,人的需要具有社会性、自然依赖性、客观性、主观性、发展性等。[2] 从需要的最本质与可进行操作性研究的角度来看,社会福利中的需要是社会中生活的人在其生命过程中的一种缺乏的状态。人的基本需要如果不能得到满足,这种缺乏状态将损害人的生命意义,[3] 而且社会福利体系中呈现出来的需要具有一定的紧迫性,要求在一定的时间内保证一定程度的回应与满足。

---

[1] Sen Amartya, *Development as Freedom*, Oxford: Oxford University Press, 1999.
[2] 易岚:《需要的主观性及其调控》,《齐鲁学刊》2014年第6期。
[3] 彭华民:《社会福利与需要满足》,社会科学文献出版社2008年版,第14页。

二 福利治理的需要类型争论：基于福利供给的细化

社会福利制度是依据目标群体的生活缺乏状态提供制度性帮助的。经典的贝弗里奇报告宣告要解决人类生活中的"五大恶"：匮乏、疾病、无知、肮脏和懒惰，便是针对民众的保障、医疗、住房、教育与就业五大需要进行政策回应。① 对目标群体生活缺乏状态的考察即是对个体的需要进行细化分类，以便提供的福利资源能更有效地发挥作用，回应民众的需要。需要类型的研究便成为社会福利视角下需要理论的重要组成部分。不同学科的需要分类对福利治理的需要满足与供给提供了方向与操作依据。在社会福利领域中，需要类型的确定导向福利供给的实现，通常是目标群体、行政管理者和专家学者三方互动的结果。② 在各种对话与演变中生成了多样化的需要分类。

需要类型的确定方式可以归结为两种：一是由社会政策决策者和专家学者"由上而下"和"由外及里"地进行理念型的归纳，他们希望这种分类能有助于福利决策与方案的执行，但是往往这类的归纳都较为抽象，在实际操作中存在一定的困难；二是以实证研究的方式，用由上而下与由下而上相结合的整合方式进行界定划分，这种归结策略在某种程度上能较为有效地理解需要的含义与类型。③ 为了增强改善生活质量和谋求社会福利最大化的方向性，社会需要的分类更多基于需要评估（Needs Assessment）的可操作性来进行。布拉德肖（Bradshaw）针对社会福利服务的研究，将人类需要划分为四种类型：感觉性需要、表达性需要、规范性需要和比较性需要。感觉性需要指的是调查者从被访者的回答中了解到他的需要是什么，这种需要直接反映了社会成员当前所需要的是什么；表达性需要是指社会成员用行动来展现的需要；规范性需要是指学者或社会福利专业人员根据社会情境的理解对需要内容进行的界定；比较性需要是指与他人或某一标准化的社会需要进行对比而确定的潜在需要。④ 这个需要的分

---

① Beveride, W., *Social Insurance and Allied Services*, Cmd. 6404, London: HMSO, 1942.

② 刘继同：《人类需要理论与社会福利制度运行机制研究》，《中共福建省委党校学报》2004年第8期。

③ 同上。

④ Jonathan Bradshaw, "The Taxonomy of Social Need", In Richard Cookson, Roy Sainsbury & Caroline Glendinning, ed., *Jonathan Bradshaw on Social Policy Selected Writings 1972 – 2011*, York Publishing Services Ltd, 2013, pp. 1 – 12.

类在社会福利与社会工作界影响持久,这种分类之所以重要是因为它让我们意识到这样的事实:需要这个词经常以不同的含义被使用。布拉德肖的需要类型学已经被公共政策领域广泛采用,这样分类从多个角度理解需要,其考察更为接近真实。这一方法有良好的意识,如果一个需要由经历的个体和在那个场景中的专家观测后共同认可,它就被接受为是合理的。埃费(Ife)就是依据社会调查所得的资料进行需要评估,进而发展出需要的类型:社会成员定义的需要(Population-defined Need)、照顾者定义的需要(Caretaker-defined Need)、从事社会工作实务人员推断的需要(Inferred-Need)。[1] 但布拉德肖和埃费的类型学并没有提供一个普遍性的人的需要理论,使得用于不同的社会和文化背景下的需要比较变得困难。多亚尔与高夫在他们的需要理论中,将需要分为基本需要(Basic Needs)和中介需要(Intermediate Needs)。[2] 由于身体的存活和个人自主是任何文化中、任何个人行为的前提条件,所以健康和自主构成了最基本的人类需要;[3] 个人的健康和自主的基本需要具有普遍性,但是满足这些需要所必需的许多产品和服务却存在着文化差异,这些需要的满足物就构成了人类的中介需要。[4] 他们列举的中介需要主要有:营养食品和洁净的水;具有保护功能的住房;无害的工作环境;无害的自然环境;适当的保健;童年期的安全;重要的初级关系;人身安全;经济安全;适当的教育;安全的生育控制和分娩。[5] 普世性的需求满足物可被认为是人们行动的目标,而特殊的需要满足物可以被认为是人们行动的手段。联合国人类发展指数基于需要理论和可行能力理论将人的需要界定为健康、收入和教育[6](见图2-3)。

多亚尔和高夫的需要理论已经使我们超越对基本需要概念的传统理解,传统通常将基本需要认知为是对食物、水和住所的需要。他们认为,一个需要层次划分理念在概念上是无益的。以层次来考察需要所展现的问

---

[1] Ife, J., "The Determination of Social Need—A Model of Need Statements in Social Administration", *Australian Journal of Social Issues*, Vol. 15, No. 2, 1980, pp. 92–107.

[2] Len Doyal & Ian Gough, *A Theory of Human Need*, The Macmillan Press Ltd., 1991, pp. 49–75.

[3] [英]莱恩·多亚尔、伊恩·高夫:《人的需要理论》,汪淳波、张定莹译,商务印书馆2008年版,第69—70页。

[4] 同上书,第196—198页。

[5] 同上书,第199页。

[6] UNDP, *Human Development Report*, New York, Oxford: Oxford University Press, 2000.

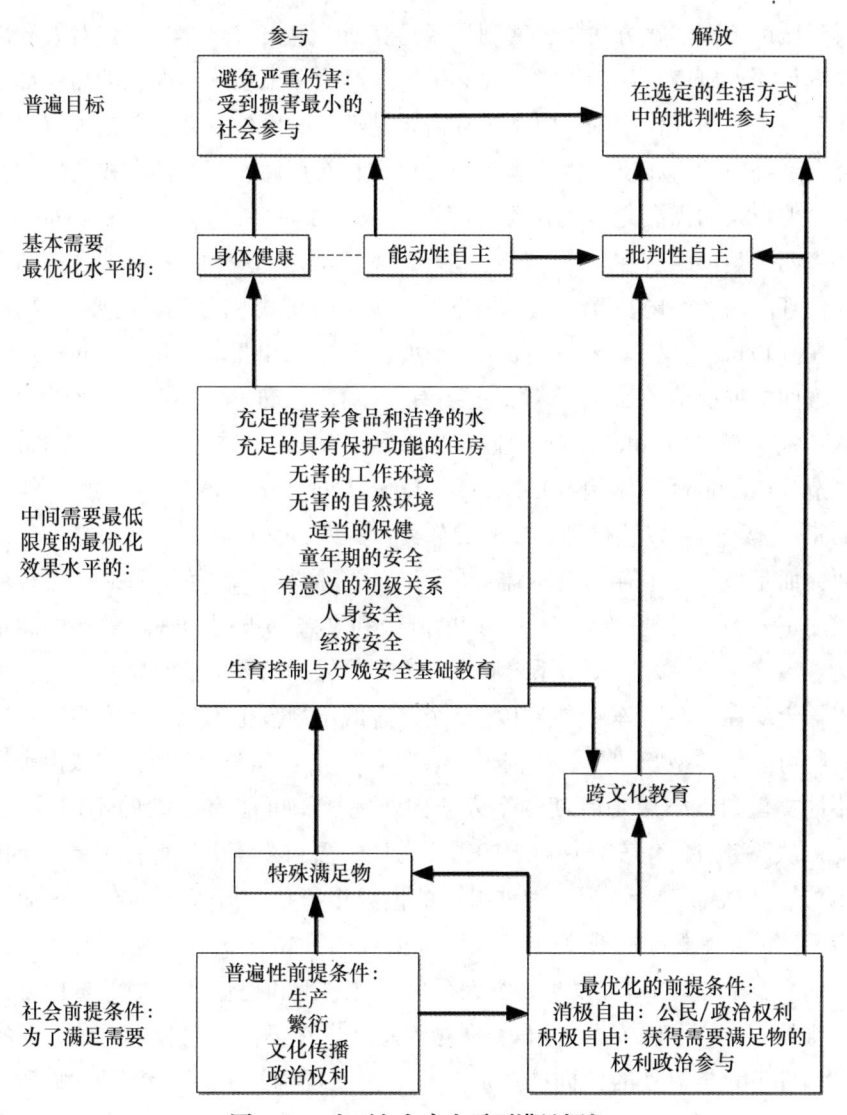

图 2-3　多亚尔和高夫需要满足框架

题被实证观察结果不断证实，在许多情况下，我们可以观察到人为了获得满足所谓高阶需要的满足物而放弃更基本的需要满足物。然而，这并不偏离这样的事实："基本需要"在国际发展的辩论中一直都是重要的核心议题，而且它是 20 世纪 70 年代由世界银行引领的国际发展计划的重要动力。自那时以来，政策辩论和理论的发展大大扩展了我们对需要的理解。基于多亚尔与高夫的需要理论，众多学者进行了开拓性的研究。在发展农村和城市社区实践方法中，智利学者马克斯·尼夫（Max-Neef）对人类需要进行深入研究，认为人类需要必须被理解为一个系统，即人的需要都是相互联系、相互作用的。除了生存需要是唯一的例外，即活着是没有层次存在系统内的。相反，需要满足的过程具有共存性、互补性和权衡性的特点。他将人的需要划分为两类：存在（existential）和价值（axiological），并将两个类型结合在一个矩阵中进行具体显示。[1] 这样的表示方式有助于我们理解两者的内在互动性：一方面根据存在的类别分类，需要主要有：存在（Being）、拥有（Having）、行动（Doing）和互动（Interacting）；另一方面根据价值论范畴，需要主要有：生存（Subsistence）、保护（Protection）、感情（Affection）、理解（Understanding）、参与（Participation）、创造（Creation）、休闲（Leisure）、身份认同（Identity）和自由（Freedom）。[2] 我们可以这样理解如此的分类：例如，食物和住所都不能视为需要，而是被作为生存的基本需要的满足物。同样，教育（无论是正式的或非正式的）、研究、调查、早期的刺激和冥想都被视为理解需要的满足物。治疗系统、一般预防系统和卫生方案是保护需要的满足物。满足物可以被组织在一个矩阵的网格中。这个矩阵既不规范也不确凿。它只是对满足物可能的类型归纳的一个例子。事实上，该矩阵的满足物，如果由来自不同文化和不同历史时期的个人或团体完成，可能有很大的不同。[3] 因此，从服务对象角度来理解人的需要在社会福利领域中显得特别重要。以纳拉扬（Deepa Narayan）为首组成的世界银行扶贫开发的社会发展研究专家团队，承担了一项关于穷人的价值观的开拓性研究，被命名为"穷人的声音"。该项研究发现，穷人视角中的贫困和他们所经历的贫困都是多维的。[4] 立足于数据的分析，课题组总结出在不同的气候、文化、国家和条件下人类福祉的共同构成成分。他们发现福祉的六个维度（物质福祉、身体福祉、社会福祉、安全、选择和行动自由、心理福祉）对于全世界的穷人是非常重要的。工作、关系、自我尊严、自由等被视为重要的

---

[1] Manfred Max-Neef, "Development and Human Needs", In Paul, Ekins & Manfred Max-Neef ed., *Real-Life Economics: Understanding Wealth Creation*, London: Routledge, 1992, pp. 197–213.
[2] Ibid., p. 199.
[3] Ibid., p. 204.
[4] Deepa Narayan, "Voices of the Poor: Can Anyone Hear Us?", *Journal of International Development*, Vol. 13, No. 3, 2000, pp. 377–379.

实践理性，对于个体实现自我整合不可或缺。这个分类呈现的最大意义是开启服务对象的视角。从服务对象能力建设的角度出发，阿玛蒂亚·森（Sen. Amartya）认为个体的福利需要构成应该包括功能性活动（functioning）和可行能力（capability）。①"功能性活动"代表了个人状态的各个部分——特别是他或她在过一种生活时成功地实施或成为的各种事物；可行能力表示人们能够获得的各种功能性活动（包括某种生存状态与活动）的不同组合。②努斯鲍姆（Nussbaum）沿着森提出的可行能力方法，着手构建人类发展的基本能力清单，其能力列表是她论证福利需要的形式，列表的目标是让我们一见到某个人就可以直观地评价该个体是否拥有尊严的生活。为了生成一个列表，我们只需要问自己："哪些事物如此重要以至于如果没有拥有它们我们的生活就不能称得上是正常人的生活？"③她认为一个个体拥有尊严的生活需要支持有：生命（life）、身体健康（bodily health）、躯体完整性（bodily integrity）、理智与想象式思维（senses, imagination, thought）、情感（emotions）、实践理性（practical reason）、友好关系（affiliation）、娱乐（play）、自我支配（control over one's Environment）、个人生态（material）。④ 在努斯鲍姆看来，这些能力要求都是为了让个体可以享有真正的生活。

与此同时，多亚尔与高夫的需要理论很大程度上引发了学界对于"普遍需要"的关注与研究。莫林·拉姆齐（Maureen Ramsay）也做了类似的探索工作，她基于心理学视角通过综合研究十位专家的研究成果，在制定需求的经验指标和确定满足需求或恢复自然心理功能的手段之前，确定"客观和基本"的身心健康需求。她基于融合的思维将原有研究发现的基本需要划分为六类：身体生存；性需求；安全；爱与关联；尊重与认同；自我实现。⑤ 她主要利用临床研究来证实每一类都是"需要"。⑥ 同

---

① ［印］阿玛蒂亚·森：《正义的理念》，王磊、李航译，中国人民大学出版社2012年版，第238—239页。

② 姚进忠：《福利研究新视角：可行能力的理论起点、内涵与演进》，《国外社会科学》2018年第2期。

③ Nussbaum, Martha, *Frontiers of Justice: Disability, Nationality, Species Membership*, Cambridge, Massachusetts: The Belknap Press, 2006, p. 74.

④ Nussbaum, Martha, *Women and Human Development: The Capabilities Approach*, Cambridge: Cambridge University Press, 2000, pp. 78-80.

⑤ Maureen Ramsay, *Human Needs and the Market*, Aldershot: Avebury, 1992, pp. 149-178.

⑥ Ibid., p. 154.

样是心理学视角的研究，罗伯特·康明斯（Robert Cummins）对关于"生活质量"的理论和实证研究文献进行了综述，并将生活质量分类地与主观幸福感的维度进行匹配。通过生活质量的调查与剖析，他提炼了福祉需要的七个维度，主要有物质福祉、健康、生产力、亲密关系/友谊、安全、社区归属和情感福祉。[①] 而在华人世界的需要研究中，周健林和王卓祺基于实证调查研究认为衣食住行和健康是华人的基本需要。[②] 张姝则是借助马克思主义关于人的全面发展的理论，将多亚尔和高夫的自主概念修正为发展需要，由此将人的需要划分为收入、健康和发展三种类型。[③] 当然，需要类型划分对话会依据自然环境、社会文化、经济状态等差异存在各种争论，提供一种一统的类型并不太可能，为了让类型讨论的演进集中呈现，笔者将福利治理中采用比较有代表性的需要分类做如下整理（见表2-2）。

表2-2　　　　　福利治理中代表性的需要类型划分汇总

布拉德肖（Bradshaw）	埃费（Ife）	多亚尔与高夫（Doyal & Gough）	马克斯·尼夫（Max-Neef）	纳拉扬（Narayan）	努斯鲍姆（Nussbaum）	莫林·拉姆齐（Maureen Ramsay）
感觉性需要；表达性需要；规范性需要；比较性需要	社会成员定义的需要；照顾者定义的需要；从事社会工作实务人员推断的需要	基本需要（个体健康和自主）；中介需要（营养食品和洁净的水；具有保护功能的住房；无害的工作环境；无害的自然环境；适当的保健；童年期的安全；重要的初级关系；人身安全；经济安全；适当的教育；安全的生育控制和分娩）	存在（生存、拥有、行动、互动）；价值（生存、保护、感情、理解、参与、创造、休闲、身份认同和自由）	物质福祉；身体福祉；社会福祉；安全；选择和行动自由；心理福祉	生命；身体健康；躯体完整性；思想与想象力；情感；理性实践；友好关系；游戏；自我支配；个人生态	身体生存；性需求；安全；爱与关联；尊重与认同；自我实现

---

① Robert Cummins, "Domains of Life Satisfaction: an Attempt to Order Chaos", *Social Indicators Research*, Vol. 38, No. 3, 1996, pp. 303-328.
② 周健林、王卓祺：《关于中国人对需要及其先决条件的观念的实证研究》，《中国社会科学季刊》1999年第25期。
③ 张姝：《论社会保障权利体系重构——基于需要的类型化研究》，《理论导刊》2011年第5期。

在上述系列的需要类型划分的争论中,学者们逐步认为拓展人类需要理论需要更好地认识到需要的社会和心理维度的重要性。这包括强化对于个体亲密关系和社会参与重要性的认识,强调"精神健康、认知能力和技能"的重要作用以及对于人类福祉主观和情感重要性的认识,强调情感联系与归属感的重要性,认识到在福祉中集体成员资格和身份的中心地位。[1] 这种对于需要理论扩展的方法展现了我们的心理自我、物质自我和社会自我之间的相互联系,以及将整个人的需要放在社会环境中进行审视的重要性。这样的类型划分的站位为福利治理提供了更为科学、客观的目标导向。

三 福利治理的需要满足路径探索:多元取向的对话

需要是人成为人的根本。所以如何实现需要满足成为社会福利研究的一个核心关注点。社会福利制度的服务对象是行动着的社会成员,这样的动态性使需要的含义丰富而深刻,也使需要满足的手段与路径多样而具有弹性。[2] 各种经济、社会和政治系统采用不同的方法来满足同一人的基本需要。在每一个系统都是通过生产(或不生产)不同类型的满足物来满足(或不满足)需要。我们可以说,对一种文化的定义是它对满足物的选择。无论一个人所处的是消费者社会还是苦行僧社会,他/她的基本需要是一样的。改变的是他/她选择的满足物的数量和质量。总而言之,文化决定的不是人类的基本需要,而是满足这些需要的满足物。[3] 需要满足的路径研究中可以归纳为以下五个取向。

一是价值取向。芬尼斯(John Finnis)在内的多学科小组的哲学研究已经形成了一种"基本的人类价值"的概念,这似乎是一个实现个体核心需要的方式并为此提供一个方便的工具。[4] 从个体存在的价值层面论证

---

[1] Ian Gough, "Rethinking Human Needs and Well-being", *Newsletter of ESRC Research Group on Well-being in Developing Countries*, Vol. 1, No. 2, 2003, pp. 1 - 2.

[2] 彭华民:《社会福利与需要满足》,社会科学文献出版社 2008 年版,第 3 页。

[3] Manfred Max-Neef, "Development and Human Needs", In Paul, Ekins & Manfred Max-Neef ed., *Real-Life Economics: Understanding Wealth Creation*, London: Routledge, 1992, pp. 199 - 200.

[4] Sabina Alkire & Rufus Black, "A Practical Reasoning Theory of Development Etthics: Furthering the Capabilities Approach", *Journal of International Development*, Vol. 19, No. 2, 1997, pp. 263 - 279.

需要满足的面向。与试图确定"基本需要"（基于生物/心理考量）或"基本能力"（基于政治必要性的考虑）不同，芬尼斯的方法在于确定"行为的理性"。① 芬尼斯认为这些理性和基本价值可以被任何文化、社会经济阶层和教育水平的成年人通过问自己"为什么我可以做我想做的"和"为什么其他人可以做他们想做的"所确定。在回答"为什么我和别人可以做我们想做的"时，个体就开始反思他/她的生活经历、历史情况、关系、长期目标、品位、信仰和他/她熟悉的人的生活，以协助他/她可以看到不同活动的"要点"和"价值"。② 芬尼斯的剖析认为，当问题"为什么我和别人可以做我们想做的"被不同个体和团体不断问及时，可以发现一个全面反映人类能力的最基本、最简单的行为理性的离散结构。他们认为，这个列表应该可以用于分析而且应该能涵盖"人类行为的所有基本目的"③。芬尼斯和她的同事们对于应用伦理的考虑表明这些特定的基本行为理性的强大的实用价值，包括：生命、知识与审美经验、工作和玩耍、友谊、自我整合、自我表达或实践理性、宗教信仰（见表2-4）。④ 在芬尼斯的方法中，"行动的基本理性"包括一组个体寻求"整体性"或"福祉"和追求"人的发展"所需要的理性。因此，他们也准确地、也许更简单地被认为是人类发展的维度。希伯来大学的心理学教授施瓦茨（Shalom Schwartz）基于跨文化的实证研究，提出修订人类价值的普遍内容与结构的理论。在实证研究基础上，他提出了自己的价值维度实体列表。如表2-5所示，他将人类基本价值区分为权力、成就、享乐主义、激励、自我导向、普遍主义、仁爱、传统、整合与安全保障。⑤ 价值取向的观点认为人与其他生物的差异性在于其价值观的存在，他们共同认为保证个体价值实现是满足个体需要的最好方式，最终达成人成为人的目标。

---

① Grisez, G., Boyle, J., & Finnis, J., "Practical Principles, Moral Truth and Ultimate Ends", *American Journal of Jurisprudence*, Vol. 1, No. 1, 1987, pp. 99-151.

② Sabina Alkire, "Dimensions of Human Development", *World Development*, Vol. 30, No. 2, 2002, pp. 180-205.

③ Finnis, J., *Natural Law and Natural Rights*, Oxford: Clarendon Press, 1980, pp. 91-92.

④ Ibid., Chapter V.

⑤ Schwartz, S. H., "Are there Universal Aspects in the Structure and Contents of Human Values?", *Journal of Social Issues*, Vol. 50, No. 4, 1994, pp. 19-45.

表 2-3　　　　　　　　　　　　**行动的基本理性表**

生命（life）本身—它的维持与延续—健康与安全

知识与审美经验（Knowledge and aesthetic experience）。"人类可以了解现实和欣赏美，而且强烈地吸引他们的能力来认识和感受。"

一定程度地完美工作和玩耍（Work and play）。"人类可以用现实改造自然世界，从自己的身体开始表达意义和达到目标，这种意义的给予和价值创造可以在不同程度上实现。"

友谊（Friendship）。个体和群体之间存在各种形式的和谐关系，与他人、邻里和平相处，保持友好。

自我整合（self-integration）。在个人和他们的个人生活中，类似的满足物可以被不断实现。感情本身存在冲突，也与个体的判断和选择会有不一致。内在和谐反对这样的冲突的存在。

自我表达，或实践理性（Self-expression, or Practical Reasonableness）。一个人的选择与他的判断和行为存在冲突就不能很好地表达自己的内心。相应的好的状态是一个人的判断、选择和行为之间和谐一致，即心安理得和一个人的自我与表达之间的一致性。

宗教（Religion）。很多人经历与现实的紧张状态之后，试图基于个人的世界观以多种方式获得或改善与一些超人类的意义与价值的和解。因此，另一类便是与上帝或一些神、信仰即超人类的价值和平共处。

表 2-4　　　　　　　　　　　　**人类普遍价值表**

权力（社会地位、威望、对人与物的控制或支配）

成就（根据社会的标准展示能力的个人成功）

享乐主义（快乐和个体感官的满足）

激励（生活中的兴奋、新奇和挑战）

自我导向（独立思考和行动、选择、创造、探索）

普遍意义（对所有人的福利和对大自然的理解、欣赏、宽容和保护）

仁爱（在个体的人际互动中促进人的福利保护和增强）

传统（对于传统文化或宗教提供的习俗和思想的尊重、信奉和接受）

整合（对于可能破坏或伤害他人和违背社会期望或规范的行为、倾向和冲动的约束）

安全保障（社会、人际关系和自我的安全、和谐、稳定）

二是生产劳动取向。在所有的社会和文化中，人们必须创造食物、住所和其他达到集体"正常"健康水平所必需的满足物，这种生产构成了每个社会的经济基础。[①] 为了令人满意地、持续地满足基本需要，任何社会都需要适合这个集体目标的社会生产关系，这个取向具有很强的马克思

---

① ［英］莱恩·多亚尔、伊恩·高夫：《人的需要理论》，汪淳波、张定莹译，商务印书馆 2008 年版，第 105 页。

主义思维。马克思认为,在社会生产实践中人改造了自己的自然需要,产生了新的历史需要。"自然需要(第一个需要)—生产劳动(第一个历史活动)—人的历史形成的需要(第二个需要)。"① 需要在生产活动中变化,也在生产劳动中满足。从根本上说,人的需要目标实现了矛盾运动根植于社会的劳动实践及其运动发展。② 黑格尔在需要满足路径设计中,认为劳动是市民社会成员满足需要的手段,是使主观性与客观性统一的中介,是人的主观目的作用于外在物体使其合乎主体目的的活动。我们从黑格尔关于劳动的思想、劳动对人的意义中明显能感受到他对马克思的重大影响。黑格尔总结出市民社会中满足人的需要的两种方式:第一,通过外在物,而在市民社会阶段这种外在物也是别人需要和意志的所有物和产品;第二,通过活动和劳动,如此一来人与人之间必然建立起联系,"需要和手段,作为实在的存在,就成为一种为他人的存在,而他人的需要和劳动就是大家彼此满足的条件"。③ 鲍德里亚在论证消费的社会逻辑中也认为福利国家和消费社会里的所有政治游戏,就在于通过增加财富的总量,从总量上达到自动平等和最终平衡的水平。增长即丰盛,"哪怕是生活在社会底层的人,从生产的加速增长中所获得的益处,也远远胜于任何一种形式的再分配"。④ 马克思同样认为人类因为有需要而进行劳动,劳动是人之为人而区别于其他动物的最根本的实践活动。而劳动的目的在于消费享有,需要—劳动—消费—需要满足这个过程是人类实现自我的过程。⑤

所以多亚尔和高夫认为,一个社会制度想要永远繁衍下去,社会成员必须通过劳动的方式利用他们生存环境中的自然资源,运用所有的生产方式,创造出他们作为个人生存所必需的各种产品和服务,⑥ 决定个体需要

---

① 裴德海:《马克思"需要理论"的价值向度》,《安徽大学学报》(哲学社会科学版)2009年第1期。
② 同上。
③ [德]黑格尔:《法哲学原理》,范扬、张企泰译,商务印书馆2010年版,第207—209页。
④ [法]让·鲍德里亚:《消费社会》,刘成富、全志刚译,南京大学出版社2014年版,第29—32页。
⑤ 彭华民:《论需要为本的中国社会福利转型的目标定位》,《南开学报》(哲学社会科学版)2010年第4期。
⑥ [英]莱恩·多亚尔、伊恩·高夫:《人的需要理论》,汪淳波、张定莹译,商务印书馆2008年版,第291页。

满足水平的物质因素是：生产出来的需要满足物的总量、构成和质量。①在他们论证以劳动满足需要时设置了一个满足人们需要的物质生活条件生产、分配和消费模型。图2-4是刘桂英和陈洪泉根据多亚尔和高夫的模型经过一定的简化和改造制作的一个关于物质生活条件满足方式的模型。②

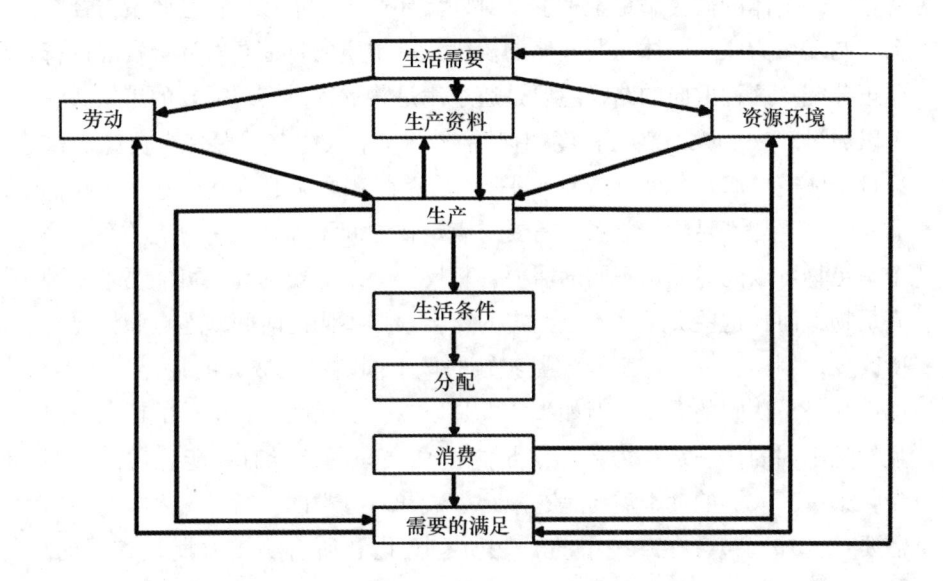

图2-4 需要满足的生产模型

根据这个模型，位于顶端的生活需要经过生产、分配和消费这三个过程将资源环境转化为底部的需要的满足。在整个转化过程中，生产条件的生产、分配和消费是实现生活需要满足的三个阶段或三种基本方式。③ 在发生这种转化的过程中，所有的经济体必须保证生产、分配和需要转换这三个过程发生在某种有效的水平上。④ 经过生产、分配和消费使用一定的生活条件，人们的生活需要得到了相应的满足。

---

① [英] 莱恩·多亚尔、伊恩·高夫：《人的需要理论》，汪淳波、张定莹译，商务印书馆2008年版，第296页。
② 刘桂英、陈洪泉：《论发展的主题及其实现方式》，《东岳论丛》2011年第5期。
③ 同上。
④ [英] 莱恩·多亚尔、伊恩·高夫：《人的需要理论》，汪淳波、张定莹译，商务印书馆2008年版，第293页。

三是资源取向。这个取向的需要满足路径来自于经济学的思维。"效率"的追求是经济学理论中的核心问题之一,萨缪尔森和诺德豪斯认为:"效率是指最有效地使用社会资源以满足人类的愿望和需要。"① 社会政策和社会福利领域中同样在计算成本提供。在社会的发展中,必然有个体无法实现自给自足,需要组织或共同体通过对环境中的资源进行再分配来维持生存。个体的需要满足某种程度对外界环境产生依赖。社会政策与社会福利制度作为联结个体与共同体的桥梁,最本质的特征是对社会资源进行公正分配。这种取向的路径主要是通过满足物的提供实现需要的满足。它可以通过"一个人的满足程度如何"或"一个人能够掌握多少资源"来衡量个体需要满足程度(福祉水平)。马克斯·尼夫的研究很好地向我们展现了需要与满足物的关系。需要与满足物之间不存在一一对应关系。一个满足物可以同时满足不同的需要,相反,一个需要的满足可能要求多种满足物,而且这些关系并不是固定的,会根据不同的时间、地点和情况有所改变。例如,一个母亲母乳喂养她的孩子同时满足婴儿的生存、保护、感情和身份认同的需要,但如果宝宝是以一个机械的方式喂养的话,情况显然是不同的。确定了需要与满足的概念之间的差异有可能陈述两个假设:第一,人类的基本需要是有限、少数和可分类的;第二,人类的基本需要(如那些包含在系统中的)在所有文化和所有历史时期是相同的。随着时间推移与文化变迁,变化的只是满足需要的方法或手段。必须补充说明的是,每种需要能在不同层次和不同强度中满足。此外,需要在三种情况下被满足:(1)自我层面;(2)集体层面;(3)环境层面。满足的质量和强度、水平和情况,都将取决于时间、地点和环境。② 需要、满足物和经济商品之间的关系是永久性和动态的。它们之间存在辩证关系。如果经济商品能够影响满足物的效率,后者将对生产和创造前者起决定作用。通过这种互为因果关系,它们成为定义文化的一部分,反过来,也成为界定发展模式的要素。③

四是权利取向。个体从国家获得能够适当满足基本需要的生活资源是

---

① [美]保罗·萨缪尔森、威廉·诺德豪斯:《微观经济学(第19版)》,萧琛译,人民邮电出版社2012年版。
② Manfred Max-Neef, "Development and Human Needs", In Paul, Ekins & Manfred Max-Neef ed., *Real-Life Economics: Understanding Wealth Creation*, London: Routledge, 1992, pp. 199 – 200.
③ Ibid., p. 204.

每个公民的权利,[1] 以权利思维建构需要满足的路径是社会福利发展与福利治理演进的重要维度。在经典解释中,马歇尔(T. H. Marshall)的社会权利理论是最具代表性的,他的权利理论围绕公民身份的本质展开,"公民身份是一种地位,是一个共同体的完全的成员享有的地位,享有这种地位的人在权利和义务方面是平等的",[2] 公民身份的本质是自由和平等。根据历史发展进程,他将与公民身份相联系的权利分为三类:公民的(civil)、政治的(political)和社会的(social)。[3] 公民身份的演进也正是权利按这个顺序扩展的过程。承认了这些权利,国家就要承担一定的责任。社会权利就是个人作为公民从国家获得一定的经济资源和服务的权利。[4] 权利本位是一个法哲学的观念,[5] 是指关注的重点从目标人群的需要转向社会成员在尊重、保护和实现目标人群的权利方面需要履行的责任和义务。[6] 公民资格原则是指社会成员的地位平等性原则,认为所有社会成员应该享有同等权利,即支持权利普遍性原则。[7] 公民资格之于需要的重要意义在于两方面:(1)公民资格为需要确立了实践边界;(2)公民资格之于社会成员的政治意义。这双重意义都彰显出公民资格本身就是基本需要的本质特征。[8] 每个人对自然资源的平等权利是公民福利权利或者说国家福利政策的客观事实基础。[9] 在社会福利治理与实施的空间中,个体享受特定的分配权的边界基本上是国家,个体只有属于某个国家的一员才有资格成为福利惠及的对象;与其相联系的便是公民资格的政治意义,没有公民资格,个体无法享受公民所能得到的所有权利(物质帮助、机会的提供、资源的共享)。这实质上是一种"公民福利",指个体作为国家的公民在市场之外,以非等价交换的方式从国家或社会得到的现金、服

---

[1] 杨伟民:《论公民福利权利之基础》,北京大学出版社2017年版,第10页。
[2] T. H. Marshall, "Citizenship and Social Class", In T. H. Marshall, *Class, Citizenship and Social Development: Essays*, Routledge, 1973, pp. 76, 84.
[3] 杨伟民:《论公民福利权利之基础》,北京大学出版社2017年版,第79页。
[4] 同上书,第75页。
[5] 孙国华:《中华法学大辞典(法理学卷)》,中国检察出版社1997年版,第343页。
[6] [英]路易莎·戈斯林、迈克尔·爱德华兹:《发展工作手册:规划、督导、评估和影响分析实用指南》,社会科学文献出版社2007年版,第9—11页。
[7] [英]Pete Alcock 等主编:《解析社会政策(下):福利提供与福利治理》,彭华民译,华东理工大学出版社2017年版,第87页。
[8] 王立:《需要与公民资格》,《理论探讨》2012年第6期。
[9] 杨伟民:《论公民福利权利之基础》,北京大学出版社2017年版,第12页。

务或实物等生活资源。① 权利取向的需要满足提供主体正常是国家，它强调通过制度的建设尊重公民的自由和权利。公民有权利参与社会福利决策，即参与需要满足路径的建构，主要有三种方式：通过参与社会福利政策的制定来实现参与；通过选择社会服务的提供者来实现参与；通过参与社会福利的实际传送过程来实现参与。② 社会福利制度主要是通过三种途径来满足人类的需要：（1）社会制度直接提供人类需要满足缺乏的各种资源；（2）通过能力建设的社会政策和行动项目，增强社会成员面对生活困境的能力，协助个体更好地实现需要满足；（3）从全社会的角度，创造和谐社会，保障社会成员的各种权利，减少个体社会生活的障碍，社会成员能够自主地运用社会制度安排满足需要。③

五是能力取向。随着发展型社会政策、增能、优势视角、可行能力、生活质量等新的社会福利思维的不断出现，能力的发展逐步成为满足需要的重要路径取向。能力取向的需要满足路径试图将需要整合进一个"可持续性生计"（Sustainable Livelihoods）框架中，同步关注个体的生存性需要与发展性需要，帮助人们理解制约民众生计维持活动和贫困的复杂力量。能力取向设想社会成员会追求多重需要目标，即他们不仅仅追求高额收入，同时还追求改善健康水平，增加接受教育的机会，减少脆弱性并且力图规避风险。因此能力取向遵循三个核心原则：以社会个体为中心；采取整体主义的思路对问题进行分析并提出政策建议；强调宏观与微观的联系。④ 基于此，福利政策目标坚持可持续和以人为本，将民众的福祉视为核心发展目标，让民众充当积极参与者的角色；政策落实涉及社会多方力量，要整合国际组织、国家、社会、市场等力量共同努力实现可持续发展；政策形式为经济与社会相融合，经济政策应该包含社会发展的目标，社会政策应该促进经济发展。在实现需要满足时会诉诸一系列的资本性资产，如财政资本、人力资本、物质资本、自然资本、社会资本和政治资本。⑤ 能力取向下实现需要满足的策略主要有：（1）人力资本投资。即通

---

① 杨伟民：《论公民福利权利之基础》，北京大学出版社2017年版，第10页。
② 彭华民：《社会福利与需要满足》，社会科学文献出版社2008年版，第76页。
③ 彭华民：《论需要为本的中国社会福利转型的目标定位》，《南开学报》（哲学社会科学版）2010年第4期。
④ ［英］安东尼·哈尼、［美］詹姆斯·梅志里：《发展型社会政策》，罗敏等译，社会科学文献出版社2006年版，第138—139页。
⑤ 同上书，第135—137页。

过各种社会项目对个体的健康、知识、技能、创造力等方面进行投资，提升个体的综合能力，促进个体积极参与经济生产。（2）培育社会资本。通过社会资本的培育让社会个体感受到人与人之间的联系，在心灵上有更大的空间去对别人及社会付出更多的关注与关心。这些均是生活质量改善的要点。[①]（3）就业与创业协助计划。发展取向以积极的眼光看待个体，认为相比于直接接受需要满足物，社会福利的许多接受者更希望参与生产性的就业以实现自我满足。因此，发展取向的路径主张通过促进就业的方式激发服务对象的积极性和潜能，以此实现需要的自我满足。[②]（4）消除社会障碍。能力取向倡导社会服务项目要致力于协助社会福利服务对象消除参与经济生产的各种障碍，在宏观层面上进行干预，消除根深蒂固的、制度化的限制个体经济参与和社会融入的宏观障碍因素。[③] 能力取向的投资与产出的形式促生了积极的社会福利观念，这种社会福利不仅能满足社会需求，而且积极促进经济发展。借助各种福利项目增进了服务对象的自信，培养了个人、家庭和社区自力更生的精神和能力，对福利接受者产生可持续性影响，保持服务对象较长期的自助与自强，实现需要的自我满足。

四 需要理论的福利治理价值与本土启示

（一）需要理论的福利治理价值

在社会政策与社会福利领域中，对于什么东西能够提升人类福祉的困惑催生了需要的研究。需要作为一个多学科性的概念在社会福利领域的研究虽然充满争议，但对引领福利治理改革还是具有重要的引领价值。福利制度的改革在大多数时候都力求更加富有弹性和个性化，根据个人所处的环境和需要为其提供特定的服务，要求福利制度能更加适应个人以及不断变化的环境需要。[④] 基于此，需要理论在福利体系、福利主体、福利目标

---

① 黄洪：《从资产为本的角度推行社区经济发展：香港的经验与实践》，载杨团、葛道顺主编《社会政策评论》（第一辑），社会科学文献出版社2007年版，第178页。

② 张秀兰、徐月宾、梅志里：《中国发展型社会政策论纲》，中国劳动社会保障出版社2007年版，第170—171页。

③ Edin K., Lein L., *Making ends Meet: How Single Mothers Survive Welfare and Low Wage Work*, New York, Russell Sage Foundation, 1997.

④ ［英］Pete Alcock等主编：《解析社会政策（下）：福利提供与福利治理》，彭华民译，华东理工大学出版社2017年版，第102—103页。

等几个层面上引领福利治理转型。

1. 需要为本，贯穿福利治理链条

福利治理维系着个体生存状态与社会秩序的平衡，是社会稳定的运行基础，它涵盖了福利的产生、传递与供给的系统化实现过程。① 需要理论的核心内涵呈现社会福利制度运作最终落脚点都是在于回应民生需要，聚焦目标群体需要成为福利治理具体设计的重心。需要为本就是以人为本，② 坚持民生导向，围绕民生福祉的提升与改善进行福利体系建设。③ 具体地说，就是以服务对象的需要为福利治理各个环节和链条的核心。首先，对于目标群体需要特性的准确评估是社会政策与社会福利制度设置的起点，科学考察目标群体的需要成为福利治理有效运作的首要核心环节。需要为本的福利治理基础就是对治理定位的目标群体需要进行评估，深入调查分析目标群体的问题、需要和潜在资源。通过"自下而上"的实证需要评估，对服务对象的需要进行良好提炼，进而依据需要对目标群体进行类型的划分，并以细分的服务对象需要为基础分层次、分阶段进行精准性的福利治理框架的设计。④ 其次，需要为本引导的福利治理的关键就是在福利传递与供给的过程中要能实现动态需要评估与回应，实现围绕目标群体需要的高效、精准的福利供给。需要理论引领的福利治理要求福利制度运作的各个环节强化目标群体需要的意识，通过有效的预估明确目标人群福利需要，保证福利治理计划有准确的需要依据。在整体性传递与供给服务理念引导下尽可能拓宽福利供给方式和服务传递渠道，有针对性地提供福利产品，实现福利治理的精准性，提升福利治理的整体水平。

2. 多元供给，实现福利需要满足

需要满足的多种取向为福利治理的供给主体和供给环节设计提供了良好的思路。价值取向与权利取向具有强国家供给的思维；生产取向与劳动取向具有强市场导向；能力取向具有唤起个体责任的自助倾向。相对平衡的供需关系则是福利治理的根本目标。⑤ 需要的复杂性与多样性也决定了

---

① 韩央迪：《从福利多元主义到福利治理：福利改革的路径演化》，《国外社会科学》2012年第2期。
② 彭华民：《需要为本的中国本土社会工作模式研究》，《社会科学研究》2010年第3期。
③ 曾楠：《西方福利国家政治认同的现实挑战及中国优势》，《国外社会科学》2017年第6期。
④ 姚进忠：《项目制：社会工作参与社区治理的专业策略》，《社会建设》2018年第2期。
⑤ 赵怀娟、刘玥：《多元复合与福利治理：老年人长期照护服务供给探析》，《老龄科学研究》2016年第1期。

福利治理中供给主体必须是多元的。多元化的福利供给主体在社会福利理论与实践中已经有了不少的对话和讨论，只是在需要理论导向下的多元供给对福利治理体系的整合性与主体对话的有效性提供了新的启示。围绕目标群体需要的多个供给主体的协商与合作，不仅改变了单维度关注福利供给议题，还将探讨与关注点指向变动的供给混合整体，明确了每个供给主体的角色和切入的维度。需要导向下的多元供给体系应该包括生产、融资和规制（选择）三个维度。① 国家、市场、志愿性和非正式部门都依据自己的可能性围绕目标群体的需要进行福利产品的生产、有针对性的福利融资，在规制中尽可能扩大目标群体的福利选择权，努力实现福利治理围绕目标群体的需要展开，呈现以需要为本的多元供给，提高福利产品供给的数量与质量和目标群体的需要相符性。

3. 发展导向，提升需要满足能力

目标群体能力的发展成为需要满足的一个重要路径取向，在能力或功能性的框架下考察需要与需要满足成为社会福利治理转型研究的一个关键点。在这样的满足取向中，需要理论引导下的福利治理体系将目标群体视为具有强能动性的个体，而不是被动的受助者，强调一种积极主动的福利政策设计。积极化的福利政策注重政策重心的前移和生命全景规划：福利治理目标强调事前预防性质的"预分配"；治理规划更加重视对生命周期的考虑，为个体在不同生命阶段的需求提供有针对性的保障；福利治理突出未来视野，关注目标群体自助能力的提升。② 个体的能力在福利需要满足中被赋予了一种发展的意义，以能力为取向的福利需要满足的政策规划更加强调"助人自助"的理念，重视目标群体个人的能力建设和资产建设，协助服务对象依托自身力量实现自我成长、发展与完善，达到尽可能的自我需要满足。③ 个体的权利与责任的双维性在需要满足设计时得到同等重视，个体既享受福利供给的权利，也有共担福利治理任务的责任。

（二）需要理论的本土规整与启示

中国社会福利制度与治理体系经过了艰难发展，逐步完善，呈现了从

---

① ［英］马丁·鲍威尔：《理解福利混合经济》，钟晓慧译，北京大学出版社2011年版，第12—15页。

② 李迎生、徐向文：《发展型福利视野下中国反贫困社会政策的改革创新》，《社会科学》2018年第2期。

③ 王颖：《美国福利政策改革和贫困治理模式演进——基于新自由家长主义治理视角》，《东北大学学报》（社会科学版）2013年第4期。

补缺型向适度普惠型转向。在此历程中，需要理论为中国反思福利制度问题、定位福利目标提供了很好的启示与思维。[1] 当然，需要理论在本土福利治理体系的吸收与对话中还有几个角度的议题亟须面对与回应，方能有效地实现理论的本土落地。

1. 需要理论的文化要素考量

需要的定义与类型探讨研究均呈现文化要素，在界定个体的需要、需要类型及需要满足的方式上有着重要的影响。需要为本的社会福利目标定位呈现将需要视为一种处于特定文化与社会的人的需要的观点。[2] 传统的中国是以小农经济为主体的农业社会。农业以土地为主要的生产工具，生产工具的落后使得土地的保护与耕种及作物的照料与收获，均为个人能力所不逮，须靠持久而稳定的小团体来共同运作。比较持久而稳定的小团体当然是以血统为基础的家庭。于是家庭成为传统中国社会内最重要和最基本的运作单位。虽历经社会的变迁和西方文化的影响，当代中国家庭系统内部仍然保持着相互扶持、共同谋事的品质，尽可能地利用家庭资源努力达到个体和家庭整体福利的最大化。所以需要理论在本土福利治理的运用中，如何同时有效地考量目标群体个体及其家庭的需要成为理论引入文化要素、实现本土拓展的重要面向。将家庭整体需要作为福利治理的重要依据，期望通过能力建设帮助家庭走出困境并提升个体和家庭福祉，与本土文化相契合，继而开拓了与本土文化的对话空间。

2. 福利需要评估的本土探索

福利需要的评估是依据需要的福利治理制度的基础。设置精准化的福利需要评估体系是需要理论本土落地的重要议题。需要论在福利治理的实践与转化中，由于涉及了政治、经济、社会与文化等各种因素，使得达成一套放之四海而皆准的福利需要评估指标几乎不可能实现。需要的动态性与综合性使得设计需要评价的社会指标困难重重。在本土福利需要的评估体系探索中，我们可以围绕以下四个角度综合性设置：测度的有效性；对数据的分解与分配；福利的综合指标；谁决定社会指标。[3] 立足这四个角度着力破除评估指标的单一性和静态性。与此同时，采用定量与定性整合

---

[1] 彭华民：《需要为本的中国本土社会工作模式研究》，《社会科学研究》2010 年第 3 期。
[2] 同上。
[3] 高丽茹：《人的需要：从需要满足到三个世界的福利》，《社会福利》（理论版）2014 年第 11 期。

的研究方法，多角度、多方式地收集和分析一线资料，保障采集的福利需要数据的精准性和可靠度，为福利治理制度的优化与完善提供有力、科学的基础。

3. 需要满足服务的本土实践

福利治理的最终目标是实现需要的满足。需要理论的本土对话的最为重要和最为关键的议题便是探索需要理论在本土福利治理的实践，促进福利需要满足的服务实践落地，实现福利需要的有效回应。需要理论视角下的福利治理本土实践应该致力于目标群体福利需要评估、需要动态管理和需要回应体系建设三个维度的探索。福利需要评估建立在对目标群体及其环境充分认识的基础之上。因此，需要满足服务的本土实践的第一步便是努力探索建立"自下而上"的更加系统全面的需要评估机制，保证需要评估的真实性与精准性，为福利供给提供客观数据基础；个体的生命历程发展与变动决定了需要动态性，需要满足的有效供给的另一个机制建设应该是探索目标群体福利需要动态管理机制，准确对福利目标群体的需要进行动态识别、细分、评估，确保福利供给体系动态有效运作；最后最为关键的点在于依据需要评估和需要动态情况探索有效回应的福利需要供给体系，设计的核心在于依据需要变动的灵动性福利供给机制建设，包括福利供给内容的动态性、福利供给形式的个别性与灵活性、福利供给环节的整合性。

五　小结

在社会政策与社会福利领域中，对于什么东西能够提升人类福祉的困惑催生了需要的研究。需要作为一个多学科性的概念在社会福利领域的研究中同样充满争议。多亚尔和高夫作为社会福利领域中需要理论的集大成者，他们认为存在着适用于全人类的参与美好生活的普适性先决条件[1]，将需要定义为：主体为了避免某种客观性的伤害所必须达到的可以普遍化的目标。[2] 同时在需要类型争论中他们将需要分为基本需要和中介需要。基本需要是人类参与美好生活的先决条件，即身体健康和个人自主，而满

---

[1] ［美］哈特利·迪安：《社会政策十讲》，岳经纶等译，上海人民出版社 2009 年版，第 12 页。

[2] ［英］莱恩·多亚尔、伊恩·高夫：《人的需要理论》，汪淳波、张定莹译，商务印书馆 2008 年版，第 70 页。

足这些基本需要的多种方式被界定为中介需要①。在如何实现需要满足上同样存在各种取向，主要有：价值取向、生产取向、资源取向、权利取向和能力取向。在对社会福利中的需要理论研究进行综述时，我们可以发现：（1）对于目标群体需要特性的准确评估是社会政策与社会福利制度设置的起点，如何有效科学考察目标群体的需要成为社会福利领域研究需要面对的一个重要问题。（2）目标群体能力的发展成为需要满足的一个重要路径取向，在能力或功能性的框架下考察需要与需要满足成为社会福利制度转型研究的一个关键点。

第三节　可行能力的理论争辩与经验研究

福利是人类的一种美好状态，提升人类的福利水平是社会发展关注的核心主题。几个世纪以来，关于福利的概念内涵争议不断，从经济福利发展到人类基本需要满足，再到人类发展和能力建设，扩展为现在的生存权、公民权利、自由等，其概念内涵不断完善与丰富，体现了人类对福利追求的发展。②但更为重要的是，福利除了是学术研究概念，也是社会政策实践的核心。福利条件的实现与国家社会福利制度建设紧密相关。就中国而言，2007年民政部提出要建立"适度普惠型"社会福利制度的设想后，学者们就此各抒己见，如从小福利向大福利的发展、③适度普惠型社会福利内涵、④需要为本的社会福利思路、⑤组合式普惠型社会福利设计。⑥在这新的历史时期中，中国公共政策格局真正开始经历"从偏重经济政策向重视社会政策的历史性跨越"。⑦因此，我们需要更为深入地反思福利研究的视角与思路，扩大考量福利的信息基础，明确社会福利体系

---

① ［美］哈特利·迪安：《社会政策十讲》，岳经纶等译，上海人民出版社2009年版，第12—13页。
② 彭华民：《论中国组合式普惠型社会福利制度的构建》，《学术月刊》2011年第10期。
③ 景天魁、毕天云：《从小福利迈向大福利：中国特色福利制度的新阶段》，《理论前沿》2009年第11期。
④ 王思斌：《我国适度普惠型社会福利制度的建构》，《北京大学学报》（哲学社会科学版）2009年第3期。
⑤ 彭华民：《论需要为本的中国社会福利转型的目标定位》，《南开学报》2010年第4期。
⑥ 彭华民：《论中国组合式普惠型社会福利制度的构建》，《学术月刊》2011年第10期。
⑦ 王绍光：《从经济政策到社会政策：中国公共政策格局的历史性转变》，载岳经纶、郭巍青主编《中国公共政策评论》第1卷，上海人民出版社2007年版，第29—45页。

内涵。阿玛蒂亚·森在对传统福利评价方法批判与反思的基础上提出可行能力理论（capability）重新解释福利的内涵，[①] 评价福利水平所采用方法的关注点应聚焦于人们有理由享受的实质自由，以构成实质自由的功能性活动作为评价标准。[②] 可行能力理论把注意力从手段转向了真正的目的，扩大信息基础，为衡量人的发展、人的福利提供了更具包容性的价值标准，为福利研究提供了新的理论依据。

一 可行能力的理论起点：基于传统福利测度思想的批判与反思

每一种评价方法都可以在很大程度上以其信息基础为特征来说明：采用这一方法来做出判断所需要的信息。[③] 不同的正义价值站位，选择或剔除的信息必是相异的。阿玛蒂亚·森正是基于对传统不同正义论的信息基础的狭隘性分析，提出包容性建议，扩大信息基础，以一个人具有的可行能力去判断他的生活质量与福利。可行能力概念与理论的发展起点是基于传统福利测度思想的批判与反思。传统福利测度的理念主要受功利主义和罗尔斯思想的影响。

（一）功利主义的对话与批判

功利主义作为最有影响力的正义理论之一，长时间主导着传统福利经济学和公共政策经济学的核心思维。功利主义将福利定义为一种心理特征，选择的信息基础依赖于效用。效用是个体快乐、幸福或痛苦的测度。因此只有效用信息才被视为评价事物状态的恰当基础，通过计算个体效用来作为社会福利的量值。[④] 功利主义评价方法由三个不同部分组成：一是"后果主义"，聚焦后果状态来评价行动、规则、机构等所做的一切选择；二是"福利主义"，它把对事物状态的赋值限制在每种状态各自的效用上，每项选择均按照其所产生的效用来衡量；三是"总量排序"，要求把不同人的效用直接加总得到总量，而不关注这个总量在每个个体之间的分

[①] Sen. Amartya, *Development as Freedom*, Oxford: Oxford University Press, 1999.

[②] 任颐、于真：《译者序言》，载［印］阿玛蒂亚·森《以自由看待发展》，任颐、于真译，中国人民大学出版社2013年版，第7页。

[③] ［印］阿玛蒂亚·森：《以自由看待发展》，任颐、于真译，中国人民大学出版社2013年版，第48页。

[④] Jeremy Bentham, *An Introduction to the Principles of Morals and Legislation*, Oxford: Clarendon Press, 1907.

配。① 功利主义视角的信息基础提供了一些洞见，即按其结果来评价各种社会安排以及评价时应集中注意所涉及的人们的福利，这避免了很多社会安排因为其自身固有的重要性而得到提倡，后果则完全不受关注。② 当然这种方法受到攻击和诟病的根源也在于此，阿玛蒂亚·森对其主要的批评有：一是漠视分配，即功利主义的效用计算方法只关注个体的效用总和，忽视幸福分配的不平等程度；二是忽视如权利、自由及其他非效用因素，权利和自由本身的重要性不受重视，只有在其影响效用时有价值；三是个人福利观念本身的可变性，因为福利观念可能被心理调节和适应性态度所改变，功利主义集中关注的信息——心理特征（快乐、幸福或愿望）随环境的变化而调整，具有太大的弹性，因此，不能成为被剥夺和受损害状态的可靠反映。③ 以效用为基础的福利主义计算所关注的仅仅是个人的福利，而忽视个人的能动性（agency）方面，没能将结果与价值做好区分。因此，仅仅根据幸福程度来测度人们的福利状况，这明显具有局限性。④

（二）罗尔斯正义论的对话与批判

罗尔斯的"作为公平的正义"理论是福利测度的另一重要思想来源。基于功利主义目的论思维的反思对话，这种方法将公平置于基础地位，并在某种程度上将其看作是先于公正原则的存在。⑤ 罗尔斯对正义理论的论述是以创造性的概念"初始状态"（original position）为基础，这也是"作为公平的正义"理论的核心。"所谓初始位置，就是一个恰当的初始状态，它能确保在其中所达成的基本协议是公平的。这就产生了'作为公平的正义'，显而易见，如果一个理性的人在这种状态中选择了某些原则而不是其他来作为正义的原则，那么我想说，这种正义观比其他的更为合理并且更站得住脚。这一状态中的人们可以按照可接受的程度对这些正

---

① James Griffin, *Well-Being: Its Meaning, Measurement, and Moral Importance*, Oxford: Clarendon Press, 1986.
② ［印］阿玛蒂亚·森：《以自由看待发展》，任赜、于真译，中国人民大学出版社2013年版，第51页。
③ 同上书，第52—53页。
④ 高景柱：《超越平等的资源主义与福利主义分析路径——基于阿玛蒂亚·森的可行能力平等的分析》，《人文杂志》2013年第1期。
⑤ ［印］阿玛蒂亚·森：《正义的理念》，王磊、李航译，中国人民大学出版社2012年版，第48页。

义感加以排序。"① 即初始状态是一种假想的初始平等状态,在这一状态里个体并不了解自己在群体中的位置与利益,他们在这样的"无知之幕"(the veil of ignorance)下进行选择,必会不约而同地选择从公正的角度达成一组相对统一的关于公正的原则,再由此建立相应的制度。② 在他的视角中,用于制度建立的两个核心原则为:(1)平等自由原则,"每个人都有同样的权利享有一组完全适当的平等的基本自由,而不影响其他任何人享有同样一组基本自由"。③ (2)机会的公正平等原则和差别原则的结合,"两种情况下允许存在社会与经济的不平等:首先,在机会均等的情况下,由地位造成的不平等;其次,这种不平等能给社会中境况最差的成员带来最大的好处"。④ 社会和经济不平等应该满足两个条件:第一,它们所从属的公职和职位应该在公平的机会条件下对所有人开放;⑤ 为了保证人们平等地获得这种职位开放的机会,社会"必须为所有人建立平等的受教育机会,而不管其家庭收入的多少",⑥ 以保证拥有同等天赋和能力的人拥有相同的生活前景。第二,即"差异原则"的接受,采取的形式使社会中处境最糟糕的个体的生活状况能得到最大可能改善。基于此,罗尔斯在评价社会资源分配的公平性及其社会成员个体福利状态时,采用了一组被他称为"基本物品"(primary goods)的信息基础,即"构造和实施一项合理的人生计划所必需的,无论这种人生计划的具体内容是什么"。⑦ 这种基本物品包括"权利、自由与机会、收入、财富与自尊的社会基础等"。⑧ 罗尔斯对于正义的解读无疑远远超越了对传统公正问题的理解(如功利主义),从其内容看,它旨在建立制宪和立法之前的基本道德原则,它是一种与法律正义相对而言的道德正义论。⑨ 他将自由置于优

---

① Rawls, John, *A Theory of Justice*, Cambridge, Mass: Harvard University Press, 1971, p. 17.
② [美] 约翰·罗尔斯:《正义论(修订版)》,何怀宏译,中国社会科学出版社 2009 年版,第 10 页。
③ Rawls, John, *Political Liberalism*, New York: Columbia University Press, 1993, p. 291.
④ Ibid..
⑤ [美] 约翰·罗尔斯:《作为公平的正义——正义新论》,姚大志译,上海三联书店 2002 年版,第 70 页。
⑥ 同上书,第 72 页。
⑦ [美] 约翰·罗尔斯:《正义论(修订版)》,何怀宏译,中国社会科学出版社 2009 年版,第 48 页。
⑧ Rawls, John, *A Theory of Justice*, Cambridge, Mass: Harvard University Press, 1971, pp. 60–65.
⑨ 何怀宏:《公平的正义——解读罗尔斯〈正义论〉》,山东人民出版社 2002 年版,第 38 页。

先地位，使人们在衡量社会制度的公正性时有充分的理由将自由视为独立且首要的因素；对于程序公平的强调大大丰富了社会科学中关于不平等问题的研究思路；对于"基本物品"的关注间接承认了自由在赋予人们按照自己意愿生活的真实机会上的重要性。[1] 诺齐克在罗尔斯的思维上更进一步，他认为"人们通过行使这些权利而享有的'权益'，一般来说，不能由于后果而被否定，不管那后果是多么糟糕"。[2] 当然自由至上主义不计后果的建议由于在很大程度上漠视了人们最终能够享有的实质自由而陷于困境，"即使大规模的饥荒也可以在任何人的自由权利不受侵犯的情况下发生"。[3] "公平的正义"本质上属于先验制度主义，存在着轻视现实、轻视社会互动和理论可行的价值缺陷。[4] 就其以"基本物品"为重要信息基础的评价方法也充满了局限性，它不仅忽略功利主义和福利主义赋予极大重要性的那些变量，而且忽视了个体有理由珍视并要求得到的最基本的能力自由。[5] 最为突出的问题在于只关注普遍制度设计，而对于人类异质性关注不足。个体在将同一组"基本物品"转化为个人福利时依赖于个人的社会的特定的具体境况，将资源转化为利益的过程中存在很大的差异性。[6] 阿玛蒂亚·森认为，罗尔斯聚焦于"基本物品"的分析思路没有考虑到个体的相异性，混淆了自由与实现自由的手段，漠视了自由的实现程度。[7] 所以我们需要重新思考并给个体福利一个更为广泛的信息基础。

无论是功利主义的效用观还是罗尔斯的正义观，它们落实于福利考察操作都是以手段为导向的标准方法，所关注都是实现目的的工具。阿玛蒂亚·森正是基于对这些正义思维与评价方法的考察与反

---

[1] ［印］阿玛蒂亚·森：《以自由看待发展》，任颐、于真译，中国人民大学出版社2013年版，第56—58页。
[2] Robert Nozick, *Anarchy, State and Utopia*, New York: Basic Books, 1974.
[3] ［印］阿玛蒂亚·森：《贫困与饥荒》，王宇、王文玉译，商务印书馆2001年版。
[4] 丁雪枫：《阿玛蒂亚·森的比较正义再解构》，《重庆社会科学》2017年第3期。
[5] ［印］阿玛蒂亚·森：《以自由看待发展》，任颐、于真译，中国人民大学出版社2013年版，第56页。
[6] 高景柱：《超越平等的资源主义与福利主义分析路径——基于阿玛蒂亚·森的可行能力平等的分析》，《人文杂志》2013年第1期。
[7] 高景柱：《基本善抑或可行能力——评约翰·罗尔斯与阿玛蒂亚·森的平等之争》，《道德与文明》2013年第5期；卫知唤：《异质的正义体系："基本善"与"可行能力"再比较》，《社会科学辑刊》2015年第4期。

思，关注人的生活和主体性，从人类的基本异质性出发，提出可行能力理论，以更广泛的角度来探讨人类的不平等和福祉问题。可行能力理论并不刻意追求生成某个完整的序列，关注的焦点是人际相异性、平等评估变量的多样性和"开放的中立"，并以此思考"什么的平等"与福利评价问题。[1]

二 可行能力的概念与理论发展

（一）可行能力的理论内涵：以自由为基础的视角

森在塔纳演讲题为《什么的平等?》的讲座中首次提出可行能力方法，其理论内涵随后被不断地修改，并应用于一系列议题研究中，包括生活质量问题、正义与发展等。[2] 可行能力目标集中在个人实现其目标的机会，从个体的异质性出发，意识到个体的实际收入和个体运用收入而达到的处境是存在差异的，引入了功能概念作为衡量的标准，操作评价的变量从有限的收入、效用或基本物品维度扩展到可行能力维度。[3] 可行能力不仅能够直接关注人类自由与主体性，还能够充分注意到功利主义、罗尔斯正义理论、自由至上主义等方法所关切的变量，因此其具有更大的广度和敏感度。[4] 可行能力立足实质自由作为综合价值标准评价个体的福利，致力于从根本上推动社会研究中所广泛采用的标准评价方法的改变，也意在构建一种更为全面、积极的正义与平等理论。[5]

基于合理全面的评价性目的，可行能力认为合适的变量既不是效用（功利主义所宣称的），也不是基本物品（罗尔斯正义论所要求的），而应该是一个人选择有理由珍视的生活的实质自由——可行能力。[6] 可行能力指的是个体有可能实现的、各种可能的功能性活动组合，是实现各种可能

---

[1] 李楠、秦慧：《阿玛蒂亚·森可行能力平等理论评析及其启示》，《思想教育研究》2017年第8期。

[2] Sen, Amartya, "Equality of What?", In McMurrin S., ed., *Tanner Lectures in Human Values*, Cambridge University Press, 1980.

[3] 文长春：《基于能力平等的分配正义观——阿玛蒂亚·森的正义观》，《学术交流》2010年第6期。

[4] [印]阿玛蒂亚·森：《以自由看待发展》，任颐、于真译，中国人民大学出版社2013年版，第71页。

[5] 姚进忠：《超越福利国家：自由发展观的考量与审思》，《中州学刊》2016年第6期。

[6] [印]阿玛蒂亚·森：《以自由看待发展》，任颐、于真译，中国人民大学出版社2013年版，第62页。

的功能性活动组合的实质自由。① 在森看来，人的生活至少可以从两个角度进行剖析：福利（个人福祉的促进）和能动性（不与福利直接相关的其他目标）。"能动性方面的重要性……与把人看作负责任的行动者相关。"② 森正是以此认为在对人的生活进行道德评价时没有考量充足的信息，仅仅关注生活的福利方面，忽略了生活的能动性方面。而且，福利和能动性都有两个维度："成就"（achievement）和"获取成就的自由"（freedom）。两种区分结合在一起就产生了四种不同的与个人相关的利益概念：（1）"福祉成就"（well-being achievement）；（2）"能动性成就"（agency achievement）；（3）"福祉自由"（well-being freedom）；（4）"能动性自由"（agency freedom）。③ 森就是用这四个概念对个体的生活进行考量，其中福祉成就和福祉自由被进一步发展成可行能力理论的基础性核心概念，即功能性活动（functioning）和可行能力。"功能性活动"代表了个人状态的各个部分——特别是他或她在过一种生活时成功地实施或成为的各种事物。这个理论基于这样一种观点：生活是各种"行为（doing）与状态（being）"的组合，并且生活质量是依据获得有价值的功能性活动的能力来评估的。④ 由于个体的异质性、环境的多样性、社会氛围的差异、人际关系的差别和家庭内部的分配等的存在，使得个体在将收入和其他基本物品转化为生活品质的过程中产生千差万别的差异。⑤ 因此个体赋予不同的功能性活动的权重可能有很大的差异。所以与"功能性活动"概念密切相连的是可实现功能性活动的"可行能力"概念，它表示人们能够获得的各种功能性活动（包括某种生存状态与活动）的不同组合。这样，能力就是功能性活动向量的集合，反映了人们能够选择过某种类型的生活的自由。⑥ 一个人的可行能力之所以与个体福利相联系，主要有两

---

① ［印］阿玛蒂亚·森：《以自由看待发展》，任赜、于真译，中国人民大学出版社2013年版，第63页。
② Sen, Amartya, *Commodities and Capabilities*, North-Holland, Amsterdam, 1985, p. 204.
③ ［印］阿玛蒂亚·森：《正义的理念》，王磊、李航译，中国人民大学出版社2012年版，第268页。
④ ［印］阿玛蒂亚·森：《资源、价值与发展》，杨茂林、郭婕译，中国人民大学出版社2008年版，第37页。
⑤ ［印］阿玛蒂亚·森：《正义的理念》，王磊、李航译，中国人民大学出版社2012年版，第238—239页。
⑥ Sen, Amartya, *Inequality Reexamined*, New York, Oxford: Oxford University Press, 1992.

个方面原因（这两方面不同但又相互联系）：首先，如果说已实现的生活内容构成了个体的福利，那么实现这些生活内容的能力——个体有能力对各种可能的生活内容组合进行选择——就构成了可实现个体福利的自由（这种自由意味着真正的机会）。这个可实现个体福利的自由直接涉及伦理分析和政治分析。① 其次，已实现的个体福利本身倚恃于可实现功能性活动的能力。能够做出选择本身就是有价值的生活的一部分，因此，在一些重大的选择项中能够真正做出选择的生活可以被认为是更富足的（见图2-5）。② 评价标准必须从有限的收入领域扩充到更全面、更包容的可行能力领域，这样才可以避免忽视那些常被单纯的收入视角所遗弃的生活指标。③ 可行能力方法的评价性焦点包括个体实现了的功能性活动（个体实际上能够做到的）和个体所拥有的由可选组合构成的可行能力集（个体的真实机会）。这两者提供了两个角度的信息：关于个体实际做到的事和关于个体有实质自由去做的事。④

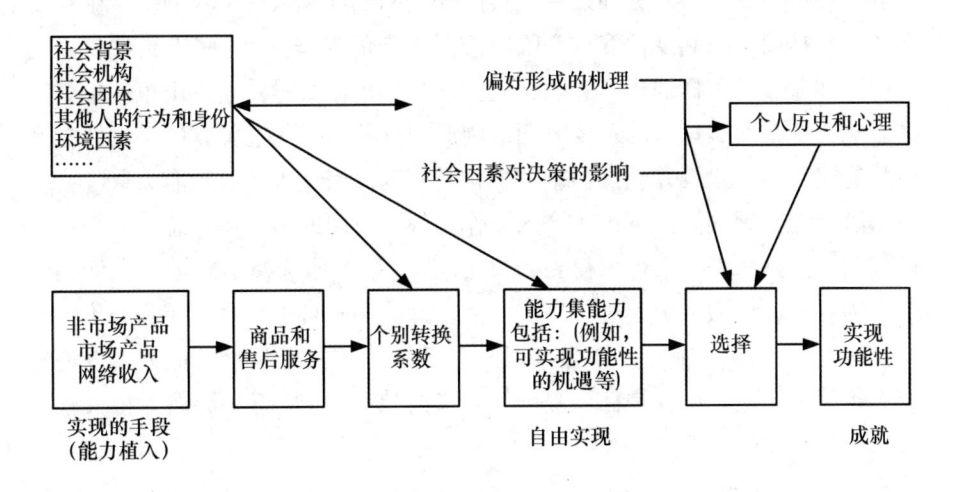

图2-5 森的可行能力方法思路框架

资料来源：Robeyns, 2005b: 98.

---

① [印] 阿玛蒂亚·森：《论经济不平等/不平等之再考察》，王利文、于占杰译，社会科学文献出版社2006年版，第258页。
② 同上书，第259页。
③ 周文文：《阿玛蒂亚·森经济伦理中的自由观》，《江淮论坛》2004年第4期。
④ [印] 阿玛蒂亚·森：《以自由看待发展》，任赜、于真译，中国人民大学出版社2013年版，第63页。

可行能力理论同时认为，实质自由不仅是发展的首要目的，也是促进发展的动力和手段。自由作为工具的实效性来自以下事实：各种类型的自由相互联系、相互促进。①森将工具性自由归纳为五种值得特别强调的不同类型：（1）政治自由，指的是人们拥有的确定应该由什么人执政而且按什么原则来执政的机会，包括个体在民主政体下所拥有的最广义的政治权益，如政治对话、保持异见和批评当局的机会与可能性；（2）经济条件，指的是个体享有的将其经济资源运用于消费、生产、交换的机会，是个体实质自由的核心保障，这种自由取决于个体所拥有的或可运用的资源以及交换条件；（3）社会机会，指的是个体在社会教育、医疗保健及其他方面所享有的选择机会，这些对个体的个人生活和社会活动均有重要的影响；（4）透明性保证，是工具性自由的重要范畴，指人们在社会交往中需要的信用，满足个体对公开性的需要，即保证个体可以在信息公开和明晰的条件下自由地交易；（5）防护性保障，指的是由国家或社会为弱势群体提供的资金、服务和发展机会的安全网制度，保证民众的基本生存能力，包括固定的制度性安排和临时应需而定的安排。②这些工具性自由之间存在着多种多样的相互关联，它们各自作用以及对其他自由也产生具体影响，这是发展过程的重要方面。因此与这些多重相互关联的工具性自由相适应，需要建设并支持多重的机构与制度以增进人的可行能力。③

可行能力理论方法把每一个人当作目的，所问的不仅仅是总体或平均的福利，而是每一个人可以得到的机会。④它以个体选择不同类型生活的能力为导向，认为一个人过得好和生活得好的实际自由在个体福利评价上都具有重要性，⑤因此，可行能力理论认为使个体具有足够的能力，以追求有价值的实质自由，是社会福祉与正义的核心，⑥从正义层面上很大程

---

① 华学成、许加明：《阿玛蒂亚·森的自由发展观对中国农村反贫困的启示》，《学海》2017年第5期。
② [印]阿玛蒂亚·森：《以自由看待发展》，任颐、于真译，中国人民大学出版社2013年版，第32—33页。
③ 同上书，第35页。
④ [美]玛莎·C. 纳斯鲍姆：《寻求有尊严的生活——正义的能力理论》，田雷译，中国人民大学出版社2016年版，第14页。
⑤ [印]阿玛蒂亚·森：《资源、价值与发展》，杨茂林、郭婕译，中国人民大学出版社2008年版，第45页。
⑥ 丁建峰：《超越"先验正义"——对阿玛蒂亚·森正义理论的一种解读与评价》，《学术研究》2013年第3期。

度地拓宽了福利评价关注的范围。以实质自由为发展目标，以"可行能力方法"作为衡量和比较社会福祉的基本策略，并将此与消除"不正义"、促使社会向更加正义的状态前进的正义观相结合，形成了森"以自由看待发展"的完整体系。[1] 森的能力和发展体系是开放的，允许不完整排序的存在，并非意在寻找面面俱到的完美方案，但却从建构性与工具性两个角度更接近社会正义所要求的在信息的层面上审视自由、平等、福祉等议题，为我们从本质上反思与超越传统福利测度方式提供了一个新的思路。

（二）可行能力的理论演进：立足概念模糊性的多元发展

可行能力方法意在影响和改变现实世界并以实践的观点对待现实紧迫性问题。鉴于其理论的张力，可行能力方法已经被诸多的思想家和实践者持续地扩展、反思、提炼，并在许多实践方面进行应用，受到学术界和社会政策制定领域的诸多关注。

可行能力方法提出伊始，森受到很多批评，可以归结为两点：第一，可行能力方法的概念空间包含的资讯过于丰富，虽然丰富对于我们理解贫困、福利和生活品质等问题很有帮助，但却导致其不具备实践操作性；[2]第二，理论不完整，因其没有提供一个可行能力清单，我们无法确知到底要发展、提升哪些可行能力。这两点批评都指向了可行能力方法的一个问题：模糊性。[3] 但森及其支持者则认为对于可行能力方法来说，理论或方法的模糊反而是优点。因为可行能力方法所处理的问题（贫困、福利、正义）本身就具有模糊性，不会因为一个人给出了简单的衡量标准（比如最低收入）而消除，因此他们认为可行能力方法的模糊恰恰精确地表达了所处理问题的模糊性。森是这样论述的：如果一个观念本质上是模糊的，那么对它的精确概括必须尽量捕捉这种模糊性，而非错失这种模糊性。更重要的是，森所倡导的"现实主义"正义论的核心观点在此被清晰展现——我们应该（至少在森的理念中）要问什么会使社会更好，而不是什么样的社会是理想的。因此，森出于原则性和实践性的考虑，保持了可行能力方法的开放性和不完整性，对他来说这是一种方法论上的选

---

[1] 姚进忠：《超越福利国家：自由发展观的考量与审思》，《中州学刊》2016 年第 6 期。

[2] Williams, Bernard, "The Standard of Living: Interest and Capabilities", In Geoffrey Hawthorn ed., *The Standard of Living*, Cambridge: Cambridge University Press, 1987, pp. 94 – 102.

[3] 李翔：《阿玛蒂亚·森正义思想的西方境遇》，《理论月刊》2017 年第 11 期。

择：理论本身的模糊是由理论所处理问题的模糊性决定的，这非但不是缺点，反而是理论精确的表现。① 而且森关于评估功能的观点是很隐晦的。森承认功能拥有一个规范的基础，但不与价值规范问题相联系。② 但是，森的可行能力方法还必须面对这样的问题：没有标准区分有价值的可行能力和无关紧要的可行能力。因为一个概念再模糊，也要有促成其为此概念而非彼概念的核心要素。③ 这必然引发关于可行能力方法的一系列重要的问题：我们如何评价能力？可行能力方法的目的在什么样的框架下可以得到最好的理解？价值的判断应该经过什么样的过程？至少，如果我们关心的是"扩展能力"，然后下一个明显的问题是：哪些能力需要被扩展？

纳斯鲍姆（Nussbaum）认同森所强调的可行能力的多元性和不可通约的观念，④ 沿着森提出的可行能力方法，着手构建人类发展的基本能力清单，其能力列表是她阐述可行能力的主要形式（见表2-5）。⑤ 这也是她的论述与森的方法的主要区别和她期望扩展可行能力比较功能的解释和应用范围的核心。⑥ 这个可行能力的列表产生于也涵盖了纳斯鲍姆对人的尊严的论述。根据纳斯鲍姆的观念，列表的目标是让我们一见到某个人就可以直观地评价该个体是否拥有尊严的生活。为了生成一个列表，我们只需要问自己："哪些事物如此重要以至于如果没有拥有它们我们的生活就不能称得上是正常人的生活？"⑦ 在最低限度上，十种核心能力的充裕是必须实现的。纳斯鲍姆的能力理论关注的是对核心自由领域的保护，列表

---

① Williams, Bernard, "Realism and Moralism in Political Theory", In Geoffrey Hawthorn, *In The Beginning Was the Deed: Realism and Moralism in Political Argument*, Princeton University Press, 2007, pp. 1 – 17.

② Crocker, David A., *Ethics of Global Development: Agency, Capability, and Deliberative Democracy*, Cambridge: Cambridge University Press, 2008, pp. 165 – 166.

③ 陈晓旭:《阿玛蒂亚·森的正义观：一个批评性考察》，(台湾)《政治与社会哲学评论》2013年第46期。

④ [美]玛莎·C. 纳斯鲍姆:《寻求有尊严的生活——正义的能力理论》，田雷译，中国人民大学出版社2016年版，第13–14页。

⑤ Nussbaum, Martha C., *Frontiers of Justice: Disability, Nationality, Species Membership*, Cambridge, Massachusetts: The Belknap Press, 2006.

⑥ Nussbaum, Martha C., *Women and Human Development: The Capabilities Approach*, Cambridge: Cambridge University Press, 2000, p. 6.

⑦ Nussbaum, Martha C., *Frontiers of Justice: Disability, Nationality, Species Membership*, Cambridge, Massachusetts: The Belknap Press, 2006, p. 74.

中的每个能力要求都是为了让个体可以享有真正的生活。换言之，如果没有这些自由，就无法实现一种人性尊严所要求的生活。① 当然纳斯鲍姆也持有这样的理念：即便是出于比较的目的，能力列表也并不提供对一个社会的生活品质的一种整全性的评估，② 可能存在其他重要的、与正义紧密联系的而它没有包含进来的政治价值。③

表 2-5　　　　　　　　纳斯鲍姆人类发展的基本能力清单

1. 生命（life）。拥有所生存社会中的正常寿命，不会过早地夭折或者因不值得活着而提前结束生命。

2. 身体健康（Bodily health）。有较好的健康，包括生殖健康、有充足的营养、有适当的住所。

3. 肉体完整性（Eodily in tegrity）。能够自由地行动；免受暴力袭击，包括免受性侵犯和家庭暴力；有机会得到性满足以及与生殖有关的选择。

4. 理智、想象和思考（Senses, Imagination and Tbought）。能够理智地想象、思考和以"真正的人"的方式做事。这种方式具有充足的教育，包括但不限于读写能力、基本的数学和科学训练。能够进行与生产工作有关的想象和思考，能够自己做出有关宗教的、文学的、音乐的选择。能够保证关于政治和艺术演讲表达的自由。能够有愉快的经历并避免无益的痛苦。

5. 情感（Emotions）。对外界的事物和人们有感情上的依附关系，爱那些爱和照顾我们的人们，为他们的不在而感到悲伤。一般来说，可以正常表达包括爱、悲伤、期望、感恩和正当的愤怒等情感。

6. 理性实践（Practical Aeasoo）。能够形成美好的构想并且能够对自己的人生计划进行批判性反思。

7. 友好关系（Affliatino）。能够与他人共同生存、生活，意识到并关心他人的存在，能够进行大量的社会互动，理解他人的处境。有自我尊重的社会基础；没有种族、性别、性取向、民族、种姓、宗教等歧视。

8. 其他物种（Dtber species）。能够与动物、植物和自然界共生。

9. 娱乐（Play）。能够享受娱乐活动。

10. 对自己环境的控制（Control over one's environment）。一是政治方面，能够参与政治活动，有演讲和集会的自由。二是物质方面，能够拥有财产（土地和动产）、与他人一样拥有财产权利，有公平的就业权利等政治环境；有不受到无根据的搜查和夺取的自由；能作为正常的个体进行工作，并与其他人建立有意义而相互认可的关系。

---

① ［美］玛莎·C. 纳斯鲍姆：《寻求有尊严的生活——正义的能力理论》，田雷译，中国人民大学出版社 2016 年版，第 23 页。
② 同上书，第 14 页。
③ ［美］玛莎·C. 纳斯鲍姆：《正义的前沿》，朱慧玲、谢惠媛、陈文娟译，中国人民大学出版社 2016 年版，第 53 页。

我们可以从三个角度评价纳斯鲍姆这个能力列表及其特色：第一，纳斯鲍姆将"实质性自由"称为整合性能力（combined capabilities），区分了基础性、内在性和整合性的能力。基础性能力指的是一个人有能力做什么，如健康、表达、想象力等；内在性能力确保了这些基本能力的发展，它们是一个人能充分实现功能的状态（在给予正确的外部条件下）；整合性能力，将内在性能力和外部条件组合起来确保功能和能力实现。这个能力列表就是一个整合性能力列表。① 这些区分对于理解可行能力如何被解释和发展至关重要，更重要的是，这样的区分有助于我们了解列表如何被推导和如何确保这些要求。第二，能力列表显现多样化，汇集了一系列的能力。这是因为能力列表生成的部分灵感来自马克思关于人的理解：人具有丰富的需要和拥有多种生命活动能力以过上良好生活的要求。② 当然列表的多元性只是因为如果个体想要拥有有价值的生活就需要有能力做许多事情。值得注意的是，尽管这个列表名单已经很丰富了但仍然是不完整的。列表只告诉我们什么能力对于有尊严的生活是重要的，但是关于如何实现它们却涉及不多。纳斯鲍姆明确了可行能力如何被实现受影响于它们在特定的社会历史和文化中如何被理解。第三，每个功能对应一个变量的阈值水平，阈值水平是基于特定的社会条件和背景的。这个阈值水平之所以重要的原因有：首先，它为文化多样性创造了空间，这意味着现实世界中有许多情况和问题必须考虑；其次，阈值水平让我们看到了所有能力的重要性和相关性，它让我们明白我们设置每个能力的阈值水平时要全面考虑所有的能力；最后，思及我们应该拥有所有的能力以过上有尊严的生活，对阈值水平的承诺允许考虑如何实现能力实际性行为。③

纳斯鲍姆的能力列表同样受到多个角度的批判，主要有两个方面：第一个批评与列表的能力清单本身有关。有学者认为我们可以很容易地找到证据证明，即使一些个体不能很好地行使特定的能力，他们也同样可以拥有相当好的生活。此外，我们可以论证有一些能力列表中的能力更为重要

---

① Nussbaum, Martha C., *Sex and Social Justice*, Oxford: Oxford University Press, 1999, p. 44.
② Nussbaum, Martha C., *Frontiers of Justice: Disability, Nationality, Species Membership*, Cambridge, Massachusetts: The Belknap Press, 2006, p. 74.
③ Ibid., p. 71.

(如表达的特定形式)。① 第二个批评挑战了可行能力列表的合法性。森对能力清单不予探讨从另一个侧面展现了能力列表如何实现合法的问题。换句话说，有什么理由说明列出的可行能力清单实际上是正当的？鉴于列表不是直接来自于公共讨论，我们有理由认为这个可行能力列表是不具合法性的。② 这就引发了学界对于如何确定相关的能力和功能性活动列表的讨论。阿尔基尔（Alkire）对研究人员如何确定相关的能力和功能性活动方法进行五种分类：（1）通过惯例约定和依靠现有的数据进行选择；（2）基于人们应该做什么和什么是他们重视的假设进行选择；（3）相关功能性活动的选择可以基于一个统一的合法共识；（4）通过进行参与协商，来阐明利益相关者的观点，并以此进行选择；（5）基于所使用的实证数据来进行功能性活动维度的选择。这些方法都有自己的长处和缺点，通常以不同的组合被整合性使用。③ 因此，对相关功能领域、功能性活动和能力如何选择，进行一个透明、开放、持续的公共讨论是很重要的。罗贝恩斯（Robeyns）提出了用于识别功能性活动的程序标准，它们由以下几个方面组成：（1）明确表述：意味着选择应该是明确的、被讨论过和可辩护的。（2）方法的合法性：包括澄清和审查用于建立列表的方法是否具有公认性。（3）背景的敏感性：用于辩论的语言抽象层次在一个给定的情况下是合适的，在哲学、政治学或经济学的讨论中可能不同，但还是取决于问题的共性。（4）不同层次的共性：选择过程中应至少包括两阶段的过程。第一阶段可能涉及一个理想的列表，这个列表选择不受任何数据、测量方法、社会经济或政治的局限。第二阶段建立更务实的列表清单，考虑各种约束和可行性，拥有两个列表可以使方法满足更多和更好的数据。（5）穷尽性和不可还原性：清单应包括所有重要的元素而且这些元素不能被还原到其他元素，有一定的重叠可能是可以接受的，如当一个子集如此的重要以至于需要全面考

---

① Wolff, Jonathan and Avner De-Shalit, *Disadvantage*, Oxford: Oxford University Press, 2007, pp. 43 – 58.

② Robeyns, Ingrid, "The Capability Approach: A Theoretical Survey", *Journal of Human Development*, Vol. 6, No. 1, 2005, pp. 93 – 114.

③ Alkire, Sabina, "Choosing Dimensions: The Capability Approach and Multidimensional Poverty", In Nanak kakwani and Jacques Silber, *The Many Dimensions of Poverty*, 2007, pp. 89 – 119.

虑，独立于整体列表。①

在这种讨论中，纳斯鲍姆能力列表清单伴随着现实世界问题的变化持续演变。她也已经释放了列表清单，并声称列表是开放性的，接受相应的反思和修正。② 这是关于"尊严的存在可能是什么"的反思和讨论的一个起点，正是它是不确定、不完整的原因。纳斯鲍姆将列表作为游说的工具，所以整个理念是我们与列表对话。换句话说，这两种批评是建立在列表之上的。纳斯鲍姆欢迎和期待关于可行能力的探讨。正是这种讨论会产生（至少在时间上）哪些清单应用的某种合法性问题。在她的回应中，我们应当指出能力本身并不具有太多争议。事实上，幸福列表（无论它们是基本需要、可行能力，还是福利维度等列表）都有基本的共性而且差异很小。③ 因此，批判不应该聚焦于名单本身而应关注：能力列表为了什么和我们是否需要所有的功能列表。

一份可行能力列表中确保了个体的能动性应该是相当明确的。根据森的论述，能动性是指："一个人在追求任何他或她认为重要的目标和价值时可以自由地行动和实现的状态。"④ 具有能动性的个体，在森的解释中是指"采取行动并带来变化的人，此人的成就可以按他自己的价值观念和目标来评价，不管我们是否还按照其他外部的准则来判断那些成就"。⑤ 即可行能力清单列表应该关切个体作为社会的一员以及作为经济、社会和政治行动的参与者的主体地位。这有助于我们意识到可行能力列表名单（至少）需要支持促使参与和选择成为可能的基本活动。与森不同，纳斯鲍姆可行能力清单主要关注的不是能动性，而是关于人的尊严和如何让个体过上"真正的人类"生活。有一点是明确的，纳斯鲍姆所支持的清单多元化不会导致其拒绝对能动性的关注，但却会挑

---

① Robeyns, Ingrid, "Sen's Capabilities Approach and Gender Inequality. Selecting Relevant Capabilities", In Bina Agarwal, Jane Humphries, Ingrid Robeyns and Amartya Sen, New Delhi, *Capabilities, Freedom, and Equality, Amartya Sen's Work from a Gender Perspective*, New York: Oxford University Press, 2007, pp. 81 – 95.

② Nussbaum, Martha C., "Capabilities and Constitutional Law: 'Perception' Against Lofty Formalism", *Journal of Human Development and Capabilities*, Vol. 10, No. 3, 2009, p. 341.

③ Alkire, Sabina, *Valuing Freedoms, Sen's Capability Approach and Poverty Reduction*, Oxford, New York: Oxford Press, 2002, pp. 78 – 84.

④ Sen, Amartya, *Commodities and Capabilities*, North-Holland, Amsterdam, 1985, p. 203.

⑤ Sen, Amartya, *Development as Freedom*, Oxford: Oxford University Press, 1999, p. 19.

战其清单的优先排序。所以在纳斯鲍姆看来，能动性对她理解美好生活的基本要素是重要的，但它并不会比清单上的其他组件更重要。鉴于纳斯鲍姆的可行能力清单产生于并捕捉到人的尊严，而不是个体能动性，有两种策略可以重新审视和调整其能力清单。第一个策略是声称纳斯鲍姆的整个清单列表可以被重新诠释和调整为保证个体能动性的能力清单；第二个策略为声称纳斯鲍姆可行能力的部分清单就可以完成这一使命。

如果我们关注的是人的能动性和主体地位，那么我们就应该以此为目的设置能力清单。布洛克（Brock）最近提出这样的列表，认为下列清单是人类能动性的必要条件：（1）一定程度的生理和心理健康；（2）足够的行动安全；（3）对于个体可以选择的选项有足够的理解；（4）一定的自治权；（5）拥有一些体面的社会关系。① 就像对能力的关注一样，布洛克认为重点应该在使能，那是"一个涵盖很多元素的过程，而且这个过程取决于我们在过程中处于什么位置"。② 为了这个目标，布洛克强调，有很多要素影响了个体是否有能力实施其能动性。所以，许多因素需要被考虑以确保个体最终可以发挥其功能。布洛克认为使能需要如下的要素：商品的直接转移分配；教育或传授特定的技能；协助或提供锻炼技能的机会；协助个体实现自立。③ 在此基础上，布洛克认为纳斯鲍姆的可行能力清单列表可以被重新定义，并纳入自己的列表清单（见表2-6）。换句话说，布洛克并不认为她的清单完全偏离纳斯鲍姆的能力列表，并承认她的方法试图（部分）捕捉一个蓬勃生命的必要条件，列表清单是相辅相成的。④

表2-6　　　　纳斯鲍姆和布洛克的可行能力清单列表比较

纳斯鲍姆	布洛克
1. 生命	身体健康
2. 身体健康	身体健康

---

① Brock, Gillian, *Global Justice: A Cosmopolitan Account*, Oxford: Oxford University Press, 2010, p. 70.
② Ibid., p. 68.
③ Ibid., pp. 68-69.
④ Ibid., p. 71.

续表

纳斯鲍姆	布洛克
3. 肉体完整性	安全/自主/身体完整性
4. 理智、想象和思考	理解力/心理健康
5. 情感	心理健康
6. 理性实践	理解力
7. 友好关系	得体的社会关系或心理健康
8. 其他物种	如果它是重要的，那是因为它影响心理健康
9. 娱乐	如果它是重要的，那是因为它影响心理健康
10. 对自己环境的控制	自主性

资料来源：Brock, Gillian, *Global Justice: A Cosmopolitan Account*, Oxford: Oxford University Press, 2010, pp. 70 - 71.

第二个值得探讨的策略不是将纳斯鲍姆的清单列表置于以主体能动性为中心的主题下，而是只需确定哪些能力是我们最为需要的。这一举动主要由乔纳森·沃尔夫等提出，[1] 在他们的研究中揭示，列表清单中某些特定的功能性内容和能力比其他的更为重要，主要有：生命；身体健康；身体完整；对自己环境的控制；友好关系；感觉、想象力和思考。因此，我们有两种方式，即利用纳斯鲍姆清单列表或从中生成的清单列表来确保森所强调的个体能动性。

可行能力虽具有一定的概念模糊性，但在各种争辩中不断演进，理论内涵不断充实和丰富，核心思维不断明晰。可行能力方法把福利评价的注意力从资源转换到它们的结果：能力的平等，[2] 指出正义在于基本能力的实现，从罗尔斯的形式正义转向实质性的正义，着眼于"人们实际享有的生活本身"的正义理论，着眼于现实的（realization-focused）正义研究方法。[3] 相对传统评价视角，可行能力视角的优势在于其相关性和实质性，而不在于它会生成某个完整的序列，可行能力演进过程所生成的清单

---

[1] Wolff, Jonathan, and Avner De-Shalit, *Disadvantage*, Oxford: Oxford University Press, 2007.

[2] Whiteside, Noel, and Alice Mah, "Human Rights and Ethical Reasoning: Capabilities", *Convention and Spheres of Publication*, *Sociology*, Vol. 46, No. 5, 2012, p. 924. (Special Issue: "The Sociology of Human Rights")

[3] 龚群：《对罗尔斯正义理论的回应与推进——森和纳斯鲍姆的能力论》，《华中师范大学学报》（人文社会科学版）2017 年第 5 期。

在追求全球性、普遍性的同时保有开放性和包容性。可行能力的多元视野使其成为一个极具开放性、综合性的思想体系，也保证理论的时代性和发展性。① 在某种程度上，可行能力是对亚当·斯密所特别倡导的对经济和社会发展采用一种综合性视角的回归。② 这样的思路可以更适度地关注到个体在功能上的差异，保持福利评价与考察的维度合理性，也能很好地指导公共服务的社会安排与供给。当然，无论如何演进，可行能力的焦点仍聚焦于个体实际的生活机会，引导我们在更为基础的层面上——更接近社会正义所要求的信息的层面上——看待福利与平等议题。③

三　可行能力框架下福利状态的实证研究

可行能力不仅是一个抽象的理论概念，而且是一个具有实际应用价值的操作框架。学者们在对其理论内涵、列表清单、测量程序进行探讨的同时，也进行了大量的福利测度与比较的实证研究和政策实践。

（一）可行能力框架下社会福利状态考察与研究

以可行能力为理论基础度量社会福利状况在社会政策领域得到广泛应用，主要呈现于对国家、地区的整体福利考察和对特定群体福利状况的考察研究，这些研究对于可行能力概念的操作为本书提供了一定的参考。

1. 可行能力框架下国家和地区的福利状态研究

基于可行能力理论，联合国开发计划署（UNDP）于1990年出版了第一个《人类发展报告》，该报告使用可行能力框架来考察发展的挑战，明确地提出了"人类发展"的概念。人类发展视角是一个有关个人福祉、社会安排以及政策设计和评估的规范性框架，并以此构建了人类发展指数（HDI）。④ HDI分别由预期寿命、成人识字率和国民生产总值3项指标加权平均得到。这个指数自1990年起成为联合国衡量各成员国的社会经济发展水平和福利状况的重要指标。HDI因可行性和可操作性较强在世界各国得到广泛应用，成为目前世界范围内最具影响力且在各个国家广泛使用

---

① 龚天平：《阿玛蒂亚·森的"正义"解读》，《哲学动态》2013年第4期。
② ［印］阿玛蒂亚·森：《以自由看待发展》，任颐、于真译，中国人民大学出版社2013年版，第293页。
③ 同上书，第87页。
④ United Nations Development Programme, *Human Development Report* 1990, New York: Oxford University Press, 1990.

的衡量社会福利的工具，对政策制定和发展评价产生了深远影响，但同时也因其测量范围狭窄和测量方法简单而饱受诟病。[1]

马丁内蒂（Martinetti）在可行能力框架下采用1994年意大利家庭调查数据，使用模糊评价方法从教育、知识、社会交往、心理等功能性活动维度综合衡量意大利公民的福利水平，同时考察了性别、年龄、婚姻状况等异质性因素对可行能力的影响。[2] 阿南德（Anand）等人采用英国家庭固定样本对5000多户家庭的居民进行调查，基于所得数据，分析了健康、社会生活、闲暇时间、人际关系等方面的可行能力对人们主观幸福感的影响，研究发现可行能力与福利显著相关。[3] 库克利斯（Kuklys）基于同样的调查数据，以可行能力方法为分析框架运用结构方程模型测量了这5000多个家庭1991—2000年福利水平的变化，并在此基础上剖析了个人特征对居民福利水平的影响，发现收入和学历对英国居民的福利水平影响微弱，而婚姻状况、性别和年龄对居民福利水平的影响显著。[4] 有学者研究结果强调，多维视角对于不平等分析发现的重要性和潜在影响，研究显示在剖析法国、德国、意大利和英国的不平等状况时，引入一个更多维度的不平等分析公式可以使其产生逆转的结果：当福利是由健康状况和收入的对数表示时，四个国家中家庭收入分布最平等的德国变成了最不平等的国家。[5] 莱利（Lelli）利用比利时家庭调查数据分析不同的测量技术对于福利测评结果的影响。[6] 同样有学者使用不同的方法来确定比利时福利的维度和指标。他们建立焦点小组来确定哪些是最重要的维度和能力。结果表明，比利时参与者将健康视为最重要的维度，其次是社会环境、收入和

---

[1] 王冰、钟晓华：《城镇居民多维福利的追踪测度》，《城市问题》2014年第5期。

[2] Martinetti, E. A., "A Multidimensional Assessment of Well-being Based on Sen's Functioning Approach", *Rivisita Internazionale Di Scienze Sociali*, Vol. 20, No. 2, 2000, pp. 207 – 239.

[3] Anand, Paul, Hunter Graham, and Ron Smith, "Capabilities and Wellbeing: Evidence Based on the Sen-Nussbaum Approach to Welfare", *Social Indicators Research*, Vol. 74, No. 1, 2005, pp. 9 – 55.

[4] Wiebke Kuklys, "An Application of Sen's Functioning Approach Using Structural Equation Models", *Journal of Development Studies*, No. 8, 2005, pp. 1339 – 1368.

[5] Brandolini, Andera. On Synthetic Indices of Multidimensional Well-being, Health and Income Inequalities in France, Germany, Italy and the United Kingdom, Centre for Household, Income, Labour and Demographic Economics, Working Paper 07/2007.

[6] Lelli, Sara, "Operationalising Sen's Capability Approach: the Influence of the Selected Technique", In Flavio Comim, Mozaffar Qizilbash and Sabina Alkire, *The Capability Approach. Concepts, Measure and Applications*, Cambridge: Cambridge Univ. Press, 2008, pp. 311 – 361.

工作，政治环境和教育也被认为是重要的但排名较低。[①] 和比利时一样，当被问及什么是福利中最重要的维度时，德国人也赋予了健康最高的分值。福利也被定义为一个非常广泛的能力集。[②] 2009 年，由国际经济学家和社会科学家所组成的"经济状况和社会进步评价委员会"向法国总统萨科齐提交了一份分析如何充分评估经济表现和社会进步的报告。[③] 委员会强调了福利的多维性，这要求拓宽评价视角，从基于收入的评价措施转向基于能力的非市场活动与生活品质的评价。从真正的自由和能力的意义上说，这种福利的多面性一直是可行能力方法的核心。杨爱婷和宋德勇基于森的可行能力方法，采用集对分析法从功能和能力角度对改革开放以来中国社会福利进行测算。研究显示，能力不足使得中国总体社会福利水平低下，社会福利和经济增长在长时间内基本上是脱钩的，福利增长缓慢，同时在主要国家的福利能力对比中发现，我国社会福利的发展质量和能力水平明显落后于发达国家。[④] 王冰和钟晓华则采用中国综合社会调查数据，运用模糊综合评价方法，以可行能力为框架追踪测度了中国城镇居民 2003—2008 年的福利状况。研究发现，城镇居民的福利水平显著提升，在功能指标上，除社会交往下降之外，其他维度都有明显的改善。[⑤]

2. 可行能力框架中弱势群体的福利状态考察

可行能力理论框架不仅用于国家和地区的社会福利水平的测度和比较，更在微观层面上关注社会群体的可行能力状况。因此，弱势群体的福利水平和可行能力匮乏成为聚焦可行能力研究的学者们重点探讨的领域。

福利的不平等并没有告诉我们相对较低的福祉是否与实质自由和能力的匮乏相联系。为了了解更多可行能力意义上的贫困，学者们进行了大量

[①] Van Ootegem, Luc and Spillemaeckers, Sophie, "With a Focus on Well-being and Capabilities", *The Journal of Socio-Economics*, Vol. 39, No. 3, 2010, pp. 384–390.

[②] Glatzer, Wolfgang, Jens Becker, Roland Bieräugel, Geraldine Hallein-Benze, Oliver Nüchter, and Alfons Schmid, *Einstellungen zum Reichtum. Wahrnehmung und Beurteilung Sozioökonomischer Ungleichheit Undihrer Gesellschaftlichen Konsequenzen in Deutschland*, Forschungsprojekt im Auftrag des Bundesministeriums für Arbeit und Soziales. Frankfurt am Main, 2008.

[③] Stiglitz, Joseph E., Amartya Sen, and Jean-Paul Fitoussi, Report by the Commission on the Measurement of Economic Performance and Social Progress, Paris, 2009.

[④] 杨爱婷、宋德勇：《中国社会福利水平的测度及对低福利增长的分析》，《数量经济技术经济研究》2012 年第 11 期。

[⑤] 王冰、钟晓华：《城镇居民多维福利的追踪测度》，《城市问题》2014 年第 5 期。

的实证研究，他们强调一个多维贫困的解释力远远超出收入贫困的解释。学者基于可行能力框架采用了 14 个功能性活动作为指标对南非支出贫困和功能性贫困进行了测量和比较。研究发现，不少群体是由于受到功能性剥夺而导致贫困，其中 17% 的个体的贫困状态难以用支出贫困来衡量。[①] 恰佩罗（Chiappero）从健康、教育、知识、社会交往和心理条件等维度对意大利人口的功能性活动进行测量，尽管她的结果与传统收入分析的结果相似，但她的研究呈现了收入和功能丧失强度的差异。而且，该研究着重展现了家庭主妇的受剥夺状况，由于家庭收入概念的局限性，这种不平等被隐藏于收入不平等和贫困分析。[②] 法国学者的研究显示，法国辍学者在贫困规模上的排名取决于贫困的概念：以功能性活动与社会结果来评价贫困产生几乎相同的贫困规模，然而却明显不同于基于资源来评价贫困所产生的结果。[③] 沃尔夫等人分析了穷人（与精英）对英国人最看重的三种功能性活动被剥夺的看法差异，他们发现在纳斯鲍姆清单列表中一些功能性活动比其他的重要，这项研究也深入扩展了纳斯鲍姆列表的内涵。[④] 丁建军对多维贫困理论基础、主要测度方法及国际实践进展进行系统阐释，为可行能力理论在中国贫困测度上的应用提供了视野和借鉴。[⑤]

在可行能力理论与中国实际相结合的研究中，农民（农户）群体的福利状态度量是学者较先和较多进行的实证研究领域，主要关注土地流转和农民集中居住对农民的福利状况的影响。在土地流转对农民福利影响研究上，高进云等人在可行能力框架下提出了构成农民福利的功能性活动和指标，基于武汉市城乡接合部调研数据，使用模糊评价方法对农地城市流转前后的农民福利变化进行了衡量。结果显示，农地城市流转导致农户总体福利水平下降。在功能性指标上，除农户的居住条件得到改善外，农民

[①] Stephen Klasen, "Measuring Poverty and Deprivation in South Africa", *Review of Income and Wealth*, Vol. 46, No. 1, 2000, pp. 33 – 58.

[②] Chiappero Martinetti, Enrica, "A Multi-Dimensional Assessment of Well-being Based on Sen's Functioning Theory", *Rivista Internazionale di Scienze Sociali*, Vol. 8, No. 2, 2000, pp. 207 – 239.

[③] Vero, Josiane, "A Comparison of Poverty According to Primary Goods, Capabilities and Outcomes: Evidence from French School Leavers' Surveys", In Achille Lemmi and Gianni Betti, Economic Studies in Inequality, Social Exclusion and Well-being, *Fuzzy Set Approach to Multidimensional Poverty Measurement*, New York: Springer, 2006, pp. 211 – 231.

[④] Wolff, Jonathan, and Avner De-Shalit, *Disadvantage*, Oxford: Oxford University Press, 2007.

[⑤] 丁建军：《多维贫困的理论基础、测度方法及实践进展》，《西部论坛》2014 年第 1 期。

的经济状况、社会保障、社区生活、环境、农民心理状况都有不同程度的恶化。① 这个结果与她后面对湖北省数据进行剖析的结果是一样的。② 黎洁和妥宏武结合可行能力理论和退耕地区农户的特征，构建了农户福利指标体系，采用模糊评价方法分析了陕西周至地区农民的福利状况。研究显示，农户的社区归属感、人际关系和风险策略的选择都处于较好的状态，而土地资源、家庭收入与消费、住房状况与居住环境方面的状况较差。③ 贺丹和陈银蓉借助同样的理论和评价方法对水库移民安置区土地流转过程中安置区居民福利的变化进行了研究，发现土地流转后安置区居民总体福利水平明显降低，在功能指标上，除经济状况外，社会保障、政治参与、心理等均有较大程度变差。④ 周义等学者应用可行能力理论和广义均值双参数构造理论，基于农户家庭经济状况、社会保障、居住状况和社会心理四个维度构建了一种测度福利的新模型，以此对武汉调查数据进行分析，发现失地冲击对农民福利影响具有多重性，失地变迁后农民整体的综合福利水平下降。⑤ 关江华等则根据家庭可行能力福利评价体系，采用农户生计资产量法和模糊综合评价法，从家庭经济、社会保障、居住条件、社区环境、发展机遇和心理等维度对不同类型农户家庭福利变化进行实证研究，分析宅基地流转对被流转农户的家庭福利影响。⑥

除了上述两类学者较多关注的人群外，可行能力也被应用于社会其他弱势群体的福利状态剖析。施基卡特和奥特格姆（Schokkaert & Ootegem）采用 1979 年比利时失业人员的数据，从资金状况、社会交往、心理状态等六个方面考察了失业人员的福利状况，发现物质因素与失业人员的福利没有显著的相关性，在此基础上他们建议采用非经济政策以提升失业人员

---

① 高进云、乔荣锋、张安录：《农地城市流转前后农户福利变化的模糊评价》，《管理世界》2007 年第 6 期。
② 高进云、周智、乔荣锋：《森的可行能力理论框架下土地征收对农民福利的影响测度》，《中国软科学》2010 年第 12 期。
③ 黎洁、妥宏武：《基于可行能力的陕西周至退耕地区农户的福利状况分析》，《管理评论》2012 年第 5 期。
④ 贺丹、陈银蓉：《水库安置区居民土地流转前后福利变化模糊评价》，《中国人口·资源与环境》2012 年第 11 期。
⑤ 周义、张莹、任宏：《城乡交错区被征地农户的福利变迁研究》，《中国人口·资源与环境》2014 年第 6 期。
⑥ 关江华、黄朝禧、胡银根：《不同生计资产配置的农户宅基地流转家庭福利变化研究》，《中国人口·资源与环境》2014 年第 10 期。

的福利水平。[①] 托马索（Tommaso）基于印度3000名6—12岁农村儿童的调查数据，以出生时的生命体征、肢体健全程度、感官想象力、儿童社交能力等7项功能性活动作为评价维度，采用结构方程模型方法综合评价他们的福利水平。[②] 李梦玄和周义依据可行能力理论，建立保障房社区居民福利的评价指标体系，对被保障的居民的福利变化进行测量。结果显示，被保障居民在功能性指标上，除了居住条件、心理状况有了非常明显的改善之外，其他指标均有一定程度的恶化。[③] 袁方和史清华利用2009年上海农民工的调查数据，将可行能力和收入整合建构了福利分类模型，对农民工福利进行了考察。研究发现，可行能力和收入的不平等均对农民工福利产生负向影响；可行能力不平等对高收入群体农民工群体存在显著影响。[④]

（二）可行能力转化机制及政策实践研究

进一步的研究涉及将财富转换为功能性内容或能力的过程和转换过程的动力机制。格拉索（Grasso）的研究目标便是测试应用森的可行能力方法的系统动力。为了强调个人和社会特征的重要性，他基于功能性活动内容如身体健全、心理健康、教育、培训、社会互动关系等建立了一个"转化因子模型"（CFM）。他发现了意大利地区转化率排名取决于功能性活动或其他指标的使用。作为资源，转换因子和有价值的功能性活动可能是相互内生和关联的。[⑤] 伯恩克（Boehnke）运用了森的可行能力框架评估生活机会的社会嵌入性。根据她的研究结果，可行能力更为明确地凸显了政治决策和制度框架的重要性和强调社会环境对于福利的作用。使用欧洲生活质量调查数据，她试图通过实证研究评估个人的生活条件（对资源和情感支持的可得性）和他们的社会嵌入性的相互作用。她研究发现，

[①] Schokkaert E. and Ootegem L., "Sen's Concept of the Living Standard Applied to the Belgian Unemployed", *Recherché Economiques De Louvain*, Vol. 56, No. 4, 1990, pp. 429-450.

[②] Tommaso M. L., "Children Capabilities: A Structural Equation Model for India", *The Journal of Socio-Economics*, Vol. 36, No. 3, 2007, pp. 436-450.

[③] 李梦玄、周义：《保障房建设的社会福利效应测度和实证研究》，《中南财经政法大学学报》2012年第5期。

[④] 袁方、史清华：《不平等之再检验：可行能力和收入不平等与农民工福利》，《管理世界》2013年第10期。

[⑤] Grasso, Marco, Adynaic Operationalization of Sen's Capability Approach Working Paper 59, 2002.

人们认识到文化与制度安排决定他们的机会与限制。欧洲各地公民对生活机会感知不仅受"客观"的资源获得的影响，而且取决于人们如何看待他们的社会环境。人们的生活满意度与人们对政治制度和福利系统可靠性的信任度呈现负相关。当人们不信任他们的同胞时，他们就会感觉到社会群体之间的张力。[1]

除了探讨可行能力的转化和政治影响外，相当数量基于可行能力框架研究的研究者专门讨论应对社会问题的战略和政策。德普雷和巴特勒（Deprez & Butler）证实了美国为有小孩的低收入妇女提供继续教育的政策效应。他们发现，政策产生的积极影响不仅仅包括提供就业机会，还有形成新的朋友圈、培育了理想和抱负、扩大生活的选择、为他们的孩子生成新的社会关系，也有助于增强他们参与社区的积极性。[2] 伯德-莎普（Burd-Sharps）等批评了美国从20世纪60年代开始发展的官方贫困线测量，这种测量方法忽略了非现金福利（如食品券）、所得税负债和工作必要的费用（如儿童照顾）。[3] 在德国，相当多的精力致力于为联邦德国政府的官方贫困和富裕报告确立一个可行能力的报告框架。在英国，当在解决贫困的政治问题和由此产生的后果时，国家智囊团会基于可行能力框架进行相关的探讨。[4] 此外，贫困与反贫困策略在一些东欧国家的人类发展报告中会得到讨论，同时也成为高收入经合组织国家监控他们在向民主社会和市场经济社会转型过程中社会和经济发展状况的参照。

在国内，学者们在可行能力转化上没有太多的关注，更多的是以可行能力理论为导向对各种社会问题的解决和社会政策的出台提出相关的建议。如有学者从可行能力视角对中国城市贫困进行剖析，提出了中国城市贫困治理应该实现理念重构：由施恩论向权利论转变；由效率优先向更加注重社会公平转变；由经济援助向可行能力培育转变；由单一救助向综合

---

[1] Boehnke, Petra, "Does Society Matter? Life Satisfaction in the Enlarge Europe", *Social Indicators Research*, Vol. 87, No. 2, 2008, pp. 189–210.

[2] Deprez, Luisa S., and Sandra S. Bulter, "The Capability Approach and Women's Economic Security: Access to Higher Education under Welfare Reform", In Melanie and Elaine Unterhalter, *Amartya Sen's Capability Approach and Social Justice in Education*, New York, NY: Palgrave Macmillan, 2007, pp. 215–257.

[3] Burd-Sharps, Sarah, Kristen Lewis, and Eduardo B. Martins, *The Measure of America. American Human Development Report*, 2008–2009, New York, NY: Columbia Univ. Press, 2008.

[4] Cooke, Graeme and Paul Gregg, *Liberation Welfare*, London: DEMOS, 2010.

治理转变。① 方劲则以可行能力理论探讨了新阶段农村贫困问题及政策调整，认为新阶段农村反贫困政策在收入援助的同时，更应该加强能力建设，培育人的主体意识，使贫困地区真正具备可持续发展的外在机制和内在动力。② 刘鸿渊基于可行能力理论对汶川灾区农村重建提出了相关的策略，认为加大农村居民的人力资源投资、完善制度和提高其可行能力是灾区农村实现可持续发展的内在条件。③ 田朝晖和解安同样基于可行能力对生态移民贫困治理提出对策，认为移民的贫困救助策略应该以生态移民就业能力和机会重建为核心，促进有劳动能力的贫困移民就业，增加工资性收入。④ 李雪萍等基于四川村庄的个案研究，认为提高集中连片特殊类型困难地区贫困人口的可行能力是减贫的根本目标，围绕这个目标，应该更加关注供给无形村庄公共产品。⑤ 这与向德平和陈艾的研究有相似的思想，他们基于四川牧区村的研究，认为联结生计方式与可行能力是减贫研究的新视角，提出建构以生计为起点和落脚点，以能力促进为核心的连片特困地区减贫路径，实现既见人又见其能，既见收入又见其来源的目标。⑥

四 可行能力的综合考察：发展评述与方向展望

（一）层层递进，规整理论发展特征

几十年来学术界和政策实务部门对可行能力理论的研究和应用越来越多，在可行能力的核心内涵、评价维度、清单列表和评价方法等几个方面取得了一定的共识和成就。这对于我们进一步以可行能力为框架进行研究和应用提供了很好的参考与借鉴，当然也存在很多需要明确和深化的问题。

1. 理论内涵的共识性

基于信息基础的对比，诸多学者对于可行能力在评价上的全面性是达

---

① 何慧超：《中国城市贫困与治理：基于可行能力的视角》，《学习与实践》2008年第2期。
② 方劲：《可行能力视野下的新阶段农村贫困及其政策调整》，《经济体制改革》2011年第1期。
③ 刘鸿渊：《后援建时代的汶川灾区农村发展研究》，《社会科学研究》2011年第2期。
④ 田朝晖、解安：《可行能力视阈下的三江源生态移民贫困治理研究》，《科学·经济·社会》2012年第4期。
⑤ 李雪萍、龙明阿真：《村庄公共产品供给：增强可行能力达致减贫》，《社会主义研究》2011年第1期。
⑥ 向德平、陈艾：《连结生计方式与可行能力：连片特困地区减贫路径研究——以四川省甘孜藏族自治州的两个牧区村庄为个案》，《江汉论坛》2013年第3期。

成一致的，均承认可行能力能够更为清晰和深入地反映各个群体的真正生活状态，同时接受在评价过程中合适的"空间"应该是一个人选择有理由珍视的生活的实质自由，即可行能力。这个方法聚焦于人们所能做的和所能达到的状态，这就决定了根据人们有理由珍视并追求的成果和程序来评价，不事先排除影响全面价值评价的某类或某些价值要素，不赞成某些价值要素"绝对地"优于另外一些价值要素，但是要赋予特定的价值要素以特定的权重，因此，这种方法对于信息的广度和敏感度有较高的要求。在学者们对于可行能力的理论探讨和实证分析中，有两点是大家都认同的：一是包容性的信息综合。可行能力是开放的、变动的，它强调一种信息综合。二是多元的价值排序，可行能力不苟求价值目标的同质性，在对功能性活动进行价值比较或排序时，允许"不完备性排序"。①

2. 清单列表的争论性

可行能力视角中，福利评价的实质就是对个体功能性活动的测量。但是学者们对于哪些特定的功能性活动应该列入个体的重要成就以及相应的可行能力清单并没有达成共识。比较有代表性的是：森提出了五种工具性自由作为测量可行能力维度，主要包括：政治自由、经济条件、社会机会、透明性保证和防护性保障。阿尔基尔则认为应该从生活、知识、娱乐、审美、社交、理性和宗教等7个维度进行考察，以评估可行能力状态。纳斯鲍姆提出了完整的可行能力清单，认为包括生命、身体健康、身体完整、理智和思考、情感、理性实践、友好关系、其他物种、娱乐、控制环境10个维度的功能性活动。李超杰等人在此基础上将代表性的可行能力清单归纳为：健康状态、教育、闲暇、收入、经济满意、信任、自由选择7个方面。② 但由于可行能力包容面太广，在实际研究中，大多数研究者通常根据研究目的和样本特征进行相关功能的选取，哪怕是对同一类社会群体的社会福利进行评价时，在清单维度上也很难取得共识。

3. 评价方法的单一性

福利概念内在的模糊性和可行能力界定上的复杂性使其在量化上存在

---

① 黄荟：《阿玛蒂亚·森的贫困概念解析》，《江汉论坛》2010年第1期。
② 李超杰、王冰、张宇：《基于WVS的中国国民可行能力实证研究》，《自然辩证法研究》2012年第2期。

一定的问题，无法被精确地衡量。美国数控教授查德（Zadeh）提出模糊数学方法为处理这一类问题提供了可行的思路，被大量采用。① 学者们也在实证不断补充与完善可行能力的评价方法，强调在使用可行能力框架评价群体的福祉水平时应该注意的要点，比如要保证足够的评价空间；有一个与评价对象相关的能力列表；生成与能力列表相符的多维福祉指标；选择可以代表每个维度的指标；对每个维度的福祉进行有效加总。② 虽然学者们也会加入结构方程模型等方法对模糊评价方法做一些补充和改进，但是并没有太大的变换。可行能力评价方法相对单一也使得很多研究有重复操作的可能。如何能在方法上进一步地改进以确保可行能力理论可以更好地解释社会现象和广泛应用于解决社会问题显得尤为重要。

（二）内外兼修，推动理论本土落地

从可行能力理论内涵、特征到可行能力应用于福利的定量测度，再到可行能力的政策运用，国内外的相关研究已经形成了一个较为成熟的研究框架，为该领域研究的深化提供了知识基础、理论指导和实证参照，但在评价体系建设、研究方法和理论内涵本土拓展三个方面，其内在的缺陷与不足也为可行能力在中国本土进一步发展与落地提供了研究的空间。

1. 完善可行能力的综合评价体系

当前可行能力的构成维度与评价体系还很难在学术界得到普遍认同，虽然可行能力理论一直坚持维度的多元性和开放性，但是拥有相对完善的可行能力评价体系对于深化理论在福利测度上的运用有着相当重要的意义。一方面如丘海雄等对幸福的解读一样，对福利的感知可能同时受制于先天遗传与后天环境的交互作用，这一过程绝非是心理、精神或社会实践任一单方面因素作用的结果。③ 可行能力不仅是一个静态结构，更是一个动态演化过程。未来研究应该坚持多元化的研究路径，进一步从认知、态度和动态转化三个维度来丰富和完善可行能力理论的评价体系，继续把可行能力作为合并型多维动态概念来研究，不仅关注概念本身及其构成维度

---

① 袁方、史清华：《不平等之再检验：可行能力和收入不平等与农民工福利》，《管理世界》2013年第10期。

② Chiappem Martinetti. E., "A Multidimensional Assessment of Well-Being Based on Sen's Functioning Theory", *Rivista Internazionale Di Scienze Sociali*, Vol. 108, No. 2, 2000, pp. 207–239. 聂鑫、汪晗、张安录：《城镇化进程中失地农民多维福祉影响因素研究》，《中国农村观察》2013年第4期。

③ 丘海雄、李敢：《国外多元视野"幸福"观研析》，《社会学研究》2012年第2期。

层面的子概念的静态操作化，还要关注影响可行能力转化的动态机制的操作化，动静结合。综合评价体系的设置既要有反映可行能力各个层面状态和发展的指标，还要有反映各个层面相互协调、相互转化的指标。当然在建立评价指标体系的过程中，所选择的评价指标不可能面面俱到，否则会使指标体系十分繁杂，不便操作，甚至操作失灵。因此，建构一个具有代表性、独立性、动静结合、信息量大的指标是完善可行能力综合评价体系的关键。

2. 创新可行能力的综合评价方法

指标体系设置时应尽可能采用定量指标，已有的研究更多采用数学的模糊评价方法来回应福利与可行能力的复杂性和模糊性，在一定程度上解决了研究方法的困境。但在可行能力的实践与转化中，由于涉及大量的社会、经济和政治等宏观因素，难以量化，特别是可行能力具有动态的机制，仅仅依靠量化的方法很难反映不同维度及其影响因素之间在实践中的动态关系。笔者认为，可以加进一些定性方法，对可行能力的某些层面以定性指标加以描述，在此基础上进行量化处理，借用"实践社会学"[①]和"结构—制度分析"的研究策略。[②] 具体来说，国家宏观的制度和政策创新、社会权力结构和管理体制的调整、社会不同阶层的关系等会对可行能力产生怎样的影响，这在现有研究中还未得到足够重视。现在的定量研究基本上是以个体或家庭作为单位进行资料收集，为了将可行能力具体化而忽视了它与宏观政治结构、制度变迁、经济改革与社会发展的内在联系。所以未来的研究应该采用整合质性与理性的三角研究方法，使用多种方式和技术来收集和分析资料，由此来自不同方面的资料和分析结果可以相互质疑、相互补充，以保证研究的有效性、准确性和完整性，有助于将可行能力与特定的社会、政治、经济结构相关联，将其置于政府、市场与社会多重场景中，宏微、动静相结合进行全面的评价。

3. 深化可行能力的多学科本土研究

可行能力的本土化研究以经济学科为主，存在较为严重的重复性操作。大多研究以某一群体为对象，采用模糊评价方法，选择某些特定的功

[①] 孙立平：《实践社会学与市场转型过程分析》，《中国社会科学》2002 年第 5 期。
[②] 谢立中：《结构—制度分析，还是过程—事件分析？——从多元话语分析的视角看》，《中国农业大学学报》（社会科学版）2007 年第 4 期。

能性指标进行福利测量，缺乏深入性、持续性和对话性。这不仅影响了可行能力理论在中国社会福利学术探讨中的广度和深度，更使其不能及时运用于中国社会福利现实问题的剖析，以促进和完善中国社会福利制度的建设，提升人民的福祉。可行能力理论本土化的未来发展需要哲学、经济学、社会学、政治学等多学科共同合作，深入研究，加强学科对话，保证持续性，并在政策实践中以行动研究理念进行本土问题的解决，最终生成具有本土生命力的可行能力理论内涵与实践体系。在多学科对话的本土研究中有两个层面是值得深入探讨的：一是个体与社会的关系概念需要在可行能力理论的框架中得以扩展。关系与结构是中国社会的突生现象。社会结构作为个体可行能力提升的重要工具，具有内在性的价值。社会结构的内在重要性需要被承认，另外个人可行能力和社会结构之间的双向关系需要强调。家庭作为中国社会内最重要和最基本的运作单位。从理论本土拓展可行性角度考虑，在中国未来的研究中，可以将可行能力放置于中国家庭文化背景下进行延伸探讨，尝试将可行能力从个人延伸至家庭进行运用，并对家庭可行能力进行概念的解析与实践的操作化。二是可行能力理论的本土行动研究。社会福利学术研究的另一取向是推动政策的改革、转向及践行。核心可行能力的提升构成了各种政策制定的重要维度，以有效地提高人民的福祉。从这个角度来看，本土研究者的任务应该是在特定的背景下确定目标群体个体——家庭通过可行能力提升而实现福利水平提高的程度。因此，可行能力的本土研究的另一个核心向度便是行动研究探讨可行能力扩展以实现目标群体社会福利需要满足的关键点，为相关社会福利政策的出台提供依据，为实现中国社会福利需要满足的可持续性助力。简而言之，可行能力的本土落地研究应以"中国经验"为根据，以"现实问题"为导向，在深深植根于中国社会福利的发展过程中承担起通过学术研究"解蔽"和唤起"行动"的历史使命。

五　小结

通过文献回顾可以发现，森提出了可行能力理论，它由概念、基本变项、可行能力的五个维度及操作化等内容组成。后来他的理论被广泛地应用到发展研究等多个领域中，代表性的实证运用是联合国的人类发展指数（HDI）。当从逻辑上演绎可行能力时，它更多的是理论，当采用可行能力多个维度分析实证资料时，它具有了分析方法的特征。由此，在一定程度上可以说森的可行能力兼具理论和方法双重特性。可行能力理论作为考察需要的新典范,对需要的研究将从强调经济增长和收入再分配推进到倡导增强人的能力发展和拓展实质自由,以扩大信息基础上的综合评价标准对需要与需要满足进行考量。"可行能力方法"的评价性焦点群体包含两个维度:一是个体实现了的或个体实际上能够做到的功能性活动,即个体实际做到的事;二是个体所拥有的由可选组合或个体的真实机会构成的可行能力集,即个体有实质自由去做的事。因此,在需要考察和需要满足路径选择中不能仅仅关注目标群体的经济维度,更要关注目标群体的各种处境。这种多元的、广泛的需要与福利的考察方法被应用于各个领域的实证研究。这些研究表明:(1)以可行能力为视角对福利(需要满足)状态进行考察可以更加真实、科学地掌握目标群体的需要特性与满足状况;(2)可行能力视角下的需要考察框架从经济因素扩展到政治、法律、文化、制度等领域,从更广泛的角度关注如何让目标群体享有更大限度的行动自由、拥有更多的机会、做出更多的选择。

本章小结

本章根据本书的主要问题和目标,对社会福利中的残疾研究、需要理论、可行能力视角三个方面的文献进行了回顾与综述。

第一,残疾研究的演进中社会福利的视角一直存在。本章第一节通过对残疾概念的演变研究、残疾人社会福利理念的发展研究、中国残疾人社会福利发展研究进行综述,展现了残疾人社会福利研究的动态转型,从个体病理学的个人责问取向逐步向尊重个体权利、发展个体能力的公民权利与增能发展取向转型。中国残疾人社会福利制度从新中国成立至今经历了初创期、发展期、转型期和深化改革期,残疾人社会福利正逐步从"消极型"向"积极型"转向,从"补缺型"向"适度普惠型"转向。在残疾人社会福利制度逐步优化与完善的过程中,残疾人的声音也越来越受到重视,残疾人的需要评估成为制度转型的基础与起点。

第二,社会福利中的需要研究为社会福利制度的设置提供了依据。本章第二节对需要的含义、需要类型和需要满足的路径研究进行综述。社会福利中的需要是社会中生活的人在其生命过程中的一种缺乏的状态。人的基本需要如果不能得到满足,这种缺乏状态将损害人的生命意义。社会福利领域中的需要理论集大成者多亚尔和高夫在他们的需要理论中,将需要分为基本需要(Basic Needs)和中介需要(Intermediate Needs)。身体健康和个人自主作为人类的基本需要,是人类参与美好生活的先决条件,而满足这些基本需要的多种方式被界定为中介需要。① 在实现需要满足的路径上主要有价值、生产、资源、权利和能力五个取向。如何有效地考察需要是社会福利对目标群体进行需要研究的核心,而在功能性框架中对目标群体的需要进行考察与研究成为社会福利需要研究与需要满足路径选择的新走向。

第三,可行能力理论作为考察需要的新典范,森从个体的异质性出发,其意识到个体的实际收入和个体运用收入而达到的处境是存在差异的,引入了功能与能力概念作为衡量需要的标准。第三节主要对可行能力的理论内涵与实证研究进行综述,展现了可行能力理论的理论起点、核心内涵、演进与发展,同时展示可行能力理论在国家、地区、具体群体的福利(需要满足)状态的实证研究操作过程。研究表明:以可行能力为视角对福利(需要满足)状态进行考察可以更加真实、科学地掌握目标群体的需要特性与满足状况。

综上所述,可以发现:(1)现有残疾人福利研究更多关注生存性维度,对于残疾人自主的支持与能力的发展关注较少。残疾人功能性空间的关注和自主能力的发展已经成为残疾人社会福利研究的趋势。(2)残疾人福利制度转型趋向于以需要为本,如何有效地考察福利需要特性成为该领域关注的走向,可行能力理论则为更加真实和全面地考察残疾人福利需要提供了可操作的测度框架。

---

① [美]哈特利·迪安:《社会政策十讲》,岳经纶等译,上海人民出版社2009年版,第12—13页。

第三章

研究框架与研究方法

本章将依据相关理论搭建本书的研究框架并根据研究问题选择合适的研究方法，提出本书的研究内容、具体操作方案与章节结构。第一节将在需要理论与可行能力理论指引下建立研究框架，对本书的主要研究内容进行具体化，对研究的主要概念进行操作化，以为实证研究提供方向与指南；第二节将讨论本书研究使用的混合研究方法，介绍实证研究中资料收集的方法、具体的资料分析技术、研究的效度与信度，以及研究中可能涉及的伦理与局限；第三节根据研究框架和研究方法设计，对本书的章节结构安排做简要介绍。

第一节 研究框架与研究内容

一 研究框架

（一）以可行能力为本的残疾人需要研究框架

本书在研究性质上属于探索性和描述性相结合的研究。探索性研究使用在对一个较新领域或问题进行的研究中，主要可以实现三个研究目标：满足研究者深入了解某个事物或现象的愿望；探讨对某个问题进行进一步深入研究的可能性；发展后面研究可使用的方法或路径。[1] 根据上一章的文献回顾，对残疾人能力的关注是当下残疾人社会福利研究的一个趋势，相关研究正在逐步展开，但相对较少，而以可行能力关注残疾人社会福利需要满足的更是不多，本书是一个较新的课题。笔者希望通过将可行能力

---

[1] 彭华民：《福利三角中的社会排斥：对中国城市新贫穷社群的一个实证研究》，上海人民出版社2007年版，第45页。

与需要理论整合的研究，较深入地了解残疾人社会福利需要呈现出什么新的特性，社会福利制度在满足残疾人需要上存在哪些供需矛盾及其相关的影响因素，并在此基础上发展可行能力与残疾人需要满足关系研究中的多元研究方法。描述性研究的目的则主要是对社会事实或真实的发现，回答社会事实是什么的问题，其主要逻辑方法是归纳法。本书正是使用归纳法对收集到的资料进行总结，描述残疾人社会福利需要呈现的新特性、需要满足的供需困境状况及其影响因素。因此，本书既是一项探索性研究也是一项描述性研究。

本书的对象是残疾人，关注点是残疾人社会福利需要特性与残疾人社会福利供给。文章紧紧围绕可行能力理论探讨残疾人社会福利需要特性与满足状况。在可行能力理论下残疾人的社会福利需要呈现什么样的特性？这样特性的需要是否得到满足？若没有，供需困境何在？影响机制为何？这些构成本书研究关注的核心问题。基于此，笔者结合森的可行能力理论和多亚尔与高夫的需要理论为基础建立本书的研究框架（见图3-1）。

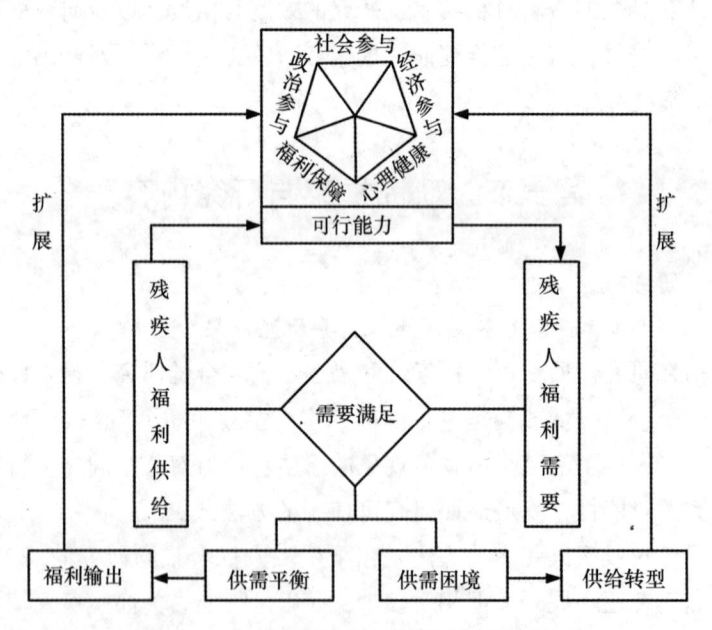

图3-1 可行能力与残疾人需要满足研究框架

研究框架展现了本书的概念的变项和概念的逻辑。根据概念定义解释，本书将从可行能力框架中围绕政治参与、社会参与、经济参与、心理健康和福利保障五个维度对残疾人社会福利需要与社会福利供给进行考察，并以此剖析残疾人社会福利供需的张力与转型的可能性。

研究框架的搭建主要是为了解释可行能力与残疾人社会福利需要的理论关系，它概略地展现了残疾人社会福利制度、可行能力、残疾人需要之间可能存在的逻辑。这些逻辑关系简要表述如下：

（1）残疾人社会福利需要在可行能力理论框架下可能呈现某些新的特性，对残疾人社会福利制度设置提出新的诉求；

（2）残疾人社会福利制度有可能有助于增强或削弱残疾人的可行能力；

（3）残疾人可行能力的变化有可能对残疾人需要的满足状况产生影响；

（4）残疾人可行能力的情况有可能展现了他们需要满足的状况；

（5）残疾人社会福利需要满足状况可能有助于扩展或削弱残疾人可行能力。

（二）核心概念界定

1. 可行能力

可行能力（capability）概念是森针对不平等和贫困等主题传统考察的不全面提出，刚开始只是一个概念。可行能力指的是一个个体有可能实现的、各种可能的功能性活动的组合。可行能力不只是指个体有能力做什么，而是指他们有自由去选择并且过上他们所珍视的生活。[1] 可行能力对于贫困和不平等分析的贡献在于从个体的异质性出发，引入了功能概念作为衡量的标准，把注意力从手段（收入）转向了真正的目的，认为合适的"评价空间"应该是个体的可行能力，[2] 即"我们对商品的需要是相对的，它完全取决于我们身处的社会和经济环境。但是我们对能力的需要——对作为人类社会一员而发挥适当作用的自由的需要——则是绝对的"[3]。在后期对可行能力概念的深化解读中逐步完善，发展成完整的理论：人的生活至少可以从两个角度进行剖析：福利（个人福祉的促进）和能动性（不与福利直接相关的其他目标）。而且，福利和能动性都有两

---

[1] Sen, Amartya K., *Development as Freedom*, Oxford: Oxford University Press, 1999.

[2] ［印］阿玛蒂亚·森：《以自由看待发展》，任颐、于真译，中国人民大学出版社2013年版，第87页。

[3] Sen, Amartya K., *Development as Freedom*, Oxford: Oxford University Press, 1999.

个维度:"实际成就"(achievement)和"获取成就的自由"(freedom)。两种区分结合在一起就产生了四种不同的与个人相关的利益概念:(1)"福祉成就";(2)"能动性成就";(3)"福祉自由";(4)"能动性自由"。森就是用这四个概念变项对个体的生活进行考量,其中福祉成就和福祉自由被进一步发展成可行能力理论的基础性核心,即功能性活动(functioning)和可行能力(capability)。① 一个人的福利可以从其生存质量来判断,生命中的活动可以看成一系列相互关联的"功能性活动",即"一个人处于什么样的状态和能够做什么"(beings and doings)的集合。② 已实现的"功能性活动"构成了个体的福利,那么可实现功能性活动的"可行能力",即个体有能力对各种可能的功能性活动组合进行选择,就构成了可实现个体福利的自由。它表示了个体能够获得的各种功能性活动的不同组合,反映了个体能够选择过某种类型生活的自由。③ 与"功能性活动"相对应,一个人的可行能力具体包括免受困苦——诸如饥饿、营养不良、可避免的疾病、过早死亡之类——基本可行能力,以及能够识字算数、享受政治参与等的自由。理论集中关注可获得价值的"功能性活动"(这些活动构成我们的生活)的能力,认为在评估个体福利时,判定标准应当是实现了功能性活动和可实现功能性活动的能力两个角度。④ 可行能力是功能性活动的派生概念,功能性活动的实现仅仅代表个人的福利成就,并不能完全反映其福利状况,还需要通过可行能力来考察一个人是否具有获得福利状态的机会,因此,可行能力反映了一个人可以获得福利的真正机会和选择的自由。对此,森提出了五种工具性自由:政治自由、经济条件、社会机会、透明性保证和防护性保障。⑤ 通过第二章的文献回顾我们可以发现,在实际研究中,大多数研究者通常根据研究目的和样本特征来进行相关功能的选取,并没有达成统一共识。本书将以上五个维度的工具性自由具体演化为政治参与、社会参与、经济参与、心理健康、福

---

① [印]阿玛蒂亚·森:《资源、价值与发展》,杨茂林、郭婕译,中国人民大学出版社2008年版,第38页。

② Sen, Amartya, *Inequality Reexamined*, New York, Oxford: Oxford University Press, 1992, p. 39.

③ Ibid., pp. 39 – 40.

④ Ibid., pp. 45 – 46.

⑤ [印]阿玛蒂亚·森:《以自由看待发展》,任颐、于真译,中国人民大学出版社2013年版,第32—33页。

利保障五个研究变项。

2. 福利、社会福利与残疾人社会福利

福利（welfare）在学术界是一个被广泛应用却缺少统一理解的术语。从词源上看，它是由"Well"（好）与"fare"（生存状况）组合而成，具有"美好的生存状况""美好的生活"等意义，意思近于好处、幸福和繁荣。作为学术性的定义，福利便兼具主观与客观、精神与物质的双重维度，它常与需要等联系在一起。随着社会的进步，人类的需要在不断扩展，福利的内容也更为丰富。斯皮克（Spicker）便从多个角度对福利进行解释，他认为福利可以指个体拥有那些他们想要的事物而产生的利益或"福祉"或"效用"；也可以指政府提供给社会一些特定群体（儿童、老年人、残疾人等）的各种社会服务；还可特指提供给穷人的经济援助。福利既是一种好的、健康的、幸福的生活状态（生活得好且感觉也好）(doing well and feeling well)，[1] 也指一个动态的制度保障实现过程。福利除了关注人类的基本生活保障，还关注有益于人类发展的功能，关注让人类能够发挥潜能的机制。所以福利包括个人福利和社会福利。个人福利通常被解释为"幸福""快乐"的同义语，是指个人对物质生活的需要与个人精神生活的需要的满足；而社会福利是指一个社会全体成员的个人福利的总和或个人福利的集合。[2]

福利关注生活状态的同时也关注保障机制的建设，即关注由国家建立制度协助社会成员解决社会问题和提升福利水平。在这个过程中福利成了公共产品且具有了公共性特征，演变成了社会福利。[3] 社会福利可从被作为状态和作为制度两个角度进行解释。[4] 社会福利一方面是指国家用来帮助人们满足经济、社会、教育和健康等需要所推行的各种项目、津贴补助和服务体系，以保证社会的正常运行；另一方面是指社会共同体或社会的集体福祉的良好状态。即社会福利是指"当社会问题得到控制时，当人类需要得到满足时，当社会机会最大化时，人类正常存在的一种情

---

[1] Marshall, T. H., *Social Policy in Twentieth Century*, London: Hutchinson, 1985, p. 12.

[2] 郑功成：《社会保障学：理念、制度、实践与思辨》，商务印书馆2000年版，第76—77页。

[3] 彭华民：《论中国组合式普惠型社会福利制度的构建》，《学术月刊》2011年第10期。

[4] 尚晓援：《"社会福利"与"社会保障"再认识》，《中国社会科学》2001年第3期；黄晨熹：《社会福利》，格致出版社2009年版，第4页。

况或状态"。① 周沛从广义层面上将社会福利归纳定义为："社会福利是以政府及社会为主体，以全体社会公民与社区居民为对象，以制度化与专业化为基本保证，以保障性与服务性为主要特征，以社会支持网络为主要构架，以物质资助和精神支持为主要内容，以解决社会问题为目的，旨在不断完善和提升公民的物质与精神需求，提高社会生活质量的社会政策和社会制度。"② 狭义的社会福利概念则是指，国家依据法律和相应的社会政策向部分或全体公民提供社会服务的制度。③ 对于狭义的社会福利界定可以分为剩余性狭义社会福利观、制度性狭义社会福利观和发展性狭义社会福利观，④ 主要指国家通过财力和政策等手段保障社会特定人群并使之改善其社会生活，提高生活品质的一种制度措施。在中国则主要是指民政部主管的社会福利，包括老年人福利、残疾人福利和儿童福利三大部分。⑤

残疾人社会福利作为中国社会福利的一个组成部分，经常与"残疾人社会保障"混用。广义的残疾人社会福利内容丰富且全面，是一个多元的福利体系，既包括以货币形式帮助残疾人社会群体解决需要满足问题的社会保险和社会救助，也包括通过提供劳务、实物、机会和其他形式来满足残疾人社会需要的社会福利服务。⑥ 因此，残疾人社会福利体系不是单一的保障项目或服务内容，而是一个包括制度化、政策性的社会救助、社会保险，专业化的残疾人康复、托养，社会化就业、教育、助残、残疾预防等多方面项目在内的有机整体。⑦ 这个有机整体包含多层项目（基础项目、专业项目、高级项目），涉及残疾人生存、健康、发展等多个维度。多层系统的体系内容决定了残疾人社会福利实施主体是一个综合体系，包括政府、社会、社区、家庭以及第三部门在内的多元化福利主体系统。

---

① Midgley J., *Social Welfare in Global Context*, London: Sage, 1997.
② 周沛：《社会福利体系研究》，中国劳动社会保障出版社2007年版，第7页。
③ 彭华民：《论中国组合式普惠型社会福利制度的构建》，《学术月刊》2011年第10期。
④ 田北海：《社会福利概念辨析——兼论社会福利与社会保障的关系》，《学术界》2008年第2期。
⑤ 戴建兵、曹艳春：《社会福利研究述评》，《浙江社会科学》2012年第2期。
⑥ 彭华民、万国威：《残疾人社会福利制度：内地与香港的三维比较》，《南开学报》2013年第1期。
⑦ 周沛：《积极福利视角下残疾人社会福利政策研究》，《东岳论丛》2014年第5期。

3. 残疾人需要

根据文献综述我们可以得知，社会福利中的需要是社会中的个人在其生活过程中的一种缺乏状态，一般被表述为人类为了生存和福祉的生理、心理、经济、文化和社会要求，如果这种要求没有得到满足，将会对个体的生命意义产生影响。[1] 残疾人作为社会中的一员，他们的需要与社会成员的需要既存在共性，也有自己的特点。残疾人需要的特殊性表现：(1) 医疗与康复需要特殊性。残疾人身体组织构造或生理、心理功能的缺损和障碍，在治疗和康复上的需要比正常个体强烈且周期比较长，满足难度大。(2) 经济需要特殊性。由于残疾人在医疗与康复上要支出大量费用，而且他们在就业上困难重重，所以残疾人经济状况难以改善，生存容易陷入困境。(3) 教育需要特殊性。由于生理、心理等方面的困境，残疾人在接受教育上与正常人有很多不同，需要根据残疾人的类型设计不同的教育体系以满足其需要。(4) 就业需要特殊性。现实中由于观念偏见和物理性环境的障碍，残疾人的就业机会、就业质量、工作条件等相较于常人差距很大，需要针对性进行援助与协助。(5) 社会交往需要特殊性。政治参与低、就业困难、参与社会文化机会少等都使得残疾人心理存在一定的适应困难，社会交往需要得到特定的关注。

(三) 核心概念的操作化

可行能力理论作为考察需要的新典范，对需要的研究将从强调经济增长和收入再分配推进到倡导增强人的能力发展和拓展实质自由，以扩大信息基础上的综合评价标准对需要与需要满足进行考量。本书的研究重点是在可行能力理论下考察残疾人需要特性和残疾社会福利供给的作为，研究操作的焦点便集中于可行能力这个概念如何进行操作化以便有效可行地对残疾人的需要和残疾人的社会福利进行解读和剖析。基于森对可行能力的解读和第二章实证研究的文献回顾，本书将森所构筑的可行能力五个工具性自由：政治自由、社会机会、经济条件、透明性保证、防护性保障演化为政治参与、社会参与、经济参与、心理健康、福利保障五个研究变项。研究将在这五个角度下考察残疾人社会福利需要和社会福利供给，以更为全面地呈现残疾人社

---

[1] 彭华民：《西方社会福利理论前沿：论国家、社会、体制与政策》，中国社会出版社2009年版。

福利需要的状况和供给努力的方向。本书专节讨论了五个一级变项在研究中如何细化，以有效指引资料收集和研究开展。

政治参与：在经典的政治学研究中，政治参与是指公民试图影响政府决策的活动，不仅包括行动者本人自发的影响政府决策的活动，而且包括行动者受他人策动而发生的影响政府决策的活动。[①] 在可行能力框架下，政治参与则指的是一种自由，包括人们在民主政体下所拥有的最广义的政治权益（entitlement），包含如政治对话、表达意见和批评当局的机会，以及投票权和参与选举的权利。[②] 政治参与的工具性作用并不单纯停留在对话、批评和参与，而是通过对公民个体实质性自由的保障和扩展体现出来。人民表达并论证自己的要求以引起政治的关注，在促进这种要求得到倾听方面，具有工具性和建设性作用。[③] 因此，在当前的政治运行中，虽然政府较为普遍以选举权利的实现来保障公民表达自己的政治意见，但日常生活中公民则更多关注政治行为是否有益于或有损于其各种利益。基于此，本书将政治参与初步界定为残疾人能否具备行使其合法权利的能力，包括获取区域政策信息、参与社区决策、有充分的利益表达渠道和权利伸张机制等，研究操作化为残疾人选举参与和利益诉求两个维度。选举参与主要从残疾人参与投票的积极性、对选举意义的解读、社区事务关注度等角度考察；利益诉求关注残疾人生活问题和利益的表达渠道、方式、效果及如何保障。

社会参与：是影响个体赖以享受更好的生活的实质自由，但由于其并不直接关乎生存，往往为弱势群体所淡忘和忽视，涉及残疾人能否形成相应的社会化行动能力，具体包括适应环境的生活方式、人际交往以及参与各类社会行为等。本书结合已有研究，尝试从残疾人社会参与的意识和社会参与行为两个维度来细化这个变项。意识上考察的内容包括：残疾人社会参与的想法、表达形式、观念解读；残疾人社会行为上则关注：实际行动、现实困难、社会对残疾人社会参与的康复协助、环境设计等。

---

① ［美］塞缪尔·亨廷顿、琼·纳尔逊：《难以抉择——发展中国家的政治参与》，汪晓寿等译，华夏出版社1989年版，第5—7页。

② ［印］阿玛蒂亚·森：《以自由看待发展》，任颐、于真译，中国人民大学出版社2013年版，第32页。

③ 同上书，第150页。

经济参与：主要指个体能够通过一定的方式或途径获得并使用经济资源的过程，它应该是个体实质性自由的核心保障，指的是残疾人面临的消费、生产、交换等经济行为的能力状况，具体可包括工资收入、财产性收入、消费支出和生活水平等，其中由就业决定的工资收入最为关键。就业是普通个体进行经济参与的重要手段。个体能否有效地实现就业受内在和外在要素的影响。基于此，本书从残疾人就业环境和就业能力两个角度对经济参与进行操作。就业环境变项主要包括残疾人就业的实际遭遇、现实环境、社会包容性三个方面的内容；就业能力主要有残疾人就业的现实挑战、技术匹配、培训设置三个维度的内容。

心理健康：指个体可以保持一种高效而满意、持续且积极发展的心理状态。心理健康不仅要注意到残疾人实际的感受，更要关注怎样的生活是残疾人向往的，以及他们珍视生活的理由。具体为个体的基本心理活动过程能与社会良好适应，充分发挥自己的潜能，与社会保持同步，并且当个体出现心理不适、内外失衡时会主动调节或寻找支持。本书基于前人研究和研究者的实务经验将这个变项操作化为心理健康调节意识和援助体系两个变项，并进一步将调节意识解释为残疾人现实的心理问题、求助意愿、对象、方式等内容；将残疾人援助体系操作化为残疾人心理援助体系的建设导向、建设现状、建设效果三个角度。

福利保障：指国家为弱势群体提供资金、服务和发展机会的制度，以维持这类群体的基本生存能力，保证其获得发展的信心和能力，增强其选择的自由，进而提升弱势群体抵御风险的能力。福利保障的领域包括固定的制度性安排和临时应需而定的安排。[①] 研究选择保障门槛和保障项目两个重要指标来衡量残疾人福利保障的平等性。保障门槛具体为残疾人享受某些社会福利的享受条件、审核机制、保障标准三个子内容；保障项目主要从残疾人社会福利的分配基础、项目惠及、项目导向三个角度进行解释。

综上所述，概念细化说明了可行能力五个一级变项的操作化。五个演化概念是一级变项，它们形成了10个二级变项，并在已有研究和研究者的过往经验的基础上初步形成了具体的操作解释用于指引资料采集和研究

---

① ［印］阿玛蒂亚·森：《以自由看待发展》，任颐、于真译，中国人民大学出版社2013年版，第33页。

开展（见表3-1）。

表3-1　　　　　　可行能力与需要满足研究变项解释列表

概念（一级变项）	二级变项	解释与调查资料收集内容
政治参与	选举行为	残疾人投票的积极性、对选举意义的解读、对社区事务的关注
	利益诉求	残疾人生活问题和利益的表达渠道、方式、效果
社会参与	社会参与意识	残疾人社会参与想法、表达形式、观念解读
	社会参与行为	残疾人社会参与的实际行动、现实困难、社会对残疾人社会参与的康复协助、环境设计
经济参与	就业环境	残疾人就业的实际遭遇、现实环境、社会包容性
	就业能力	残疾人能力提升的现实挑战、技术匹配、培训设置
心理健康	调节意识	残疾人现实的心理问题、心理问题的求助意愿、求助对象、求助方式
	援助体系	残疾人心理援助体系的建设导向、建设现状、建设效果
福利保障	保障门槛	残疾人社会福利保障的享受条件、审核机制、保障标准
	保障项目	残疾人社会福利保障的分配基础、项目惠及、项目导向

二　研究内容

为了回答本书的研究问题和实现研究目的，本书着重围绕可行能力的理论论证与操作化、残疾人福利需要特性的调查与剖析、残疾人社会福利制度的评估与转型三个层次展开。每个层次研究既相对独立，又紧密联系，层层递进。具体研究内容如下：

（1）梳理与论析阿玛蒂亚·森可行能力的理论起源、发展与观点；考察该理论提出的促进个体能力发展的五种工具性自由（政治自由、经济条件、社会机会、透明性保证和防护性保障）的实证运用性；并在此基础上着重审视可行能力与残疾人福利研究的内在契合性，并以此构建以能力为本的残疾人福利理论分析的新框架，并在此框架下设置残疾人社会福利需要考察框架。以此从政治参与、经济状况、社会机会、心理健康和福利保障五个角度进行数据收集，在更深层次上了解和掌握残疾人的福利需要特性。

（2）以可行能力为视角，主要从政治参与、社会参与、经济参与、心理建设和平等性福利保障五个角度审视当前残疾人社会福利制度建设和服务提供的实际状况，了解现行残疾人社会福利制度实施效果如何，展现当下残疾人社会福利需要的供给现状。

（3）在剖析供给现状的基础上，研究将进一步识别制度在服务提供过程中是如何被建构的、存在哪些问题？识别残疾人社会福利宏观政策和福利服务中提升（阻碍）残疾人需要满足的因素有哪些？这些因素如何相互影响及它们与残疾人社会福利呈现什么样的作用机制？以此展示现行残疾人福利制度在取向上的缺陷。

（4）研究讨论部分基于实证研究，透视可行能力理论本土解释力、分析力与预见力，反思可行能力理论的本土化路径，解决理论本土推广性与实效性问题。

第二节 研究方法

研究方法的选择往往是基于研究问题与研究目标进行。本书在可行能力的框架下重新认识残疾人的需要特性、残疾人社会福利供给状况以及两者之间的供需张力。本书期待多层面、生态地观察和理解残疾人的需要和供给系统的运作，了解残疾人社会福利供给的供需困境与转型的可能。本书整体上是一个探索—描述的研究（exploratory-descriptive research）。以可行能力框架为引子，逐步提炼出残疾人多个维度的需要特性、残疾人社会福利供给系统回应需要的多种措施以及供需的矛盾所在和转型的可能方向。本书主要是从具体的调查资料出发，在资料中分析、归纳、总结、提炼需要特性与供给特点，主要运用归纳的逻辑。因而，为更真实地解释本书的问题和更好地实现研究目标，笔者选择质性研究方法进行资料的收集与分析，本节将对质性方法进行讨论，介绍本书的资料来源、资料分析与整合，并对研究的信度、效度、伦理与局限性进行分析。

一 定性方法的选择

定性研究主要是一种对主体进行诠释、自然研究的方法，注重"理解"及对"日常生活"与"意义"的探索。重在探索被研究者的观念和想法,从被研究者自己的参考架构去理解他们的主观经验对他们的意义。① 因而定性研究"注重实效的、解释性的并植根于人们的生活经验中",② 主张用持久而开放的方式,收集广泛且丰富多样的资料。与其他研究方法的差异在于,在被研究者的生活中,研究者本身就是观察者和参与者。研究者唯有使出浑身解数在他人生活中一定程度扮演参与者和目击者的角色,观察或参与他人的生活,才能目睹、感受、清楚明白地分析被研究者社会生活的众多层面。③ 基于此,定性研究方法主张和注重"使用交互的、人本主义的多元研究方法",④ 更加开放、无结构化、更加贴近研究对象以收集更为真实和丰富的资料。

本书以可行能力为框架关注残疾人的能力与发展是残疾人需要考察与社会福利政策建构的趋势与新视角,研究目标的实现有赖于获悉作为福利对象的残疾人自身及其相关照顾者对福利需要和满足状况的看法、态度,以及残疾人各福利供给主体对福利需要、福利责任的态度等重要资料。在一项探索—描述的研究中,研究者将采用定性研究法,依赖更开放和更弹性的研究方法来收集与分析多方面的资料来源,以尽可能提高描述与解释的可靠性与准确度,较好地回答本书的问题。具体而言,本书的研究方法是以定性访谈为主、政策分析为辅的主辅设计。质性研究设计在本书应用的主要核心是:在可行能力框架下对残疾人需要特性与残疾人社会福利供给的评估,涉及的指标维度包括:政治参与、社会参与、经济参与、心理建设、社会保障平等共享。本书将以深度访谈为主、政策文本解读为辅的方式多角度地对这些指标进行数据收集与分析。具体而言,本书使用的具体研究方法主要是深度访谈和政策文献分析两种。研究涉及的资料主要有残疾人和残疾人社会福利供给各主体的访谈录音,有关残疾人社会福利的法律、制度、条例、实施办法等政策文本。研究使用的资料分析方法主要

---

① 陈向明:《质的研究方法与社会科学研究》,教育科学出版社2000年版,第12—13页。
② Marshall, C. and Rossman, G. B., *Designing Qualitative Research*, 4th ed., Thousand Oaks, CA: Sage, 2006, p. 2.
③ [美]约翰·洛夫兰德:《分析社会情境:质性观察与分析方法》,重庆大学出版社2009年版,第3页。
④ Rossman, G. B. & Rallis, S. F., *Learning in the Field: An Introduction to Qualitative Research*, 2nd ed., Thousand Oaks, CA: Sage, 2003, p. 8.

第三章　研究框架与研究方法　　95

是内容分析,即对访谈录音转录的文本和政策性文本围绕研究核心概念具体剖析提炼。

二　定性方法中的资料收集

资料收集是社会研究的重要部分,所采用的方法将对收集资料的质量产生重要影响。基于研究设计,本书收集的数据包括定性访谈和政策文本两个部分。定性访谈的数据主要包括残疾人及其家属、残疾人社会福利供给主体的主要负责人和工作人员两个群体的访谈数据。政策文本主要是国家、福建省、厦门市出台的关于残疾人社会福利的法律、制度、条例、实施办法等文件。下面就两个部分资料的收集方法与过程进行介绍。

(一) 定性访谈数据的收集

访谈是研究者与被访者之间带有目的的交谈。与问卷法或其他资料收集方法相比,面对面的访谈更加富有成果,能获得更多的信息。依据不同标准,访谈法可以有多种不同分类,其中最常见的分类是,根据访谈是不是结构化的,将访谈分为结构访谈、半结构访谈和无结构访谈。[①] 基于开放和对话的需要,本书主要采用半结构访谈方法,研究者能够根据预设的问题将被访者引导参与到对话中,且随着实际的情形加以调整。笔者主要从样本来源的确定、样本的选择以及访谈的过程三个角度说明定性数据的收集。

1. 样本来源

基于适切性和可行性,本书选择厦门作为定性研究样本来源地。

厦门是中国最早实行对外开放政策的四个经济特区之一,五个开发开放类国家综合配套改革试验区之一。截至2018年底,全市户籍人口242.53万人,常住人口411万人。全体居民人均可支配收入50948元,城镇居民人均可支配收入54401元,农民人均可支配收入22410元。[②] 截至2016年6月30日,厦门市残疾人口总数为39773人,各类型、各等级残疾人结构如表3-2所示。

[①] 陈向明:《质的研究方法与社会科学研究》,教育科学出版社2000年版,第171页。
[②] 厦门市统计局:《厦门市2018年国民经济和社会发展统计公报》,2019年3月22日,http://tjj.xm.gov.cn/tjzl/ndgb/201903/t20190322_2238302.htm。

表3-2　厦门市残疾人人口数据分析表（按残疾类别分类各区版）
（数据截至2016年6月30日）

区域		合计
视力残疾	一级	902
	二级	382
	三级	238
	四级	1274
	总数	2796
听力残疾	一级	803
	二级	594
	三级	710
	四级	417
	总数	2524
言语残疾	一级	127
	二级	127
	三级	162
	四级	315
	总数	731
肢体残疾	一级	2133
	二级	4645
	三级	5292
	四级	7767
	总数	19837
智力残疾	一级	392
	二级	1212
	三级	1453
	四级	1378
	总数	4435
精神残疾	一级	361
	二级	4265
	三级	1627
	四级	330
	总数	6583
多重残疾	一级	1520
	二级	1026
	三级	230
	四级	91
	总数	2867
总数		39773

经过多年的建设与发展，厦门市残疾人社会福利服务取得一定的成效：残疾人免费享受城乡居民医疗保险和养老保险，贫困残疾人普遍得到最低生活保障和单独施保、重点救助等特惠政策倾斜；九项医疗康复项目被纳入基本医疗保障范围，对白内障复明、精神病人服药和残疾儿童康复等实施补助；建立了从学前教育到高等教育、从全日制教育到成人教育的助学政策体系，实现了残疾人基本免费教育；对残疾人个体户实施职工养老保险和医疗保险补助，对超比例安排残疾人就业的企业实施奖励，促进了残疾人就业；形成了党委领导、政府负责的残疾人工作领导体制，建立了稳定增长的财政投入保障机制，市委、市政府连续多年将扶残助残项目列为民办实事项目，"福乐家园"、重度残疾人居家护理补助、残疾人家庭无障碍改造、社区残疾人康复室等项目顺利完成，残疾人得到更多实惠；扶残助残志愿活动广泛开展，厦门市获得了"全国无障碍建设城市"荣誉，残疾人平等参与社会生活的社会环境极大改善；全市各区、街（镇）全部建立残联组织，各社区（村）全部成立残协，招聘238名残疾人联络员和29名"福乐家园"工作人员，形成了"横向到边、纵向到底"的基层组织体系，残疾人组织进一步健全，残联工作的基层力量得到充实；完成全市残疾人口普查，为规划和发展残疾人事业提供了科学依据。厦门市残疾人社会服务体系建设进入了一个新的阶段，逐步由物质的帮扶向个体能力培育与发展转向。这样的转向有助于充分揭示能力转向下残疾人需要呈现的新问题与特性，此外，这样的经济水平和残疾人社会福利状况在全国处于中上水平，对其残疾人福利需要特性及其满足进行调查研究对于中国其他相关城市推动残疾社会福利制度转型具有一定的参考价值。这样的调查点与本书的目标相切合。这样的残疾人社会服务体系建设成效，是笔者决定选择厦门进行研究定性资料收集工作的首要依据。

可行性上主要有两点：一是笔者在2013年与HL区残联理事长共同承接了厦门市社科青年课题"创新厦门市残疾人社会服务机制研究"。借此调研课题对于厦门市的残疾人社会福利状况有了一个较全面的了解，为研究奠定了很好的基础。二是笔者在厦门从事多年的社会工作实务且兼任厦门多家社会工作机构的督导，关注多个残疾人社会工作服务项目，对于残疾人生活状态有一定的亲身感受，并与一定数量的残疾人工作人员和残疾人建立了较为紧密的联系，这为一线调查打下了很好的关系基础。

2. 样本的选择

定性访谈个案的选择逻辑不同于抽样的逻辑，其目标不是统计意义的代表性，而是信息的饱和性。[1] 所以定性访谈研究中不采用问卷调查中的随机或系统抽样等方法，而是采用扎根理论所说的理论抽样[2]或目标抽样的方法[3]来增加不同类别的研究对象，从而达到理论和信息饱和，即增加新的观察和访谈对象不能进一步提供有益于揭示研究对象本质的新资料。[4] 这是访谈抽样的重要指导原则。这样的原则要点有三：其一是它没有也不需要任何确定不变的"样本量"；其二是研究者事先无法预知要调查多少人，至多可以依据调查经验来确定；其三是不能用"样本量"的概念来指称它或评价它，只能衡量它所获得的信息是否已经饱和。[5] 但是在定性调查中，就特定研究目标而言，无论是单独一次访谈，还是连续对多人的访谈，都不存在任何一种客观意义上的信息饱和。信息饱和实际上是由访谈者与访谈对象共同构建出来的结果。[6] 对于访谈对象而言，信息饱和意味着他/她可能讲述了所有信息，还意味着他/她很可能无可表述或者是无法表述；对于调查者而言，调查所得信息足够达到自己的研究目标便可认定为信息饱和。研究者对信息饱和的判定标准有两个层次：一是以建基于研究者调查经验的方法素养、学术水平为评判依据；[7] 二是研究目标所要求的尽量接近或达到理想状态下的饱和。[8]

本书在访谈样本的选择上，围绕研究的目标和主要问题及其操作指标，依据定性访谈对象选取重要指南，残疾人的样本选择遵循以下三个原则：一是兼顾各个年龄段、各残疾等级和各残疾类型的对象；二是兼顾有

---

[1] Small, M. L., "'How Many Cases Do I Need?': On Science and the Logic of Case Selection in Field-based Research", *Ethnography*, Vol. 10, No. 1, 2009, pp. 5 – 38.

[2] Strauss, A. & Corbin, J., *Basics of Qualitative Research: Techniques and Procedures for Developing Grounded Theory*, Thousand Oaks: Sage Publications, 1998, p. 73.

[3] 王宁：《个案研究的代表性问题与抽样逻辑》，《甘肃社会科学》2007年第5期。

[4] Strauss, A. & Corbin, J., *Basics of Qualitative Research: Techniques and Procedures for Developing Grounded Theory*, Thousand Oaks: Sage Publications, 1998, p. 73.

[5] 潘绥铭、黄盈盈、王东：《论方法：社会学调查的本土实践与升华》，中国人民大学出版社2010年版，第207—208页。

[6] 同上书，第209页。

[7] 风笑天：《社会学者的方法意识和方法素养》，《社会学研究》1999年第2期。

[8] 潘绥铭、黄盈盈、王东：《论方法：社会学调查的本土实践与升华》，中国人民大学出版社2010年版，第209页。

工作和没有工作的残疾对象；三是兼顾城市和农村的对象；四是个案饱和原则，访谈对象的数量是以信息出现重复和饱和为准。依据此原则研究者共选择了 33 例残疾人进行深度访谈（见附录 1）。残疾人社会福利提供方的样本选择依据理论抽样，遵循以下两个原则：一是涵盖每种社会福利供给主体；二是信息饱和原则，同一类型的福利供给主体的访谈开始出现多维度、大面积的信息重复时便终止访谈对象的选取。依据这样的原则选择了各类服务提供者代表 31 例、残联系统领导 6 例进行深度访谈（见附录 2、附录 3）。本书采用以下编号规则：用"访谈对象类别 + 受访对象的姓名代码 + 首次受访日期"进行个案编号。本书分别用"1、2、3"指代残疾人、服务提供者和残联系统领导；用受访对象的姓名拼音首字母指代受访对象的姓名代码，以此对所有受访对象进行个案的编号。

3. 访谈的过程

访谈法虽然相对灵活，但是为了获得较为全面和真实的资料，需要研究者花大量的时间深入实地与被访问者接触。依据研究的安排，笔者集中进行了三轮实地访谈，即 2015 年 4—5 月的探索性试调查、2015 年 6—8 月集中对残疾人及部分供给主体工作人员的深入访谈和 2015 年 12 月、2016 年 2—3 月对残疾人社会福利各供给主体的集中深入访谈。第一轮的探索性试调查以现场记录、事后整理为主进行资料收集；第二、第三轮的访谈均采用现场录音、事后整理为主的方式进行资料采集。

定性访谈在提出设想、确立理论、研究设计、数据收集、分析和发现等步骤之间相互存在着螺旋式关系（Berg, 2004）。研究结论是建立在研究者不断观察、收集数据和概括分析的基础之上，所以定性调查中实地访谈与理论分析之间是有着十分密切的联系的。在本书中也同样遵循这样的逻辑。首先，在进行正式深度访谈前，笔者立足于文献回顾的基础上以无结构式访谈方法首先对厦门湖里区一名社区主任、两个社区的残疾人联络员、四个正在接受社会工作服务的残疾人家庭（2015 年 4—5 月）进行相关信息咨询与了解，并对残疾人联络员的工作情况和残疾人的家庭生活具体情况进行了初步的观察。前期的相关观察与座谈的资料有力地支撑了正式的访谈提纲的定稿，相关的访谈经验在访谈技巧、心理等角度为笔者和协助调查学生后面正式的深度访谈打下良好的基础，同时也为正式访谈有效选择样本提供了一定的参考。

作为特殊群体，残疾人群体及其家属相对敏感，他们不太轻易表达自己的内在需要与真实想法；作为服务提供主体的各方也由于以这样的群体为服务对象，在表达自己所提供的福利服务与相关想法时相对谨慎。这样的状况增加了访谈的难度。为了保证正式调查的质量，研究从以下两个角度做好相关准备以保障访谈的高质量与顺利进行：一是立足探索性试调查的结果，在导师的指导和帮助下，根据研究目标、问题、研究变项设计对残疾人和福利提供主体的访谈提纲（见附录4、附录5、附录6），并进行反复修订，保证访谈提纲中的问题和研究问题之间具有密切对应的关系（见表3-3）；二是立足于笔者本人从事多年残疾人社会工作实务且兼任厦门多家社会工作机构的实务督导，本书访谈对象的选取是在几家从事残疾人社会工作服务的机构协助下进行，被访者大多正在接受社会工作服务，笔者同时也聘请了8位一线从事残疾人社会工作服务的社工及实习生协助进行资料收集与整理，这样有助于访问者与被访问者建立良好的信任关系。对于各个残疾人社会福利提供主体相关的工作人员的调查则更多基于市区两级残联领导和朋友的介绍，消除被访谈对象的戒备心理，获得友好的信任，建立良好的关系。通过以上两个角度的做法确保第二、第三轮定性访谈的顺利进行。

表3-3　　　可行能力与需要满足研究变项与资料来源列表

一级变项	二级变项	残疾人需要资料来源	残疾人福利供给资料来源
政治参与	选举行为 利益诉求	访谈问题 Q1-1、2、3、4；社区档案	访谈问题 Q2-1、2；Q3-3；政策文本
社会参与	社会参与意识 社会参与行动	访谈问题 Q1-5、6、7、8、9、10、16、20；社区档案	访谈问题 Q2-3、4、5、6、7；Q3-4、5、6；政策文本
经济参与	就业环境 就业能力	访谈问题 Q1-11、12、13；援助中心档案	访谈问题 Q2-8、9、10、11；Q3-7、8、9；政策文本
心理健康	求助意识 援助体系	访谈问题 Q1-14、15、16、20；援助中心档案	访谈问题 Q2-12、14；Q3-10；政策文本
福利保障	保障门槛 保障项目	访谈问题 Q1-17、18、19、20；社区档案	访谈问题 Q2-13、15、16；Q3-11、13、14；政策文本

注：Q1、Q2、Q3分别表示深度访谈提纲1、2、3。

后两个阶段的访谈采用的是半结构式的访谈方式，研究者依据研究问题和内容设置了一份访谈的指引提纲，以开放的态度，使用提问和追问的技术进行访谈，确保资料的丰富性。第二轮访谈基本是在被访者的家中进行，每个访谈基本上在60—90分钟之间，笔者详细记录被访者的环境、生活状况及其声音，主要运用观察草案、访谈草案通过手写记录和录音方式记录相关信息。第三轮访谈主要是在被访者的办公室中进行，每个访谈基本上在60—90分钟之间，笔者除了访谈，还会顺带观察被访者工作状态，以及偶尔会参与一些他们所举行的活动。在访谈过程中同样遵循重复和饱和原则，以确保访问提纲中的开放问题可以得到充分的回应。

（二）政策性文献的收集

政策性文献属于定性研究方法中非干预的研究方法（Babbie, 2001; Berg, 2004）。这类的数据可以避免研究者对研究对象的影响，并且获得介入研究所不能直接得到的资料。在本书中，尽管对于残疾人社会福利提供各主体相关的工作人员的访谈有助于我们了解政府、社会、市场等各方对于残疾人社会服务的供给状况和想法，但并不能从国家层面全面地呈现残疾人社会福利供给的全景。基于此，研究有必要通过政策性文献的收集，对访谈材料加以补充，以期较全面地把握残疾人社会福利制度的供给演变与现状。

针对这部分的资料，笔者主要采用两种方式收集：一是通过国务院、中国残联、福建省残联等官方网络下载。政府职能部门网站不仅能让我们把握残疾人社会福利制度的发展演变过程，而且让我们较为直接地获得各种制度性文本。二是通过厦门市残疾人联合会复印厦门市残疾人社会福利各类的制度文件汇编文本，全面地了解厦门市残疾人社会福利制度的构建。具体地说，政策性文献主要收集以下几类文本：

（1）全国人民代表大会制定或修改的宪法、残疾人保障法；

（2）国务院依法制定的行政性法规、决定、指导意见和命令；

（3）中国残疾人联合会及其会同相关部委，根据法律和国务院的相关规定，在其职能范围内制定的各种规章、条例、办法和纲要；

（4）福建省人民代表大会及其常委会通过的地方性法规、决议；

（5）福建省人民政府和厦门市政府依据相关法律，出台的各种关于残疾人社会福利的决定、意见；

（6）福建省、厦门市残联在其职能范围内会同其他部门出台的各种决定、意见、纲要和实施办法。

从研究目标出发，结合笔者自己的能力，笔者收集上述几个方面的制度性文本主要有 52 篇，详细见附录 7 的制度性文本目录。

三 定性方法中的资料分析与整合

资料分析过程实际是从数据、文本和图像材料中提炼认识的过程，它是一个在整个研究中不断进行数据反思、提出分析问题、拟定备忘录的连续过程。[①] 其基本思路是按照一定的标准对原始资料进行浓缩，通过各种分析技术，将材料整理为一个有一定结构、条理和内在联系的意义系统。[②] 在本书中，无论是访谈的记录，还是制度性文本，都是一些叙述性数据。针对这样的数据，笔者主要运用内容分析法（content analysis），总结和提炼研究文本的意义。

内容分析法是通过一系列的转换范式将非结构化的文本材料中的自然信息转换成为可以进行结构化分析和表述的信息形态。[③] 这种方法最早产生于"二战"期间，美国学者波纳特·布里森（Bernard Berelson）于1952年出版了《传播学研究中的内容分析》一书，正式确认内容分析法是一种科学的研究分析手段。内容分析法由"研究问题""内容"与"分析建构"三个要素组成。[④] 第一个要素是"研究问题"，即研究者通过内容分析要获知的结论，内容分析中的研究问题具有开放性，其答案来自于对内容进行合理的推理与分析。研究问题是内容分析的核心与起点。[⑤] 第二个要素是"内容"，分析时所面对的对象或样本即为"内容"，这些"内容"是包含有信息的，是需要被其受众所阅读、倾听、理解或阐释的。第三个要素是"分析建构"（analytical construct），即联系"内容"与"研究问题（结论）"之间的逻辑关系。

本书内容分析具体操作步骤如下：一是由笔者和研究助理（机构社工和社会工作大三实习生）在每个访谈结束后便共同将访谈资料从录音转换成文字，并按照资料分析整理表格将个案的背景情况（性别、年龄、残疾等级、类型等）、访谈时间、访谈地点、具体访谈内容整理清楚进行

[①] ［美］克雷斯威尔：《混合方法研究导论》，格致出版社 2014 年版，第 152 页。
[②] 陈向明：《质的研究方法与社会科学研究》，教育科学出版社 2000 年版，第 273 页。
[③] 李纲、陈璟浩：《从中文问答社区信息内容透视公众针对突发事件的信息需求》，《图书情报工作》2013 年第 15 期。
[④] 刘伟：《内容分析法在公共管理学研究中的应用》，《中国行政管理》2014 年第 6 期。
[⑤] Krippendorff, K., *Content Analysis: An Introduction to Its Methodology*, 2nd ed., Thousand Oaks: SAGE Publications, 2004.

命名归档（以被访者姓名的首字母+访谈时间对个案进行标示）。二是由另一小组的研究助理（社会工作大二学生）对录音和整理成的文字材料进行复核，确保转录的准确性，提高文字材料的可靠性。三是编码，根据一定的研究概念，对研究文本的基本分析单位加以分类汇总（Babbie，2001）。本书中有访谈记录文本和文献文本两类，因而内容分析过程中编码的分类方式也有所不同。访谈文本方面，研究首先将每个文本按政治参与、社会参与、经济参与、心理建设、福利保障五个维度进行内容分类，然后在此基础上再以作为（已获得福利）、问题（未能满足）、要求（对福利期待）三个角度进行进一步的编码分类，以揭示各个方面文本的内涵与意义；文献文本，首先更为粗线条地分为统领性文件和专项性文件，再以政治参与、社会参与、经济参与、心理建设、福利保障五个角度对文本进行归类，呈现各个角度的福利覆盖面和作为力度。四是编码的信度检验，除了在编码前对相关人员进行相应的培训，保证不同编码人员之间编码的相似度，还在编码结束后，随机选择一些分析单元进行比对复查，尽可能地保证编码信度。五是对编码处理后的数据的分析结果进行对比分类、整合。本书尽可能地按照内容分析的要求和流程，一步步从资料中分析和提炼，保证资料和概念之间的紧密度，尽量呈现资料中的意义与内涵。

四 研究资料的信度与效度

信度（reliability）和效度（validity）是衡量一项研究质量的重要准则。信度指的是不同研究者使用同样的测量方法、工具或技术，在不同的场景下，对同一现象进行观察或测量，得到结果的一致性或稳定性。效度指的是测量工具可以真实测出研究者想要度量对象的程度，即研究中所使用的问卷、访谈大纲或量表能够清楚探索到所要研究问题的程度。[①] 本小节笔者将根据研究设计，探讨提高本书研究的信度与效度的策略与方法。

为了保证资料的信度，笔者主要从以下几个角度进行努力：（1）加强访谈助理员与整理员的培训，主要培训访谈的技巧、资料转录、调查伦理等，提高访谈材料的信度。协助调查的学生都是大三实习学生，均有一定的访谈与社会工作服务经验。（2）在正式深入访谈前，进行了短期的

---

① 风笑天：《社会研究：科学与艺术》，北京大学出版社 2015 年版。

探索性的试调查，不断地调整和修改访谈提纲，访问员尝试运用不同的提问方式，总结较好的语句表达，保证资料收集工具的信度。（3）对于残疾人，借助社会工作服务的平台，与被访者建立较好的信任关系，并在访谈前尽可能说明研究结果对于访谈者的积极作用，比如说调研中了解到对方的需要，笔者会协助他们做一些处理和解决，解除对方的顾虑，确保资料的可靠性。对于残疾人社会福利供给主体工作人员，笔者与他们一部分是督导关系，一部分是通过残联相关领导引介，也是尽可能地与他们建立良好信任关系，特别与他们强调调查的保密性，引导他们尽可能真实地表达自己对于当前服务的一些想法与意见。（4）访谈环境和策略的选择也尽可能以保障资料的信度为原则。环境基本上是被访者熟悉的家中或办公场所。增进与被访者的关系有助于确保资料的可靠性，所以笔者会针对不同的个案采用不同的回访频率来获得更多和更深入的资料。（5）注重资料的多元角度收集，对于残疾人社会福利相关措施，通过残疾人本身享有、政策文本和福利提供方多方收集、验证，确保资料的真实性。（6）在内容分析的信度上，笔者主要使用复证的方法，核对录音和相应转录的文本，以保证转录的一致性。在有了一定初步分析结果后通过再次全面阅读相应的文本，来确保分类的准确性。

　　本书保证资料效度的措施主要有：（1）在研究地点和研究对象的选择上，尽可能确保研究结论的效度，本书是理论抽样和目标抽样，推论上是有限度的，但是所选择的城市和调查对象的标准，均与中国残疾人社会福利服务和群体特点相符，本书对于其他城市残疾人社会福利需要研究与政策制定具有一定的参考价值；（2）研究的访谈提纲上的问题与研究每个具体问题尽可能地对应，样本的选择上以信息饱和为标准，保证有足够的资料来分析，保证内容效度；（3）在访谈中尽可能保证被访者较为清楚地回答，如出现不清楚或矛盾时，研究者采用追问的方式，力求获得清晰的回应以对应相关的概论与变量，保证资料的表面效度；（4）采用增加样本的方式提高研究的理论饱和，在理论分析和资料解读的基础上，针对相应的不足，笔者用再次访谈和增加样本量的方式进行保证；（5）内容分析效度上，笔者主要引用一些重要的研究加以佐证，同时对于研究结果中的差异性加以重点讨论，确保研究结果能够经得起理论和实践的考验。

五 残疾人研究的伦理问题

研究的伦理是任何社会研究必须思考与面对的内容，它藏身在我们实际研究作为的背后。具体的伦理问题其实或明或暗地涉及一些更大的理论，这些理论牵涉我们究竟怎样判定一项行动是正义的、正确的或恰当的。[1] 立足于研究伦理的核心议题和本书相关访谈对象的特点，依照爱尔兰国家残障事务署（National Disability Authority）开发的《残障研究伦理指南》的两条研究核心价值：促进参与研究以及受研究过程影响的人们的福祉；尊重所有研究参与者的个人尊严、自主，尊重平等和多样性。[2] 本书在资料收集、整理、分析和写作中遵循以下原则。

（1）知情同意原则。访谈前笔者会明确表明身份和研究内容，不给被访者任何强迫或不当压力，由被访者自行决定是否接受访谈，提醒参与者有权利在任何时候退出研究。个别需要访谈的个案如有对方不太愿意参与的情况下，笔者尽可能以正当理由进行游说，而不是以其他强压的方式要求对方参与。在访谈的各个阶段笔者都确认参与者持续的同意和许可，确保在访谈的各个阶段都获得参与者的同意。

（2）尊重和保护隐私原则。社会调查虽然不太容易对被访者造成直接的人身伤害，但是却容易使被访者感到焦虑、不舒服，或者使被访者失去自尊。[3] 因此，在调查中笔者会详细地和对方说明访谈内容保密的措施，尽可能消除被访者的顾虑。在资料分析中笔者也严格按照定性分析的匿名处理方式对被调查者的名字进行处理。笔者严格遵守保密原则，不向任何第三方透露被访者的信息和资料。

（3）无障碍原则。由于残疾者的多样性，为了保证各类残疾类型被访者平等享有参与研究的资格，笔者在数据采集过程中尽可能采取步骤消除障碍，实现这种平等参与：为有智力障碍者提供通俗易懂的材料；尽可能入户进行访谈（确保环境的无障碍和安全）；为听力障碍者提供辅助设

---

[1] ［美］迈尔斯、休伯曼：《质性资料的分析：方法与实践》，张芬芬译，重庆大学出版社2010年版，第409页。

[2] 爱尔兰国家残障事务署：《残障研究伦理指南》，高薇译，载张万洪主编《残障权利研究》，社会科学文献出版社2016年版。

[3] ［美］劳伦斯·纽曼：《理解社会研究：批判性思维的利器》，胡军生、王伟平译，人民邮电出版社2015年版，第150—172页。

施，如引导标识、笔纸、安排会手语的同学协助等；对访谈的辅助学生进行残障意识培训。[①]

（4）无伤害和受益的原则。残疾人群体相对敏感，特别是在访谈中涉及访谈对象需要回应一些敏感和具有一定创伤性回忆时，调研者尽可能用婉转的方式进行。笔者从事多年的社会工作实务服务，在访谈中也会协助残疾人处理一些个人问题；而对于服务各提供主体，笔者在访谈结束后会就他们服务中的问题给予一些建设性意见，促进他们服务的提升。

第三节　章节安排

围绕研究的核心问题，本书拟从理论和实证两个层面展开研究。理论上，围绕可行能力与残疾人社会福利的契合性关系机理从政治参与、经济参与、社会参与、心理健康（建设）和福利保障等维度分析，在残疾人社会福利制度与残疾人社会福利需要与需要满足之间搭建研究框架；实证上，基于以可行能力为核心的残疾人社会福利需要考察框架，全面了解残疾人社会福利需要特性及现行残疾人社会福利制度对残疾人福利的满足状况，在此基础上通过比配呈现现行残疾人社会福利制度的运作，剖析残疾人社会福利的供需困境，着重分析制度在服务提供过程中存在哪些问题和影响因素，探讨解决如何构建新型残疾人福利制度的问题，具体如图3-2所示。

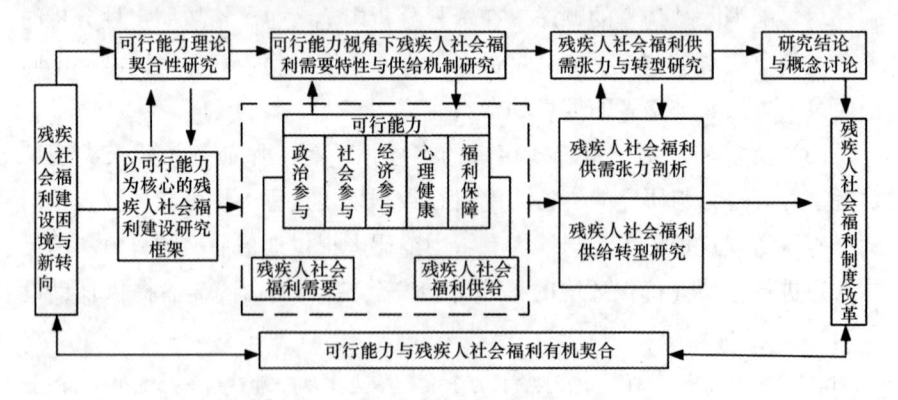

图3-2　可行能力与需要满足研究路径

[①] 爱尔兰国家残障事务署：《残障研究伦理指南》，高薇译，载张万洪主编《残障权利研究》，社会科学文献出版社2016年版。

本书以残疾人社会福利制度转型为背景，以可行能力与需要理论建立研究框架，紧密围绕残疾人社会福利需要与满足的问题展开，结构严谨，共有 8 章内容，可分为三个部分。第一部分包括第一、第二和第三章，表明研究的主要背景、问题、目标、相关的文献资料综述以及研究框架与研究方法；第二部分是文章的主体部分，包括第四至第六章，呈现了可行能力框架下残疾人社会福利需要的特性、需要满足的社会福利供给、供需困境的剖析与转型的可能性呈现；第三部分为第七、第八章，是研究发现、讨论与结论部分，对全书的研究内容进行了总结并与相关的理论、研究进行对话，指出了研究中的不足和研究继续的方向。

第一章是导论。本章主要阐述了本书开展的社会经济文化背景，论述了研究的主要问题和主要目的，指出了本书的理论与现实意义。

第二章是文献回顾。本章主要围绕与本书主题相关的残疾研究、社会福利中的需要理论、可行能力理论三大领域以递进关系对文献进行系统的梳理与述评，指出引入可行能力理论进行残疾人社会福利研究的逻辑合理性与内在契合性。

第三章是研究框架与研究方法。本章在文献回顾基础上，针对研究问题建立了本书的研究框架，并对核心概念进行界定解释和操作化，建立研究与资料采集的指引指标；同时对研究方法的选择进行详细解读，主要包括资料收集方法（样本的选择）、资料分析方法、研究的信度与效度、研究伦理等。

第四章是残疾人福利需要特性呈现。本章主要依据残疾人及其家属和部分一线残疾人服务提供者的资料从可行能力的五个维度——政治参与、社会参与、经济参与、心理健康、福利保障——分别呈现残疾人的需要并提炼相应的特性。

第五章是残疾人社会福利供给研究。对应于第四章的需要特性，第五章则立足于残疾人社会福利的文本和残疾人社会福利提供方的访谈资料，针对五个维度的需要从应然和实然两个角度解读与呈现残疾人社会福利供给的现状。

第六章是残疾人社会福利供给张力剖析与供给转型研究。本章将对残疾人需要特性与残疾人社会福利供给进行对照研究，归纳残疾人福利供给的张力焦点，并基于各方的声音尝试提炼残疾人福利供给制度与体系转型的建议，为解决当前残疾人社会福利供需困境提供方向，促进残疾人福利制度改革。

第七章是研究讨论。本章将在实证资料研究的基础上呈现本书的数据发现，并围绕实证发现与相关理论进行对话，着力对可行能力的本土化、解释力和运用性进行探讨，并以此对可行能力概念进行扩展，提升概念本土运用的契合性。

第八章是研究结论。基于讨论对本书的观点进行总结，全面呈现研究结果。最后对研究的不足与局限和研究未来持续拓展的方向进行说明。

本章小结

本章基于第一章提出的主要研究问题和第二章对于残疾研究、需要理论、可行能力理论的文献回顾，建立了本书的理论分析框架：以可行能力为核心的残疾人福利需要与供给研究框架。并对核心概念"可行能力"进行解读和操作化，将其操作为政治参与、社会参与、经济参与、心理健康、福利保障五个一级变项，并进一步将五个变项进行细化，操作化出10个二级变项和若干解释变量，为研究开展和资料采集提供指引性指标。同时基于研究框架对研究内容进行了细化，研究着力围绕可行能力对残疾人需要特性、福利供给、供给张力与转型可能进行剖析。

研究方法上，本书采用定性研究方法，在资料收集上主要采用访谈法和文献法。访谈上主要采取半结构式访谈形式，使用了提问和追问的技术进行深度访谈。本书采用目标抽样的方法选择了33例残疾人、31个残疾人福利提供者、6位残联系统干部进行深访。文献法主要运用于研究文献和残疾人社会福利制度文本的收集。对于收集到的资料研究者主要运用内容分析法进行分析。研究资料的信度与效度分析说明本书尽力地保证良好的研究信度与效度。同时也交代本书所遵守的研究伦理：知情同意原则、尊重和保护隐私原则、无伤害和受益的原则。

按研究路径图，本书分为三个部分八章。第一部分包括第一、第二和第三章，表明研究的主要背景、问题、目标、相关的文献资料综述以及研究框架与研究方法；第二部分是文章的主体部分，包括第四至第六章，呈现了可行能力框架下残疾人社会福利需要的特性、需要满足的社会福利供给、供需困境的剖析与转型的可能性呈现；第三部分为第七、第八章，是研究发现、讨论与结论部分。

第四章

多样与差异：可行能力框架下残疾人的社会福利需要

第三章中，笔者讨论了本书的研究框架，介绍了具体研究方法的操作。根据研究设计和研究内容，本书最终形成可行能力框架下残疾人需要呈现的特性、残疾人福利供给的样态和残疾人福利需要供给张力的理论解释。本章将对残疾人需要的调查结果进行分析，具体呈现在可行能力框架下，残疾人的需要集中体现在哪些维度；各个维度呈现什么样的特性。本章的调查结果分析是探讨残疾人福利制度的现实起点。

第一节 残疾人政治参与需要

为了公开地表达自己所珍视的东西并要求它们得到重视，个体需要言论自由和民主选择。[1] 作为基本可行能力一部分的政治自由，对于个体而言是值得珍视的。因此，残疾人政治参与既是残疾人社会福利的有机组成部分，也是促进残疾人社会福利改善的有效工具。一方面体现残疾人作为公民的基本权利，拥有参与政治活动的权利和体现自我价值的个人自由权利；另一方面政治参与同时具有工具性价值，可以直接或间接影响国家、地方关于残疾人的公共政策的制定，进而影响残疾人的社会福利水平。在可行能力理论下，个体的政治参与能力成为评价与促进个体可行能力的重要指标维度。

---

[1] ［印］阿玛蒂亚·森：《以自由看待发展》，任颐、于真译，中国人民大学出版社2013年版，第153页。

一 残疾人形式化的选举投票需要

ZYM，53岁，肢体二级；ZCY，20岁，智力二级，他们是一对父子。在谈及社区政策咨询和选举事宜时，他们并没有表现出特别强烈的兴趣。

> 访谈者：比如社区有什么政策征求会或换届选举，会及时通知你们吗？
>
> ZYM：有有有，这个他们有说，有开会，问有什么困难或者要求，低保有没有交这些。有通知我就会去开会啊。选举也会告诉我们去参加。但这个老是形式啊，改变不了什么的，说实话，我们对这个也不太在意。
>
> 访谈者：开会时一个家庭去一个还是？
>
> ZYM：都是我们父子俩去的，×雨周末没活动就会去。去的话我也不会提什么意见啊，没有发过言，没文化就没办法了，有时候过去选举我们都是举手同意的。他们有照顾×雨我就开心了，×雨照顾得很好了，低保也很好。（1-ZCY20150508；1-ZYM20150508）

这个残疾对象所在社区一般通过开会的形式询问意见，开会之前会通过打电话的方式联系，ZYM每次都会带ZCY去开会，由于ZCY属于智力残疾，选举投票都由ZYM代替完成。他们认为自身文化水平低，不认识字，且对政府的支持和社区的照顾较为满意，并不会向社区提出意见和要求，对于到社区开会也好、选举也好他们均没有太多想法，抱着一种相对漠视的态度。在访谈过程中，大部分残疾人均呈现出这种对选举无所谓、可有可无的话语。

> 不识字，选举也没有参加过，都是别人帮忙投的。再说这个也没什么用，谁当都一样吧。（1-ZYY20150515）
>
> 我们只是看看新闻或报纸，了解一下，实际社区上的一些事我们也是通过邻居有时说一下，没怎么去反映什么。选举有通知也会去一下，就是投一下票，经常社区会有人和我说好投谁，真的无所谓的。这个好像没什么用吧。我又没什么大权利。（1-ZWW20150508）

现在一般来讲我们都不管这些了，选票是有啦，我们也有选举权，但是我们都是随大流，我们又不是想跟人家竞争，你管他，大家选谁就选谁（1-ZQB20150508）。

（社区）都没有选举，都不用我们选，生产队才有，大队没有，都是一些党员什么七七八八在选，我也不知道。(1-LJH20150722)

残疾人对于社区的选举还是有一定自己的想法的，可是机制的建设导致很多残疾人对于通过选举可以产生什么并没有抱太大希望。

选举我是知道，有准备要选了。差不多都是那些人，也没什么的。都是自己已经差不多确定了人选，叫我们过去投个票。还好啦。没什么熟不熟的。咱们选就是看谁对社区、对咱们多照顾、负责任、大公无私的，这种人我们不选，还选谁？要是像那些随随便便对社会不负责任的，我们选他干吗？对大家比较有利的（指关心社区发展、社区居民生活的）大家看在眼里，都会选他。但是说实话，我们投的票应该没什么用，主要还是上级吧（苦笑）。（1-WCC20150626）

你只有是党员才有资格参与社区的一些选举。我们都不是，我们也不在意这个，谁当都无所谓。而且我们一个人起不了什么作用，都是上面决定的多一些；入党的也不多，个人会想我入党做什么，没有意识去入党，因为要做很多工作，写申请书、思想汇报。要先成为积极分子，再考核合格之类，慢慢才能发展成为预备党员，这个过程很复杂。（2-WWH20150722）

选举方面，有时候名单贴出来，我们都不认识怎么选，像我们在学校的时候，还有一些演讲，至少你也要告诉别人，你做过什么、有什么政绩、对未来有什么样的工作规划，对不对。不然就是走走形式了。说实在的，我们也不是很在意这个。（1-XM20150731）

镇上有（残疾人）联络员，但是自己不喜欢和别人交流，回家也就是自己待在家里，也没怎么联系联络员，去年9月份办理的残疾证，是自己的朋友帮忙办的，那个朋友就住在这个小区里面（安仁里小区）。除了从报纸新闻、联络员通知得知一些相关消息，其他方面也不怎么重视和在意，不想主动去接触别人、参与到一些事情。（1－CMC20150723）

从上述表述中，我们可以发现，残疾人对于选举与投票的事没有太多诉求，并没有指望借助投票的事实现自己的什么要求，呈现出一种被动参与和消极参与的状态。从某种意义上来说，残疾人的选举状况展现了这个群体的政治"贫穷"，可是从他们的声音表达上并没有表现出对这个方面的强烈要求或者说并没有通过各种方式来争取选举与投票的权利。同样，基层残疾人工作者对于残疾人在这件事情上表现的感觉也是相近的。

面对选举，他们（残疾人）会保持和以前一样的做法，他们并不是很在意这个方面的事情。当然在投票时更多是基于经济考虑。（2－GWF20150723）

这个方面他们会觉得（与他们）没有任何关系，他们认为这个大部分都已经定好了，或者说在他们看来，选举（投票）只是一种形式，并不会改变他们太多，他们也没有太多的地方可以去表达他们的想法，所以不太会关心这个的。往往都是接受安排，该投谁就投谁。（2－WJN20150729）

政治参与这个问题他们基本上没有这个意识，如果你让他投票，他会说如果可以替代投的话他就让你帮他投了，他会说他没空要工作，他们还是很在意工作上的收入，来投票领一点点误工补助，得不偿失。所以这个对他们来说可有可无。（2－WWH20150722）

从残疾人选举的看法、实际行为和周围与他们接触较为紧密的个体反馈中我们可以发现，这个群体在政治参与上具有很强的"子民心态"，对于政治参与表现出被动性、接受性和工具性的特点，均抱有自己个人力量有限或者渺小的想法，对于选举持一种"多我不多，少我不少"的思想，有严重的"政治自卑"心理，从而选择逃避和不作为。

二 亟须表达与回应的利益诉求需要

民主自身所固有的重要性、防护性和建设性作用，确实是非常广泛的。[①] 公民行使基本政治权利会促使政策更有可能对其经济需要做出回应，政治参与在某种程度上会直接涉及公民利益及权利的实现程度，政治参与也成为表达、维护、实现个人及团体利益的现实途径。[②] 利益诉求是人们进行政治参与的根本性动因，内在地影响和制约着政治行为的发生和变动，以及公民对政治参与方式和途径的权衡和选择。[③] 研究也立足于残疾人利益诉求和表达的形式与机制从另一个角度对残疾人的政治参与需要进行了考察。

> LJH，目前和80多岁的母亲居住在西池社区街道边上，家庭居住条件较为简陋，家中家具等设施相对正常家庭比较老旧，街边的店面用于开设杂货铺（2001年开设至今），营业时间一般是早上8点到晚上10点。杂货铺里面则是居住场所，杂货铺的货物和其家庭的生活用品等放置在一起，空间比较狭小。在我们入户时，他强烈表达他现阶段最需要的东西就是一辆三轮车（政策上有可以提供的，但是有一定的限制，一般都是为肢体一二级的残疾人）。他需要三轮车的原因主要是方便自己带母亲去看病，虽然坐公交不用钱但是老人家坐公交不方便，有时候遇见人多公交的师傅会不让上车。有时会叫摩的等载母亲去医院，但是考虑到一趟车钱需要8块有点贵。有了车有时间还可以带母亲去走走，稍微地玩一下，毕竟自己的母亲已经80多岁了。还有就是有时候自己进杂货铺需要的东西也比较方便，因为杂货铺需要商品的量比较少，有时让商家帮忙送，商家觉得送过来的油钱还不够赚的就不愿意送。我们向其了解他通过什么方式表达这种诉求时，他的回答是："我有社区残疾人联络员的电话，自己有需要的时候会去联系残疾人联络员，很多事情也会通过残疾人联络员去了

---

① [印] 阿玛蒂亚·森：《以自由看待发展》，任赜、于真译，中国人民大学出版社2013年版，第155页。

② 周林刚：《残疾人政治参与及制约因素分析——基于深圳、南昌和兰州的问卷调查》，《政治学研究》2013年第2期。

③ 黄卫平、陈文：《民间政治参与和体制吸纳的互动》，《马克思主义与现实》2006年第3期。

解,其他方面涉及较少,但是联络员经常是有什么给什么,提出再多的东西好像也没用。这个事我提了好多次了,他都说没办法,说是政策什么规定。"(1 - LJH20150722)

在对 LJH 进行访谈的过程中,他时不时就将话题引到三轮车上,希望我们可以帮助他争取一下。他表示自己不知道还可以向谁反映情况,不然他一定再去找找。在与社区联络员的交流中,联络员表示对 LJH 的情况了解,也表明没有满足的原因是政策的规定。受访者在政治参与上会涉及一些和自己切身利益相关的政策,参与政治方面的途径基本只依靠社区的残疾人联络员。残疾人当有利益诉求时会通过"有限"的方式去表达,但当没有得到有效回应时他们经常只能是以抱怨来呈现需要。

ZWW,男,42 岁,听力二级,由于个案患有听力障碍,不太方便进行访谈,此次的访谈主要由个案的父母亲辅助开展。(我们简单向对方介绍了我们的情况,对方听说我们是来了解具体情况、收集资料的时,就向我们提及了低保户被取消的事情。1 - ZWW20150508)

  访谈者:(急忙澄清)阿伯、阿婆,咱们那个低保户被取消不是政府的问题啦,是政策有变,现在限定的条件有变。
  钟母:(不耐烦地挥了下手,撇过头,笑了下说)没有啦,我们也有了解的。现在也有人用假名义在冒领、代领的,我都有了解到。
  访谈者:(无奈)这样?
  钟父:我们两个人都老了,(要不是二儿子的情况特殊,我们也不需要这个资格)如果不是低保补贴能帮我们度过这两个孩子(指两个孙女)这两年读书的阶段,我们也不需要这个东西。我们只能自己省着熬过来。
  访谈者:嗯嗯,我们今天来跟您聊一下也是想说回去可以整理一下资料,写一份报告,也有助于以后小高(联络员)她们为你们服务,了解你们的需要。(这句话没说完被打断了)
  钟父:(当即打断对话,梳头,低垂着头)哎呀,没办法的啦,说不了的啦(有点无处申辩的无力感)。政府管不了那么多的啦。像习近平上台打了大老虎,可是那些苍蝇蚊子的哪打得了。
  当我们问及对社区办的一些新活动的感觉时,(钟父立即反应,甚至有些抢访谈者的话，不耐烦的语气）"也没看他们有什么有意义的活动啊。唉，社区没什么活动啦。整天只会马后炮，说一些有的没的，就是有时候搞一些什么妇联的活动，上次说是我家儿媳妇生的是独胎，给发了几袋大米和油。其他都不管的啦。现在社会就是这样的啦"。从话语中我们感觉访谈者对社区有着很多怨气。我们继续向其了解平时会不会向社区反映一些他的建议和问题时，访谈者将其利益诉求没有被满足的事表达出来。"哎呀，他们不管的啦。现在社会就是这样，人家挣人家的钱，咱就是靠这点收租的钱养活自己，没有什么帮忙的啦，我们这种也是不爱麻烦别人，别老找别人（社区管理员）而且手续很多。像上次一个什么关于残疾人的一个月50元的补助，让我的老伴跑了很多趟才办下来，也就50块钱，而且还不知道到底有没有呢！办了张卡就没有消息了。"

在这个个案访谈中，受访者反复强调的是对被取消低保户资格一事的不满和焦虑，而这也很可能导致受访者在访谈过程中对社区表现出冷漠、失望的态度，但其又对政府的制度安排抱有期望并对社会工作的支持抱有感激，这一过程中有表现出其较为矛盾的情绪变化过程，侧面反映的是个案及其家庭面对较少的社会机会和相关保障的无力感和对利益诉求得不到回应的抱怨。同时，受访者对于抚养、教育儿子的经历的阐述也体现其本身要强、不轻易求人的性格，而这应该也是能使两位老人几十年来相互扶持着撑起这个家的品质，但侧面反映了案主及其家庭所拥有的社会支持网络是单一而相对薄弱的。这样的利益诉求抱怨和无望的表达需要在很多访谈中均被提及。

没有啦。跟他们讲什么，现在人家都很傲，我们跟他们讲什么？讲了也没有用，反映来反映去还是那些人在搞，就不能有点结果。（1－ZGC20150617）

党员这个群体是很少的。入党我现在是有想，可是现在比较难了，社区会说指标没有了。入党可以更多地参与一些事情的决定，哪怕不能决定什么事，但还是可以多了解一些信息。当时在学校是有机会发展的，可是自己觉得和这个没有关系所以就没有去争取。现在社区根本不会考虑我们，说太多也没有用，你能不能帮我们向残联反映一下，给我们这个群体一些专门名额啊？（2-ZLJ20150724）

除了身份与名义上的利益外，残疾人更加关注的是生活中经济维度的利益诉求能否得到回应，他们会以较为强烈的方式去诉说。

我当时办那个营业执照，是跑了什么工商、消防什么的，我还找街道残联，但是都没什么用，在2012年的时候杂得多，政府办事效率低、互相推脱，怕担责任。你营业执照办不下来，做事就不踏实，生怕出事是不是；还有一个，后续资金如果周转不过来的话，我们也怕雪球越滚越大，所以就停掉了。这（资金短缺）在之前都有考虑到，我是想大不了停掉，我有一个临界点，如果撑不下去就退出；政府说什么有时很难实现的，你要找谁说呢？没有办法的，我们又是底层的人，门路也少，真不知道可以找谁。有些东西看起来很美，但要争取到非常难，门槛很高，所以有些时候是很不现实的。（1-XM20150731）

我想看一下有没有哪个资金，可以贷款，利息多少我们可以付。我们自己没有房产，也没有劳动力，没有正常的工作，贷不了款。找担保人银行也不会给你（贷款）。这个事我反映了好多次都没有下文，小周（社区联络员）好像是没有能力解决这个的，说是政策什么的。要帮我们就要适当地开一个绿色通道，很多政策好像高大上，又不能落实到我们身上，有什么用啊？残联也不出面帮我们和银行做个沟通什么的。（1-DXX20150731）

不了解有什么（残疾人）政策，就是如果我们有什么需要，我就找小张（社区残疾人联络员），就像我（申请）一个低保，半年多了，现在家里总共收入一个月才1000多块，人情世故又那么多，小孩子又要上大学。希望找一个社保可以帮我交的（工作），政府有说帮我交，后来停了两年，这就不能保障是不是？我也不清楚，小张（社区残疾人联络员）给了我一个电话号码，问一下（具体情况），很难的，什么事都找别人，别人也会怕麻烦的。只是我们真的不懂要

怎么办才可以。(1 - CYH20150724)

　　社区里有什么活动我也不知道，我走不了不能去。要家里送，他们也没空啊！旁边那户把我们水沟占了，那水沟是流水的，现在一下雨水就漫到房子里来。还有那电线都弄到我们屋檐下了。他们"硬房"欺负我们"软房"，我只有三个女儿，没有儿子，他们就欺负我们。我也没去找大队里帮忙，城管也怕他们"硬房"。还举报我们建房，欺人太甚，他们自己建的比我们还多。就旁边这户关系比较不好，都没说话，其他都很好。当初建（房子）第二层的时候，我女婿有去找副村长帮忙啦，他有帮我们说话，我们是真的不够住，也不是说特意建房子租人。要告要看情况，要是我们有多余的房子，再建就不行，你看别人有房子还在建，城管也不能这样（欺软怕硬，要一视同仁）。(1 - CYZ20150804)

当涉及个人利益诉求时，残疾人还是会以自己的方式积极去表达和争取，表现出与对选举冷漠态度截然不同的诉求热情。由于诉求思路和渠道的原因，残疾人的利益表达与诉求结果都不是很理想，但是他们又会有一种不甘心的心理，因此经常会对各种可能解决他们问题的对象进行表达，呈现出一种病急乱投医的迷茫状况。当实在无力解决时，他们又只能以抱怨来表现他们的诉求与不满。残疾人服务工作者同样有这样的感觉。

　　他们经常表达的诉求以经济的为主，他们有需要主要还是向联络员去说，他们实在也不知道还可以有什么方式。可是他们会发现，这种方式通常是没有太多效果的。社区通常会以政策规定或者说你的等级不够条件等给予回应，没有做太多其他工作。当然有些人会多次来说，但是如果真的没有办法了，他们也只好接受。所以我们入户时他们会经常向我们一直说这个内容，一直讲，一直讲，可能是前面受挫太多了，现在只能抱怨一下。他们也会希望我们社工来了，可以向上级反映，给他们家庭多一些支持和补助。可这方面，说实话，我们也没有太多法子（苦笑）。他们可以表达诉求的渠道还是很有限的。

　　他们不会直接表达诉求，话语会透露出一些对政策的想法，比如说会觉得自己条件应该是符合低保或其他什么政策的，他会提出来和你说，但是他不会直接去找社区或街道领导反馈。或者说他们没有那种表达自己意见的权利意识。观点和想法很难被大家所了解和发现，哪怕是这些领导可能也不太了解底下这群人有什么样的需求和困难。所以说可能他们私下向你倾诉时会和你说，可很难有一种渠道让他们去述说，或者有一种公开机会去表达或展现给大家。第二种可能是因为教育水平的原因，他们主人翁意识可能就会差一点，不会说这个群体抱团来表达一个什么样的诉求，这方面基本上也是不会的。（2-WJN20150729）

街道残联更多是一种行政设置，没有实际发挥太多的为残疾人表达心声的作用。残疾人一些心声或诉求在基层得不到回应，又不知道能够通过什么方式去表达，就有可能用一些很直接或极端的方式，比如说打市长热线之类的。但是市长热线最后还是一层一层往下走，到最后还是要到居委会来，我们居委会都不会真正去处理这个事情，更多是以公对公的方式来处理，很流水地敷衍了事，残疾人个人的诉求并不能真正得到实现，而且这个人还会被居委会贴标签，找不到出口而且一出头就会被压制。（2-ZLJ20150724）

作为选举投票之外的另一种政治参与行为——利益诉求似乎更能反映和体现残疾人政治参与的主观意愿和真实心态，也包含较为丰富的残疾人政治心理和其他方面的相关信息。[①] 由于残疾人的社会位置与当前中国的制度设置，残疾人的利益心声实际很难被传播，也正因如此，实际上残疾人从利益诉求上展现出其强烈的政治参与意识，也从另一个角度呈现出残疾人并非如对选举之事所表现出来的政治参与冷漠和无需要状况，相反则以另一种方式表达了急需完善当前利益表达和回应渠道的政治参与需要。

三 小结

民主远不只是投票。有意义的民主必须包括选举之外的政治权利。这

[①] 王丽萍、方然：《参与还是不参与：中国公民政治参与的社会心理分析》，《政治学研究》2010年第2期。

样的权利除了自身固有的重要性外,在价值标准和规范形成中、利益回应上等都有着工具性贡献和建设性作用。① 只有当公民不受制于政府随意施加的压力和威胁、拥有资源、自由与其他公民自我组织并讨论公共事务时,他们才能投出有意义的一票。② 中国公民政治参与主要表现为对与日常生活密切相关的问题和利益的关注,而对社会主要的政治问题以及与政治体系相关的抽象的价值、观念、原则等则表现得较为冷漠和无动于衷。③ 从选举投票和利益诉求两个角度考察残疾人的政治参与需要,发现他们表述中对于政治参与需要是似是而非的矛盾状态,而且是一种隐晦的并不明确提出要积极参与的态度。这种状态使其真实的参与需要似乎成为政治参与研究中令人费解的谜。这也呈现出残疾人在政治参与维度上的可行能力不足。这里的核心问题是当社会福利过于薄弱而无法保证残疾人参与公共生活时,什么程度和性质的政治参与是有可能的? 换言之,多大程度的经济社会不平等可以和政治民主、公民权和谐相处? 要保证残疾人的政治参与权利,需要何种程度的社会福利?④

第二节 残疾人社会参与需要

毫无疑问,社会参与可以增进健康,尤其是将其放置在文化中来考量。融入社区、感觉共享一种共同的文化与可以有效地获得减轻风险和提供机会的非正式与正式的服务,这样的社会参与有助于个体感到安全并健康地融入社会。在《残疾人权利公约》第九章强调了保证残疾人独立生活与参与社会的重要性。公约要求缔约国创造更为便利和宽容的条件让所有残疾人可以平等地进行社会参与。澳大利亚生产力委员会报告指出,更多的社会参与有助于残疾人和照顾者在健康、住房、就业和其他生活满意度方面有更好的结果。它还可以减少长期护理费用和支持,特别是对于中

---

① [印]阿玛蒂亚·森:《以自由看待发展》,任颐、于真译,中国人民大学出版社2013年版,第157页。
② [美]理查德·拉克曼:《国家与权力》,郦菁、张昕译,上海世纪出版集团2014年版,第100页。
③ 王丽萍、方然:《参与还是不参与:中国公民政治参与的社会心理分析》,《政治学研究》2010年第2期。
④ [美]理查德·拉克曼:《国家与权力》,郦菁、张昕译,上海世纪出版集团2014年版,第101页。

轻度残疾人尤为明显。① 在可行能力框架下，社会参与机会与质量影响个人赖以享受更好的生活的实质自由。② 因此，社会参与需要的核心主题显然是促进一种希望文化的生成以有效地协助残疾人在一定程度上的自治与自决。

一　残疾人隐约的社会参与强意识

"我一个人很寂寞，家里都很冷淡。"这是一位言语听力障碍者接受访谈后，与访谈者互加微信好友，访谈者在她个人主页中看到后再也忘不了的一句话。想起访谈进入她家时，午后家里寂静得可以听到楼下车辆不时经过的声音；只是于她安静一如往常，孤寂的是一个人的家里再看不到另一张鲜活的面孔。

她今年 30 岁了，初见她时，仅从脸上看不出她已是两个女儿的母亲；只是澄澈的眼眸和拘谨的笑容，都暴露了她因为很少与陌生人打交道而表现出的局促不安——言语听力障碍和家庭照料的需要都束缚了她走出家门的脚步。能有那次与她交谈的机会来自于她对社区、机构活动的热衷参与——社区活动、小组活动，不论规模大小只要有空，她都会抱着小女儿、牵着大女儿一起来参加。谈起我们举办的活动，这是交流过程中，她露出的少有笑容，她说她觉得活动很有意思，她很喜欢。当我们邀请她参加技能培训小组时，即使按照行程安排她无法参与，她也会积极地与我们协调时间，看得出她真的很想参加。她的积极性有一部分原因来自于当下政府残疾人保障与政策支持多从缺乏角度进行补给，而非从需求着手工作。对于言语听力障碍者的尴尬就在于，他们看似并不缺乏什么，补给也显得无从下手。社工的介入使他们有了表达社交、就业诉求的出口。访谈过程中，我们才知道她以及她的家庭经济来源都要依靠丈夫一人在外打工的工资。谈话至此，她脸上表现出难以言喻的神情，苦恼、困惑、迷茫、焦虑……

---

① http：//www. ndis. gov. au/community/why-community-participation-important.
② ［印］阿玛蒂亚·森：《以自由看待发展》，任颐、于真译，中国人民大学出版社 2013 年版，第 32 页。

拉扯，是与她谈话至深处时，访谈者脑海中不断浮现的字眼。她面临自我追求与现实枷锁的拉扯，渴望就业却幻想破灭；她无奈公婆阻挠与经济拮据的拉扯，想要与丈夫共同承担却只能受困在家；原生家庭贫穷的阴影与如今两个女儿需要照料的拉扯，她努力生活却很难露出笑容。在与她聊天的过程中，她不时皱起眉头，经常写下的字眼是"很乱""我说不清楚"。而访谈者从中感受到的是现实桎梏下，家庭经济需求的推力与公婆阻挠、女儿需要的拉力拉扯出一张巨大的人际关系网络，把她牢牢地困在网络的节点，束缚于其中的她挣不开公婆阻挠的强压、逃不了身为人母的责任，与丈夫相濡以沫的惺惺相惜和自我实现的理想追求都变得遥远，渐渐地她不再去幻想，只有在和我们谈起时，情到深处她才会表现出愤怒和沮丧。她说她也不知道怎么办，生活很难。访谈后一周，她缺席了技能培训小组的第二次活动，社区联络员告诉我们，她娘家出了点事，可能有点严重，要回去半个月甚至更长。那段时间，她朋友圈的照片里呈现的是一贫如洗、条件简陋的娘家环境，言语中是充满失望而迷茫的无助感。我知道现实再次沉重一击，她无力反抗，只能默默承受、慢慢消化。直到再过半个月、一个月，她再发朋友圈时，是两个女儿入学时她的满心欢喜和灿烂笑容，我想她不知已经在这样的自愈体系下愈合多少次重创，又会在哪一次内心抗争中爆发？

现在她的朋友圈封面是一家四口笑容洋溢的合照，照片里另外三个人可想而知是她内心最大的支柱。如今的她，会在朋友圈里转发某某聋人创业成功的消息，或为一个素未谋面的言语听力障碍者创业加油点赞。这总会让我想起，那次我们访谈结束，她加我微信时做的自我介绍："我叫 WBX，BX 就是作家 BX 的那两个字，我爷爷是乡下老师，他给我起的。"那时访谈者就想，是否她心中曾住着如 BX 般恬静、儒雅的女人。（1 - WBX20150625）

W 的内心强烈地想要融入这个社会，不管是在工作上还是社会活动中，她都有着强烈的社会参与的意愿。但是实际的社会与家庭的状况的确让她的意识并没有清晰地被表达，或许是因为我们较长时间的接触才让她放松地开启她内心的门窗，让我们了解她真正对于社会参与的渴望。在调研中，残疾人的行为和话语都会直接或间接地表达他们对于社会参与的渴望。

> ZLC，一个坐在轮椅上的女人，但我们从她脸上灿烂的笑容，以及访谈时表现出来的乐观积极的心态感觉到，似乎她已经忘记了她去年曾因为一次严重的车祸而上过三次手术台。ZLC的家是一栋宽敞明亮的屋子，一共有六层楼高，其中三层供自己居住，另外三层进行出租。除此之外在社区中还有一栋六层房屋租给他人，因此车祸导致的残疾并没有给ZLC的日常生活掀起太大的波澜，她甚至打趣地说道："即使像现在这样没办法出门，在家里泡泡茶聊聊天，一个小时好几千。"月入过万，但ZLC并没有因此而裹足不前，她仍然十分关注社区的事务，还就社区残疾人联络员制度提出了自己的见解，她认为钟宅社区有80多位残疾人，但只配备一个残疾人联络员，很容易造成工作上的疏忽，比如通知事情不到位，无法真正帮助残疾人争取权益。她认为自己"年轻有活力，能够跟外界搞好关系"，有很强的想参与社会、为社区残疾人做事的想法。她渴望自己可以走出去。
> （1 – ZLC20150610）

ZLC是我们访谈中最为直接表达她想参与社会、融入社区的对象，或许是因为她家庭的经济情况让她更为自信，或许是她本身的性格让她更为积极。当然经济还是让个体有了更多的意识。资产创造了一种未来取向。虽然ZLC每个月过万的房租收入能满足其基本生活所需，但她仍然对生活充满了憧憬，计划着等身体恢复了，能够参与到社区的事务中来。当然这个群体对于社会参与这个事情更多的是和WBX一样的话语，强烈而又隐约含蓄。

> 说实话，这边的环境比较清静，但是相比别处的设施还是比较落后的。你们上次跟我讲说要学习畲族的文化，我个人感觉还是以你们文化为主去学习。虽说要推广我们这个社群文化，但是还是要纠正一下思维，毕竟这个文化还是弱势文化。我们也很想通过这个来与他人多多交流，可是毕竟现在的发展让大家对这些内容并不大感兴趣。
> 每个人都有每个人的想法。作为我们来讲，我们不想被别人说我们是残疾人。所以这些都是你们的工作，我们也希望你们做得到位一

点。因为这个社会还是很现实的,其实我之前不是很喜欢参加你们的活动。说实话,一群残疾人走在路上,不是我自己看不起自己,确实是有些不好意思的。不过我之前也说过,我是生病了,但是我也不想生病,我也想得到社会的认可,但是社会就是这么现实。不过我对你们的方式还是很适应的。但是其实这种真实的感受,你们正常人是无法体会的。我记得有一次我去外地坐公交车,我给司机看我的残疾证,司机反过来说,你看你哪里残疾,是智力残疾吧!你说,这是什么感受?我们真的很想融入,可是现实好像还是有点无情吧!(1 – WCC20150626)

以前我们开展这种个性化的活动比较少,现在社会工作机构进驻了,会有针对性地为我们残疾人开展一些活动,我们真心喜欢这种活动,社工这些小年轻很用心,设计得很好很周到。我们还是很希望这种服务可以继续,让我们多一些走出家的机会,多接触一下社会,多了解一些,挺好的。(2 – HHZ20150723)

我也是一个蛮热心公益的人,以前在企业上班,只要有时间我都会看有没有什么志愿者之类的活动,只要有这类的我都积极参与,比如说助残超市经常会有一些活动,我就会过去帮忙。基本上时间允许那边的志愿活动我都不会落下。相对来讲,我觉得自己比别的残疾人更有能力去帮助别人。或者说我是有点扭曲的完美主义者,我想我可以在某些方面去帮助别人。实际上我就想说我内心并不觉得我比别人差,甚至我认为我有些方面可能比别人还强。抱怨解决不了问题。(2 – ZLJ20150724)

精神病人最容易(在工作中)受到歧视,他又很难控制自己的情绪,就会有伤害别人的行为。甚至整个家庭都会被看不起,我们基本上不跟别人来往,别人也不会来我家,我们等于是被孤立的。人碰到问题要把心理搞平衡,但是我们这些不是天生就有的,都是要学习的。我希望在社区有精神类的残疾人发作了,我们能够去提供一些经验上的帮助(类似于互助小组)。我以前只知道神经病是一个骂人的话,根本不知道那是一个病,怎么预防,人最大的敌人是无知。精神病患者更多的需要不是经济，而是沟通交往，我们正常人封闭起来都很容易出问题。可是现在社区基本上没有这样的平台，实际上我弟弟也好，我们家人也好，我们是想与社区内的其他人能够有一些接触的。我们并不是完全有问题的，我们也可以帮别人的。（1－YSK20150731）

由于残疾观念的影响，残疾人及其家庭较长时间处于被社会忽略或排斥的位置，他们在社会参与意愿的表达上往往并不是很直接明了，而是相对隐约的。但从很多话语中我们可以看出他们参与的意识是强烈的。

服务需要是多方面、不同类型不同年龄的，据我在服务中的了解，还是有很多残疾人很希望可以有多一些的活动可以参加，因为我项目所服务的这个社区是一个村改居社区，以前没有太多的针对残疾人的活动，现在项目入驻，他们表现出对于这些相关活动的强烈需求。他们因为没有太多可以参与的活动，所以很希望社区或机构为他们提供一个空间可以交流交流。

残疾人来中心的意义不在于能赚多少钱，而是能有这样一个场所让他们能够认识一些新朋友，能在这里聊聊天，做一些手工并参与这里的一些活动。残疾人本身也是有一部分人即使没有手工做也坚持要来，他们喜欢这个地方，也有部分人来这里只是为了拿20块补贴，不愿意做手工，嫌赚得太少，宁愿坐着看电视。（2－GMM20150716）

对于他们来说，可能他们更在意通过一种娱乐性的活动让他们有一个地方可以与社会做一些交流和接触。在这里他们会觉得本来几个人都是散落在社区的各个角落，通过社区的这样有针对性的活动他们可以在一起聊聊天，分享生活中的一些事情，而且这样的活动的参加者都是残疾人，他们会感觉更放松，更多包容，没有压力。在每期活动结束后他们也会积极给我们提意见，要我们下次活动做些什么之类的。参与的意愿会不断地被挖掘出来。（2－GWF20150723）

社会参与具有两个核心特征，即各种利益的充分表达和富有意义的交流及协商（刘红岩，2012）。一直边缘的社会地位让残疾人强烈的社会参与意识受到压抑，也使得他们不知道应该以什么样的方式来表达。"含蓄待解""隐约地表达"成为深入了解残疾人社会参与意识前必须首先面对的。这种意识没有得到合理的回应进一步加剧了残疾人社会参与意识表达的非理性化。所以如何缓解和减少残疾人"边缘心态",使其积极的社会参与意识得到社会回应,成为推进残疾人公共服务建设的重要组成部分。

二 残疾人无奈消极的社会参与弱行动

我现在什么活动都不能参加,累死掉。不然上次街道的歌唱比赛我都能去了。那个杨××去了,唱的什么歌,根本就没办法得奖。钟×勤(残疾人联络员)发那个视频给我看,我就发短信给杨××说你在唱歌吗?他说你怎么知道我在唱歌。我说我当然看到了,甚至连你穿什么衣服我都知道。因为他很好奇我在家里,怎么会知道他在唱歌。要不是我不能出门,不然肯定要第一个通知我的。他只是有什么活动需要你去参加,我说参加这些活动,只是要让我们残疾人跟残疾人有一个更好的沟通,是不是这个意思。现在很多残疾人都不愿意参加,主要是怕被人笑,实际上我主要是受条件限制,不然真的要多参与社区的活动。我也难受,有心无力。(1 - ZLC20150610)

矛盾总在残疾人的生活中不断上演,强烈的社会参与意识却因为种种现实让残疾人社会参与行动止步。残疾人在具体的生活中参与社会事务、文化活动存在各种困境或者参与过程的挫折。ZLC是我们访谈中对于生活抱有很积极心态的对象之一,但是意识的强烈并无力改变她在社会与社区事务参与上的障碍,她只能在家中积极地表达自己的想法,渴望自己的声音与想法可以被外人了解,但她还是在家中。社会与生活的现实让很多残疾人在社会参与上无法有力前行。

参加活动主要是交通出行有很多困难,有很多活动的场所很难协调得很好,能让我们很好地参与。不然我们还是会很主动和机构或社区居委会表达想参与的想法的。(2 - HHZ20150723)

附近也没什么地方可以去的,公园什么的也没有,这个投注站投入的是时间，不像那些卖车的一个月卖出去几辆，其他时间就可以休息了，要赚钱就要一直看着店，你不赚钱当然可以出去走走啦，又没人逼你，等到他（刘先生）也退休了（可以领退休金），也许就比较有可能了（出去走走）。

路太远了，我没敢去报名啦，像碧林（去年一起参加小组活动的成员，住在12楼的阿姨）有来叫我。我就跟她说，没办法，太远了，我不敢去，就怕去了回来又会难受，反倒得不偿失。像去年去集美，回来之后是真难受。所以今年说要去那里，我就不敢去了。（1 - ZBZ20150618）

他们参与的期望挺高的，但他们也会碰到一些障碍，主要是社区基础设施建设，不能让他们很便利地走出来。另外就是他们自己身体的状况或者说心理阻隔，他们还是有一些人会觉得在社区中会有人对他们产生歧视之类的。实际上就是身心上的障碍，身体行动的阻碍，心理会感受到别人的歧视之类。心态方面大部分还是好的，就是有一小部分会比较忌讳，比如说有些对象他就会觉得我到他家里坐坐可以，但是让他们走出家门，他们还是不大愿意的。但是他又会说自己感觉到很少人陪伴啊，希望有更多人与他交流。有点两难的意思，有参与的诉求可是又不愿意多走出来。有点纠结。（2 - GWF20150723）

"无障碍设施"或空间建设与设计的相对滞后导致了残疾人无法得到有效的协助，无法正常地参与社会各种事务。障碍者期待政府能从制度、结构与外在环境三方面着手改善外部环境，减少他们社会参与的阻碍因素。当然物理环境的改善逐步在推进，降低或排除外部环境的障碍，让更多人能较易使用的无障碍设施与设计以更好地参与社会生活是过去二十几年各国政府的主要改革方向。[①] 生活的实际困境与心理阻隔障碍更是残疾人实施正常社会参与权利行动的重要障碍。

[①] Imire, Rob, "Universalism, Universal Design and Equitable Access to the Built Environment", *Disability and Rehabilitation*, Vol. 34, No. 10, 2012, pp. 873 - 882.

参与社会事务残疾人基本上都说没空，他们首先要做工，不可能请假，过来参加活动有可能有一些补助金，但是工作上可能就要被扣满勤，他们会觉得不划算。还有很多人会觉得全社区那么多人，我一个残疾人过来，有点丢人现眼，他们哪怕有空都会拒绝参加。因为他们一过来发现每个人都是正常人，就他有点不一样，别人哪怕不说什么，可是那个眼神就会让他们感觉很不自在。又怕大家会说这个人什么什么的，比如走路怎么这个样子之类的。当然有一些人也会比较喜欢这种活动的，比如刚才说的那对聋哑夫妇，他们就会参加，因为他们四肢健全，哪怕他们用比画的方式与别人交流，感觉大家对他们会比较接受。如果不是有工作的压力无法参加的话，他们很愿意参加社区的活动。（2 - WWH20150722）

实际上很多人也在强调说公平对待残疾人，政策上也有很多相关的规定和精神，说不能歧视和不能有不公平的待遇，可是实际操作起来还是有很多不公平的现象。比如说，很简单的一个事，现在政策规定所有残疾人拿残疾证就可以免费乘坐公交，实际这个是一个很好的政策，真的可以减轻残疾人一定的经济负担。可是我不知道你们有没有看到，那些司机，现在可能好一些，但是还是有很多司机一看到这样的证件，就是那种很鄙视的神情，甚至在语言上也会有所表现。我就有碰到过一个司机，这个事不是出在我身上，我在旁边。我那次坐在司机边上，一个人一上车就出示他的证件，司机就说："你那什么证我哪里知道。"很多人对待残疾人在观念上还是没有很好的改变。然后我是那种比较看不惯的人，我立马就对司机说"那么大本的证你没看到吗？"司机就很不爽地说"关你什么事"。我说："当然关我的事啊，这是政府对这个群体的补助与优惠，你不知道只能说明你们公司政策宣传不到位。但你没有权利这样子对待别人。"我是觉得这个社会环境还是需要更多的包容和理解。有很多很细小的东西都能看出这种问题。（2 - ZLJ20150724）

像我这样的老人家，也去不了哪里啦，基本上都在家里散散心、走动走动。早晨方便的时候再出去走走，像中午呢，吃饱了一定要休息一下。休息到这时候起床，就去邻居家串门，一起泡泡茶，聊聊天。差不多晚一点比较凉快的时候再出去走走。差不多4点多的时候，小区里人就多起来了。我头疼也做不了剧烈运动，就是在周围走走。走不了多远，头会晕。要是遇到风吹日晒的就没办法，会头疼。这生活就是一天一天地度日子，也是过得蛮紧的，虽说有点补助，但是也是不怎么够，像两个孩子读书，一个每次交钱就是几千块几千块地花，也是没办法。（1 – ZWW20150508）

障碍者因为其身体、心理状态而局限了他们实践个人自由的可能，进而被社会排斥，成为边缘人口。美国医疗社会学者左拉认为，社会要真正消除对障碍者的偏见、歧视或排斥，唯有接受身心障碍过程是每个人都会经历的人生历程，所有既成的设施，我们大家都有可能利用到。[①] 因此，身心障碍者不是少数不幸或特殊的人群，障碍研究需要将身体经验放回社会脉络中分析与讨论。各种看起来并不关联的困境将残疾人社会参与的欲望一点点地泯灭。一个从事残疾人社会工作服务的社工如是说：

他们生活长期都是这个样子，他们不会突然说想让社会为我安排什么活动之类的。他们只是在活动结束后有时会隐约地和你说些他想要出来的意思，但是整体上主动要来的还是比较少。有的服务对象会说我不喜欢太吵的地方，想安静一些，可是他是真的怕吵，还是说他害怕自己身体上的一些特殊情况被外人了解，怕自己的残疾会让别人歧视呢？就如今天这个上台讲话的家长他也会说我是想参加一些活动，可是我不想这个活动被冠以什么残疾人活动，感觉自己就一定是一个另类或者弱势群体，如果这样我宁愿到慈济当义工什么的，这样不会被标签化。（2 – WJN20150729）

意识与愿望的强烈的确是一个个体积极向上的根本，但是身体如果由于长期的各种障碍无法将自己的意识需要付诸实践，现实会让内心慢慢消沉，直至没有任何期待，这是一种可怕的恶性循环。身心障碍者权利运动

---

① Zola, Irving Kenneth, "Bringing Our Bodies and Ourselves Back In: Reflections on a Past, Present, and Future 'Medical Sociology'", *Journal of Health and Social Behavior*, Vol. 32, No. 1, 1991, pp. 1 – 16.

初期的焦点是强调身心障碍者的特殊需求，同时注重这个需求被满足的权利正当性。[1] 从社会模式来看，政府与社会应该对身心障碍者实际参与社会生活做出具体响应。从社会物理和社会心理困境来看，社会设置除了在物理层面上任何的公共空间设计与设施都应采取弹性最大与包容性最大的方式设计，在心理与社会政策层面上也应该将身心障碍人口的研究议题由以往局限于少数人口特殊问题的范畴转向普通的健康经验与生命经验的范畴，以期有更加友善的社会环境。

三　小结

残疾人强烈地想参与和融入社会的想法由于社会观念与社会设置的原因大多是隐约的表达，而现实的各种困境更是让这个群体的社会参与阻碍重重，残疾人社会参与的可行能力发挥与呈现相比正常个体受到更多的限制。这样的现实让我们需要更多思考社会各种环境的设计。无论当前障碍者的处境如何，唯有改变对障碍经验的认知与态度，才能真正使空间问题成为"公共"问题，意即社会对使用公共空间者的想象，需要将尽可能多的使用者纳入考虑。[2] 因此，公共部门能否在环境设置上有效地回应这个群体社会参与的需要，很大程度上影响了残疾人社会参与社会权利是否具体实践。[3] 如果没有公共资源的投入或规范，自由无碍地使用公共空间似乎不可能，但是我们究竟如何确立个人权利与公共空间之间的关联，这个问题成为我们思考的重点。

第三节　残疾人经济参与需要

通过为可能的受害者重新创造失去的收入（如创造临时性的工资就业机会），给予个体在市场上竞争以取得收入的能力，使现有的供给更平

---

[1] 王国羽：《障碍研究论述与社会参与：无障碍、通用设计、能力与差异》，《社会》2015年第6期。

[2] Richard K. Scotch and Kay Schriner, "Disability as Human Variation: Implications for Policy", *The Annals of the American Academy of Political and Social Science*, Vol. 549, No. 1, 1997, pp. 148 – 159.

[3] 王国羽：《障碍研究论述与社会参与：无障碍、通用设计、能力与差异》，《社会》2015年第6期。

均地分享，贫困是可以防止的。① 就业是经济参与的重要手段，也是民生之本，就业对残疾人具有特殊、重要的意义。因为实际上工作对于个体的意义并不仅仅纯粹是赚取所得与金钱的手段，它还可以给个体带来"非金钱的好处"，包括：强化日常生活的时间结构、维系自己与他人间的社会关系、建立自尊并获得他人的敬重，甚至发展自己的潜能。② 从某种意义上说，就业是残疾人最大的保障，只有通过就业，才能实现其劳动权益和自身价值；才能摆脱贫困，改善生活状况、生存质量；才能增强自我生存和发展的能力；才能以平等的姿态真正参与社会活动，提高社会地位，实现平等、参与、共享目标，实现回归社会、融入社会、缩小与健全人的差距的目标；才能分享社会进步发展的成果。③ 在可行能力框架下，个体是否或能否有效地进行经济参与，对于主体本身实际上能获得的权益有关键性的影响。④

一 残疾人公平就业环境建构的需要

《宪法》《劳动法》《残疾人保障法》《残疾人就业条例》等均明确规定残疾人就业是一项基本人权，各部门应该全力保障残疾人平等就业的机会和权利，使残疾人就业逐步普及、稳定、合理。《促进残疾人事业发展的意见》中也明确要依法推进按比例安排残疾人就业，鼓励和扶持兴办福利企业等残疾人集中就业单位，积极扶持残疾人自主择业和创业。对残疾人的任何直接歧视或其他对之不利的差别待遇均属侵犯其权利。⑤ 但是现实中很多用人单位对残疾人还是存在着偏见与歧视，这种先验性的歧视如同一道无形的隔阂阻止残疾人平等就业，最终阻碍其通过共建共享来提升生活福祉。残疾人在对于经济参与需要的表达中强烈呈现出他们在就业中所受到的各种歧视和他们渴望得到公平对待的期盼。

---

① ［印］阿玛蒂亚·森：《以自由看待发展》，任颐、于真译，中国人民大学出版社2013年版，第175页。
② Jon Elster, "The Nature and Scope of Rational-Choice Explanation", *Boston Studies in the Philosophy of Science*, 1988, pp. 51 – 65.
③ 许琳：《残疾人就业难与残疾人就业促进政策的完善》，《西北大学学报》（社会科学版）2010年第1期。
④ ［印］阿玛蒂亚·森：《以自由看待发展》，任颐、于真译，中国人民大学出版社2013年版，第32页。
⑤ 许康定：《论残疾人劳动就业权的法律保护》，《法学评论》2008年第3期。

XLY，由于一次意外的车祸，进行头部手术，左脚左手受伤严重，行动不方便。当前虽然在原来的单位上班，可是她一见到访谈者就急切表达其当下的压力和在单位中感受到的不公平。

访谈者：你现在主要负责什么？

XLY：收银，其他的我也做不了。

访谈者：感觉怎么样啊？

XLY：压力很大啊，火气很大，要促销，比如你是我的顾客，你只想买一个小薯条，我就要把大的促给你。就是你本来想消费10块钱，我就要看能不能让你消费更多。现在身体没有以前那么灵活，受伤后脑袋也有点影响，所以反应比较慢，感觉跟不上别人。

访谈者：那你是不是促多了就有提成之类的。

XLY：一个月才领900块（声音很大，有点激动）。以前正常时可以多上工，能拿2800元左右，现在自己身体也受不了，只能上一点点时间。收入和促成没有关系。

访谈者：那单位怎么考核你们呢？

XLY：比如说你只想买甜筒两块钱，我没有和你说还有圣代之类的，那他（经理）就会说你怎么不和顾客推啊？当然我感觉他有时也是针对我的。以前我的促销能力是第一的，可是现在手脚不太方便，头也受伤，反应慢很多。感觉他对我挺有意见的。人多的时候我让后面的人帮我上东西，他就会说我怎么不能慢一点，要考虑后面传导员，因为我自己没办法帮顾客直接拿，要有一个人协助一下。现在很多同事都对我好像有点意见。感觉他们慢慢都在排斥我，我心里压力也很大，在单位感觉很压抑。

访谈者：你感觉在单位有受到排斥？

XLY：实际上之前我很喜欢这个单位的，可是出事之后，感觉大家都在排斥我。有时没什么客人，经理会让我先回去，我感觉他是觉得不需要那么多人时，我就要先离开，这样我的工时就少了，我们是按时间计费的，一个小时10元左右，所以我现在领的钱比较少。

访谈者：那你现在有什么想法吗？

XLY：所以我现在很想看能不能考残疾人联络员，至少在那儿都是残疾人，大家不会相互排斥，像清芳（残疾人联络员）对我就很好，不会排斥我。现在都感觉没有多少朋友可以聊聊天了。所以我想

找一个歧视比较少的工作环境。我希望自己慢慢康复好一些，我想靠自己，不想靠别人或政府。（1 - XLY20150807）

受伤前后的经历比较，让 XLY 感觉到单位中的人对她的不同态度。这种歧视与排斥的存在让她感受到很多无形的压力，当然她已经算是幸运的，原来的单位还继续接收她，至少她还在就业中。在调查中我们所接触的对象里有很大比例没有工作或者从事临时工作，没在工作的残疾人都强烈表达愿意从事雇佣工作，可是他们却在劳动力市场中受到各种歧视。

DXX，上有老下有小，是家里的主要劳动力，一心想要谋一份工作来维持家庭，很积极地在各种残疾人招聘会上应聘求职，可是由于视力受限，屡屡受到用人单位的歧视而无法拥有一份正式的工作。他对于就业环境有着许多的抱怨。

我有跟小周（联络员）去残疾人招聘中心，留个电话，就回去等通知，无论应聘什么岗位，都没有用，虽然有领了那 30 块补贴，但是我们去了是为了找一个好工作，不是为了那 30 块是不是。去了两三趟都没用，我也是很生气，我就跟那个小周讲，既然要助残，来招聘你起码要给人发挥的余地，来了 30 块领回去，过几天说要通知你也都没通知。我说再这样我不想去了，等于没招人。虽然他们企业人有来，但是都没有落实，你看都没有人去上班，等于没用。现在是听说有几个人去企业那边挂靠，他有给你一些补贴，搞这些有什么用，不是每个残疾人都不能工作是不是，你要让每个残疾人发挥自己的才能。

每次去招聘会都只是登记一下，就没有后面的消息了。要真正有要招聘我们这种人的你再来招聘，不要只是走个形式，我们也知道自己有些活是做不来的，但是这些岗位还是要有所侧重。残疾人本身也是需要工作的，不能只是完全依靠政府。至少要有一个公平的对待，比如说让我们过去试用一下，然后再看说行不行，现在是没有机会去试用。

有一次一个公司招聘人员问我说你要求做什么，我说普通的工就好，只要有两千多块就可以。我们残疾人要求不是蛮横啊，你不能说你眼睛不行你要做技术工，那是不行的。他也说你留个号码再联系你，也没有。我没有去岛内找过工作，而且岛外到岛内也不方便，我眼睛不行也经常错过公交。（1 - DXX20150731）

在整个访谈中，在适龄就业的残疾人里几乎都经历了和DXX一样被歧视排斥的遭遇。

我和你说，主要是被歧视的部分，除非说这个社会工种有规定要针对性地为残疾人提供。虽然现在政府有规定企业要按一定比例录用残疾人，然后政府给这个企业一定扶助奖励或税收减免，要求企业给残疾人缴纳各种保险，而且工资不能低于最低社会工资要求。但是实际情况是很多企业不会按要求进行招聘，而且有工作的残疾人工资也只有一点点，很多只有几百块，少数能拿到1000多块，2000块以上真是很少很少的。（2 - WWH20150722）

总归一点，我们残疾人找工作确实是很难的，总是会遇到各种障碍，当然就算你是一个老板你也不会当面伤害一个残疾人，你不会直接说不要你了，你可能会说回去等通知，可是这种情况正常是不会有下文了。我们文化水平比较低。哪怕不说文化的事，两个人能力同样好，文凭同样高，可就因为其中一个是残疾人，企业就会要另一个人。哪怕是残疾人能力更高，企业也会因为你身体问题而录取一个正常人。（2 - ZLC20150508）

现在就是希望可以找一份工作啊，我有学叉车技术，可就因为残疾很多公司都不要我，我这几周都在跑招聘会或者在网上投简历。是啊，我的确是残疾，可是我做事不比正常人慢，我也是正规学出来的，操作是没有问题的。可是他们一看我的脚就不要了。真的很无奈啊！真的，说实话，我只希望社会能公平一点对待我们，就业上能给我们一个平等的机会，不要一看我这样子就二话不说不要了。（1 - GNL20150806）

用人单位和社会的歧视性思维使得残疾人就业处于一种受束缚状态。

残疾人不具有进入劳动市场的自由。在森看来,自由市场,尤其是自由选择就业是一项重要的发展成就。① 而当下的现实是残疾人无法自由进出劳动力市场,他们渴望得到公平与公正的对待,期待政府与社会可以在建构平等的就业环境上有所作为。

  每个周日上午人力资源市场都在招聘,同安区工业园区还有西柯工业园区每周二上下午也有在招人,我都有去面试,人事说这个情况没有办法,气死我了。看来这些人都是"90后"的,不愿意和我这种人多说话,还来说他们企业不招我这样的人,真是气死我了。(1 – HDX20150722,他用手机打字与我们交流)

从事协助残疾人就业的工作人员也从他们的角度表达了对于残疾人就业环境的想法。

  实际上社会上很多人是很难理解残疾生活中的一些痛处的。如果领导也是一个残疾人也许会好一些,可能更懂和更理解一些,但我们不能要求所有的领导都是这样的,这样也不现实。实际上每年政府都有组织开残疾人专场招聘会,但是效果并不理想,有不少企业是政府强制它们参与这个招聘会的。所以很多企业就是做个场面,并不是真心想要招人的。(2 – ZLC20150508)

  招聘会我有去看过,那里的工种都是比较怎么说呢,就是比如清洁、门岗之类的。从社会角度上来看就是比较低端的。基本上都是这个样子的,就是企业都是将残疾人定位在低能力的这个位置上。这种岗位和有些残疾人特别是年轻一些的对自己工作的定位是有差距的。而且说实话,每次残疾人招聘会都没招多少人,很多企业是走过场的。甚至有可能它们根本就不想招了,可是迫于政府组织它们来,它们只好给个"面子"或害怕其他方面会有麻烦就过来摆个位置,随随便便写两个岗位上去,从内心上并不是真的想来招人的。我个人就

---

① 王春萍:《可行能力视角下资产积累的社会救助政策探讨》,《社会科学辑刊》2008年第6期。

第四章　多样与差异：可行能力框架下残疾人的社会福利需要　　135

觉得要真正地让企业负责人有这种社会意识帮助残疾人才行，而不是仅仅是迫于经济或政治上的考虑才来走个过场，而没有实质性的结果。(2-WWH20150722)

就业招聘单位会有一些看法，很多残疾人会反馈说，很多去投简历或面试，企业都会因为身体原因委婉地拒绝。对残疾人的身份用人单位会比较在意，虽然是有政策的约束，他们还是会有歧视的。当然我们也要承认残疾人本身是有限制的，比如说你语言能力有障碍，企业想给你一个最基本的行政岗位，你就有可能因为沟通的障碍而无法胜任。只能做一些流水线上的工作。(2-GWF20150723)

这种招聘会好像都只是一种过场，残疾人过来参加领个30元补贴，企业也更多是出于政府的压力来参加一下，真正想要招人的不多，所以效果很一般，甚至于有点作秀的意思。真正没有多少人是通过这个找到工作的。另外，现在有很多企业就是用挂靠这样的方式来应对政府的要求，可是我们残疾人想要工作就是真的想要工作，而不是只是要一个医社保，还是希望通过工作有个收入，可以多参与一下社会。(2-ZLJ20150724)

与残疾社会模式所主张的相同，社会的观念造成了残疾人残疾。① 残疾人实际上对于就业的渴望并没有少于正常个体，他们期望能够有一个公平与平等的就业环境，期待根除歧视性的态度和环境，这样他们才能实现雇佣就业的权利。1995年《残疾人歧视法案》明确个体如果感觉因为他们的残疾而受歧视的话，拥有起诉雇主的权利。然而事实上，个体在挑战更广泛的造成残疾的制度化习俗与文化的能力是有限的。② 因此，残疾人强烈表达出协助他们处理造成不公平就业环境的需要。残疾人社会福利如何对付制度性偏见以增加残疾人的就业显得很迫切。

---

① [英]彼得·德怀尔：《理解社会公民身份：政策与实践的主题和视角》，蒋晓阳译，北京大学出版社2011年版，第129页。

② Woodhams, Carol and Corby, Susan, "Defining Disability in Theory and Practice: A Critique of the British Disability Discrimination Act 1995", *Journal of Social Policy*, Vol. 32, No. 2, 2003, pp. 159–178.

二 实用性的残疾人就业能力提升需要

残疾人具有较强的就业意愿,可是由于在生理、心理和智力方面受限,残疾人在获得强劲的就业能力上面临更大挑战,这使得残疾人群体的经济参与机会受到很多限制。残疾人就业能力主要指具有劳动能力的残疾人个体充分利用劳动力市场内提供的就业机会,获得和保持工作,去实现自己潜在的能力,是个体拥有的对组织有吸引力的知识的组合(王晶等,2015)。就业能力的获得需要依靠人力资本的投资来实现。人力资本理论的出现让我们意识到了人在经济增长中的作用,并学会尊重人的价值创造。同样地,我们也应该尊重残疾人的价值创造,"受限"的能力并不代表"没有",他们需要的是培养途径。① 因此,加强残疾人职业培训和就业服务,增强残疾人就业和创业能力成为残疾人社会福利服务体系的重要组成部分。残疾人自身及其从事残疾人服务的工作人员均对这个部分提出了很多的期待。

> 我们可能先天不足,而且后天又没有接受过太多的教育,所以在找工作条件上会比正常人差一些。但是一些很差的工种说实在话我们也不太愿意去做,所以我们在就业上也存在"高不成低不就"的状况。所以技能培训真的是很重要的,要让我们有一技之长。真的很难让我们弯下腰来做一些特别脏或累的事情,说实话每个人对自己都有期待。(2 - ZLJ20150724)

> 我现在还是很想创业,希望在资金上能得到帮助,像一些贷款,我也不是说要无息贷款。我也是属于弱势群体嘛,就是希望有一个绿色通道;或者对于一些想创业但是不知道干吗的,政府能有一些创业项目的引导;还有一个经验的咨询,政府能够提供一些创业方面的咨询;还有对残疾人家庭成员的一些帮助。(1 - XM20150731)

> 创业自己没有资本也没有什么会的,没人教,电脑啊什么的就大学考了一个一级,就是最基础的操作会,其他的都不会,家里的电脑

---

① 汪斯斯:《残疾人的人力资本理论审视》,《现代特殊教育》2015 年第 10 期。

和摩托车也是哥哥买的，有培训班的话想去，但是觉得自己没什么特长，不知道创业要做什么。要说工作上的期待的话，就是可以有帮忙交医社保，一个月实拿到手的有1000多元，这样自己才能独立。另外真的想如果有针对我这样的人的相关就业培训就好了，我和正常人不一样，很多工种要多学习，创业也需要更多的信息和指导。(1 – CMC20150723)

在这些话语中，我们可以看出残疾人对于更为积极和持续有效的就业指导的渴望，他们期待可以拥有一个"可持续生计"的能力。残疾人项目社会工作者GWF就认为："技能上给一些指导，这种最大意义可能不一定是最终让他们去就业而是让他们感觉到自己实际上是可以做一些事，是有能力的，更多是意识的唤醒和能力的挖掘。内心心理的建设可能比实际的一些东西更有价值。"更为重要的是，残疾人对于就业能力训练并不是统一的，他们清楚地认识到自己的不同，希望能有更为匹配的技能帮助。

另外，残疾人自身技能上需要相应的提高，这个就需要政府有针对性地设置一些培训项目。因为残疾人毕竟存在某一方面的缺陷，可能有些工作你就做不了，那就要找准可以做的进行提高。当然政府这一块做的培训也是蛮多的，我之前有参加厦门中小企业职业经理人的培训，还有一个针对残疾人的学历提升工程，在电大那边，这些我都是有拿到证的，可是那个学历的专业我就觉得不是很实用。因为也是没有选择余地。当然学历高一些找工作会好一些。所以政府可以在残疾人技能培训的针对性上多下些功夫。(2 – WWH20150722)

政府或社区会组织一些技能学习，但是有一些比较不实用，今天学了明天不一定能用到，针对性不是很强。能不能有一些针对不同残疾类型的人的培训，这样可能会有用一些，不然都是一起效果不好，也不能真的在找工作时用上。(2 – HHZ20150723)

职业技能上进行培训，然后再协助我们找一些相对好一些的工种，而且我们又能胜任的。从中间尽量找一下平衡点。区和街道会组织一些相关的技能培训，他们也会通知我。可是这些项目我觉得很多没有实用价值，很多是电脑培训什么的。这个实际对残疾人来说在就业上不是很有效。所以培训上要更接地气一些，比如电工或者说烘焙之类的。做一些残疾人与企业比较能接驳的点。说白了，就是让我们能找准点好好琢磨，拥有一技之长。(2-ZLJ20150724)

实际上想要让残疾人自立，那肯定是要想方设法让他们就业，我们社区可能是因为村改居，也许居民手上会有一些拆迁费什么的，但是如果是年纪小一点的，他正是家中的主要劳动力，如果没有让他工作，那肯定有一天会坐吃山空，不能只是依靠那个啊！而且绝大部分特别是中年这个阶段的残疾人还是不大认可自己是残疾的。他们不愿意承认自己是一个残疾人，要受人照顾。他们有较强的自立期望。

不管怎么说，无论政府的福利多么的好，都解决不了根本的问题，最重要的还是要让残疾人有一技之长，可以自己生存。保障当然很重要，但是不能治本。你可以想象每个人每个月都要在那里等政府到底这个月会给我多少的补助，那是多么可怕的现象。万一哪天政府不给我发了，我日子该怎么过啊！所以这个是解决不了问题的。特别是如果残疾人还年轻又不是很严重的话，他真的需要尽自己的能力去做事，这就需要政府提供一些培训项目，让我们根据自己的情况来选择。(2-GM20150806)

由于残疾人身体的障碍和劳动力市场的波动性，这个群体逐步意识到保持就业能力的重要性。调查中残疾人均表示自己想就业，可是自己的很多能力不足导致了就业困境，他们均强烈表达了对于实现个人能力提升与就业市场技能要求合理配对的培训项目的渴望，期望政府可以提供有针对性、个别化的就业能力提升培训，实现"教得好、学得会、用得上"的培训目的。就业能力提升成为建设具备生产力、凝聚力和兼容性的残疾人劳动力市场的关注焦点。协助残疾人瞄准未来劳动力市场需求，不断提升自我成为残疾人社会福利服务体系建设的重要导向。

三　小结

个体所具有的经济参与能力，受制于环境条件和内在资本。残疾人通常会在市场和资本主义的关系中处于不利的情况,他们在很大程度上在就业、平等的经济参与、受尊重和财富等方面受到排斥。[①] 上述调查呈现出排斥的核心是,残疾人被诬蔑为偏差和不可取的,并服从于各种压迫的层次关系,残疾人经济参与的可行能力发展同样存在很多限制,呈现出能力不足的状态。对于残疾人要实现参与式的平等,他们需要更多的认可,需要物质的帮助、有针对性的资源增强和个人能力建设。诺贝尔经济学奖得主罗伯特·索洛在一份强有力但又精巧的案例中指出,通过创造工作机会使得每一位有工作能力的公民都能够得到有薪水的工作,可以促使福利向工作转变。残疾人在经济参与的需要上特别迫切,是调查中每个对象必然表达的话题。残疾根源于社会的经济结构,要求商品和财富的重新分配。与其他一些被压迫的群体相比,如果残疾人想要实现社会公正,就需要消除更多的社会障碍。由于发展差异大,他们所需的支持肯定更多也更深入一些。认识这种"多"和"深入"是为了帮助我们建立一个更加完善和全面的残疾人经济参与支持体系。[②] 公平的工作福利制度,关键取决于社会在建设更公平的就业环境、提供更多的工作岗位、更好的职业培训的集体意愿和能力,而这些也正是残疾人在经济参与中所迫切需要的。

第四节 残疾人心理建设需要

心理健康与否影响着个体的生活质量。心理健康不仅指没有心理疾病,而是一种良好的适应状态,个体能够意识到自己的能力,能够应对一般生活压力,有成效地工作并对其所在的社会做出贡献。[③] 在可行能力框架下,保持心理健康,有效地回应外界期许是评价与促进个体可行能力的维度之一。残疾是一种不可逆损伤,慢性的痛苦一直困扰着残疾人,使得残疾人长期地处于应激的状态,负面心态与情绪较多,一定程度上对残疾人心理健康产生影响。再加上社会公众对于残疾人的刻板认知,使得残疾人的社会交流空间变小,情绪宣泄路径有限。长期复杂的内外负向对话使

---

① Wolff, Jonathan, and Avner De-Shalit, *Disadvantage*, Oxford: Oxford University Press, 2007, p. 26.
② 汪斯斯:《残疾人的人力资本理论审视》,《现代特殊教育》2015年第10期。
③ 闫洪丰等:《成年残疾人心理健康现状评估与分析》,《残疾人研究》2013年第4期。

得残疾人在心理调节与健康的需要上呈现出特有的状态。

一 待唤的残疾人心理求助需要

XLY，由于车祸，进行头部手术，左脚左手受伤严重。在康复后虽然也去上班了，身体的状态还是让她变得很敏感，她觉得周围的人对她的态度都发生了很大变化。在访谈中她表示自己的压力很大，自己可以工作的时间减少，经理好像总是针对她，动作慢了会被说做事不尽心，动作快了也会被说没有考虑其他同事的速度和情绪。她实际上很喜欢这个单位，可是面对同事们的排斥，心里感觉还是很不舒服。回到家中，因为自己身体的状况无法全面照顾小孩子，由婆婆帮忙，老人家辛苦了就会抱怨"别人家娶了个儿媳妇什么都会做，自己家的什么都不会还要被人照顾"，这些看起来并不是很重的话语却给了XLY很大心理负担。"最基本的连小孩子都会有感觉，我的身体让我不能给他应该给予的母爱，抱都无力抱，小孩子有时候会闹，慢慢地他就不太想和我在一起了，不再那么依赖我，感觉有点距离。"XLY说那是她最难受的时候，觉得自己的人生很失败，连最基本的母爱都无法给予。也表达了自己爱人对自己没有以前那么上心。

当问及如果心情不好、有负面情绪的时候会如何作为时，XLY只是摇头，说："能做什么呢？自己一个人待着啊，以前很多朋友也不联系了，现在感觉找一个可以说说话的人都难。有时我最多就是到医院去做康复训练，让自己暂时不要理会单位和家里的事。自己对自己的身体都会有抱怨，就不要说别人了。"当访问者接着问及是否会找心理咨询服务时，XLY的回答是："我们根本不会知道什么心理咨询或社会工作服务，这个到哪里可以找？再说了，这种事情也不太好和别人说太多，只能是自己调节调节吧。"（1 - XLY20150723）

残疾人相对敏感，对于周围环境和他人的变化会有比较大的应激，这无形中增加了自己的情绪压力，对于自己与环境关系压力的觉察并不意味着他们可以自我化解。现实是他们自己有着很大的精神与心理压力，却只能自己默默地承受与自我调节，对于专业心理援助的求助意识却是很淡薄，一方面他们觉得自己的隐私不愿意与他人过多谈及，另一方面他们也的确不知道社会上有什么样的专业服务可以求助。

让残疾人了解什么是心理健康服务，消除人们的误解，提高残疾人及其亲属的心理健康意识，普及心理健康理念，这是做好残疾人心理健康服务最为基础的工作。[①] 近年来民众对于心理调节的需要意识有一定程度的提升，但是残疾人心理健康服务工作却才刚刚起步，残疾人对心理健康调节需要意识还是很模糊，哪怕是对心理疾病有了自我察觉，可是对于去寻求帮助的意识却是很薄弱的。

> 而立之年，对于一个普通男人来说，本该包含着成家、立业、社交、精力充沛等字眼。但对于厦门市灌口镇的CMC来说，这一切就像镜中花，水中月——可望而不可即。CMC从小患有强直性脊柱炎，病情在其大二时开始恶化，不能久坐和久站，腰部无法弯曲。后因身体原因于大三时肄业，只能找一些简单的工作养活自己。他从事过电梯乘务员、旅游接待等职业，但都因为身体无法久站和久坐，没做多久就被辞退。现在就只好暂时在当地的职业援助中心，领取每月400块的补助，但这连养活自己都不能够了。
>
> 自卑，让原本就内向的CMC更加不愿与外界的人和事接触。我们常说"上帝关上你的一扇门的时候，会为你打开一扇窗"，但自卑让CMC最后一扇窗也上了锁。他常常觉得：自己30岁了，没什么特长，正是在工作的年龄，什么都没有。没有自己的家也没工作，哥哥已经有自己的家了，有时候在家都觉得怪怪的，自己这种状况，都不喜欢待在家里。对比居住在一起的哥哥，自己内心渴望有自己的家庭和工作，可以在经济上独立，但是现实中身体上的原因，自己对自己产生否定，认为自己什么都比不上别人。CMC表示自己有时候都不想回家（与父母哥嫂住一起），宁愿在外面多待一会儿。也不愿意和其他人在一起，只有一个朋友会常去他那边坐坐。自卑，使CMC将自己封闭了起来，从不主动去寻求帮助、表达诉求。这切断了他与外界的联系，让他逐渐地成了社会的"局外人"，而这也将导致他的生活状况、心理因素的恶性循环。

[①] 李祚山、张文默、叶梅：《残疾人心理健康服务体系的构建及实践研究》，《重庆师范大学学报》（哲学社会科学版）2010年第4期。

偏差性的意识让这种现象在残疾人群体中随处可见。

> 我刚出车祸那几年就是一直生活在阴影当中，没有什么想法，我也不知道明天要做什么，反正我就是整天无所事事，当时也因为身体状况辍学。后来有去再复读高二一年，因为我是高二那年出事的。读到一半我就不想读了，我右手受伤，写字都跟不上。老师在讲课我听到后来就不想听了，然后就不再读书了。那一阶段我就不知道自己要做什么，就整天坐在那边，该玩就玩，该干吗就干吗，不会去想明天会怎么样。当时很多朋友也不联系了，也不知道要和谁说心里的一些想法，一个人安静的时候内心很空的，有些奇怪的想法也不想和人随随便便说就是了。（2 - WWH20150722）

> 说实在的，一个家庭有一个残疾人，家里人实际都不大愿意提及这些事情。只要一提起就很难过。比如说我们坐下来好好聊到其他的话题都没有问题，你如果忽然讲到这些，他就觉得不自然、不舒服，他们话就会突然变少了，也讲不出来。他们不愿意多说什么，也不太愿意和人打交道。他们会觉得说再多也改变不了现状，这个群体内心还是比较悲观的。这个有点类似他们生活中的伤疤，你如果过多地去涉及，就有点在他们的伤疤上撒盐一样。他们会很难受。甚至他们会拒绝社会上的一些支持，觉得如果可以改变他们早就改变了。他们经常避而不谈。（2 - ZLC20150508）

残疾人心理健康理念普及不足使得残疾人对于自己内心的问题不知道如何面对与应对，服务体系建设滞后更是催生了残疾人求助意识的薄弱。虽然残疾等级不高，但边缘人的社会角色，还是让残疾人面临着巨大的心理落差，成为典型的"镜中边缘人"。根据美国社会心理学家 H. 海曼提出的参照群体理论，人们以周围的人作为参照群进行比较，如果比较的结果是自己处于较低的地位，那么心理剥夺感便由此而生。[①] 如何缓解和减少残疾人的"边缘心态"，唤起其积极求助意识，成为推进残疾人公共服

---

① 周小刚、李丽清：《新生代农民工社会心理健康的影响因素与干预策略》，《社会科学辑刊》2013 年第 2 期。

务建设的重要组成部分。

二 残疾人专门心理援助体系建设的需要

中心可以在时机成熟的情况下配备几个心理咨询师，有针对性地对他们进行心理辅导。不然我们现在和残疾人的交流都很表面，他们也不太愿意和我们有太多深入的交流，毕竟是成人而且身体方面有一些障碍，他们会更加小心地与外界相处。我们如果没有一些专业技能，很难回应他们的心理诉求，引导他们更多地表达。深入的东西他们就不太愿意和你交流。(2 - YSJ20150722)

残疾人心态还是相对敏感，现在我们提供的社会工作服务主要是社会支持的建设，对于他们内心的干预专业性还是有待提升的，我们社会工作者工作经验较少，而且心理支持与服务说实话也是相对更专业的内容。政府在购买服务或者说体系建设上可以在这个方面专门投入或支持一下的。这个很有必要。因为残疾人身心上的障碍，身体行动的阻碍会使得他们的心理需要强有力的建设与支持（2 - GWF20150723）

心理建设的很大一个角度就是你要和各种各样的人多接触，看别人怎么做，别人怎么说，然后再想想自己应该如何做。这样心理就会健康很多。如果一个人一直封闭自己，正常人都会有问题更不要说是残疾人了。我是觉得社区要有一个工作室能给残疾人做一个心理支持是很好的事情。(2 - ZLJ20150724)

服务对象（残疾人）和家人本身都会有心理需求，家人有时候不想让服务对象（残疾人）出去，可能就是他们害怕外人会去嘲笑服务对象（残疾人），或者说有时候他们自己脸上也会有点挂不住，怕别人会一直议论什么的。另外他们可能还会有愧疚感，因为有些服务对象（残疾人）不是先天的，会变成现在这个样子，可能就是由于家人事发时疏于照顾。家人会有一种补偿的心理。他们又不知道怎样去缓解。有个家长就会和我说他很想小孩子能多出来与外面接

触、交流。可是他也是苦于没有健康的渠道或者说有谁可以给他这方面的指导，帮帮他。（2 - WJN20150729）

在中国，心理服务体系主要有医学、教育、社会三种，到目前为止，虽然三种模式各自独立，尚未整合成为一个整体，但是中国的心理健康服务体系还是有了一定程度的发展，服务体系雏形已具。[①] 可是专门针对残疾人开展的心理服务体系还没有一个比较完善的模式。在残疾人"两个体系"建设中，心理援助建设相对滞后，很多残疾人的服务机构中并没有设置相关的专业岗位以提供服务。

心理支持体系在残疾人各个服务系统建设中都存在空缺致使残疾人的很多心理建设需要无法得到及时积极的回应。在国家级的两个重要文件《关于促进残疾人事业发展的意见》和《加快推进残疾人社会保障体系和服务体系建设指导意见》中均没有明确提出建设残疾人心理支持服务系统的意见与导向。心理支持建设还处于相对后置的地位，特别是对于精神类型残疾的对象及其家人，这方面的需求更是迫切。

> 精神残疾是残疾人当中最难以应对的，我弟得了这个病对我们整个家，对整个社会实际上产生很多压力。其实我们家以前也没有这样的病史，精神分裂症应该怎样预防，从国家到社区好像都没有这个概念。这个病要发作实在是很难应对的，一个精神分裂症打他弟弟或姐姐甚至杀害他人，不管他伤害谁，你这个家不全都完蛋了吗？所以作为家属的我们压力是很大的。但是怎么预防呢，我也寻求过很多人的帮助，包括仙岳医院我也去了好几次，可是好像没有人可以给我明确的方案，一直找不到可以教你的人或地方。我也看了很多书，主要是人认知的问题，可是还是不知道要怎么办。　（1 - YSK20150731，家属）

> 这些精神方面有问题的大部分都没有结婚，如果他们的父母和兄弟姐妹都老了，他们该怎么办，这一代还有兄弟姐妹还好。政府是有

[①] 李祚山、张文默、叶梅：《残疾人心理健康服务体系的构建及实践研究》，《重庆师范大学学报》（哲学社会科学版）2010年第4期。

投入一些钱来帮他们，可是只是物质上的解决不了太多问题，他们要是正常时是很正常的，也可以工作，可以参与社会的各种活动啊，可是一发作，我们很多人是不知道应该怎么办的。可能真的需要专业的心理咨询或者说其他专业人员来帮助大家有一个简要认识或预防。就是没有一个地方让他们来放心地生活、活动。不是那几百块补贴给了就了事了。（2 - ZLX20150731）

可见，建设一个拥有预防、干预、辅导与发展等多层次功能、专门性的残疾人心理支持体系成为可行能力框架下促进残疾人服务体系建设必需的环节，以有效地在更高层面上回应这一特殊群体的需要。

三 小结

诸多过往的研究发现，残疾除了对个体的身体健康产生影响，同时对个体的独立性、社会关系、心理状况产生干扰，残疾人在许多方面面临着心理问题的高风险，与普通人群相比较，有较高的心理问题检出率。也许是中国文化的影响让我们都显得有点含蓄，更不用说有如家丑一样的心理问题。残疾人在表达心理调节的需要上并不直接，但是调查中他们陈述自己生活的话语又让人觉得这个群体的心理亟须社会的关注。而现实却是正好相反，残疾人专门性的心理援助体系设计是很滞后的。

第五节 残疾人福利保障需要

残疾作为福利身份并不仅仅只是它表面上所呈现的那样：一个人残疾身份的认定后，代表着他享有比一般人更多的福利资源。[1] 斯通（Stone）认为，残疾概念是现代国家创造出来用以处理分配难题的重要治理工具。她认为所有的人类社会都至少拥有两套分配体系：一是以"工作"作为分配依据；二是以"需要"作为分配依据。[2] 虽然所有的社会都期待并要求其社会成员投入生产性的工作，维持某种程度的自立，并对整体社会的

---

[1] 洪惠芬：《"分配正义"还是"形式正义"？身心障碍作为福利身份与歧视的双重意涵》，《台湾社会福利学刊》2012 年第 2 期。

[2] Stone, D., *The Disabled State*, London and Hampshire: Macmillan, 1984, pp. 15 - 19.

维系有所贡献；但同时，一个社会也容许某部分的社会成员在某阶段无法透过工作来满足自身的需要，当有这种未被满足的需要出现时，整个社会有责任提供援助，满足他们的需要。我们应该清晰，福利改革提高的是对有工作能力的人参加工作的期望，而不是对他们将会变得完全自食其力的期望。就工作与自尊的关联性而言，工作的确是重要的生活机会。也正是因为工作是如此重要，社会模式才期望通过反歧视立法，来消除所有可能阻止残疾人公平参与劳动市场竞争的障碍。然而这并不意味着可以将工作视为残疾人唯一的出路。尽管我们都很清楚工作是建立自尊并联结其他重要资源的"好东西"（goods）。但我们更应该理智地了解到残疾人在劳动力市场可能遭遇的困境，包括：就业的歧视；残疾人作为受雇者与雇主之间的权利不平等；以及进入工作后，就算公平竞争，他们也可能因为身体的原因导致竞争力不足而被劳动力市场淘汰，他们的生计安全将受到威胁。因此，我们需要形式正义来排除残疾人公平就业可能遭遇到的歧视与制度障碍，但我们同样需要分配正义去回应残疾人成为市场失败者后的困难。[1] 无论一个经济体系运行得多么好，总会有一些人由于种种原因起了对他们的生活不利的变化，而处于受损害的边缘或实际上落入贫困的境地。[2] 促进残疾人就业的政策永远也不可能完全取代维持残疾人生计安全的社会保障机制。因此，需要建设一套有效的福利保障体系为残疾人提供社会安全网，包括长期固定的制度性安排和临时应需而定的安排。

一 残疾人福利保障政策实施的合理优化需要

访谈者：除了就业这个比较大的问题外，从你的角度上他们还表达什么样的比较大的诉求呢？

ZLC：最近不是有一个新闻吗？我不知道你有没有看，一个陕西的男子拿棍子袭击了小孩子吗？他最后被认定是有精神疾病的，我今天还在关注网上的讨论，有的人就在说政府（因为说实在话有的家庭没有这种实力）应该把所有精神病人都收容在精神病院里。说实

---

[1] 洪惠芬：《"分配正义"还是"形式正义"？身心障碍作为福利身份与歧视的双重意涵》，《台湾社会福利学刊》2012 年第 2 期。
[2] ［印］阿玛蒂亚·森：《以自由看待发展》，任颐、于真译，中国人民大学出版社 2013 年版，第 33 页。

话，现在我们对于这类人也没什么很规范的措施把他们治理好，只能是在一定程度上控制。虽然政府有一个月补贴精神残疾人300元（这个需要申请才有）用于医疗和康复，但是这300元不全部是药钱，还包括检查费什么的。但是现在300元，这个对于轻微的残疾人，根本用不了这么多，就在药费和检查上，顶多一两百块就够了，但是对于那些病比较重的人，这300元就是完全让他拿药也不够用。

访谈者：这个补贴没有分一下等级吗？

ZLC：没有，反正你是被认定为精神残疾，只要申请就会给你，它是统一规定和统一补贴的。精神残疾这个部分实际上经济压力是很大的，比如刚才说的那个新闻，就有人在网上说责任在于看护人，没有把病人看好让他出来伤人。说实在的，家属也希望精神病人能得到更好的治疗和康复是不是，但是如果一个家庭没有足够的经济支柱的话，你说到我们厦门仙岳医院住，一个月至少要五六千元啊，如果真的没有足够的经济收入，吃得消吗？以前我们帮助精神残疾人申请医疗费用减免的时候，它只针对南山医院，对仙岳一概不能减免。因为有相关的规定可以减免住院的床铺费还有一些项目费用，这个如果申请到了，一年下来可以省掉好几万元。

访谈者：这个减免申请有什么样的条件呢？

ZLC：就是精神病人到医院住院，可以拿着相关的病历到我们社区来申请，我们可以把相关材料送给民政局审核，民政局会给一个减免单，你就拿着减免单到医院，医院会帮你处理。

访谈者：这个申请到的概率有多大呢？

ZLC：社区这个层面都是尽可能申请，他们有需要我就会将他们的材料上报给民政局。可是医院是有名额限制的，一年好像就只有100个名额。100个名额之后申请的一个都批不了的。虽然社区和民政局都给你单子了，可是医院那边它就不给你了。我们这个体系门槛是不高，可是医院会另设一个规定，这样就比较难了。（2 - ZLC20150508）

中国正在经历"走向社会政策时代"的关键阶段，2007年民政部提出中国社会福利转型的目标，即中国社会福利由补缺型向适度普惠型转型,这是我国社会政策的一次革命性变革。① 在这样的背景下,中国残疾人社会福利保障政策也不断完善和优化,特别是 2008 年《关于促进残疾人事业发展的意见》和 2010 年《关于加快推进残疾人社会保障体系和服务体系建设的指导意见》出台后,从中央到地方各种相关的残疾人社会保障和社会服务配套方案和实施办法不断出台,中国残疾人社会保障和社会服务体系日趋完善。但由于中国建设全面普惠残疾人保障制度的财政压力和残疾人保障制度设置更多以等级和类型为导向进行,残疾人福利保障政策在落实与实施过程中存在一定的门槛,使得很多需要救助的对象面临各种障碍,政策落地性存在一定的缺陷。基层政策实施者和残疾人本身均对这种有点一刀切的政策设置有些微词,期待政策的顶层设计和具体落实可以有所优化,以便更加灵活一些地回应残疾人的需要。

诸多的审核过程让很多福利保障变得更加不确定,这在很多的残疾人政策落实中均有存在,比如残疾人低保的申请和其他一些补助也是如此。

> 最低生活保障是在什么情况下呢,是你一个月的生活收入不到 300 块的,好像是这样,你家庭收入平均每口人不到 300 元的就会补。最低保障也是限制得很严格的,如果你有什么就业的,你就没有最低保障。保障款也比较低啦,你一个月几百块,如果你要租房子啦,要水电啦,要这些零星费用啦,这些也不够用,现在的钱那么小,就是有钱买个东西也很贵。针对我们这样的家庭,实际应该有个特定的考虑,真的是比较困难,可是社区的人就说是政策规定是这样的,他们也没办法。(1 - ZJJ20150629,家属)

同样,在残疾人自主创业的扶助和支持上,厦门市的地方规定是:"具有本市户籍,持有厦门市残联核发的第二代《中华人民共和国残疾人证》,在法定劳动年龄段内,取得厦门市或区工商行政管理局核发的《个人独资企业营业执照》或《个体工商户营业执照》,并且正常经营半年以上的,给予 5000 元一次性创业补贴,经营每满一年给予 3000 元经营补贴。"可是真正在政策执行中却会有各种障碍。

---

① 彭华民、齐麟:《中国社会福利制度发展与转型:一个制度主义分析》,《福建论坛》(人文社会科学版) 2011 年第 10 期。

政府出台的一系列政策，只有一小部分人可以享受得到，有很大部分的人还是没法享受到。比如说残疾人创业补助，残疾人自己创业，是不是只局限在有能力创业，另外创业需要先投入一笔钱才有可能，比如说你要开一个小店，你需要租用一个店面，包括装修啊什么的都要投入很多的。这样的政府政策门槛是有点高的，你要享受这种政策就要先付出、先投资。残疾人自主创业半年后能享受到的第一笔钱是5000元，一年下来可能再享受3000元，要创业注册的各种手续都办理下来才可以，以目前的房价你要开个半年，要是说在没有赚到钱的情况下，要付出多少钱才能维持住，才能享受到这个补助。有个残疾人证可以免除税。

这个政策对残疾人的影响不是很大，对于残疾人的积极性提高不是很足。而且现在残疾人政策很多是要重症一二级才能享受，三四级的不多。（2-ZLC20150508）

自主就业和创业上，有两个问题或者困境，年龄超过60岁的就不能享受这个补助金了。我们社区有两个年轻的自己开了小店，可是政策要求他们的医社保是不能放在企业中的。意思是说你不能双重享受政策。但是实际情况可能是他开那一个小店只够他们维持家庭生活。可是这对他来讲是没有太多保障的，他可能比正常人医疗等各方面要付出更多。所以有一家企业愿意帮他缴纳医社保，对他来说是莫大的帮助了，他一定不会放弃。所以他就只能选择这个，而无法受到就业上的补助金。他也来找我，看我能不能帮他办下来，可这是政策的规定，谁都没办法，特别是我们基层这一级的。（2-ZLJ20150724）

我也有创过业，我2012年的时候自己创了一个小本经营，可是我当时真正是从6月份开始啊，用了大半年才拿到营业执照，我打电话给各个我可以找的人，找街道残联的，工商局的，甚至公安局的。真的很麻烦，现在应该会好一些。我当时办那个真的很头痛啊！残疾人创业补助金是我们要维持一年才能申请，我的经营就差不多快一年的时候支持不下去了，就关起来了，还没来得及申请补助金。这个规定真的有点问题，如果政府能将这个补助金提前或及时地给我们，可能我们还是有希望的，有可能就帮我们渡过那个难关，因为要让一个经营持续一年我们是要投入很多的。创业时，有向政府联系资源啦，我不是说过嘛，有些东西看起来很美，但要争取到非常难，门槛很高，所以有些时候是很不现实的。(1-XM20150731)

我们没什么补贴，他们年轻人有多一些福利，他们有那个证，可以去工地做工，可以给他优惠，像我们这种就没有（退休长者），还有要支持个人自主（创业）的比如养鸡啦什么七七八八的有补助，但是我们老的就没有要年轻才有。我们都要自己掏钱（创业）。我还有一个小店，当初跟我说，"你先开，我以后帮你办补贴"。等到我手续都办好了，却没了，年龄过了。我就和联络员说要给我们帮助一下，不然什么都要钱，可是她会说这是政策也没有办法。(1-LYJ20150724)

政策都很好，只是没有实施好，就是有不少执行力度不够，平时工作当中会觉得压力很大，说的和做的都不一样，这个样子就很难受。比如说残疾人社区康复这个方面，设施配备得很好，不仅仅我们社区，很多社区也是一样，都配了很好的康复器材。政策本来要求我们每个社区是要有一个康复室的，可是我们没有专业的康复老师，那些器材都不会用，叫我们来教是不太可能的，我们自己都不太会用。这块太浪费钱了，很多成了摆设，没办法真正使用，都放在仓库里。政府给康复器材让社区内的残疾人康复使用，讲起来很好，可是没有专业的培训，真的都没有实际效果。你要么配套一个专业老师给我们或者说几个社区一个也好，实在不行残联也要组织一下培训什么的，可是都没有。而且要求我们康复资料做一大堆，每天要有人来康复，这就很矛盾，又增加我们工作量，没有用，不实际。(2-ZLJ20150724)

在可行能力框架下，残疾人社会福利保障体系转型趋向于发展型社会政策，目标定位在于"减少贫困、社会保护、增强生存能力以及对抗社会排斥"。[①] 残疾人保障制度应该以让发展成果惠及残疾人、提升残疾人

---

① [英]安东尼·哈尼、[美]詹姆斯·梅志里：《发展型社会政策》，罗敏等译，社会科学文献出版社2006年版，第14页。

的社会福祉为出发点，应该能够有助于实现对社会问题的"上游干预"，培育具有中长期战略眼光、良性发展的社会政策设计模式。当然前提是政策能够真正落地实施，如果门槛过于固化，灵活性不足，影响其政策效果。那么当下的很多实施办法出台应该反思，如何能够让残疾人的政策落实是一种"雪中送炭"而非"锦上添花"。在调查中，笔者发现关于残疾人社会保障制度体系的各种政策可以说是很丰富的，但是缺乏从整体上针对残疾人社会保障制度的实施主体、保障对象、保障标准、覆盖范围、合格条件、政府责任、公民义务等方面的权威的、全面的落实办法，导致政策实践中执行软化，难以实现残疾人社会福利规范化和保障制度执行过程中的力度。[①] 政策的基层实施者与残疾人都强烈表达出对于当下政策实施优化的渴望。

二 残疾人福利保障项目的扩展需要

艾斯平—安德森继承了马歇尔关于社会公民权构成了福利国家的核心理念的主张，提出了去商品化概念用于剖析福利国家的福利保障水平。[②] 去商品化内涵是指，个人的福利相对独立于其收入，不受其购买力影响，它体现国家的社会保障程度。[③] 普惠型社会福利制度中，公民福利权利并不那么依附于工作表现，而是依附于所能显示出来的需要。中国在推进适度普惠型社会福利制度建设的进程中，残疾人社会福利保障制度同样有了很大的发展，为残疾人社会权利的维护提供了坚实的保障。但是由于制度设置中是以残疾类型与残疾等级作为核心的保障操作标准，导致了中轻度残疾可以享受到的政策与制度非常有限。对于需要进行等级式的调查与划分在某种程度上抑制了去商品化的效果，强化了市场的作用，这使得中轻度残疾人社会权利受到一定的损害。调查中他们均对于政策等级化有一定的意见。

> 我现在是农村的医保，去岛内看病什么的太贵，有的报销，但没

[①] 张兴杰等:《残疾人社会救助体系优化论析》,《浙江社会科学》2012 年第 12 期。

[②] [丹] 艾斯平—安德森:《福利资本主义的三个世界》, 苗正民、腾玉英译, 商务印书馆 2010 年版, 第 30—33 页。

[③] 彭华民:《西方社会福利理论前沿: 论国家、社会、体制与政策》, 中国社会出版社 2009 年版, 第 101 页。

有全给你报，好像有超过1500元的部分会报一些（60%还是多少），看病这个付不起。在村里拿那种止痛的药是没有办法报销的，那个药副作用也大。联络员和我说我这种级别可以享受的不多，不然好像有什么残疾人护理什么补助之类的。（1-CMC20150723）

没有啦，我是没有啦。像我平时拿药这些，虽然说有一些国家的扶持，主要是医保方面的，但是也是入不敷出，花得户头都没钱。就是生活费上省的一点钱也都看病花光了。平时看病、拿药、住院都要花销，住院的花费都得五千、一万的，拿药也是，只有医保补贴一点。五天要去一趟医院拿一次药，一个月得跑六趟。申请一些补助金什么的，社区的联络员都说没有办法，说是因为我们的等级不符合很多政策的规定，说实话有些等级高的比我们过得好多了。（1-ZWW20150508）

我们没什么补贴，现在一天三餐要吃药，一天要吃二十多片药。我有去找医生看能不能把药减少一点，医生让我住院观察一下，减不了，反而多了4/5片药，住了十天院花了8000多元，报销的只有3000多元，住不起，真的住不起（医院），想到社区申请一点补助也是很难的，联络员会和我说我的等级不能享受一些政策，她也没办法。（1-LYJ20150724）

没有啊，我们现在没有政府补贴，什么都没有啊，像残疾日那种大家都有的补贴才有。不是我在说啊，钟×勤（联络员）在残疾人这方面确实做得不好，不止我一个人说的，因为他是从年轻的时候到现在嘛，他现在带我们钟宅，每一个人都说他带得不好，不是说怎么样，他不能为我们残疾人去争取一些利益，什么都不会。说个实在话，每一个残疾日，别的社区都有200—300元，我们钟宅为什么就只有那100元钱。人家其他有的社区都有260元，怎么讲，人家说换届的时候换什么的，都会一直去为残疾人争取，现在太多政策是我们三四级享受不到了，这种临时性的补助再不帮我争取一点真的说不过去了。（1-ZLC20150610）

第四章 多样与差异：可行能力框架下残疾人的社会福利需要

社会福利干预的目标是要保障分享生产成果惠及那些由于种种原因而无法或只能有限地提供有偿劳务的人（考夫曼，2004：26）。残疾人作为其中一个群体从社会权利理念中应当受到保障，但是由于中国社会保障的特殊发展历程，使得残疾人社会保障体系受限于一个相对过时的社会经济秩序中，致使它在回应新的风险和需要上存在一定的问题。

政策不能完全按级别来"一刀切"，因为有些残疾人级别（残疾等级）虽然不是很高，可是你要是真正去了解他的家庭，他家庭整体条件的确很不好，所以政策上最好能从整体家庭环境来考量。还有因为三四级的残疾人，可能会是由于身体的一点点障碍被定为这样的级别，可是他们身体上经常是一种慢性的病状，身体长期很不好，需要经常上医院或者说吃药什么的。这个方面他们就很少会有支持的。（2 - WJN20150729）

很多中轻度残疾人都是希望残联多给一些补助金之类的。他们很多打零工的，哪边需要就到那做几天，没有什么保险和保障。而且三四级的他们可以享受到的政策的确会少一些，或者说很多是有台阶的，不能完全依靠等级就可以。（2 - WWH20150722）

政策应该更多从小就开始关注，除了预防之外，很重要的就是教育，现在我们会发现这一群体的受教育程度比较低，有很多工作是无法胜任的。针对这个群体要有一些更个性化的教育，比如说聋哑人从小就会教授他们手语，他们就会用这种方式和他人沟通，一到工作单位，就业单位就可以有针对性地用手语的方式传授技能给他们，他们就能好好工作了。

可是现在不管是家长的教育思路还是我们当下这类教育学校不足都会导致这个群体的受教育机会受限。家长会认为自己的小孩子是比较特殊，到正常小学读书会受到其他孩子的欺负，比如说我们这就有一个小孩子他是有点智力上的障碍，他小学就是在正常的学校中就读。和正常小孩子一起上课，经常回来身上都是有点小伤，虽然他不会很清楚地表达，但是妈妈就会觉得自己的小孩子受到排挤。语言上的更是看不到，所以妈妈会有点心寒。可是将小孩子放到特殊教育学校，她又会觉得其他小孩子比他的小孩子的状况更差，更奇奇怪怪，他的小孩子在这样的环境中没有任何受益。现在的特殊教育学校很多还是没有针对性地详细分类，都是放在一起，家长就不放心，觉得这样还不如在家中自己教育。现在的特殊教育还是不能很好满足残疾人的需要。大杂烩的教育是不行，现行还是相对粗线条的分类，一群人放在一起效果很不好。这样家长不认可，孩子的成长也是很受限的。这种普及型的教育就无法很好发现每个小孩子的优势或特点。很多小孩子的特性无法得到充分的关注。他们受教育也好，向上的心是强烈的，可是当下的体系设置也好，制度设计也好，都没法很好地回应，让他们没有合适的地方去接受成长的机会。（2 - GWF20150723）

在逐步构建适度普惠型残疾人社会福利制度过程中，全面关注残疾人的各种福利需要成为方向。在调查中，我们发现，由于受传统补缺型社会福利制度思维的影响，残疾人福利保障更多偏向了重度残疾人，致使残疾人社会福利保障存在群体内部的不平衡，中轻度残疾人的福利需要回应中存在一定的制度真空。在国家经济允许的范围内适度地扩展残疾人福利项目，推动残疾人内部的福利普惠共享，促进残疾人基本公共服务均等化，保证残疾人社会福利的包容性与公平性，成为新的历史时期回应残疾人需要的必要之义。

三 小结

在中国进入"民生建设"的历史新时期，建设与中国经济水平相适应的适度普惠型社会福利制度成为应有之义。中国适度普惠型社会福利制度的内涵要义为"适度福利、弱者优先、基本保障、全民共享"（刘敏，2014）。残疾人的需要调查中所呈现的是他们对于当下政策设置实施办法固化与制度真空的抱怨，他们所渴望的福利制度不是"锦上添花"而是"雪中送炭"，福利保障制度在助力他们可行能力发挥上还存在很多的缺陷。所以在残疾人社会福利提供中应该坚守"保基本、广覆盖、有弹性、可持续"的原则，根据当下的经济社会发展水平，思考如何优化和如何适度扩展残疾人福利保障，适时地做出调整，以有效地回应残疾人在社会福利上的需要。

本章小结

本章主要分析了残疾人福利需要访谈调查的结果,呈现残疾人社会福利需要的特性。依据访谈材料的归纳与整理,主要从五个维度来呈现在可行能力框架考量下残疾人社会福利需要所体现出来的特性表现。

(1) 政治参与需要特性。在可行能力框架下,政治参与指的是一种自由,包括人们在民主政体下所拥有的最广义的政治权益(entitlement),如政治对话、保持异见和批评当局的机会,以及投票权和参与选举的权利。研究依据资料提取了利益诉求和选举两个维度来呈现。从选举上看,残疾人对于这样的政治参与表现得很冷漠,认为这种形式可有可无,也许是它真的改变不了太多残疾人的生活。而在利益诉求上,残疾人则有着强烈的欲望,可是他们却无法获得有效的利益表达的指导,呈现一种随机和混乱的迷茫状态。

(2) 社会参与需要特性。从残疾人本身出发,参与意识与实际参与行动呈现了这个群体对于社会参与需要的内在理解。残疾人在社会参与意识中表现出强烈的渴望,但却表述得很是隐约,或许他们理解这个需要被满足有着各种障碍,所以他们在行动上无力推进,只能是选择无奈接受社会参与实际行动的止步不前。当然这些特性的呈现从另一个侧面呼吁社会环境建设要逐步完善,向通用设计转型。

(3) 经济参与需要特性。残疾人经济参与的核心是就业,就业对残疾人具有特殊、重要的意义。残疾人经济参与需要主要呈现在就业环境改善和就业能力提升两个维度。他们的经历让他们强烈地需要一个公平包容的就业环境;而在就业能力提升上,他们渴望政府和社会给他们一个针对性强的个性化的培训平台和机会。

(4) 心理建设需要特性。残疾除了对个体的身体健康产生影响,同时也对个体的独立性、社会关系、心理状况产生干扰,残疾人在许多方面面临着心理问题的高风险,与普通人群相比较,有较高的心理问题检出率。残疾人在心理建设方面,调查资料主要从心理健康调节需要和援助体系两个角度呈现残疾人在心理健康方面的需要特性。残疾人在心理调节方面的需要表现较为内敛,话语的表述可以发现他们有很强的调节需要,但并没有很强烈地向社会表达。当然这与第二个维度残疾人心理援助体系的建设有着很大关系。援助体系建设滞后是残疾人心理建设需要的另一种表现。

（5）福利保障需要特性。可行能力框架下，无论一个经济体系运行得多么好，总会有一些人由于各种原因产生了对他们生活不利的变化，而处于受损害的边缘。对于残疾人更是如此。当前残疾人的福利保障不断完善，可是很多的政策享受是基于残疾等级进行规划的，轻度残疾人在福利保障的惠及性上存在差距，可以享受的福利政策不足，再加上政策在执行中的种种限制使得福利可及性也存在障碍。通过调查资料的整理，本章主要从残疾人福利政策惠及面与可及性两个角度来考察他们福利保障平等共享的需要。当前在残疾政策的可及性上，残疾人渴望消除获得性门槛，能够较为顺利支持残疾人生活；而在惠及面上，残疾人希望福利政策可以适度扩展，弥补一些福利真空。

第五章

应然与实然：可行能力下 残疾人福利供给研究

在第四章，笔者以可行能力为框架呈现了残疾人在政治参与、社会参与、经济参与、心理健康和福利保障方面的需要特性，这些特性让我们对于当前残疾人社会福利的需要有了更为全面和真实的掌握与了解。在此基础上，本章将以访谈资料与相关的政策文件为基础对残疾人福利供给的理念、体系与内容进行分析，以此呈现当下残疾人福利供给的理想建构与现实样态，从中发现当前残疾人社会福利制度的落实状态与残疾人福利需要满足的供需实况。

第一节 可行能力框架下残疾人社会 福利供给的应然设计

供给是社会福利回应目标群体需要的方式，供给是基于需要的认定进行不同的制度顶层设计，进而产生不同的政策与回应路径设计。残疾人作为特殊的弱势群体，其福利需要满足更多偏向于依赖国家社会福利制度设置。本部分笔者将基于对从中央到省到市一级各种残疾人社会福利制度及其配套机制政策文本进行解读，以期呈现中国残疾人福利供给的应然状态，解释形式平等的样态。在此基础上对残疾人当下各种政策设置的特点进行归纳与提炼。

一 可行能力框架下残疾人福利供给制度设置
（一）残疾人政治参与的政策引导
《残疾人权利公约》强调："缔约国应当保证残疾人享有政治权利，有机会在与其他人平等的基础上享受这些权利；提倡政府应该有效和充分地创造参与条件引导残疾人参与政治和公共生活，鼓励残疾人参与公共事务。"① 中国政府遵循公约促进、保护和确保所有残疾人充分和平等地享有一切人权和基本自由的宗旨，在各种制度与政策设计中切实强调与保证残疾人享有政治权利，以确保残疾人能够在与其他人平等的基础上，有效和充分地参与政治和公共生活，同时明确提出各级单位应该积极创造环境，增强残疾人参与处理公共事务的机会。表5-1是近年来国家各级政府出台的残疾人政策中关于引导残疾人政治参与的要点整理。

表5-1　　　　　　　　残疾人政治参与的政策引导要点

发布时间	文件名称	政策要点	政策关键词
2008年3月	《中共中央　国务院关于促进残疾人事业发展的意见》	制定、修订各项相关法律法规和政策规定，要充分保障残疾人的平等权益，尊重残疾人对相关立法和残疾人事务的知情权、参与权、表达权、监督权。提高残疾人依法维权的意识和能力。做好残疾人法律服务、法律援助等工作。充分发挥残疾人组织和残疾人代表在国家经济、政治、文化、社会生活中的民主参与、民主管理和民主监督作用，拓宽残疾人民主参与渠道。	保障平等权益 提高维权能力 发挥组织作用
2008年4月	《中华人民共和国残疾人保障法》	国家采取措施，保障残疾人依法管理国家事务、经济和文化事业、社会事务；制定规章和公共政策，对涉及残疾人权益和残疾人事业的重大问题，应当听取残疾人和残疾人组织的意见；残疾人和相关组织有权向各级国家机关提出残疾人权益保障、残疾人事业发展方面的意见和建议。	保障依法参与 听取多方意见 流畅表达机制
2010年3月	《关于加快推进残疾人社会保障体系和服务体系建设的指导意见》	健全残疾人法律服务体系，维护残疾人合法权益。进一步完善残疾人信访工作机制，畅通信访渠道，健全残疾人维权体系。	健全服务体系 维护合法权益
2011年5月	《中国残疾人事业"十二五"发展纲要》	完善残疾人维权工作机制，畅通残疾人联系渠道，深入开展残疾人法律救助工作，着力解决残疾人普遍性、群体性的利益诉求。	完善工作机制 解决利益诉求

① 详见《残疾人权利公约》第29条。

第五章　应然与实然：可行能力下残疾人福利供给研究　159

续表

发布时间	文件名称	政策要点	政策关键词
2012年8月	《无障碍环境建设条例》	组织选举部门为残疾人参加选举提供便利，针对残疾人特点设计相应的选票，确保政治参与的进行。	提供选举便利 确保政治参与
2011年8月	《福建省残疾人事业"十二五"发展纲要》	完善残疾人维权工作机制，实施残疾人法律救助工作。进一步加大保障残疾人权益的法律法规实施力度，积极配合各级人大常委会、政协开展执法检查、视察和调研。进一步完善残疾人信访工作机制，畅通信访渠道，健全信访事项督查督办与突发群体性事件应急处置机制。	完善维权机制 畅通表达渠道 健全处理机制
2011年12月	《福建省实施〈中华人民共和国残疾人保障法〉办法》	鼓励和支持残疾人参与国家政治生活，保障残疾人的选举权和被选举权。县级以上地方人民代表大会的代表选举，应当有残疾人候选人。省、设区的市、县（市、区）应当积极培养、选拔、任用残疾人干部。	鼓励参与 保障权利 确保候选人
2008年11月	《中共厦门市委 厦门市人民政府关于贯彻落实〈中共中央 国务院关于促进残疾人事业发展的意见〉的实施意见》	充分保障残疾人的平等权益，尊重残疾人对残疾人事务的知情权、参与权、表达权、监督权；提高残疾人依法维权的意识和能力，维护残疾人合法权益。	尊重权益 提高能力
2011年10月	《厦门市"十二五"残疾人事业专项规划》	残疾人合法权益得到较好保障，"平等、参与、共享"进一步实现。落实残疾人法律援助工作，为残疾人提供个性化、专业化的法律服务。加大残疾人信访案件协调督办力度，维护残疾人权益和社会稳定。	提供个性化服务 保障合法权益

（二）残疾人社会参与的政策导向

《残疾人权利公约》强调：缔约国确认所有残疾人享有在社区中生活的平等权利以及与其他人同等的选择，并应当采取有效和适当的措施，以便利残疾人充分享有这项权利以及充分融入和参与社区。同时确保残疾人尽可能独立地享有个人行动能力。公约的权利框架为中国促进残疾人全面参与社会的政策出台与制度设置提供了一个全然不同的参与观点。中国残疾人政策从参与主体意识与权利的尊重和外在无障碍环境建设两个维度进行导向（见表5-2），促进残疾人更好地参与社会。

表 5-2　　　　　　　　　　残疾人社会参与的政策导向要点

发布时间	文件名称	政策要点	关键词
2008 年 3 月	《中共中央 国务院关于促进残疾人事业发展的意见》	增强全社会扶残助残意识，消除对残疾人的歧视和偏见；激励广大残疾人自尊、自信、自强、自立，融入社会，参与发展，共享发展成果。 依托社区开展为重度残疾人、智力残疾人、精神残疾人、老年残疾人等提供生活照料、康复养护、技能培养、文体活动等公益性、综合性服务项目，鼓励各类组织、企业和个人建设残疾人服务设施，发展残疾人服务业。健全残疾人服务体系。针对残疾人特殊性、多样性、类别化的服务需求，建立健全以专业机构为骨干、社区为基础、家庭邻里为依托，以生活照料、医疗卫生、康复、社会保障、教育、就业、文化体育、维权为主要内容的残疾人服务体系。 制定、完善并严格执行有关无障碍建设的法律法规、设计规范和行业标准。	健全社会助残意识 综合发展服务项目 健全残疾服务体系 无障碍环境建设
2008 年 4 月	《中华人民共和国残疾人保障法》	建立和完善残疾人康复服务体系，并分阶段实施重点康复项目，帮助残疾人恢复或者补偿功能，增强其参与社会生活的能力。 各级人民政府和有关部门鼓励、帮助残疾人参加各种文化、体育、娱乐活动，积极创造条件，丰富残疾人精神文化生活。这些活动应当面向基层，融于社会公共文化生活，适应各类残疾人的不同特点和需要，使残疾人广泛参与。 国家和社会应当采取措施，逐步完善无障碍设施，推进信息交流无障碍，为残疾人平等参与社会生活创造无障碍环境。国家采取措施，为残疾人信息交流无障碍创造条件。	增强社会参与能力 推进残疾人参与 创造无障碍环境
2010 年 3 月	《关于加快推进残疾人社会保障体系和服务体系建设的指导意见》	加快推进无障碍建设，方便残疾人生活。加强无障碍设施建设和管理，提高无障碍设施建设质量。住房城乡建设部门修订完善无障碍相关标准、规范，加快推进城市道路、公共建筑、居住建筑、居住区、公园绿地无障碍设施建设和改造。公共交通逐步完善无障碍设备。 鼓励残疾人广泛参与基层文化体育活动，特殊教育学校、残疾人专门协会、社区残疾人组织要积极开展残疾人群众性文化体育活动，文化信息资源共享、流动舞台车、全民健身等政府重点文化体育工程要有为残疾人服务的内容。	推进无障碍建设 鼓励各种组织发展 丰富残疾人社会生活

续表

发布时间	文件名称	政策要点	关键词
2011年5月	《中国残疾人事业"十二五"发展纲要》	构建辅助器具适配体系，完善辅助器具标准，实施《残疾人辅助器具机构建设规范》，发挥国家和区域残疾人辅助器具资源中心的作用，加强各级残疾人辅助器具服务中心（站）建设，推广辅助器具评估适配等科学方法，推进辅助器具服务进社区、到家庭。制定实施无障碍建设条例，依法开展无障碍建设。实施无障碍环境建设工程。将无障碍建设纳入社会主义新农村和城镇化建设内容，与公共服务设施同时规划、同时设计、同时施工、同时验收。	构建辅助器具适配体系 开展无障碍建设
2012年8月	《无障碍环境建设条例》	创造无障碍环境，保障残疾人等社会成员平等参与社会生活。国家倡导无障碍环境建设理念，鼓励公民、法人和其他组织为无障碍环境建设提供捐助和志愿服务。城镇新建、改建、扩建道路、公共建筑、公共交通设施、居住建筑、居住区，应当符合无障碍设施工程建设标准。乡、村庄的建设和发展，应当逐步达到无障碍设施工程建设标准。社区公共服务设施应当逐步完善无障碍服务功能，为残疾人等社会成员参与社区生活提供便利。	保障残疾人平等参与 倡导无障碍建设理念 促进残疾人参与社区
2011年8月	《福建省残疾人事业"十二五"发展纲要》	弘扬人道主义精神，为残疾人平等参与社会生活、共享经济社会发展成果创造更加有利的环境。实施残疾人家庭无障碍改造工作。加快推进无障碍环境建设，为2万户以上困难残疾人家庭无障碍改造提供补助。制定残疾人辅助器具适配服务管理办法，基本建成辅助器具适配体系。扶持研发、生产一批残疾人急需的辅助器具，组织"辅助器具流动服务车"下乡开展适配服务。推进信息无障碍建设。支持互联网和手机、可视设备等信息无障碍，推动互联网网站无障碍设计。	创造共享有利条件 实施残疾人家庭无障碍改造工作 残疾人辅助器具适配服务管理 信息无障碍建设

续表

发布时间	文件名称	政策要点	关键词
2011年12月	《福建省实施〈中华人民共和国残疾人保障法〉办法》	残疾人专业服务设施的建设纳入城乡公益性建设项目，在立项、规划、建设用地等方面优先安排。地方各级人民政府和有关部门应当有计划地新建、改建、扩建方便残疾人参加的文化、体育、娱乐等公共活动场所。新建、改建、扩建的建设项目应当按照规定进行无障碍设计和建设，并设立无障碍标志。对不方便残疾人进出的公共场所、与残疾人日常生活密切相关的公共服务设施，应当逐步进行无障碍改造。	优先建设残疾人服务设施 扩建方便残疾人公共活动场所 逐步进行无障碍改造
2008年11月	《中共厦门市委 厦门市人民政府关于贯彻落实〈中共中央 国务院关于促进残疾人事业发展的意见〉的实施意见》	积极参与创建全国无障碍城市活动，为我市残疾人群体创造更好的社会环境和条件。进一步完善全市无障碍设施建设，严格执行关于无障碍设施建设的相关法律法规、设计规范和行业标准，新建改建城市道路、公共建筑物，必须建设规范的无障碍设施，加大对已建无障碍设施的维护和管理力度。公共机构要努力提供语音、文字提示、盲文、手语等无障碍服务，影视作品和节目要加配字幕，网络、电子信息和通信产品要方便残疾人使用。培育专门面向残疾人服务的社会组织，通过民办公助、政府补贴、政府购买服务等多种方式，鼓励各类组织、企业和个人建设残疾人服务设施，发展残疾人服务业。残疾人综合服务设施及康复、医疗卫生、教育、就业服务、托养、文化体育等服务设施建设纳入城乡公益性建设项目，给予重点扶持。	推进无障碍建设改造 推进信息交流无障碍 培育专门面向残疾人服务的社会组织
2011年10月	《厦门市"十二五"残疾人事业专项规划》	实施"残疾人文化进社区"项目，建立基层残疾人文化阵地。市、区公共图书馆设立盲人阅览室，配置盲文图书和盲人有声阅读设备，做好盲人阅读服务。依托"福乐家园"等残疾人服务机构，建立50个"福乐书屋"。提升无障碍环境水平，逐步实现残疾人出行无障碍、信息交流无障碍、参与社会生活无障碍。帮助有需求的困难残疾人家庭实施无障碍改造。	建立基层残疾人文化阵地 提升无障碍环境水平 实施无障碍改造

续表

发布时间	文件名称	政策要点	关键词
2008年3月	《中共中央 国务院关于促进残疾人事业发展的意见》	增强全社会扶残助残意识，消除对残疾人的歧视和偏见；激励广大残疾人自尊、自信、自强、自立，融入社会，参与发展。 依托社区开展为各类残疾人提供生活照料、康复养护、文体活动等综合性服务项目，发展残疾人服务业。 针对残疾人服务需求，建立以专业机构为骨干、社区为基础、家庭邻里为依托，以生活照料、康复、文化体育为主要内容的残疾人服务体系。 严格执行有关无障碍建设的法律法规、设计规范和行业标准。	健全社会助残意识 综合发展服务项目 健全残疾服务体系 无障碍环境建设
2008年4月	《中华人民共和国残疾人保障法》	建立和完善残疾人康复服务体系，帮助残疾人恢复或补偿功能，增强其参与社会生活的能力。 鼓励、帮助残疾人参加各种文化、体育、娱乐活动，积极创造条件，丰富残疾人精神文化生活适应各类残疾人的不同特点和需要，使残疾人广泛参与。 采取措施，逐步完善无障碍设施，推进信息交流无障碍，为残疾人平等参与社会生活创造无障碍环境。	增强社会参与能力 推进残疾人参与 创造无障碍环境
2010年3月	《关于加快推进残疾人社会保障体系和服务体系建设的指导意见》	加快推进无障碍建设，方便残疾人生活。 加强无障碍设施建设和管理，提高无障碍设施建设质量。 鼓励残疾人广泛参与基层文化体育活动，各类组织要积极开展残疾人群众性文化体育活动。	推进无障碍建设 鼓励各种组织发展 丰富残疾人社会生活
2011年5月	《中国残疾人事业"十二五"发展纲要》	实施《残疾人辅助器具机构建设规范》，发挥国家和区域残疾人辅助器具资源中心的作用。 制定实施无障碍建设条例，依法开展无障碍建设。实施无障碍环境建设工程。	构建辅器具适配体系 开展无障碍建设
2012年8月	《无障碍环境建设条例》	创造无障碍环境，保障残疾人等社会成员平等参与社会生活。 鼓励公民、法人和其他组织为无障碍环境建设提供捐助和志愿服务。 社区公共服务应完善无障碍服务功能，为残疾人参与社区生活提供便利。	保障残疾人平等参与 倡导无障碍建设理念 促进残疾人参与社区
2016年8月	《"十三五"加快残疾人小康进程规划纲要》	保障残疾人基本康复服务需求；加强辅助器具推广和适配服务；丰富残疾人文化体育生活；全面推进无障碍环境建设；建立残疾人基本公共服务标准体系。	加强基本公共服务 丰富文体生活 多维度促进社会参与

续表

发布时间	文件名称	政策要点	关键词
2011年8月	《福建省残疾人事业"十二五"发展纲要》	为残疾人平等参与社会生活、共享经济社会发展成果创造更加有利的环境。 实施残疾人家庭无障碍改造工作。加快推进无障碍环境建设，为困难残疾人家庭无障碍改造提供补助。 制定残疾人辅助器具适配服务管理办法，基本建成辅助器具适配体系。 推进信息无障碍建设。支持互联网和手机、可视设备等信息无障碍，推动互联网网站无障碍设计。	创造共享有利条件 实施残疾人家庭无障碍改造工作 残疾人辅助器具适配服务管理 信息无障碍建设
2011年12月	《福建省实施〈中华人民共和国残疾人保障法〉办法》	残疾人专业服务设施的建设纳入城乡公益性建设项目。 有计划地新建、改建、扩建方便残疾人参加的文化、体育、娱乐公共活动场所。 不方便残疾人进出的公共场所、与残疾人日常生活密切相关的公共服务设施，应当逐步进行无障碍改造。	优先建设残疾人服务设施 扩建方便残疾人公共活动场所 逐步进行无障碍改造
2008年11月	《中共厦门市委 厦门市人民政府关于贯彻落实〈中共中央 国务院关于促进残疾人事业发展的意见〉的实施意见》	积极参与创建全国无障碍城市活动，为残疾人群体创造更好的社会环境和条件。完善全市无障碍设施建设，严格执行关于无障碍设施建设的相关法律法规、设计规范和行业标准。 培育专门面向残疾人服务的社会组织，通过民办公助、政府补贴、政府购买服务等多种方式，发展残疾人服务业。	推进无障碍建设改造 推进信息交流无障碍 培育专门面向残疾人服务的社会组织
2011年10月	《厦门市"十二五"残疾人事业专项规划》	实施"残疾人文化进社区"项目，建立基层残疾人文化阵地。依托"福乐家园"等残疾人服务机构，建立"福乐书屋"。 提升无障碍环境水平，逐步实现残疾人出行无障碍、信息交流无障碍、参与社会生活无障碍。帮助有需求的困难残疾人家庭实施无障碍改造。	建立基层残疾人文化阵地 提升无障碍环境水平 实施无障碍改造

（三）残疾人经济参与的政策保障

经济参与是残疾人实现自我独立与自我价值的重要途径，是保障残疾人民生的重要维度，同时也是增进残疾人可行能力的重要方向。残疾人通常会在市场和资本主义的关系中处于不利的情况,他们在很大程度上在就业、平等的社会参与、受尊重和财富等方面受到排斥。[1] 在《中华人民共和国残疾人保障法》和《残疾人就业条例》中均对残疾人不同的就业模式做了明确规定,主要有三种:按比例分散就业、集中就业和个体自主就业。[2] 针对不同的就业模式国家均制定了不同的就业促进政策,包含了残疾人就业保护政策、残疾人就业援助政策、残疾人就业服务配套政策等三个层面。[3]《中国残疾人事业"十二五"发展纲要》明确提出就业促进体系建设任务:"完善残疾人就业促进和保护政策措施,稳定和扩大残疾人就业,提高残疾人就业质量,鼓励残疾人创业;规范残疾人就业服务体系,有就业需求的各类残疾人普遍获得就业服务和职业技能培训。"就业政策和服务体系逐步成为残疾人社会福利的重要支撑部分,主要涉及两个角度的内容:就业机会协助与就业能力提升。表5-3呈现了各级政府对于残疾人经济参与在政策上的保障措施。

表5-3　　　　　　残疾人经济参与的政策保障要点

发布时间	文件名称	政策要点	关键词
2007年2月	《残疾人就业条例》	国家对残疾人就业实行集中就业与分散就业相结合的方针,促进残疾人就业。 鼓励社会组织和个人通过多种渠道、多种形式,帮助、支持残疾人就业,鼓励残疾人通过应聘等多种形式就业。禁止在就业中歧视残疾人。 用人单位应当按照一定比例安排残疾人就业,并为其提供适当的工种、岗位。 国家对集中使用残疾人的用人单位依法给予税收优惠,并在生产、经营、技术、资金、物资、场地使用等方面给予扶持。	鼓励残疾人多形式就业 给予税收优惠扶持 鼓励自主就业创业 提供各种就业服务

---

[1] Wolff, Jonathan, and Avner De-Shalit, *Disadvantage*, Oxford: Oxford University Press, 2007, p.26.

[2] 按比例就业是指用人单位按照《残疾人保障法》的规定,按一定的比例安排残疾人就业,否则要向政府交纳相应的费用作为政府安置残疾人就业的基金。集中就业是政府通过法律法规的形式确立其就业形式,或直接创办公益性企业、合作社等为残疾人提供工作岗位;或通过转移支付的方式向第三方大规模购买工作岗位提供给残疾人,并赋予第三方公益企业的合法地位,为其生产、经营、管理提供各种资助和支持。个体自主就业是指在单位、政府创办的就业机构以外就业的形式,包括个体经营、个体创业等(廖慧卿,2014:71—73)。

[3] 廖慧卿、罗观翠:《从国家到市场——中国大陆残疾人集中就业政策变迁(1949—2007)》,《学习与实践》2010年第10期。

续表

发布时间	文件名称	政策要点	关键词
2007年2月	《残疾人就业条例》	鼓励扶持残疾人自主择业、自主创业。对残疾人从事个体经营的，应当依法给予税收优惠，有关部门应当在经营场地等方面给予照顾，并按照规定免收管理类、登记类和证照类的行政事业性收费。 中国残疾人联合会及其地方组织所属的残疾人就业服务机构应当免费为残疾人就业提供服务：发布残疾人就业信息；组织开展残疾人职业培训；为残疾人提供职业心理咨询、职业适应评估、职业康复训练、求职定向指导、职业介绍等服务；为残疾人自主择业提供必要的帮助；为用人单位安排残疾人就业提供必要的支持。	
2008年3月	《中共中央国务院关于促进残疾人事业发展的意见》	认真贯彻促进残疾人就业的法律法规和政策措施，保障残疾人平等就业的机会和权利。 依法推进按比例安排残疾人就业，鼓励和扶持兴办福利企业、盲人按摩机构、工（农）疗机构、辅助性工场等残疾人集中就业单位，积极扶持残疾人自主择业、自主创业。多形式开发适合残疾人就业的公益性岗位。 完善资金扶持、税费减免、贷款贴息、社会保险补贴、岗位补贴、专产专营等残疾人就业保护政策措施。同等条件下，政府优先采购残疾人集中就业单位的产品和服务。将难以实现就业的残疾人列入就业困难人员范围，提供就业援助。 加强残疾人职业培训和就业服务，增强残疾人就业和创业能力。切实将国家关于农村扶贫开发政策措施和支农惠农政策落实到农村贫困残疾人家庭，制定和完善针对残疾人特点的扶贫政策措施。扶持农村残疾人从事种养业、手工业和多种经营，有序组织农村残疾人转移就业。	保障就业机会权利 按比例安排就业 多角度扶持就业 加强就业培训服务
2008年4月	《中华人民共和国残疾人保障法》	各级人民政府应当对残疾人劳动就业统筹规划，为残疾人创造劳动就业条件。 残疾人劳动就业，实行集中与分散相结合的方针，采取优惠政策和扶持保护措施，通过多渠道、多层次、多种形式，使残疾人劳动就业逐步普及、稳定、合理。 国家机关、社会团体、企业事业单位、民办非企业单位应当按照规定的比例安排残疾人就业，并为其选择适当的工种和岗位。达不到规定比例的，按照国家有关规定履行保障残疾人就业义务。	保障劳动的权利 推进残疾人就业 按比例安排就业 鼓励自主创业 提供就业创业服务

续表

发布时间	文件名称	政策要点	关键词
2008年4月	《中华人民共和国残疾人保障法》	鼓励和扶持残疾人自主择业、自主创业。组织和扶持农村残疾人从事种植业、养殖业、手工业和其他形式的生产劳动。国家对从事个体经营的残疾人，免除行政事业性收费。 政府有关部门设立的公共就业服务机构，应当为残疾人免费提供就业服务。	
2010年3月	《关于加快推进残疾人社会保障体系和服务体系建设的指导意见》	贯彻《残疾人就业条例》，落实残疾人按比例就业、安置残疾人单位税收优惠、残疾人个体就业扶持、政府优先采购集中使用残疾人的用人单位的产品或服务等残疾人就业促进和保护政策，完善残疾人就业保障金征收使用管理等政策。 政府开发的公益性岗位要按规定安置符合条件的残疾人；用人单位招用残疾人职工，应当依法与其签订劳动合同或服务协议，提供适合其身体状况的劳动条件和劳动保护，在晋职、晋级、评定职称、报酬、社会保险、生活福利等方面不得歧视残疾人。妥善解决残疾人劳动争议，依法维护残疾人劳动就业权利，切实保障残疾人享有平等就业机会。 加强残疾人职业技能鉴定工作。开展统一服务对象、统一业务流程、统一机构标识、统一人员标准和统一服务准则的残疾人就业服务机构规范化建设。公共就业服务机构设立残疾人服务窗口和服务项目，免费为残疾人提供就业服务和就业援助。人力资源市场信息网络将残疾人就业信息纳入其中，实现资源共享。	落实就业条例 保障平等就业机会 加强服务机构建设 实现就业资源共享
2011年5月	《中国残疾人事业"十二五"发展纲要》	完善残疾人就业促进和保护政策措施，稳定和扩大残疾人就业，提高残疾人就业质量，鼓励残疾人创业。规范残疾人就业服务体系，有就业需求的各类残疾人普遍获得就业服务和职业技能培训。 落实对残疾人集中就业单位税收优惠和对从事个体经营的残疾人实施收费减免、税收扶持有关政策，完善残疾人就业保障金征收使用管理政策。 加强残疾人职业教育培训和职业能力建设。以就业为导向，鼓励各级各类特殊教育学校、职业学校及其他教育培训机构开展多层次残疾人职业教育培训，着力加强订单式培训、定向培训和定岗培训，强化实际操作技能训练和职业素质培养，着力提高培训后的就业率。建立残疾人职业培训补贴与培训质量、一次性就业率相衔接的机制。	完善就业促进与保护政策 规范就业服务体系 加强职业教育培训和职业能力建设 实施就业服务能力建设工程

续表

发布时间	文件名称	政策要点	关键词
2011年5月	《中国残疾人事业"十二五"发展纲要》	各地公共就业服务机构和基层劳动就业社会保障公共服务平台免费为残疾人提供有针对性的职业介绍、职业指导等就业服务。将就业困难残疾人纳入就业援助范围，通过即时岗位援助、公益性岗位安置、社会保险补贴等政策，加大就业援助力度。 实施残疾人就业服务能力建设工程。加强国家残疾人就业服务指导中心建设，制定残疾人职业技能鉴定辅助标准，完善残疾人职业技能鉴定办法。加强残疾人就业服务信息网建设，将其纳入公共就业人才服务信息网络系统。	
2015年1月	《国务院关于加快推进残疾人小康进程的意见》	依法推进按比例就业和稳定发展集中就业。完善残疾人集中就业单位资格认定管理办法，搭建残疾人集中就业单位产品和服务展销平台，政府优先采购残疾人集中就业单位的产品和服务，培育扶持吸纳残疾人集中就业的文化创意产业基地。通过税收优惠、社会保险补贴、岗前培训补贴，鼓励用人单位吸纳更多残疾人就业。 大力支持残疾人多种形式就业增收。建立残疾人创业孵化机制，残疾人创办的小微企业和社会组织优先享受国家扶持政策，对其优惠提供孵化服务。对符合条件的灵活就业残疾人，按规定给予税费减免和社会保险补贴，有条件的地方可以帮助安排经营场所、提供启动资金支持。 加大对农村残疾人扶贫的支持力度，落实好扶贫贷款贴息政策，支持农村残疾人扶贫基地发展和扶贫对象家庭参与养殖、种植、设施农业等增收项目。组织农村贫困残疾人家庭参与合作经济组织和产业化经营，保障残疾人土地承包经营权和土地流转合法收益。 切实加强残疾人就业服务和劳动保障监察。加强全国残疾人就业服务信息网络建设，各级残疾人就业服务机构和公共就业服务机构要免费向残疾人提供职业指导、职业介绍等就业服务，对符合就业困难人员条件的残疾人提供就业援助。残疾人就业保障金对残疾人自主参加的职业培训可以按规定予以补贴。加强劳动保障监察，严肃查处强迫残疾人劳动、不依法与残疾劳动者签订劳动合同、不缴纳社会保险费等违法行为，依法纠正用人单位招用人员时歧视残疾人行为，切实维护残疾人劳动保障权益。	依法推进残疾人按比例和集中就业 支持残疾人多种形式就业增收 加大农村残疾人扶贫力度 加强残疾人就业服务和劳动保障监察

续表

发布时间	文件名称	政策要点	关键词
2010年10月	《福建省实施〈残疾人就业条例〉办法》	县级以上人民政府应当将残疾人就业纳入国民经济和社会发展规划，制定优惠政策和扶持措施，多渠道筹集资金，为残疾人创造劳动就业条件。 用人单位应当按照不低于本单位在职职工总数1.6%的比例安排残疾人就业。 用人单位招用残疾人职工，应依法与其签订劳动合同或者服务协议，提供适合其身体状况的劳动条件和劳动保护，在劳动用工、晋级晋职、岗位培训、职称评定、劳动报酬、社会保险、福利待遇方面，应确保残疾人与本单位其他职工享有同等权利。 对自主择业、自主创业的残疾人，县级以上人民政府及其有关部门给予下列扶持：享受创业培训、小额信贷政策；对从事个体经营的，依法免收登记类和证照类的行政事业性收费，并给予适当的启动资金补助；对参加基本养老保险、基本医疗保险的，应当给予缴费补贴；国家规定的其他扶持政策。 县以上残疾人联合会所属的残疾人就业服务机构应当免费为残疾人就业提供下列服务：发布残疾人就业信息；组织开展残疾人职业培训；为残疾人提供职业心理咨询、职业适应评估、职业康复训练、求职定向指导、职业介绍等服务；为残疾人自主择业提供必要的帮助；为用人单位安排残疾人就业提供必要的支持。	创造劳动就业条件 按比例安排残疾人就业 确保残疾人享有同等权利 大力支持自主择业与创业 提供各种就业服务
2011年8月	《福建省残疾人事业"十二五"发展纲要》	落实残疾人集中就业单位税收优惠和对从事个体经营的残疾人实施收费减免、税收扶持有关政策。将残疾人集中就业单位专产专营产品与服务列入政府优先采购产品与服务范围。 规范残疾人就业保障金征收使用管理，严格执行征收标准，加大督查力度，做到应收尽收，年度总体达到收支平衡。 建立健全促进残疾人就业的机制。将残疾人就业纳入各级政府就业联动公共服务项目和就业督导工作范围。通过资金扶持、小额贷款贴息、经营场所扶持、社会保险补贴、税收优惠等措施，扶持残疾人自主创业和灵活就业。 加强残疾人职业技能培训。以就业为导向，大力开展残疾人职业技能培训，支持各类特殊教育学校、职业学校及其他教育培训机构开展多层次残疾人职业教育培训。	落实残疾人就业税收优惠政策 规范残疾人就业保障金使用 健全促进残疾人就业机制 加强职业技能培训 推进就业服务能力建设

续表

发布时间	文件名称	政策要点	关键词
2010年10月	《福建省实施〈残疾人就业条例〉办法》	推进残疾人就业服务能力建设。公共就业服务机构和残疾人劳动就业机构免费为残疾人提供就业服务。加强残疾人劳动保障监察，督促用人单位遵守国家促进残疾人就业的法律法规，禁止针对残疾人的就业歧视和违法雇用残疾人，维护残疾人公平就业权利。	
2011年12月	《福建省实施〈中华人民共和国残疾人保障法〉办法》	用人单位招录工作人员不得对残疾人设定歧视性录用条件；对符合录用条件的残疾人，不得以残疾为由拒绝录用。 地方各级人民政府应当举办或者鼓励社会力量兴办福利企业、盲人按摩机构、庇护工场、工（农）疗机构等集中安置残疾人就业的福利性单位，并按照规定给予减免税费。 地方各级人民政府和有关部门采取资金扶持、贷款贴息、经营场所扶持、社会保险补贴、税收优惠等措施，鼓励和扶持残疾人自主创业。 各级残疾人就业服务机构是公共就业服务机构的组成部分，应当为残疾人免费提供就业服务。	确保公平平等就业 按规定减税免费 鼓励和扶持残疾人自主创业 提供就业服务
2008年11月	《中共厦门市委 厦门市人民政府关于贯彻落实〈中共中央 国务院关于促进残疾人事业发展的意见〉的实施意见》	制定残疾人就业的特惠政策，对超比例安排残疾人就业的用人单位，给予一定的政策性补贴，以鼓励用人单位积极安排残疾人就业，保障残疾人平等就业权利，鼓励和扶持兴办福利企业、盲人按摩机构等残疾人集中就业单位。 建设工疗机构，为无生活来源、无劳动能力、无法定抚养人的重度残疾人提供集康复、生活和简易劳动为一体的托养服务。 积极扶持残疾人自主择业、自主创业。多形式开发适合残疾人就业的公益性岗位。 落实残疾人就业保护政策，不断完善资金扶持、税费减免、贷款贴息、社会保险补贴、岗位补贴、专产专营等残疾人就业保护措施。在同等条件下，政府采购优先购买残疾人集中就业单位的产品和服务。加强残疾人职业培训和就业服务，增强残疾人就业和创业能力。带领和帮助农村残疾人在我市农村城市化发展进程中健残携手一体奔小康，从政策、资金、场地等方面大力扶持农村残疾人从事种植业、养殖业、手工业和多种经营，帮助残疾人增加收入。对因年龄大、文化低、身体差等原因难以实现就业、无生活来源的残疾人给予基本的生活保障。	制定就业优惠政策 保障平等就业权利 扶持自主就业择业 落实就业保护政策

续表

发布时间	文件名称	政策要点	关键词
2011年10月	《厦门市"十二五"残疾人事业专项规划》	完善残疾人就业促进和保护政策措施，稳定和扩大残疾人就业，提高残疾人就业质量。建立残疾人就业援助制度，制定扶持残疾人自主创业和创业带动就业政策，落实对残疾人集中就业单位和残疾人个体户的扶助政策，鼓励残疾人通过多种形式就业。 建立街（镇）残疾人职业援助中心，对劳动年龄内有劳动能力未实现就业的残疾人提供技能训练、就业推介和通过组织庇护性简易劳动增加收入。办好各区"福乐家园"。大力推进职业康复劳动项目，帮助轻度智力和精神残疾人实现辅助性就业。 加强残疾人职业技能培训，支持各类学校、培训机构和用人单位开展多层次的残疾人职业教育培训，支持订单、定向、定岗培训和在岗实训，努力提高技能培训的针对性、适用性。满足失业登记残疾人职业技能培训需求。 推进残疾人就业服务能力建设。公共就业服务机构和残疾人劳动就业服务机构免费为残疾人提供就业服务。市、区残疾人就业服务中心规范化建设全部达标。定期举行就业推介会。加强残疾人就业服务信息网建设，将其纳入公共就业人才服务信息网络系统，开通残疾人就业服务热线。加强残疾人劳动保障监察，督促用人单位遵守劳动法律法规，禁止针对残疾人的就业歧视和违法雇用残疾人，维护残疾人公平的就业权利。	完善就业促进和保护政策 建立健全促进残疾人就业的机制 加强职业技能培训 推进就业服务能力建设

（四）残疾人心理建设的政策呈现

相对于其他角度，残疾人心理建设的政策建设则相对滞后和空缺，很多残疾人的社会政策中并没有给予残疾人心理健康方面针对性的规定与引导。2013年5月1日正式实施的《中华人民共和国精神卫生法》可算是当前比较全面规范精神障碍患者治疗、保障精神障碍患者权益和促进精神障碍患者康复的法律文本。但实际这部法律的直接对象是精神障碍患者，只在心理预防方面的规定上一定程度涉及其他类型的残疾人的心理建设服务。其他的相关残疾人社会服务政策中都只是零星地对于这个维度进行说明，并没有很强的可操作性。表5-4简要呈现了当前残疾人社会政策对于残疾人心理建设的引导。

表 5-4　　　　　残疾人心理健康建设政策呈现要点

发布时间	文件名称	政策要点	关键词
2008 年 3 月	《中共中央　国务院关于促进残疾人事业发展的意见》	提高出生人口素质，开展心理健康教育和保健，注重精神残疾预防。	心理教育 精神预防
2010 年 3 月	《关于加快推进残疾人社会保障体系和服务体系建设的指导意见》	改善精神病人福利机构基础设施条件，形成社会化的残疾人康复服务体系，全面开展心理辅导、康复转介、残疾预防、知识普及和咨询等康复服务。	体系建设 服务提供
2011 年 5 月	《中国残疾人事业"十二五"发展纲要》	建立健全社会化的残疾人康复服务网络，全面开展医疗康复、教育康复、职业康复、社会康复，提供功能技能训练、辅助器具适配、心理辅导、康复转介、残疾预防、知识普及和咨询等康复服务。	体系建设 服务提供
2013 年 5 月	《中华人民共和国精神卫生法》	各级人民政府和县级以上人民政府有关部门应当采取措施，加强心理健康促进和精神障碍预防工作，提高公众心理健康水平。国务院卫生行政部门建立精神卫生监测网络，实行严重精神障碍发病报告制度，组织开展精神障碍发生状况、发展趋势等的监测和专题调查工作。 各级人民政府应当根据精神卫生工作需要，加大财政投入力度，保障精神卫生工作所需经费。 综合性医疗机构应当按照国务院卫生行政部门的规定开设精神科门诊或者心理治疗门诊。	网络建设 财政投入 科室开设

（五）残疾人福利保障平等的政策设置

新残疾人观把残疾人看成是能够为社会创造财富的重要一员，是有尊严、有公民权的公民，政府和社会应当创造条件使他们在事实上同健全人一样成为主流社会的一员，共创与共享社会物质、精神文明成果。对于残疾人要实现参与式的平等，他们需要更多的认可，需要物质的帮助、有针对性的资源增强和个人能力建设。① 因此，建构保障残疾人公平地享受各

---

① Wolff, Jonathan, and Avner De-Shalit, *Disadvantage*, Oxford: Oxford University Press, 2007, pp. 27-28.

种福利制度,协助这个群体实现自我解放被放置在一个重要的位置。因为残疾人是特殊的弱势群体,社会福利保障政策的建设更要注重维护残疾人合法权益、满足残疾人特殊需求,着力保障残疾人"平等、参与、共享"。伴随残疾人福利制度理念的转型,政策的引导逐步坚持普惠与特惠相结合。既要通过普惠性制度安排给予残疾人公平待遇,保障他们基本的生存发展需求;又要通过特惠性制度安排给予残疾人特别扶助和优先保障,解决他们的特殊需求和特殊困难。表5-5呈现了现阶段残疾人平等享受福利制度的政策引向。

表5-5 残疾人福利保障平等共享的政策设置要点

发布时间	文件名称	政策要点	关键词
2008年3月	《中共中央国务院关于促进残疾人事业发展的意见》	做好残疾人生活救助工作。按照重点保障和特殊扶助的要求,研究制定针对残疾人特殊困难和需求的社会保障政策措施。保证符合条件的贫困残疾人能够享受城乡居民最低生活保障和有关生活救助待遇。着力解决好重度残疾、一户多残、老残一体等特殊困难家庭的基本生活保障问题。完善残疾人社会保险政策。加强监督检查,确保城镇残疾职工按照规定参加基本养老、失业、工伤和生育保险。发展残疾人社会福利和慈善事业。完善残疾人社会福利政策,逐步扩大残疾人社会福利范围,适当提高残疾人社会福利水平。	健全生活救助体制 完善社会保险政策 发展社会福利政策
2008年4月	《中华人民共和国残疾人保障法》	国家保障残疾人享有各项社会保障的权利。政府和社会采取措施,完善对残疾人的社会保障,保障和改善残疾人的生活。各级人民政府对生活确有困难的残疾人,通过多种渠道给予生活、教育、住房和其他社会救助。地方各级人民政府对无劳动能力、无扶养人或者扶养人不具有扶养能力、无生活来源的残疾人,按照规定予以供养。	保障享有应有权利 推进社会救助 供养特定残疾人
2010年3月	《关于加快推进残疾人社会保障体系和服务体系建设的指导意见》	完善残疾人社会保障体系,将残疾人纳入覆盖城乡居民的社会保障体系并予以重点保障和特殊扶助,研究制定针对残疾人特殊困难和需求的社会保障政策措施,扩大残疾人社会保障覆盖面,提高残疾人社会保障待遇。加强残疾人社会救助;落实残疾人社会保险补贴和各项待遇;着力提高残疾人社会福利水平。	完善保障体系 分类进行 扩大覆盖面

续表

发布时间	文件名称	政策要点	关键词
2011年5月	《中国残疾人事业"十二五"发展纲要》	建立起残疾人社会保障体系和服务体系基本框架，保障水平和服务能力明显提高。 符合条件的残疾人全部纳入城乡最低生活保障制度，实现应保尽保；提高残疾人生活救助水平。 城乡残疾人普遍加入基本养老保险和基本医疗保险。逐步提高基本医疗和康复保障水平。 有条件的地方探索建立贫困残疾人生活补助和重度残疾人护理补贴制度。扩大残疾人社会福利范围，适当提高社会福利水平。	构建辅助器具适配体系 开展无障碍建设
2015年1月	《国务院关于加快推进残疾人小康进程的意见》	加大残疾人社会救助力度。对符合城乡最低生活保障条件的残疾人家庭应保尽保，靠家庭供养的成年重度残疾人单独立户，按规定纳入最低生活保障范围。 建立完善残疾人福利补贴制度。建立困难残疾人生活补贴制度和重度残疾人护理补贴制度。补贴标准要与当地经济社会发展实际和残疾人基本需求相适应，与最低生活保障等制度相衔接。 帮助残疾人普遍参加基本养老保险和基本医疗保险。落实贫困和重度残疾人参加城乡居民基本养老保险、城镇居民医疗保险、新型农村合作医疗个人缴费资助政策，有条件的地方要扩大资助范围、提高资助标准，帮助城乡残疾人普遍按规定加入基本医疗保险和基本养老保险。 优先保障城乡残疾人基本住房。将城镇低收入住房困难残疾人家庭纳入城镇基本住房保障制度。	加大社会救助力度 完善福利补贴制度 协助参加各种保险
2011年8月	《福建省残疾人事业"十二五"发展纲要》	将残疾人纳入覆盖城乡居民的社会保障体系予以重点保障和特殊扶助，制定针对残疾人特殊困难与需求的生活补助、护理补贴、社会保险补贴、生活救助等专项社会保障政策措施。 符合城乡最低生活保障条件的残疾人要应保尽保。 落实重度残疾人参加城乡居民养老保险、医疗保险个人缴费政府补贴政策，逐步实现重度残疾人参加养老保险最低档个人缴费部分由政府全额补贴，其他贫困非重度残疾人由政府补贴50%以上。 完善重度残疾人生活补助制度，对符合条件的重度残疾人实行统一补助标准，适时扩大受助对象范围和补助标准。	实现应保尽保 完善生活补助制度

续表

发布时间	文件名称	政策要点	关键词
2011年12月	《福建省实施〈中华人民共和国残疾人保障法〉办法》	地方各级人民政府应当将符合条件的残疾人全部纳入最低生活保障范围，对享受最低生活保障待遇后生活仍有困难的残疾人和残疾人家庭，采取下列措施保障其基本生活：对一户多残和老残一体等残疾人家庭、重度残疾人给予生活救助；对应纳入保障性住房保障范围的城镇残疾人家庭，按照当地保障性住房分配规定给予优先安排；对住房困难的农村残疾人，优先落实救助措施；其他措施。 用人单位应当按照规定为残疾人职工办理基本养老保险、基本医疗保险、工伤保险、失业保险、生育保险等社会保险。 地方各级人民政府应当建立和完善重度残疾人生活补助制度、生活不能自理的残疾人护理补贴制度。	保障基本生活 监督保险缴纳 完善生活救助制度
2008年11月	《中共厦门市委 厦门市人民政府关于贯彻落实〈中共中央 国务院关于促进残疾人事业发展的意见〉的实施意见》	做好残疾人生活救助工作。保证符合条件的贫困残疾人都能享受最低生活保障和有关生活救助，完善我市低保人员分类施保政策，对低保户中的重度残疾、一户多残、老残一体、智力残疾、精神残疾等特殊困难家庭给予特殊的救助。 完善残疾人社会保险政策。加强监督检查，确保残疾人按照有关规定参加社会保险。鼓励并组织个体就业残疾人参加社会保险，对残疾人个体户参加基本养老保险、基本医疗保险给予补贴。 完善残疾人社会福利政策，逐步扩大残疾人社会福利范围，适当提高残疾人社会福利水平。对无固定收入的重度残疾人、精神残疾人、智力残疾人给予救助。用好残疾人就业保障金、支持残疾人社会福利和慈善事业发展。	做好生活救助工作 完善社会保险政策 扩大社会福利范围
2011年10月	《厦门市"十二五"残疾人事业专项规划》	残疾人"人人享有社会保障"，老有所养、病有所医、困有所助。 制定和完善贫困残疾人生活补助、重度残疾人居家护理补助、康复补助、辅助器具适配补助和家庭无障碍改造补助制度；扩大残疾人社会福利范围，适当提高社会福利水平。 实施"关爱工程""爱心超市""助残超市"等助残慈善项目，推进残疾人慈善事业加快发展。	保障享受福利权利 完善各种补助制度 实施助残慈善项目

除了上述政策条文的宏观规定外，各个地方政府均会以此延伸出台各种落实办法或条例。以厦门为例，近年来出台的各种办法如表5-6所示。

表5-6　　　　　　　　厦门市残疾人工作文件要点整理

发布时间	文件名称	规定内容
2006	《厦门市残疾人就业保障金使用管理办法》	保障金使用范围以及监督与管理
2006	《转发厦门市城镇居民医疗保险暂行办法的通知》	建立多层次的医疗保障体系等
2007	《为贫困白内障患者实施复明手术救助办法的通知》	救助对象的筛选，手术医院的确定，救助范围及经费结算，筹资渠道及经费管理
2008	《厦门市精神疾病患者医疗康复补助试行办法》	救助对象，医疗机构的确定，用药范围和基本检查，就诊及评估，经费及结算方式统计及建档，工作分工，监督与管理
2008	《厦门市残疾个体工商户参加职工基本养老保险和职工基本医疗保险经费补助通知》	补助对象、标准和申请所需材料，申请和审批，资金来源，工作要求，责任追究
2009	《厦门市精神疾病患者医疗康复补助试行办法的补充通知》	用药范围和基本检查
2009	《印发厦门市建立轻度智力和精神残疾人庇护工场实施方案的通知》	实施背景，目标，建设标准，机构性质和岗位、人员，经费来源，运作管理，学员，组织协调，工作安排，工作要求
2009	《关于扶助残疾人经营"爱心海西书报亭"的通知》	扶助对象的条件，优惠补助的办法，书报亭经营范围及推出机制，补助资金的来源和核拨，经营者的管理
2009	《做好重度残疾人生活和医疗救助工作的通知》	生活和医疗救助的条件、具体内容、执行时间，申请审批，资金及发放办法
2010	《厦门市残疾人社区康复治疗服务实施办法》	社区残疾人康复室康复服务的内容，治疗的具体项目，康复对象需符合的要求，服务办理流程，服务经费及服务室管理
2010	《印发厦门市减免残疾人就业保障金实施细则的通知》	减免条件、需报送材料及幅度，申请审批，监督与责任
2010	《印发厦门市城乡居民养老保险暂行办法的通知》	缴费和待遇，经办与管理，与其他社会养老保险的衔接
2010	《厦门市最低生活保障工作实施意见的通知》	低保工作原则，管理机构职责，范围及待遇，确定与调整，家庭收入核实与计算，申请与审批，对象管理等

第五章　应然与实然：可行能力下残疾人福利供给研究　　177

续表

发布时间	文件名称	规定内容
2010	《印发厦门市瘫痪重度残疾人居家护理补助暂行办法的通知》	补助对象，标准和申请所需材料，申请和审批，资金来源，工作要求，责任追究，居家护理内容
2011	《厦门市残疾儿童抢救性康复补助办法》	康复补助对象须具备的条件，分类补助标准以及费用补助申请等
2011	《印发厦门市建立街（镇）残疾人职业援助中心实施方案的通知》	建设残疾人职业援助中心的目的和意义，工作目标，服务内容建设标准，机构性质，服务对象及条例和人员配备等
2011	《调整城乡居民基本医疗保险筹资标准的通知》	统一城乡居民基本医疗保险筹资标准，经费来源
2011	《提高城乡居民基本医疗保险待遇的通知》	扩大享受门诊使用国家基本药物优惠政策的参保人群等
2011	《实施重度残疾人提前享受城乡居民养老保险待遇的通知》	将重度残疾人享受城乡居民养老保险待遇年龄提前至55岁等
2011	《扩大重度残疾居家护理补助范围的通知》	扩大补助对象的范围、补助标准和时间
2011	《关于进一步加强和规范基层残疾人组织建设的实施意见》	无相关明确规定
2011	《进一步加强残疾人联络员队伍建设的意见》	加强和规范基层残疾人组织建设的总体要求等
2012	《厦门市残疾人和低保户残疾人子女就学补助办法》	补助对象，补助范围，项目和标准，补助办法，申请，审批和助学贷款的发放，资金来源，责任追究等
2012	《对超比例安排残疾人就业实行工资性补贴的通知》	补贴对象、标准、办法，用人单位需提供材料，审批程序，资金来源，监督与管理
2012	《厦门市关于支持残疾人自主创业的通知》	自主创业补贴，残疾人创业带动就业奖励，适用原则，申请和审批，资金来源，工作职责，责任追究
2012	《对我市农村残疾人购置农业机械实行补助的通知》	补助对象、标准和申请所需材料，申请和审批，资金来源，工作要求
2012	《关于完善城乡一体化基本医疗保险制度建设的意见》	规定调整基本医疗保险筹资标准，医疗待遇，个人医疗账户支付功能，最高支付限额等
2012	《印发厦门市轻度困难残疾人生活补助办法的通知》	补助对象、标准、对象管理、申请与审批、资金发放与管理、监督与责任

续表

发布时间	文件名称	规定内容
2013	《调整精神病患者医疗康复补助经费额度等有关问题的通知》	用药范围等
2013	《厦门市在岗残疾职工申报核定实施细则》	核定条件、程序及在岗残疾职工需提供的材料,责任追究
2013	《对重度残疾人托养实施补助的通知》	重度托养目标任务、服务对象的条件和审批、重度托养服务机构条件及审批等
2013	《残疾人凭证免费乘坐市内公共交通工具的通知》	免费乘坐实施时间、范围等
2013	《扩大重度残疾人居家护理补助范围的补充通知》	规定60岁视力一级残疾人申请居家护理的相关行为
2013	《我市农村残疾人购置农业机械实行补助的通知》	补助对象、标准和申请所需材料、申请和审批、资金来源、工作要求
2014	《扶持残疾人从事农村种养业的通知》	扶持对象条件、标准,规范管理,申请和审批,资金来源,工作措施,责任追究
2014	《做好2014年补助农村残疾人购置农业机械有关工作的通知》	申请、审批程序和时间安排,补助申请所需材料,资金来源,工作要求
2014	《关于进一步加强街（镇）残疾人职业援助中心管理有关问题的通知》	规定建设标准和服务人数配备,法定就业年龄,援助中心工作人员选聘工作等
2014	《对我市残疾人全日制普通高校毕业生进行就业援助的通知》	援助对象和条件、办法、对象,职业培训,申请所需材料,资金来源,责任追究

二 可行能力框架下残疾人福利供给制度设置的特点

受社会观念、意识形态、政治经济等因素的影响，各个国家回应残疾人福利需要的服务与政策均呈现自己的方式与特点。中国政府在回应残疾人福利需要、为残疾人提供福利的政策安排上同样呈现自己的发展逻辑与设置特点。基于上一小节的残疾人政策文本的梳理，我们可以发现，中国残疾人社会福利供给政策在理念取向、目标导向、理论基础、项目内容、责任主体等维度呈现自己的演进逻辑，以自己的方式表达了残疾人福利提供的应然状态。

（一）政策理念取向：公平优先，尊重人权

社会政策的本质是保证社会公平，维护公民个体的合法权益。中国残疾人社会政策也不例外，福利提供的制度设置坚持以尊重人权、社会公平作为其首要的价值理念。各项的制度设定遵照《残疾人权利公约》的核心精神，坚持尊重人权、机会均等、不歧视、尊重差异、促进融入等原则进行设置。"残疾人在政治、经济、文化、社会和家庭生活等方面享有同其他公民平等的权利；残疾人的公民权利和人格尊严受法律保护；禁止基于残疾的歧视。"成为残疾人福利供给政策与制度设置的指导性理念。在这样的理念引导下，以可行能力考量残疾人的需要满足的政策应然中，福利供给的制度设置坚持以人为本，逐步完善措施，努力保证残疾人在政治参与、社会参与、经济参与、心理健康和福利保障上得到公平对待，提升残疾人社会福利水平。

残疾人福利供给的制度设置中逐步以"公平、人权"作为政策出台的基本理念，倡导人权思想，追求社会公平，引领着中国残疾人社会福利制度的目标导向、福利项目、责任主体等随之发生变化。当然理念最后是否被践行需要重新考量，但是从政策的文本上，我们可以看出，确保残疾人享有与正常人一样的公民权利，已经被各种政策所接纳和吸收，并以制度设置的方式被呈现，各级政府均为残疾人能享受均等公共服务做出自己的努力。尊重人权、公平优先已然成为中国残疾人福利供给政策的首要理念取向。

（二）政策目标导向：平等、参与、共享

以可行能力为框架所梳理出来的政策呈现，中国残疾人社会福利供给的制度设置旨在实现《残疾人权利公约》中所明确的目标导向：平等、参与、共享。即通过各种政策措施协助残疾人平等参与、融入社会，实现残疾人与其他社会成员共同分享社会经济发展成果，提升残疾人社会福祉的终极目标。残疾人几大核心政策文本中均以不同形式阐述与表达了政策目标导向的核心思想："使改革发展成果更多更公平地惠及广大残疾人，促进残疾人收入水平大幅提高、生活质量明显改善、融合发展持续推进，让残疾人安居乐业、衣食无忧，生活得更加殷实、更加幸福、更有尊严。""营造残疾人平等参与的社会环境，缩小残疾人生活状况与社会平均水平的差距，实现残疾人事业与经济社会协调发展，努力使残疾人同全国人民一道向着更高水平的小康社会迈进。"在残疾人福利供给制度设置过程中努力围绕目标导向，从政治权利保障、推进政治参与、无障碍环境建设、协助社会参与、职业援助、实现经济融入、心理支持建设、提升心理素质、扩大社会保障网、达成平等共享等维度协助残疾人可行能力增进，促进残疾人实现"独立生活"。目标的实现便意味着残疾人生活所需要的各种资源和服务均得到供给。

（三）政策理论基础：立足公民权利

公民身份不仅是政治理论的基本概念，也是政治实践的重要基础。残疾人社会政策正是立足于公民权利理论进行的各种福利供给设置，尽力保障残疾人成为社会的完全成员的权利。在公民权利理论中，公民身份是一种地位，一种共同体的所有成员都享有的地位，所有拥有这种地位的人，在这一地位所赋予的权利和义务上都是平等的。残疾人作为特殊的群体，要实现更加充分的平等，必须保障公民地位内容的扩展，即需要给予更多资源与服务的供给方能保障残疾人的合法权益。

从可行能力框架看，基于公民权利的理论，"残疾人在政治、经济、文化、社会和家庭生活等方面享有同其他公民平等的权利"。残疾人福利供给制度设置的各个文件与条例在政治权利、社会参与、经济参与、身份认同和社会保障等方面借助各种措施普遍消除风险和不确定性，尽力推进残疾人与正常人在各个方面的平等，确保残疾人获得参与社会、经济、文化等活动机会的权利，尊重、保护和努力实现残疾人的机会均等和成果共享的平等权利。公民权利的思维引导各个具体福利供给操作朝着由对残疾人实施恩惠、慈善到对残疾公民进行平等权益保障这个方面转变。残疾人逐步从福利被动接受方转为决定权利享有方的主体。

（四）政策项目内容：基础与特定项目结合

随着残疾人政策理念与理论基础的转变，残疾人社会政策项目内容逐步由集中供养、照顾向以残疾人需要为本的基础与特定服务项目结合的全方位的残疾人社会化服务体系扩展。从当前的残疾人政策文本解析来看，残疾人可以享受到的福利项目主要包括以基本生活保障津贴、社会救助、以社会保险为核心的制度性基础项目；以残疾人社会工作服务、心理援助、预防康复、特殊教育等为主的特色专业项目；以残疾人社会服务社会动员、社会支持网络建构、社区营造等为主的特定扩展项目。这样的福利供给项目内容较为丰富，在一定程度上可以有效地回应残疾人的需要，有助于保证残疾人的社会保障，有力地提升残疾人的可行能力，促进残疾人在政治、社会和经济等领域的参与。但是我们也可以发现，心理健康支持等有些维度的政策设置近乎空白，有待进一步完善。

在新的政策导向下，残疾人福利供给项目具体的内容设置坚持普惠与特惠相结合。所有的项目内容既要有普惠性制度安排给予残疾人公平待遇,保障他们基本的生存发展需求;又要有特惠性制度安排给予残疾人特别扶助和优先保障,解决他们的特殊需求和特殊困难。

(五) 政策责任主体:政府主导,社会参与

残疾人的政策责任主体是指承担政策制定、资源转化、服务递送等责任的主要作为者。在新的政策理念引导下,为引导责任主体能够给残疾人提供更为全面的福利服务,实现维护残疾人合法权益的目标。在残疾人福利供给的制度体系设置中坚持政府扶持、社会帮扶与残疾人自强自立相结合的原则,以政府为主导,积极调动社会力量,培育各类残疾社会服务组织,进行有力社会动员。同时,促进残疾人增强自身发展能力,激励残疾人自强自立,逐步完善服务体系,明确各责任主体的责任边界,有益配合、互相补充,共同为残疾人提供较为全面的福利服务。

残疾人社会福利体系的主体是个多元化的综合体,包括政府、社会、第三部门以及社区支持网络等。[①] 国家、社会与公民共同参与下的残疾人服务体系是服务社会化、多样化的体现。三者的关系应该是:国家责任是基础,由于残疾人服务的特殊性,有部分服务必须是由国家直接提供与承担的;社会责任是重要的支持与配合,随着福利服务社会化的推进,社会各种组织成为残疾人服务专业化的重要支撑,协助政府有力解决很多服务的困境;公民责任是构筑服务体系的最底层支架,这个部分将残疾人及其周围的重要支持力量调动起来,形成最基础和最有力的服务网络。[②] 正是责任主体的不断完善,使残疾人的服务资源转化、服务供给递送也逐步到位。

三 小结

残疾人社会福利与服务的供给是基于立法与政策的设置进行的。残疾人服务的国家与地方政策从理想或者相对宏观的层面设定了残疾人服务供给的应然状况。这一小节通过对近年中央到地方的各级残疾人社会福利与服务政策文本的梳理与解读,提炼了当前残疾人社会福利服务供给的设置

---

① 周沛:《积极福利视角下残疾人社会福利政策研究》,《东岳论丛》2014 年第 5 期。
② 廖原:《残疾人权益保障的国家、社会与公民责任范围研究》,《江汉大学学报》(社会科学版) 2013 年第 5 期。

特点：以尊重人权、公平优先为引导理念，立足于公民权利理论，通过建构多元的服务体系，提供较为全面的残疾人服务，努力实现"平等、参与、共享"的服务目标。应然的服务供给状况是相对理想的，对这方面的考察是我们进行实然供给调整的基础，也有助于我们更好地反观残疾人服务的实际状况。

第二节 可行能力框架下残疾人社会福利供给的实然运作

享有一定援助或服务的权利，并不表示它就完全不要履行某些责任，它仅仅意味着这些服务不应当以支付能力为条件。因此，只有在一种非常有限的程度上，福利才称得上是社会服务或社会政策的结果。福利深深扎根于作为整体的社会经济体系中，它的实现和享受依赖于一系列的实际条件。政策与制度的设置最终是否得以落实，是否得以有效地提升残疾人的社会福祉，需要进一步的考察。笔者基于当前残疾人服务提供主体的调查，呈现残疾人福利提供体系以及各主体提供福利的实然状况与特点，展现应然政策落实的现实状况，为剖析应然与实然之间的张力提供数据支持。

一 残疾人福利提供体系构建梳理

社会政策设置关注的是人类需要的满足，它所要解决的问题是：如何在恰当的时机，以合适的方式和适当的数量去生产和供给人类福祉所需的商品和服务。[①] 当然在考察福利供给的实际运作前，需要对残疾人福利供给的几大主体进行梳理，以全面呈现残疾人福利提供体系。伴随福利社会化的推进，残疾人福利供给主体逐步完善，呈现多元化的趋势。以厦门为例，近年来，厦门市以推进残疾人全面小康为目标，以促进残疾人"社会保障和服务体系"建设为主线，积极支持建设和培育各类残疾人社会服务组织，初步形成政府主导、社会参与和家庭支持多位一体的残疾人服务体系，各个维度的主体以自己的方式为残疾人提供相关的福利与服务，

---

① ［美］哈特利·迪安：《社会政策十讲》，岳经纶等译，上海人民出版社2009年版，第71页。

共同推进残疾人工作（见图5-1）。

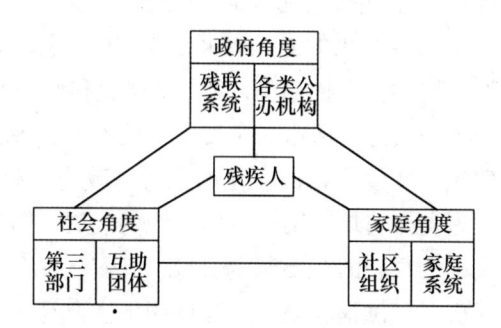

图5-1 残疾人社会福利服务提供体系

（一）政府角度

政府是残疾人政策的主要推动者，也是残疾人服务的管理者和监督者。厦门市在各区建立健全三级组织管理与服务网络的同时，积极支持建设各类公办的残疾人托养中心、康复中心和职业援助中心。三级组织管理与服务网络是指区、街道、社区残疾人工作组织，厦门各区均在区、街道（镇）一级设有残疾人联合会，区一级选配专职残联理事长，街道、镇选配了专兼职残联理事长。在社区一级通过公益岗位招聘村、社区残疾人联络员，负责一线对接各村、社区的残疾人。各级的残疾人工作组织机构健全、责任明确、管理规范。除了残疾人多级政府服务与管理组织外，厦门市于2009年起在各区陆续建设福乐家园，2011年起在各个街道设立残疾人就业援助中心。福乐家园是一个以组织轻度智力和精神残疾人士从事简单劳动，并开展技能培训、康复训练、文体活动，帮助智力和精神残疾人提高生活自理能力、劳动能力与社会交往能力的公益性社会福利机构。厦门已在全部六个区内启动了福乐家园计划，各区的福乐家园成立后，主要面向40岁以下的轻度智障人士和精神疾病患者，加入的成员不需要任何费用，生活困难者还将获得一定的交通和午餐补助。残疾人援助中心是2011年由各区残联牵头，街道（镇）主办，在业务上接受市、区残联的指导，其目标与职能在于让就业年龄段未实现就业的残疾人走出家门，就近参加职业技能培训、体能康复训练和庇护性简易劳动，协助他们发挥潜能、提高技能、提升社会适应能力，通过训练实现就业或辅助性就业，增加家庭收入，提高生活水平，有尊严地生活。

（二）社会角度

社会角度的服务体系涵盖的主体最为丰富，主要包括企业、第三部门、互助团体等。福利多元化的发展使得原来的"国家办福利"逐步转向"福利社会化"。企业主要通过按比例安排就业和缴纳残障金的方式为残疾人提供相关的福利支持，从市场角度协助残疾人实现各种形式的参与和融入；伴随着残疾人社会福利社会化的推进，政府主要采取公益创投、政府购买等形式大力支持与培育第三部门组织的发展，第三部门组织逐步成为为残疾人提供社会福利的重要制度安排，它们从各个专业出发更加有针对性地分类为残疾人提供福利服务；互助团体主要是指各残疾人类别所自主形成的协会，如盲人协会等，这类团体具有一定的互助性质，这类团体可以聚焦于特定的残疾类别，针对需要特性，有组织有安排地提供福利回应，实现残疾人服务的特惠。这类组织具有灵活性的特点，可以从更微观的角度救助残疾人，弥补政府在残疾人救助中某些方面，如方式不灵活、干预过多等不足。[①]

（三）家庭角度

家庭角度的服务主要包括家庭成员、扩大家庭成员及社区支持网络所提供的服务。随着对社会照顾"正常化"和"去机构化"原则的强调，家庭角度服务主体的作用得到进一步的强化。这部分服务主体大概可以分为社区组织和家庭两个维度。社区组织主要指残疾人社区支持网络的建设，通过社区内的各种自组织和志愿者队伍的建设，为残疾人提供基础性服务，实现残疾人回归社区、融入社会的目标。家庭作为个人生活最重要的场所，是残疾人福利最为直接的提供者，并且这种基于血缘和道德的支持网络的作用在任何社会都无法被其他组织或主体所代替。[②]

二 可行能力框架下残疾人社会福利供给制度的现实运作

社会政策，就其性质而言，关注的都是日常生活。[③] 这些政策与制度的设置都是在基层层面上产生作用的。为了清楚掌握残疾人社会政策是否真实影响残疾人的生活，如何影响，产生什么样效应，研究必须对提供服

---

① 周沛：《残疾人社会福利体系研究》，《江苏社会科学》2010 年第 5 期。
② 黄晨熹：《社会福利》，格致出版社 2009 年版，第 167 页。
③ [美] 哈特利·迪安：《社会政策十讲》，岳经纶等译，上海人民出版社 2009 年版，第 88 页。

务的工作者如何进行服务操作与福利提供，以及他们对于所提供服务的理解为何进行解读，以呈现残疾人福利提供的现实运作，展现残疾人福利供给的实然状态。基于可行能力的框架，分别对五个维度需要的福利供给进行解读。这只是基于学术分析的必要性，而现实这些维度的福利供给是紧密不可分的。

（一）宏观设置与微观作为互动，保证与推动残疾人的政治参与

通过上一章残疾人需要的呈现，笔者发现，政治参与在残疾人需要维度中是相对隐晦的。然而很多的残疾人社会政策或福利文件均明确强调残疾人在政治维度上的各种权利，如投票选举、知情权、维护自身合法权益等。现实中可能正是由于这个方面需要表达的不明确，或者说很多残疾人对政治参与上的一些方式并不是很了解，也不是很在意，因此各服务主体更多地从政策与制度的宣传、观念的引导和维护残疾人的合法权益上进行相关的作为，以保证和满足残疾人在政治层面的需要。

政治层面，从宏观看，就是保证残疾人和相关人士的参政议政权利，政府主要做法就是保证在人大、政协的人员的组成中有一定比例的残疾人或残疾服务部门的负责人，确保残疾人群体的声音可以得到传播。厦门市残联有一位副理事长本身是残疾人又是负责人，他也是人大代表。下面各区的理事长很多是区里的政协委员，委员的组成中也有一定比例的残疾人，当然人数不多。另外，从中央到地方，就是市一级的残联领导班子中一定要有残疾人，这一点在厦门都有做到。基层上，社区基本上有残疾人协会，会长正常是社区一把手兼任，残疾人的选举权等都是会得到保障的。残疾人合法权益如果没有得到有效的保障，残联可以作为其代言人进行相关的呼吁与维护。

在维权渠道上，还是比较通畅和健全的。市残联权益处刘处长解释了当前厦门市残疾人维权的几个核心途径：一是厦门市残联有专门的电话可以用来咨询或表达诉求；二是市残联一楼每天都有专人接待相关的上访残疾人，每个月残联理事长会接访一次；三是信访局、信访信箱、市长热线；四是全国和全省都有建设一个呼叫专号可以表达相关的诉求，全国有一个12385的热线，福建省是968891，这个是面对所有人的，大家可以通过热线来表达自己的诉求，有关残疾人的我们就会接手处理，进行回应。另外，市残联近年专门设立了一个残疾人法律救助，通过政府购买的方式向律师事务所购买，残疾人有需要通过法律来处理一些权益问题，可

以申请免费支持，以确保他们的利益。除了市级残联的作为，各个区残联也在自己的职责范围内为残疾人的政治参与进行相关的服务。

  残联主要职责就在于社会氛围的营造，让社会理解和包容残疾人，承认这个群体的社会权益。也会监督在各类单位、社区的换届选举中残疾人选举权的真正保障。另外一方面我们会通过各种途径来了解残疾人的诉求，保障他们维权的权利，也会协助他们进行相关的维权。（3 - HQX20160217）

  我们残联主要是从政策倡导上为残疾人做相关的呼吁，我是我们区政协委员，每年会针对残疾人的合法权益保障、社会救助等方面提出相关的提案，促进政府重视，尽可能地维护这个群体的权益。（3 - CFH20160226）

  残联主要扮演残疾人的代言者角色，从宏观政治权益保障和业务监督等层面进行呼吁与作为，为残疾人搭建各类利益诉求的渠道，维护残疾人的政治合法权利，以此保护残疾人其他相关方面的利益。相关的下设组织或从事残疾人基层服务的组织则更多地在残联构架的体系中进行政治层面的服务。

  残疾人职业援助中心的核心职能是协助残疾人康复和提升技能以促进残疾人就业。而在就业促进中心残疾人维权意识的提升和劳动权益的保障也被有些中心纳入自己的工作领域。在 SM 区 JL 残疾人职业援助中心打造的"一中心三平台"的建设思路中，便将残疾人权益保障平台作为其中之一进行打造与建设，以此在服务机构层面作为残疾人建设维权平台，确保残疾人劳动中的相关权益保障。"我来援助中心的第一年就建残调委，那我为什么建它呢，就为了法律服务、法律保障、法律帮扶援助，包括它就业以后的售后服务。我觉得我培训残疾人并把他们推荐给企业就像推荐一个产品。他们在就业过程中肯定有人会有不适应问题，企业可以把他们退给我们援助中心。但是如果他们在企业用工时受到一些不公待遇，我们残调委就可以介入，作为一个协调机构来协调保护他们的合法利益。同时也减轻企业的沟通成本，增加企业用工的信心，给企业吃个定心丸。因为之前有用了残疾工人之后要辞退，残疾人要上吊的，搞得企业很担心。我就给他讲，如果与通过援助中心走出去的残疾人有什么矛盾，确实是我们残疾人做得不对的话，就上交给残调委做一个评判：残调委给企业做一个平台，一方面保障残疾人的合法权利；另一方面也是对企业利益的一个评判，对于优秀的残疾人的用工薪酬与职位等是否合理，对所要辞退残疾工人的辞退理由是否充分。另外，有些残疾人胡搅蛮缠以残卖残的，我们及时介入做一个化解，解除你企业这方面的顾虑，目的就是让企业放心用工。"这样的残疾人调解委员会为残疾人提供了一个维护权益的平台，实现了残疾人权益保障的可行性与规范化。

社区一线层面上的服务，残疾人联络员或者残疾人社会工作者更多地在制度与政策宣传、各种权益保障上为残疾人提供相关的服务，确保残疾人享受应有权利。

> 我们会尽可能在社区层面让上面的制度与政策可以惠及残疾人身上，保障他们的公平待遇。我们的确不一定专门在政治方面做什么样的服务，但实际上就是通过各种社区活动、制度落实、补助申请等环节和残疾人对接，向他们宣传和普及一些政策，让他们知道当有需要的时候可以以什么方式表达。（2-ZLJ20150724）

> 他们会过来找我们，说我们家谁谁谁住院了，会过来跟我们反馈他最近的状况，一般就是家属的问题，也有本人会说我们家孩子要高考了考上什么学校了，然后学费怎样，会跟我们来反映情况。或者就是在路上碰到会跟你打招呼，跟你反映说家里发生什么事情，比如说自闭症孩子，没办过证，没办法去康复机构里面做康复治疗，会信息共享，会找我们了解情况。我们主要提供政策的指导，引导和协助他们进行各种申请。（2-LY20160302）

> 我们有接一些个案，在服务过程中，他们有给我们一些反馈，我有时候也会说：阿姨，这个我们已经帮您了解了，我们也已经努力了，但是我们实在没有办法帮您实现这个愿望。一开始大部分人对社工是抱着很大期望的，他们对社工也特别理解。但有一个问题是我们社工在重复一些没用的事情，比如说，联络员已经做了一遍，服务对象就认为我们比联络员更有能力，会让我们再去做一遍联络员做不了

的事。当然我会尽力去了解一些政策设置，给他们一些回复和解释。（2 - YHH20151210）

这个问题我没有办法解决，他的需求没有办法实现，我会把这个侧重点稍微转移，但是他这个问题是一直还在的。所以真正是政治层面上的内容有些就会比较难以回应。只能是就政策而解释，消除服务对象的一些误解吧。当然从另一个角度也可以说这个方面还是有很多工作需要做。（2 - WZX20151210）

在投票和代表上，我们没有特别的关注，但是我们还是在他们权益保障上进行协助，会帮他们向社区、街道了解一些权益保障的制度与政策，会向他们解释相关的流程与可能的服务。（2 - QHY20160302）

需要表达的隐晦使得服务提供方更多以中规中矩的方式进行相关的供给与服务，也可以看出，各个服务主体并不把这个维度的服务看得太重，而更多是基于其他方面所产生相关维权时给予一定的关注与服务。

（二）环境改造与平台建设多维作为，协助与扩展残疾人社会参与

12月3日是助残日，我们办了一场残疾人出游活动，去五缘湾湿地公园，当时报名的人非常多，后来人员满了还有人报名都没报上。在策划这场活动的时候，去踩点就需要考虑无障碍设施，也会进行筛选，比如一些服务对象有困难，要坐轮椅，但是去的地方没办法实现这些，没有无障碍通道、无障碍厕所，我们也会存在这样的困难，我们真正能关注到的是这些能走出来的一部分，还有一部分想出来却没办法出来，我们就会感到很困难。面对这种情况的群体我们一般是做心理慰藉比较多，跟他们打招呼，多接触，跟他们聊天，听听他们以前的故事，比较大的成分是陪伴。

在群体中也是存在困难的，因为在办这场活动之前，有两个自闭症儿童，人们对自闭症是不了解的，就看见两个人很奇怪。有些人邀请他（出游）是不来的，他就感觉出来就是给他贴上了一种标签。我们那天根本就没跟我们的服务对象讲今天是什么日子（残疾人日），就是说，哎呀天气不错，大家一起出来玩一下，我不知道我这

样刻意回避是不是对的，只是觉得这样的方式更容易被接受。存在的一个问题是，这次我们的群体多种多样，有精残的，有肢体残疾的，有自闭症的，大家在走的过程中，在外人看来我们会有点特殊，有些人会有些胆怯，但是只要我们自身氛围好，其实是会忽略掉别人眼光的。还有就是到餐厅吃饭，一开始是不愿意的，他们觉得我们这么多人怎么样哦，后来就是我们坐下来，很多人说这是我第一次出来，好开心啊，从来没有出来过。有一个阿姨说我有四年没有出过门了。那个老板也在一旁听，在结账的时候说，原来你们是做这个的。还给我们优惠了。（2 – YHH20151210）

这是一个社会工作者和我们描述他们机构为促进残疾人更多社会参与所举行的一次出游活动中的种种。这个描述中所呈现的无障碍消除、社会包容的扩展、外出的协助、残疾人本身意识的唤醒等正是各服务主体为残疾人有针对性提供的服务。

在无障碍消除方面，政府主要在环境改造、辅助器材的资助和促进康复上进行相关的支持。近年来厦门市对于残障人的居家无障碍改造，包括在残疾人家中准备坐便马桶、加个斜坡等措施逐步在推行；在公共部门和公共设施的建设上，无障碍配备有专门的条例，比如说公园、学校、车站等都有无障碍建设的要求，而且按照一定的标准进行审核，方便残疾人出行。在残疾人的辅助器材的提供与补助支持方面政府采用统一采购的方式为各类残疾人提供相关的辅助器材，比如假肢、助听器、轮椅等。当然，现在这个方面的个性化满足还没有很到位。市残联正在研究出台残疾人的辅具适配（个性化）的办法。市残联CYZ副理事长分管这项工作，他有着自己的理解："这样的辅具如果可以配套下去，残疾人就可以更方便走出门了，就是更个性化了这种形式。一个是基本型的适配到什么程度，然后一个是更好的，就是政府给残疾人补贴多少，他（她）自己再出一点。这个目录非常细，我们康复中心有在做，矫正器种类繁多。这个我们今年应该会出台。像轮椅，基本型能保障到什么程度，然后有的人的残疾程度各方面的情况不一样，再针对实际情况进行修改，有的可能还要坐便器等。残疾人情况有很多，需要各异，我们尽可能以个性化为导向进行提供。"通过个性化的导向为残疾人提供更为方便的社会参与支持。

残疾人身体存在缺陷是一个不可回避的事实，所以康复就成为服务的重点，只有残疾人可以实现良好的康复，才有可能较好地走出来参与社会活动或进行就业。市残联权益处处长 LDR 在访谈中介绍了厦门市在残疾人康复方面的相关做法和自己的想法："厦门市现在康复体系逐步完善，社区都有健康活动站，每个街道的卫生服务中心均设有这样的康复室。这个作用发挥得比较好，因为康复室建在这个社区卫生服务中心，我们有辅助给他，然后里面有专业的医生，方便残疾人就近做康复训练。康复活动站就是街道卫生服务中心找我们接上的。由于全市发展不平衡，有的活动站做得很好，有的就可能没发挥作用。我们希望通过一些方式能够让活动站功能更好地发挥。这样残疾人就可以实现就近康复，而不用去一些大医院做康复。残疾人可以每天步行到社区卫生服务中心，有专业的医生给他推拿。比如说一个小时针灸多少，这些是按日结算的，政府补贴一部分。虽然这些不一定保证残疾人可以达到功能完全恢复，但是最起码他不会再退化。另外一块就是从医疗保障上残疾人到各级医院进行康复医疗会有相应比例的费用减少。"

无障碍建设、辅助器材的提供和康复促进虽然是相对宏观的作为，主要依靠政府力量进行相关的建设与监督，但是随着通用设计概念的推广，这个方面的重视也成为全社会关注的主题之一，而且个别化的供给也逐步成为宏观政策考量的角度。其他更为直接的服务主体主要是通过具体的服务协助残疾人参与社会。

HC 区残联针对当前的特别贫困的残疾人不多的情况，引导残疾人相关的机构和组织将工作重点放在让残疾人走出家门、参与社会上面。区残联着力于大众观念的引导和助残意识的营造，比如说怎么来包容这些残疾人。残联 HQX 理事长对这方面的工作有着自己的理念："一个观念，一个社会氛围的营造，大环境的改造对于残疾人的融入很关键。曾经有一位家长和我讲过她带着她的自闭症孩子到商场，现在可能会好一点，以前很多人都不知道什么叫自闭症。因为孩子的外形一看就和普通人没什么两样，所以他就说'哎呀这孩子怎么那么没教养，你这孩子怎么教的'，那个大人整个脸红起来，整个人快哭出来了，后面回过神来才跟他讲说这孩子有病，才跟他做一些解释。那像自闭症这种情况社会对他的包容度，有的可能会好一些，但是有的会另眼相看。去年我们组织了 20 个残疾人家庭到植物园游玩，我们就通过广播招募了 20 部车。这 20 部车入户去载的时候，有的人还自愿带上了慰问品去慰问。然后载着他们去植物园玩，玩了以后再到酒店吃饭。这样子的活动反应很好。特别是有的义工啊，有一个从平和过来，送给20个家庭20箱柚子。然后还有一个是送毛毯，还有一个是送吃的，一人一袋。还有前不久到厦门老院子，在集美那边的，我们主动跟剧院联系，对方全部给我们免费。110多个人，就去他们那儿免费参观，还看了一场演出。我们现在就是希望通过这种活动让社会更多关注残疾人，接纳残疾人。"除了社会氛围的营造和意识的提升外，HC区大力地从鼓励残疾人自身主动参与上进行相关的介入。

政策上我们出台一个残疾人奖励办法。就是说比如参加活动、评比、表彰，或者是说参加什么竞赛。我们现在也有参加省市的残疾人运动会、演讲赛、歌手赛、表演等，像这种文体类的各种竞赛，参与就有奖励。我想说用这来鼓励残疾人自力更生，多参与一些社会活动是很有意义的。比如我们去年搞了一个佳木斯健身操，我就说你们来参与五次以上的，给你们一件T恤，那件T恤上面就印着残疾人佳木斯健身操。有参加比赛的这些人，我再给你们配服装，配鞋子。比赛得名次，等奖金下来，再配套，宴请他们，去活动。我就采取这种办法，鼓励更多的残疾人参与各种活动，让社会更多了解他们，有助于他们融入社会。(3 – HQX20160217)

现在另外一个重要的措施就是借助购买社会公共服务，一起开展促进残疾人参与社会、融入社会的服务。比如会针对不同的残疾人开设不同的服务项目，吸引他们参与。专业的引入，在残疾人个性化的能力提升和意识引导参与上有了较好的突破。

项目组主要从社区创造残疾人友善环境和残疾人家居环境改造两个角度促进残疾人社会参与和融入。友善环境倡导方面我们以"康健同行"为主题进行社区宣传活动，主要是让居民以体验的方式了解残疾人在生活中的不便，让他们理解残疾人的世界，引导居民更加包容残疾人，同时社会工作者会让参与者了解一些辅助工具的使用，以便居民可以帮助残疾人，以此促进社区残疾人友善环境形成；家居环境，我们主要是利用当前的残疾人家居改造工程的政策，推出"无障碍家居环境改造计划"，以个案跟进的方式，个别化地为残疾人制定家居改造方案，促进残疾人在家活动的便利，使其学习自理，提升能力，然后逐步走出家庭。(2 - WZX20151210)

我们现在也在推行一个措施，残疾人来到我们的小组中，我们会让他们值班扫地、打扫，包括自我组织能力，我都会让他们自己做。甚至我会提议不要给他们叫餐，这么多人，大家自己做饭，十几二十个人大家分工一下，像集体一样，他们在做这些的过程中就要交流、就要配合、就要协作，凸显各自的能力差异。这本身就是一种康复了。第二点，我是觉得针对智力障碍、精神障碍的残疾人沿用一种园艺疗法、种植疗法，不是把他们关在工厂里，而是去亲近大自然，培育种植这样一个过程，对于他们的身心本身是有利的；同时在他们劳作的过程中，他们就要去发挥他们的社会功能，把他们的能力建立起来，现在我们本身也有与这部分的资源合作。(2 - DSM20151215)

我们中心有尝试引入园艺治疗的方式，这个有助于促进学员在认知、身体、心理、社交等方面有所成长，通过园艺活动的开展调节学员的情绪，促进他们的观察力及集中力（发展），以此为载体进行体能、认知的恢复；同时提供一个合作及合群的机会，引导他们学习合适的互动交往能力，改善沟通技巧，提升他们的社会交往能力。(2 - LYL20160311)

残疾人社会融入良好氛围的营造与残疾人个体意识的唤醒与拉动的内外结合方式成为各服务主体协助残疾人社会参与的重要操作方向。残疾人援助中心虽然是相对集中和封闭的残疾人服务中心，可是在促进残疾人社会参与上也是通过自己的形式进行。

我们中心第三个基地就是我们的体验实践基地，体验实践基地针对两个人群。一个是未成年人，未成年人这块我们很鼓励他走进来，因为这样有助于弘扬一个社会向上的风气，鼓励他们珍惜现在美好生活或者去关注残疾人特殊群体。这个东西我们寒暑假都会跟院校联系，小朋友都会利用寒暑假来援助中心体验，或者是通过社区夏令营来体验，来残联体验，他们也能体会到残疾人的不容易。把中心变成大众教育的一个平台，为残疾人社会参与和融入营造社会包容的心态。还有一块就是这个平台是给志愿者的，一些有才华的退休人士，比如说有个老大姐退休了，她会弹钢琴，通过企业给我们捐钢琴她就可以唱歌，就有些娱乐丰富人生，也让残疾人有一些文体的活动。还有比如有些企业文化比较好，比如香港汽车集团爱心文化做得很好，每年都要走进援助中心，跟学员互动，有时候走出室外，有时候就在中心内活动。通过这样的方式营造一个社会关注氛围，打通心灵的无障碍。（2 - LH20160303）

体能康复训练是我们中心工作的另一个抓手，我们贯彻"普适性与针对性相结合"的原则。普适性即是让绝大多数学员都能参加的活动，像"广播操""五行健康操""二十五式关节操""十指健脑操""广场舞""健身操"等；针对性即是根据学员体检情况及残疾类别，有针对性地做出康复训练计划。比如，对体型较胖、"三高"学员，多安排一些有氧运动；对体质较弱、体能较差的学员，则有氧运动和无氧运动相结合，无氧运动为主；对下肢残疾学员则以上肢和腰背腹部练习为主等。而对精神残疾类学员，我们坚持"小密度、小强度、多次数"原则。精神类学员，机体承受疲劳能力较弱，要求相对安静舒适的环境。所以，安排精神残疾类学员康复时间和其他学员错开，每次都坚持小密度、小强度。每个训练日比其他学员多安排一次训练，比如上午、下午各一次，从而通过次数调节达到一定康复训练的目的。（2 - CJX20160307）

服务体系中的各个主体也在整体作为的基础上逐步帮助一些有特殊技能和需要的服务对象进行社会融入。

我们社会工作者进行服务时，尽可能去考虑个性的需要。我们服务对象有一个残疾人会下象棋，但是他是双下肢萎缩，不方便出门，我就协助他开一个暑期班，招一些学生来让他教他们下棋，服务对象本身很上进很主动、很愿意做志愿者，他不能走路但是又想做一些有意义的事情，我就跟他商量，社区跟书记也有讨论，以前能走动的时候还会去参加一些棋艺比赛。现在没办法，考虑到他之前有兼职教过书，我就帮他在暑假招一些学生去他家，主要教他们下棋，如果学生多的话，会有其他一些残疾人来协助他，每周六去他家里上两个小时，学生背后是父母，这样亲子间在节日的时候可以反过来帮服务对象做一些事。他很喜欢唱歌，喜欢参加活动，所以社区有什么活动，我们会组织志愿者去协助他坐轮椅来社区。所以，实际我们如果用心地发现与培育，基本上每个残疾人都会有自己的兴趣爱好，只要你给他一个平台。（2-CTY20151228）

除了上述服务作为外，在实地调查中，我们也发现以托养、康复、职业援助等为功能的平台的建设，实际为残疾人提供了很好的从家庭到社会的中介桥梁。在这些平台中也许残疾人并没有完全实现康复或就业等目标，但却从参与和融入上得到了相关的提升。

  我们家园对于智障这方面的残疾人真的是天大利好，智障就意味着他在思维能力上差一些，没有语言能力和沟通能力他寸步难行，也没有任何朋友，他不能融入社会，只能各自为政。他们连人群都融入不了，怎么融入社会呢？福乐家园这个平台让他们有地方去，他们整个精神面貌都改观了，他们有了自己的语言。我们有两个学员，他们可以一坐一个下午，看到我们还会打招呼，说我们在聊天，但是他们没有开过口，他们很满足，他们觉得自己聊天了，他们的感觉能力和我们不同的，很多人失去表达能力，他们最怕的是我们对他说你表现不好明天不要来了。有一个学员，家里人对他不好，他三年没开过口，来这里三天就说话了，专家看了都没用，我们也没那个本事，是这个平台，原来家里嫌他傻说他不对，刺激一下就三年不开口，在这个地方大家都这样，我开口别人也不会说我讲得不好，所以这个平台对于残疾人（尤其是智障）真的是利好。走出家庭融入社会，至少在这边的学员已经达到了最初定下的目标，当然这个融入社会目前只能是我们内部的融入，融入大社会的话还是更宏观的，在我们目前的工作中不能提供太多有用的方法。（2-RYZ20160222）

  政府办这个（福乐家园），真是所有的家长都很感恩，你们办这块真的是解放了整个家庭，办了一个大好事。这个真的是我们实实在在能看到的，不像有的只是形象工程，做的是一些面上的东西。而且孩子来了之后真的是进步很多，我们有个学员是典型的唐氏综合征，当时来的时候都是他爸爸送的，路都不会走，现在他会编手工了，虽然他没有办法编配色啦，但是纯色的他会做出来，这个进步真的是太大了，我自己都很吃惊！虽然说这个过程是很漫长的，我们现在办了也有五年了，可能这是个很漫长的过程，但毕竟他是在进步，如果你把他关在家是绝对不可能有这样的改变的。(3 - CFH20160226)

有一些学员是智力残疾。他以前在家里都很自闭，不愿意说话。如果是小时候，人家跟你一起玩耍没关系。可是现在年龄大了，你是大人了，跟小孩子玩也不行，小孩子也看出你有区别。他就不敢出门，就是很自闭。你越给自己封闭起来，社会功能就会越来越弱化。所以说你没有走出家门，就不会有改变。刚开始的时候，有一部分智力残疾的学员，不知道怎么出门，到后面来到我们这里了，他现在可以骑自行车到这边来上班。有的可以自己去搭公交车，知道搭哪一路可以到。这个对他们有一定社会功能的恢复，然后是正常的生活恢复。还有一个就是精神面貌，他们愿意跟人家一起沟通。你这样子，别人可能只是说这个人比较呆一点，不会说一看就是那种智力有问题的人。一般人家都会说这个比较直啊，什么的。就是社会功能越来越恢复。(2 - CGD20160229)

在促进残疾人"参与"的理念推动下，社会在无障碍建设、康复、社会包容建设、残疾人内在意识的唤醒、平台建设等多方面进行积极作为促进残疾人社会参与，保证他们能有效地融入社会、共享各种发展成果。

(三) 重点突破与全面服务，促进与提升残疾人的经济参与

经济参与的实现不仅有助于提高残疾人的经济收入，更重要的是有助于残疾人在个人自尊、社会融入、心理健康等维度产生良好的附性效益。只有在经济上实现参与，才能真正增强残疾人自我生存和发展的能力，实现最大的保障，达成平等地参与社会活动、有尊严地生活的目的，从根本上实现残疾人社会福祉的提升。这个角度是可行能力关注的核心，也是残疾人福利供给的重点。各个服务主体均将这个角度列为工作突破的中心。就业是经济参与的重要形式，残疾人就业意识的唤醒、就业技能的提升和就业机会的获得成为促进与提升残疾人经济参与的重要作为方向。

残疾人对自己价值的认识是以他主动走出家庭尽可能实现就业为前提

的。这个角度也成为促进残疾人就业的第一步工作。一个残疾人职业援助中心主任如此说道："我觉得一个理念的改变，比他们单纯做手工都有价值。学员如果有就业愿望的话我们都能帮助他们达成，有一部分学员习惯了依赖政府，就算提供机会，他也没有想要走出去，并不想去改变。所以说我们中心成立这么多年，就是侧重一个思想层面的改变，我自己本身是二级心理咨询师，他们有的中心是请外面的心理咨询机构去上课，但是外面的机构对残疾人不是很了解，他们可能会用比较高深的语言去讲，他们讲的我们可以理解，但是残疾人听不懂，因为他们的文化程度非常的低。可能所有的援助中心就只有我在给他们上课，我只能用最简单的语言去告诉他们一个道理。我也是从去年开始尝试给他们做一个讲座，通过慢慢的讲述来告诉他们一个人生道理去改变他们的观念。现在网络上很火的一本书《你永远无法叫醒一个装睡的人》，他们要是自己不想改变，你就是提供再多的东西，他们也不会去尝试。比如我一直给他们找工作，然而他们出去一下就回来，出去一下就回来，觉得外面太苦了还是觉得在中心好，所以我们就是要唤醒他们自己的认识，去教育他唤醒自己的内心。目前最重要的是唤醒他的一个内省力。"（2 - LYL20160311）内省力唤醒之后便是创造就业技能提升平台和提供就业机会。

残疾人基本生活的要求已经可以达到，但是个性化的需要还是很多。基于这个现实，未来我们可能更多地关注就业，因为今年中央提出来的在扶持残疾人就业这一块有很多要求要做。像辅助性就业、居家就业，这块我们存在空白，还有残疾人在家可以开网店，比如说通过互联网这种形式来促进就业增收，这也是我们下一步要做的。我们现在对残疾人在基本的生活保障和服务方面已经没什么问题，现在就是我们要更有针对性地来进行一个能力的提升，能力提升完后就是就业渠道的拓展。你给他们发一个补贴，这个其实没有多大意义。真正有意义的是能够让他自身有供给功能。第一个就是让他增收，如果让他就业，收入就增加了，一方面提高了生活的品质和幸福指数，另一方面他自身的价值得到认可，得到社会的认同，对他的心理健康有很大的提升。而我们今年可能更多会从这方面去推动，从而来提高他的能力。残疾人的就业技能的培训，我们怎么做到更有针对性？上个月我们去参加了一个街道的就业研究院的一个活动"就业进社区，岗位送到家"，就是在社区做这种就业招聘的活动，我们看到庐山大酒店，他要招聘的岗位有几十个，看到这个以后，我们就跟就业中心讲和区一级残联讲，以后我们针对这种酒店，就先给残疾人做这方面针对性的培训。培训完他再去应聘，那是不是更容易。今后我们就可以根据这个行业的需要进行培训（有点像订单式的培训）。不要泛泛的，大家都来培训一个种类。(3 – CYZ20160310)

援助中心是一个很好的平台，一个真正解放家庭让残疾人走向社会的平台，残疾人走出家庭到援助中心有一个适应期，适应后通过我们和企业对接。我们的工作网络在完善，有一些良心企业真的想招残疾工同时也想合理享受税收优惠，让残疾人去就业，就形成一个良性循环。我们中心目前在通过场景的设置模拟培训、工厂培训、技能培训等来充实，达到一个残疾人自己的增能，以更好地与企业对接。(2 – LH20160303)

我们在协助残疾人就业上主要是向国外和中国台湾地区学习，从对他们开展生活教育开始。就是你要看到残疾人本身的能力，所以我们就和职业援助中心合作，从最基本的技能进行训练。教会这些到中心的残疾人走路线、搭车方法，使用手机这些基本能力。以前中心特别是福乐家园就是把残疾人所有的工作包了，这恰恰把本来他们可以做事的能力削弱了。我们目前的助残工作就是把大家聚集起来，集中在职康中心或福乐家园。我觉得这本身基础的工作是缺乏的，因为这本身就是能力建设的一部分。(2 – DSM20151215)

在协助残疾人获得就业机会上，原来每年都会举办大小不一的残疾人就业招聘会。我觉得现在没必要，我们就针对真正要就业的这20个人，以见面会的形式提供机会。所以我换个模式，让残疾人直接表达就业需求与能力，他们做一个自我介绍，说明自己有什么需求，主要的技能有哪些。然后这些爱心企业会给他们量身定做，提供岗位，残疾人再决定愿不愿意接受。我们采取这种模式，逐步完善就业机会对接，提高残疾人就业的针对性。(3 – HQX20160217)

在技能提升上，我们都是先问学员想要学什么东西，再去寻求实惠的项目对接，首先你要让他康复才能走出去，精神状态不好怎么走出去？我们有推荐几个残疾人走出去，这几个状态好，人家很阳光。我的想法就是让他们经过一段时间的康复、培训，身体上能够有所好转，能够学到一技之长，为就业打下基础。以各种相关的活动或培训让他们心理积极阳光，有这个能力去工作。另外，我们尽量规范化地进行中心的管理和运营，实现一种类似模拟的企业生产场景的内容，不断提升学员适应真实企业环境的能力。（2 – CJX20160307）

就业技能的提升与就业机会的创造固然重要，但是残疾人身心客观状况和企业对于残疾人的接纳程度（虽然有按比例安排就业的要求，很多企业还是宁愿选择缴纳残障金）导致一部分残疾人仍然无法实现就业，只能待在家中。为此，政府便在上述两个角度的服务基础上进行类就业庇护中心的建设和出台协助残疾人自主创业与经营扶助政策。

援助中心的定位最主要的，按市里最早的想法是，先让残疾人有一技之长，然后等生理心理康复以后，再推荐出去就业。就是"一技二康三就业"，可是现实中这里面还有点庇护中心的状态。这里面主要就是接一些爱心企业的简单手工活，他们除了领取政府对于这些人来中心的补贴外，这些手工活的收入是另外算的。中心接收各个类别的残疾人，智力的、听力的、肢体的、视力的、言语的各类都有。这样的机构半托养半庇护性就业，等于说为家庭解放了一个劳动力，照顾者可以有自己的工作和生活，不用总是在家照顾他们。中心的意义在于协助这些没办法实现就业的残疾人走出家庭，融进一个新的集体，获得一定的收入。（3 – CFH20160226）

学员中有能力较好的，对于各种手工活，他就能较快地学会，包括技能方面的他也会去学，推荐出去成功就业的也有。但是这样的人，还是少数。所以现在我们中心这边也一直在探索能不能做一个集中就业的形式，就是变成有点像庇护性的样子。这一块就是我刚说的一个瓶颈，找企业接活也有淡旺季嘛，我们有点像坐着等活的那种感觉，经常青黄不接的。到底是等老天爷下雨，还是我们依据中心学员的特点自己弄一个产品，慢慢做起来，包括这个产品是可以发动政府来采购。比如说我最近正在构思一个生产笔的问题,把我们这里变成一个比较小型的加工厂。生产机台政府协助购买,然后我们自己组织学员学习制作。我们在保证质量的前提下让政府优先采购。主要是针对现在有些学员的条件的确难以适应真正企业的管理,我们想用这种方式来把他们集中起来,呼吁他们做他们能做的事情,而且我们是可以有自己的东西在。这样做最重要的就是能够给残疾人带来效益,给他们带来福利。因为我们本来是民办福利企业,是不能盈利的,就把中间最大的这部分收益给他们了,还有比如说政府优先采购的话,我们直接面对的就是顾客,就不是代理商制造商这种长的中间链。从技能提升和暂时就业上都能有一定的作为。(2 – SXC20160225)

可见,虽然是带有庇护性的集中就业,各个援助中心还是根据自己的学员特点进行特色性的设计。

中心在常规地找企业要一些手工活外,我们也尽力地根据学员情况探索可能的培训与引导。我们最近就引入了烘焙技术,对一部分学员进行训练,希望他们能有所学。接下来一步我是想能不能尝试以社会企业模式运营,然后也吸纳一定的残疾人参与相关的管理,这样就具有一定的可持续性,依据学员特点换一种方式来协助残疾人就业。如果这个可以运营起来,就不仅仅是针对中心的学员了,机构外的有能力的残疾人也多了一个就业的机会。另外一点我也一直在反映,希望政府出面或者出资成立一些福利性的企业,专门生产一些文件袋或者一些简单的办公用品,可以将活分给残疾人来做,相应的补贴发放给残疾人,这样就能保证残疾人的这种临时性工作。相当于让残疾人在他们能力范围内满足内需,有点政府照顾和保护的意思。(2 – YSJ20150722)

中心除常规平台建设之外,还根据中心学员的特点建立了文创孵化基地。鼓励一些有才华的残疾人,通过这个平台将才华展示出来。我们也做了一些文创产品,比如说全国首套助残明信片,就是我们推广出去的。中心有个学员会钢笔绘画,我们就鼓励他用钢笔绘厦门,在网上就可以搜到他的作品。他绘制的都是老厦门,包括政府鼓励的思明区的避风屋，政府在打造旅游经济，我们这个学员用钢笔把老厦门的一些内容画出来，然后我们再跟企业合作，把画放在环保购物袋上。或者让企业提供素材我们画他企业的特色图案，然后印制成产品。除此之外，我们也做了一些文创衍生品的工作。原有的产品通过包装转变形式，比如转变成冰箱贴、书包贴、笔记本背景等，作为一个带有避风屋特色的旅游产品进行推广。这样的基地能鼓励更多残疾人走出来，因为你只要有这个才华，这个基地就给你一个展示的舞台。（2-LH20160303）

当然在机构庇护之外，部分社区在引入社会工作服务后，依据自己社区残疾人的特点有针对性地进行一些相关的庇护建设，比如互助社的成立。

我们推就业这块，对于那些可以直接就业的残疾人，都不需要我们的帮助。主要是那些能力不足的，涉及沟通交流不顺畅、突发病情等方面，特别是精神残疾这块，都对他们的就业造成了负面影响。我们社区以生计帮扶的角度提供支持，逐步成立互助社，召集他们做一些手工活来为他们提供帮助。（2-QHY20160302）

除了庇护就业平台的建设外，政府近些年积极促进残疾人进行自主创业，农村方面也是以扶持残疾人进行养殖业和种植业的发展。这方面的服务主要是以申请补助、政策引导和逐步地进行创业技能提升的方式进行。

自主就业和创业上，政府有一定的补助，虽然还存在一些问题，但我还是尽可能地鼓励社区中有能力的残疾人进行尝试，主要就是以政策引导他们。我们基层一级更多是运用政策来做事。我也希望政策慢慢可以在残疾人的自主创业上能有针对性地进行培训，而不仅仅是经济的支持。（2-ZLJ20150724）

在创业方面，残疾人只要有残疾证，创业就会有创业保障金下来。我们小区里有一个精神三级残疾的居民，自己开了一个小杂货店，有帮他申请创业补贴，后面有再继续经营的话，我们会给他申请

经营性补贴，包括个体工商减税补贴。（2－LY20160302）

创业这块与就业生计相关，我们有考虑到能力培训对接，因为确实创业压力非常大，而且考虑到他们的能力和经济状况，所以我们在之前会去找一些学生团体或者企业，看是否能有一些对接。这个对于他们来说会比较直接，而且成功可能性大一些。（2－QHY20160302）

就业作为民生之本，对于残疾人而言，更是促进其可行能力提升的重要方向。在我国残疾人就业模式从"集中就业为主、分散就业为辅"的计划就业模式转向了"多元安置"的计划与市场相结合的就业模式（杨立雄、兰花，2011）背景下，各个残疾人服务主体均努力以制度保障为框架在自己的工作场域中对残疾人进行个别化、针对性的能力建设与就业引导服务，加大残疾人人力资本的开发力度，增强残疾人在市场环境中的适应能力与竞争力，以经济参与树立残疾人的自尊自信，协助这个群体自强自立，更好地融入社会。

（四）专业引入带动基层自我探索，援助与支持残疾人心理建设

这阶段我们在走访个案过程中，发现两个同样是精神残疾的服务对象：其中一个从十几岁得精神病开始，他妈妈就一直把他关在家里，导致他对社会的认知、对环境使用的能力几乎为零，只依靠他的老妈妈养着。而他妈妈也一直担心，如果自己走了，这个精神病的儿子就会没人养。由于该妈妈把过多关注的重心放在这个儿子身上，从而忽视对另一个精神正常的儿子的关注，同时她也没有注意到案主还有我们这样的机构可以提供服务，还有残联、政府等可以提供资助。其实直到我们去走访之后，他妈妈才想到，可以由政府来支持帮助抚养自己的儿子。另外一个案主是七八岁时就患病了，也是由妈妈从小照顾，现在十几岁，那个妈妈对孩子的支持体系就是有意识要带着孩子去利用各方面的资源，如带孩子去找精神科医生，进行定期的心理辅导、吃药，也会与社区服务体系进行联系。我们从中发现，家庭体系、功能的使用对于残疾人个体的需要满足和影响是很大的。

MLXN社会工作事务所作为HC区引入的对残疾人进行心理援助的第

一家专业机构，负责人 DSM 在访谈中和笔者描述了其进行服务前评估所发现的这类差异性家庭现象。她也详细地谈了自己一些介入思维：我们现在心理学或社会工作的治疗模式强调生物、心理和社会三位一体这样的循环模式，也就是不会单向去看你的心理。我们本身做心理关怀就会从这三个角度进行介入，而不是单一地只关注某一点。我们知道不同残疾类型，比如先天残疾或后天残疾对残疾人心理造成的影响是不一样的，因此我们就需要采用不同的干预方式。反言之，我们如果从她的生活，比如家庭抗逆力，这个模式一个很重要的就是社会因素，我们仍然会从那三个维度开展干预。比如我们开展身心康复，那社会功能我们考虑的就是她的家庭，她自身，还有外部的体系还包括残联、国家政策这些因素对他们残疾人造成的心理影响。

心理援助与建设作为残疾人可行能力提升的需要维度之一，并没有进入明显的政策设置考量的范围。有一点好的现象是实际服务中，各相关的服务主体还是察觉到残疾人心理建设体系促成的意义，逐步地将这个角度作为残疾人服务的一个新的重要服务领域进行设计。而当前引入类似于 DSM 所在的这样的社会工作或心理咨询专业机构为残疾人提供心理支持服务是一种新的走向。

> 因为残疾人的心理非常特殊，自卑情绪比较严重，家属也一样。因此，残疾人家属总觉得自己家中有这样一个残疾人或残疾孩子，会让自己低人一等。残疾人自己也不太愿意去和正常人交往，相对自我封闭。特别是一些年轻的残疾人。我之前到一个社区为一个残疾人提供服务，这个残疾人是由于残疾导致尿毒症的并发症，他一直都拒绝别人到他家，或者直接不愿意别人去关注他。他甚至会觉得我们外人去关注他，会影响到他自己的正常生活。他们的心理很特别，所以我们就通过多开展一些活动来引导他。我们也购买了 DSM 老师的心理援助，特别是自闭症的家长和精神病患的家长，他们的心理有更多的压力，所以残疾人的照顾者也有很大的困扰。我们现在也在做一些扩展，将服务延伸到残疾人家人和照顾者，做一些家人的培训与支持，另外还有入户去给残疾人及其家属做一些心理调适。(3 - HQX20160217)

> 心理咨询现在有很多。我们残联购买沁心泉是最早的，当时我在

民政局工作也兼管残联，我们有一个福乐家园全部是针对智障的孩子，虽然说是孩子但是大多数是 18 岁以上的。我们曾经也给他们购买服务，当时的经费是 3 万块，但是这种心理的东西是看不见摸不着的，你要怎么给他评估？这个是困扰我们最大的问题。但是引入专业的服务肯定没有错，这是一个方向。我们现在就是要探讨如何有效地评估，要怎样做到整个评估体系更加合理，也就是说达到双赢。所以我们现在主要是逐步完善购买专业服务的机制，引入专业的服务为残疾人及其家属提供心理建设等相关服务。（3 - CFH20160226）

专业服务引入后，各专业主体便从自己的专业出发，运用专业的各种手法为残疾人开展心理建设的援助与支持。HC 区购买社会工作服务进驻福乐家园和各个援助中心提供心理援助，但社会工作者们并不是独立地进行心理服务，现在项目组就提出一个职业康复的概念。通过职业来康复他的心理、自我认知、情绪乃至人际关系、社会关系的恢复等。他们就想把适合残疾人的职业和他们的身心康复做一个结合。当前福乐家园和每个街道的职业援助中心，都相对单一，就是把残疾人组织在一起，一起做点手工。社会工作者通过调查了解到，有些自闭症的孩子年龄大了，是躁狂的，还有一些精神病患者并不完全适合这种模式。他们现在作为社工专业力量进来，就会通过一些专业小组活动，把他们的情感连接起来，有针对性地设计一些专业性小组，协助他们慢慢地康复和自我调节，逐步地建立一些关系，实现个人自信心的建立、沟通能力和协作能力的建设。另外针对智力障碍、精神障碍的残疾人机构准备沿用一种园艺疗法、种植疗法，不是把他们关在工厂里，而是去亲近大自然，培育种植相关植物这样一个过程，这对于他们的身心发展是有利的；同时在劳作的过程中，他们就需要去发挥他们的社会功能，把他们的能力建立起来。

在社区层面开展的社会工作服务，更多是从残疾人的家庭入手进行的全面服务，BA 社会工作机构在 JA 社区正进行一个残疾人及其家属的成长与陪伴计划，主要是运用"社工＋义工"的模式为残疾人及其家属提供个别化的服务，主要服务内容有心理咨询、亲子互动、家庭互助、社区融合等，以此疏导他们的情绪，改善家庭关系环境，促进家庭内外的相互支持，促进残疾人及其家属的身心健康。如今有很多社会工作者正以专业手法进行专业服务。项目社工 CTY 在自己的项目运营中针对残疾人心理建设是这样做的："项目中针对残疾人心理建设，我们主要运用个案与小组结合的方式进行。我们还是以一种不是特别关注的心态做这个事，这样可以将服务融于一般的互动中，残疾人还是很敏感的。在每周三互助社都有互动，茶话会的形式，我们社工在中间做一个基本的调节者。说实在的，对自己生活能够调适好的残疾人，我们是不用介入的。心理方面的话我们社工每周都会入户，或者通过电话进行沟通，协助处理一些特殊的情绪。我们社工还承担这样的一些角色，即在一些应急事件和突发事件中，我们会做一些相应的帮助。我们期待在一种正常的交流互动中实现心理建设，不想有太多的专业色彩。"社会工作服务的心理建设还是强调将个体放置在他所生活的环境或生态中的，以更多专业伦理和手法来思考如何进行。

除了专项的社会工作与心理咨询项目购买之外，很多残疾人援助中心或托养家园也在自己的领域中不断地探索相应的心理建设与服务措施，促进残疾人心理健康。HC残疾人职业援助中心主任SXC针对残疾人心理建设有自己的理解："残疾人比较敏感，内心有什么想法不会轻易跟你说，除非说你跟他建立一个亲密的关系。所以我就想说不能给他特别的形式，通过活动等先把他们吸引进来，然后再从聊天当中去发现一些问题，慢慢地做一些干预和影响。当然如果中心能做到危机干预那是最好的，毕竟他们也有抑郁等方面的状况，还有一些因为家庭问题或者突发问题，这部分可能需要及时的干预。当前中心准备独立建立一个心理咨询室，以此为平台希望借助一些心理志愿者的力量来为我们中心的学员服务。"所以很多中心内部除了手工活，还是很重视相关有助于残疾人身心健康的活动的。"我们中心就会定期举办适合学员的娱乐活动（如跳绳、健身操等），既有娱乐性又有弱竞争性的娱乐项目，强大学员内心，让学员在活动中感受到生活的快乐，避免一些心理扭曲，让学员能够感受到自己可以如同常人一样；组织学员参加志愿者服务，如绿地认养拔草活动，开展残疾人康复知识培训、养生讲座，让学员们认识到自身的意义，肯定自我价值，学会自我珍惜。"JL残疾人职业援助中心则采用引入心理咨询机构、内外合作的方式进行这方面的服务："我们中心残疾人的心理援助这个部分和外面的一个心理咨询机构有合作，类似于他们是我们的共建单位。每周都会有心理咨询师定期来我们中心进行相关的服务，从心理评估到相关的介入，有一个体系。我们中心现在也有一个心理咨询室和相关的辅导器材，比如我们有沙盘等。这个专业的部分我们做不了，现在政策也没有很明确的相关支持，我们只能自己摸索着合作，探索性地服务。"

中心这类的服务很大程度取决于主任的运营理念，他们很多会依据自己的理解进行设置。SM 区 YD 残疾人职业援助中心主任 LYL 就在努力寻找一种可以帮助残疾人自我改变的理念。她说："我有时候会给中心的学员讲一些励志故事。比如说厦门十大感动人物的林婕先天脑瘫，医生来看她说你可能一辈子都躺在床上不能起来，但她就是自己想改变自己，就是想一定要站起来，最后真的做到了，还可以走楼梯，大学也毕业了。只要自己有毅力去改变自己，就一定可以达成，但他们就是完全没有这样一个自我改变的意识。我现在就是想通过什么途径帮他们树立一个目标，但这种实在太难了，毕竟他们已经习惯这样的生活了。我们真的不能一下把你拉回来。我很想寻找社会上的心理咨询来协助，我自己能做一些，但是力量还是有限的。我自己大学读的专业是儿童教育，我了解艺术能开启人的心智，所以我就侧重音乐和绘画来协助残疾人进行心理建设。通过审美绘画，实现手眼的协调，然后再慢慢地把他的创造力开发出来。"

心理建设宏观政策设置的空缺致使残疾人心理建设主要依赖于零星的政府购买服务和体制内部基层的自我探索，这些服务在一定程度上为残疾人心理健康提供了有力的支持与援助，帮助他们有效地处理自己的情绪，化解内心的困境，建立良好的社会支持网络，增强残疾人融入社会、参与社会的自信。但由于政策支持力度欠缺、覆盖面相对狭窄和专业建设规范性不足等，残疾人心理建设维度还是存在大量提升和完善的空间。

（五）普惠性与针对性结合，提高残疾人福利保障水平

社会权利的引入，使得残疾人拥有满足作为社会人的基本需要的权利得到普遍承认与接受。当然作为特殊弱势群体，残疾人需要政府与社会对其需要给予特定的考量，提供特定的经济援助与服务支持，以保障残疾人的社会权利，提升残疾人的生活质量与社会福祉。近年来，在政策设置的指导下，残疾人福利保障有了长足的发展，主要从福利保障的保障范围和保障水平上进行各种突破与改革。

> 残疾人的需求我们基本上能够给予保障，现有的政策我们能够做的是从残疾人的抢救性康复，到就业扶持、日间照料、居家托养、机构托养，现在只能说是基本上而不能说全部，基本上达到残疾人需要满足。(3 - CYZ20160310)

现在中共中央国务院出台的关于残疾人困难补助和居家护理的标准比较低，福建省也才50块钱，而厦门市达到了300元，我们走在很前面，标准也定得比较高。还有社会保险、就业创业扶持，教育方面，小学也好，中学也好，只要是收残疾人，就会给机构一些补助，给个人一些补助。很多服务很全面的，从出生、抢救性康复，到教育、就业、基本生活保障、社会保障制度基本上都有。我们市一级也是尽可能使保障实质性落实。（3－LDR20160310）

政府对于残疾人这一方面的福利保障还是蛮重视的，我们的保障还是蛮到位的。我们还是以政府为主给予保障。近年来政府大力加大对残疾人的各种资助与生活补贴，残疾人享受的福利等级越来越高，在形式上也会有所改变与创新。之前可能更多的是给钱和物，现在有一些是给服务。现在我们市残联就是每个月给残疾人200块的购买服务，一个是家政服务，一个是康复服务。就是一个菜单式的选择，比如说选择家政服务、预约上门服务等个性化的服务。通过政府采购服务的方式进行生活的保障可以更加有效地进行服务。当然，现在有一个评估问题需要详细化。而且近几年在重度残疾人的居家护理方面有了很大投入，每个月的护理补贴也在不断地提高。（3－CFH20160226）

我们基层一般依据政策，在教育、助困、就业、康复这些方面提供服务。教育方面是每年9月份给低保户中的残疾人子女或残疾人申请就学补助，助困方面是重残人员申请困难生活补助，级别达到一级的申请省级的居家护理补助，每个月50块钱，还有为需要日间照料的残疾老人提供居家托养，通过购买家政服务为服务对象每个月定期上门做保洁工作。医疗这块，把他们全部纳入到医疗系统，一账式结算。每年的每个季度，自付达到1500元以上，额外还可以再报销一次。（2－LY20160302）

在普遍性保障的基础上，残疾人社会保障也逐步完善，趋向于依照残疾人的群体特点进行相关的设计与服务改革。

从我们区调查的情况来看，特别贫困的残疾人家庭并不是很多。

发现了这样的一个状况，我们也进一步进行了更为全面的普查，掌握各个街道和社区的残疾人情况，有针对性地进行分类，比如说特困的、特残的、特需的。因人而异，建设一些有针对性的培训与服务，建立能够提供个性化服务的服务机制，让残疾人可以更为真实地享受到各种福利服务。所以最近在谋划的一个就是特困残疾人的救助。针对家中残疾人有突然事件，或者是说遭遇什么困难的，我们准备出台一个关于这方面的政策。比如说你突然间生病，或者是家里面有什么变故啊，可以申请特殊性的保障，由政府和社会协助残疾人度过特定的困难时期，这个是临时性的支持。(3 - HQX20160217)

在以特殊性来进行的政策设置中，服务供给的立足点逐步强调在保障中促进残疾人能力的发挥，期待通过特定的经济支持或服务提供促进残疾人能力提升，促进残疾人功能恢复和逐步自立。

在低保制度方面开始针对残疾人设置单人低保，以前低保和家庭是在一起的，现在残疾人单列，跟家庭没关系，个人低保是残疾人的福利，这样大大地提升了这个群体的保障水平。另外，除了低保，残疾人还可以来我们福乐家园或者援助中心，集中就业庇护劳动，实际上是一种变相的补贴，在这里劳动拿补贴比单纯在家拿补贴有意义，这里给了他们一个平台，让他们可以交流与互动，参与社会。现在政府在补贴上逐步要求残疾人要有一定的付出与义务，这样有利于提高这个群体的能力。(2 - RYZ20160222)

现在的很多保障都有一定的要求，比如自主创业的津贴，这个就不是可以随便获得的，要你自己先运营半年才可以申请。还有申请报刊亭，规定要有初中以上的学历，还要有那种履行合同的责任。这样的保障政策出发点挺好的，就是要残疾人自己有一定的能力才能享受，当然也有很多人由于这种设置使得享受过程困难重重。(2 - LY20160302)

我服务的那个社区主要是独居和一老一残户的人群会比较多，从家庭结构上看，独居和一老一残户他们的需要不一样，比如说独居的人可能是家庭支持系统比较薄弱,我们今年就有做独居残疾人高风险预防。我们那个社区老残户有两种情况:一个是老人照顾残疾人子女,另一个是残疾人子女照顾老人。老人照顾残疾人子女有一种情况主要就是重度残疾生活不能自理的一类,还有一类就是精神类的。精神残疾需要有监护人,不然的话会出现很多问题。这一类的残疾群体里面,老人本身的年龄大了,还要照顾子女,要是出现什么意外的话,比如他行动能力方面有问题的话他就没办法及时求助。所以我们就要利用国家的重度残疾人相关的政策设置有针对性的服务,在政府津贴的基础上运用社区各种支持网络为他们建构风险预防机制,重要是提升这种家庭自我救助或者向外求助的能力。(2-CTY20151228)

伴随中国提出建设适度普惠福利制度,残疾人社会福利保障制度也逐步完善——在残疾人的生活保障、康复、教育、医疗和就业等维度增加财政投入,扩大残疾人社会保障的范围和提高社会保障的水平,充分保障残疾人的社会权利,提升残疾人的社会福祉。与此同时,针对残疾人群体的特殊性,残疾人社会保障制度不断创新与改革,根据残疾人的残疾种类和等级进行差别化设计,以能力建设和人力资本投资为导向实施社会保障政策。这样普特结合,从残疾人社会保障的量与质上同时推进,有助于区分不同残疾人的需要,更有针对性地供给资源,提高福利供给的效率,也促进残疾人的能力提升,努力提高残疾人的福利保障水平。

三 可行能力框架下残疾人社会福利供给制度现实运作的特点

以可行能力的五个角度考察残疾人社会福利供给的实然状况,基于上述访谈材料剖析我们可以发现,残疾人福利供给实际运作呈现以下几个特点。

(一)多方积极作为

残疾人五个维度的服务供给剖析中,我们可以发现虽然政府均承担了重要的角色,但是其他的社会力量也都在自己的领域中以各自的方式积极为残疾人提供各类保障和服务,为残疾人解决各种生活问题,提升残疾人的社会福利水平。在残疾人福利供给的实践中,残疾人多元社会服务体系逐步形成与完善,政府在坚持以责任核心主体主导残疾人福利供给的同时,倡导社会共同关注残疾人社会福利,积极培育各类社会组织,引导企业参与服务供给,并努力协调政府与家庭、社会组织、市场等主体的关系，加强各服务主体的合作关系，逐步构建多层次的残疾人福利供给体系。虽然当前中国多元残疾人福利供给体系规范化还不足，但是各方服务主体均努力在各自的领域中积极开拓，思考创新，不断提升自己福利供给的能力，并不断尝试与其他供给主体寻找共赢的合作方式，完善资源配置，提高综合效益，共同为残疾人多元福利需要提供一定的支持与服务，增强残疾人福利服务的供需匹配能力。

(二) 需要导向供给

伴随着残疾人社会服务组织的不断发展和专业服务机构的引入，残疾人福利服务供给逐步由原来单一的自上而下福利服务输送模式转变为关注残疾人个性化需要，由下而上设置福利服务项目与国家传统自上而下设置福利服务相结合的"上下互动"输送模式。这种福利输送模式的一大特点是服务不断下沉，即福利服务的供给更多立足于残疾人的需要，基于个性化的评估，从残疾人个体的实际生态状况出发，链接各服务主体的资源，有针对性地进行福利供给。以需要为导向的残疾人服务供给促使各大服务供给主体在福利输送过程中越来越重视将服务下沉于残疾人的微观生态环境，努力真实、全面地考察残疾人的需要与能力状况，针对不同残疾人或者残疾人家庭的特殊情况和需要，有意识地对接政策资源和周围支持网络，确保能够有效地回应残疾人差异化和多元性的需要。这样的导向有助于依据残疾人的个别化特点逐步完善服务供给的渠道，形成整合的、无缝隙的福利供给机制为残疾人提供个性化和差异化的服务，提升资源利用的效率，提高残疾人福利服务的供需匹配的准确性。

(三) 专业力量参与

需要导向的残疾人福利服务供给思维的形成，使得残疾人多样化与差异性的服务需要得以逐步呈现。原有传统自上而下的、由政府统包的福利服务输送模式过于重视残疾人福利服务的"硬性供给"（如经济支持、无障碍器具等），而忽视了需要长期投入的"软性供给"（如心理建设、个性化康复等），服务内容与服务力量无法全面有效地回应残疾人的需要。为了实现根据残疾人不同类别、等级及需要的差异提供个性化、多样化、层次性的福利服务，政府便采用培育和购买各种专业组织的服务参与丰富和充实残疾人服务供给内容和供给力量，期待借助各专业力量的参与确保在残疾人生活、康复、教育、就业、社会保障等维度提供形式多样、内容全面的福利服务。专业力量的引入除了增加服务内容和维度，弥补单一政府供给的不足,更为重要的是,他们以各自专业价值和伦理为指导进行残疾人福利服务的供给,更加注重对残疾人的自尊和心理的关注,以残疾人为本进行服务需要评估和个案管理式地进行供给,更是进一步强化了以需要为本的服务供给思路。政府逐步转化政策理念,让专业的人做专业的事,有助于提升服务供给的准确性,提高社会资源的综合配置水平。专业力量的引入,注重福利服务供给的软性方面,一定程度上充实了残疾人福利服务的内容,提升了残疾人福利服务供需匹配的契合度。

(四) 关注能力建设

专业的引入与个性化服务的强调,使得残疾人福利服务供给逐步走向将残疾人视为完整的个体进行考察,不再一味地认为残疾人是有问题或有缺陷的,而是从问题和能力两个角度对残疾人进行评估。以能力视角的思路指引残疾人福利服务项目的设计,在供给中不再只是强调对残疾人进行生活救助,而是强调有条件地以残疾人的"赋权""增能"为核心进行福利服务供给,促其自强自立,特别是在残疾人的社会参与、经济参与、心理建设等维度的服务供给。当前的残疾人福利服务供给体系逐步形成了通过提高残疾人自身的工作技能、独立生活能力和自我情绪调节能力来促使其主动融入社会、参与社会的服务目标。通过上一小节的资料呈现,我们可以发现,具体的残疾人福利服务项目供给设置逐步立足于增能,进行各种设计,期待借助政策和社会系统等外力的支持,协助残疾人恢复失去的机体和社会功能,激发残疾人内在的潜能,提高残疾人的可行能力,引导残疾人自行解决自己的各种问题,同时发挥自己的特长,充分运用自己的优势实现自我发展与独立,缩小与正常人的差距。从可行能力看,把注意力转向了残疾人有理由追求的生活目标及其实现这些目标的自由。这样的思维一定程度上转变了残疾人福利供给关注的重心,有助于减轻残疾人福利服务供需匹配的压力。

四 小结

在政策设置基础上,残疾人服务体系依据各自对政策的解读和可调动的资源为残疾人提供各种服务,确保残疾人的社会福利。本小节基于残疾人各服务主体的调查,以可行能力的五个维度呈现了现实中残疾人福利服务的供给状态。研究结果显示,残疾人服务体系已经形成了以政府为主导,社会多元主体共同参与的格局。在促进残疾人政治参与、社会参与、经济参与、心理建设和社会保障五个维度提升方面呈现出多方积极作为、需要导向供给、专业力量参与、关注能力建设等特点，这样的服务供给一定程度上落实了残疾人政策设置，保障了残疾人福利供给的顺畅，确保了残疾人的社会福利水平。

本章小结

本章在可行能力框架下基于残疾人社会福利政策文本的解读和社会福利供给主体深访材料的剖析，分别呈现了当前残疾人社会福利供给的应然状态和实然状态，及其各自呈现出来的特点。

（1）在残疾人社会福利供给的应然状况上，国家基于公平优先、尊重人权的政策理念，以公民权利为理论指引，进行各类各级残疾人社会福利与社会保障政策的设置。从政策设置的内容剖析可见，政策期待通过以政府为主体建构多元的服务体系，提供较为全面的残疾人服务，期待实现残疾人"平等、参与、共享"的服务目标。

（2）在残疾人社会福利供给的实然状况上，中国逐步完善残疾人服务体系，呈现了以政府为主导，社会多元主体参与的格局。基于社会经济文化的现实，各服务主体在促进残疾人政治参与、社会参与、经济参与、心理建设和社会保障五个维度提升方面各有特色：中规中矩地保证残疾人政治参与、多维作为推动残疾人社会参与、重点突破提升残疾人经济参与、专业引入促进残疾人心理建设、普特结合扩大残疾人社会保障。整体的残疾人服务体系实际运作呈现多方积极作为、服务逐步下沉、专业力量参与、能力导向明显等特点。

第六章

张力与转型：可行能力下残疾人
福利供需困境与改革研究

基于调研资料的分析与解读，第四章和第五章分别呈现了在可行能力框架下残疾人社会福利需要特性和残疾人福利服务供给的应然与实然状态。可以看出，残疾人社会福利供给不断地提升与完善，残疾人需要有了较好的回应。但由于残疾人群体的特殊性，需要呈现出的复杂性，以及受福利供给体系建设的主客观要素的制约，使得残疾人福利供需之间仍存在一定的困境与张力。本章将立足残疾人和供给主体的调研资料，将需要与供给进行比照，归纳残疾人福利供给的张力焦点，并基于各方的声音尝试提炼残疾人福利供给制度与体系转型的建议，为解决当前残疾人社会福利供需困境提供方向，促进残疾人福利制度改革。

第一节 供给张力：可行能力下残疾人
福利供需困境剖析

可行能力理论以功能和能力为核心概念考察人类福利内涵，其着力点在于用"个体在生活中实现各种有价值的功能的实际能力"来评价生活质量（Sen, 1993）。它关注的中心问题是"一个人实际能够做什么或成为什么"。个人的福利取决于他所能够实现的功能。因此，在可行能力框架下的福利供给关注的是社会政策设置所能提供的福利服务是否有助于提升个体能力。残疾人福利需要的满足程度是作为福利对象的残疾人与各提供主体之间相互作用的实践结果。随着中国步入"社会政策"时代，从上一章的结果剖析可见，残疾人社会福利提供体系不断完善，各福利供给主体的供给能力不断增强，残疾人社会福利水平在一定程度上有了改善。但是基于功能—能力框架审视，当前残疾人福利供给还存在一定的张力。

依据调查资料分析与提炼,残疾人社会福利供给的主要困境呈现为以下四个方面。

一 普特难择:残疾人社会福利的分配基础两难

残疾人社会福利的分配是基于专业诊断区分原则为核心的各资格条件的混合运用。从学理上看,残疾人是否享受社会福利、享受什么样的社会福利是由专家进行判断的,并据此决定某个个体是否具有差异性需要,需要为该个体提供哪些特定资源与服务。也就是说个体能否享受残疾人社会福利服务是依据其是否具有专业机构出具的残障证明,而个体能享受到的福利程度则是根据残疾类别与等级来确定。当前诸多的残疾人社会福利政策项目也是依此进行设置,伴随着中国建设适度普惠型社会福利制度的推进,残疾人社会福利各种制度与项目越来越多,社会福利水平也不断提高,但同时,各个项目在设置与运作中的分配基础却多少存在一定的两难。

我每个星期都要花600多元买药,降血压、血脂、治疗糖尿病的都有。医保卡报销一点,我们也不知道多少,反正医院直接扣掉,这样一个月买药也要用一两千块。现在老了没地方去,像那个田地也都没有了。征地补贴那几块钱早就花完了,像我药费每个月1000多元,家里还有一个90多岁的老母亲,还有我老婆三个人,就靠我老婆的一点点收入养家糊口。我们开那一个小店,根本竞争不过人家,没本钱,货都办不齐,你说谁会来你这里买,只有邻居熟人来买一些,补贴家用,还好那个房子是自己的,要是租的都不够付房租。现在国家是有不少的政策,可是我这样的情况都享受不了。(1-LYJ150724)

我现在是农村的医保,去岛内看病什么的太贵,有的报销,但没有全给你报,好像有超过1500元的部分会报一些(60%还是多少),实在看不起病。在村里拿那种止痛的药是没有办法报销的,那个药副作用也大。身体上的病症发作时比较严重,但没有经济基础,没有办法得到有效的治疗。平时变天的时候,身上的关节(大关节)会很疼,穿衣服上厕所什么的都没办法,今天早上来参加活动之前穿袜子一只脚都要5分钟。以前去医院看啊,拿的药吃了都没什么效果。医院还很贵,之前去一次花了2000多元,就化验了一下血什么的,开出来的药还是跟以前一样的，医药费有报销的，但是要住院。还有好像1500元是要自己付的，根本就没那个钱去付，加上现在这类药副作用多，副作用比治疗的效果还大，都不怎么敢吃，感觉自己的记忆力都因为吃药吃得下降了。身体上的疾病严重，但是经济上又没有办法支付医药费，村里小药店开的药也不怎么敢吃，有时病情发作也只能自己忍着。真的希望政府在医疗或经济上给我们这类的残疾人多一些支持。(1 – CMC20150723)

有一些重度残疾的要办居家托养，可是太贵了，家里面听说要全资就不要居家托养。像我一个服务对象，有过脑出血，现在就瘫痪，连言语都不能说，他老婆就跟他离婚，现在家里有一个70多岁的母亲，还有个女儿3岁，像这样的人在家里也没人能够照顾他，如果要送到医院什么的家里要拿钱出去，他们根本就拿不出来啊！(2 – HMM20150807)

残疾人的生活现状一定程度反映出当前福利的不足。虽然残疾人福利的给付基本条件是基于专业诊断的证明，即残疾证，可是在这个福利领域内也同样设置另外的触发标准，比如各类津贴是基于残疾等级和类别设定的、相关的补助需要一定的条件才能申请。因此残疾人社会福利还是具有一定的选择性给付色彩。诸多的残疾人服务者基于残疾人的生活质量现状倾向于扩大残疾人的福利面与提高残疾人的福利水平，认为当前的残疾人社会福利制度还是具有很多选择性的，有一大部分的残疾人没有办法被关注到，无法有效保障残疾人的合法权益，全面满足这个群体的需要。

很多一线的残疾人社会工作者在入驻各类残疾人集中服务中心或家园时都会碰到类似的情况："我们在走访过程中发现了一个最大的问题，现在能走出家门的残疾人，还不是问题最大的，最大的问题是有一大批的（残疾）人是还没有走出来的，我们现在服务的残疾人都是面上的，还有我们看不到的，很多人没走出来。比如在职业援助这个中心，它是有条件和标准的，比如肢体残障是要几级残障才能到这边（接受援助），精神残障，就要三级残障才能来（接受援助），一级二级就没能来，这样制度固化的问题就出现了。我们这次走访发现，那些一级二级残障的全被锁在家里。实际上，这部分人才是我们最需要（提供服务）的。我们说能力好的对象，我们能帮助他们展能。那么对于那些没有走出家门的人怎么办呢？只是给点补助？现在的政策关注点可能会把这部分群体卡死了。"（2 - DSM20151215）服务面的局限在很多的残疾人援助中心或福乐家园都会存在。HL 福乐家园卢园长也有同样的感受："2009 年才开始做的家园，我们是第一批，这个项目可以说是非常好的，但是覆盖面有限，这些都是政府资源，像我们这样一个园一年要三五十万元，很多残疾人家长有意见，残疾学校师生比是三比一还是六比一，我们是到了十比一，我们没有配备护理员，所以重度的我们是不收的，只收轻微的智障，以残疾证为准，四级智障，只要有四级残疾证就可以了。"

福利资源分配依据残疾等级进行，在社区进行服务的社会工作者涂×燕有另一种说法："我没办法说清楚利弊，但是我能说它目前的一个现状，我服务的这个社区，较严重的一些对象，比如我现在服务 36 人，我了解到的其中五六个比较严重的对象，他们自身都还感觉挺好，因为残联对他们有一个持续性的支持和补贴，他们就觉得还不错。残联还是蛮实在的，尤其家政服务这个做得特别到位，偶尔还发点有用的东西，服务对象对此都赞不绝口（重度残疾）。来个两极分化的吧，我现在接触到的二十几岁较年轻的这拨人，他们会说：唉，你怎么又来了，不是一年前才找过我们的吗？他们是年初会有一个评估，评估完他们（服务对象）跟残疾人联络员反馈的这些信息，但是都没有得到回馈。现在我来了，他们也直白地说也没用啊，因为几次没有得到回应，他们都不想再表达了。"社区残疾人联络员 LY 工作中也碰到了和涂社工一样的困境："有一些残疾人提出的要求，我们是做不到的，政策上没有关于这个要求的相关规定。像那种困难生活补助是针对重残的一级或者二级的，是有门槛的。有一些轻度残疾，他们的福利会比较少。他们就会觉得自己被忽略了。我们当前很多政策的重点也是放在重残方面的。"（2 - LY20160302）实际上到集中服务点的那些人是在轻度中比较严重的，更何况并不是所有符合的残疾人都可以进入这些集中点享受这类服务，服务点提供的服务只是针对重度的残疾人。这样的设置必然使得一大部分残疾人无法享受到一点点福利上的惠及。残疾人社会福利服务的给付很大程度上还是立足于残疾类别和等级进行设置的选择福利，它的分配基础有待扩大以便更好地回应残疾人的需要。

而另外一种现实的存在则从其他角度说明扩大分配基础的必要性。残疾的认定存在一定的评定操作空间。一方面，残疾的诊断还不是一门十分准确的专业技术，其认定受到诊断者专业能力的影响；另一方面，残疾的诊断存在一定的人为操作的可能性，为了获得某种福利，人为地放宽或收紧鉴定的标准。很多残疾人工作者在自己的工作中多多少少发现有这样的情况。

很多好好的人办残疾证，还当残疾人联络员，而且他们进来这个队伍后还排挤我们这些真正的残疾人，他们看不起我们。有一个残疾人联络员说看到截肢的吓得要命，反正她就是图不用上班还可以领到钱。很多正常人办了残疾证来享受补贴根本没有受到监督。每年有什么补贴下来都是让正常人领了。还有医生的问题，××医院也这样，给多少钱就办几级，有的还和残疾人联络员相互勾结（获得补贴）。（2 - HMM20150807）

上有政策下有对策，脑袋灵光的人就会打擦边球，我们就有学员达到2000多块水平，包括法律都是有漏洞的。都往残疾人这块倾斜，民政往残疾人倾斜，以前计生口是最牛的，他也往残疾人倾斜，导致有人可以多重享受。就有这样的问题，一个残疾人比大学生的工资还高，现在也在调整，他们收入全部来源于政府，残疾人除了政府没有其他的收入来源，政府也都往这边倾斜，开头的时候总是有瑕疵，慢慢地完善。（2 - RYZ20160222）

重残其实他并没重残，他是为获得更多的补助，然后便把自己的残疾等级升级一下。人为升级啊，政府兜底的政策太好了，他就懒了，就宁可去做重残，本来很轻。现在你也知道厦门市很小，而且医生在定点检查几家医院，残联说明书上都有听力的找哪几家医院找哪几个医生，很清楚啊。说实在的，我们权力寻租很简单，厦门小，很多的关系很容易找到，随便找个医生弄一下。升级完以后他又觉得坐在家里面无聊就想说来援助中心看能不能再捞一点，捞一点他就发现如果我们查得严一点他捞不到了，他至少还能做一点小手工，那我就在想，既然这些人能有做小手工的能力，干吗会去申请重残。所以说那天我们也在探讨，兜底的力度要不要太大，这个补助要不要太多，这是一把"双刃剑"。理事长说本来他在做理事长之前，原来一二级没那么多，等他上来以后政策出台有重残补助，哇，一下三分之一都变成一二级，原来那三分之一应该是能到援助中心来走向社会的，变成直接升级了。好像短期他获益了，很太平，这是一种粉饰的太平，企业不景气还是什么情况，这个担子到时候还是甩给你。（2－LH20160303）

所以无论是等级设置还是人为因素的干扰都在一定程度上影响了社会福利分配的结果，使得那些原本符合条件的服务对象由于各种原因而可能无法受益。基于此，同样有一定的残疾人事业从业者认为残疾人社会福利制度要警惕福利依赖现象的产生，认可还是应该存在一定的选择性或者简要的门槛，让社会福利资源能够有效地为真正需要的对象服务。残疾人社会工作者林×君在社区进行残疾人的需要评估中就有如下的发现："政府有点过度的保护。像精神二级的人没办法出来就业的，事实上问他们，他们认为每个月有600块的补贴，那就可以不用出去工作，就使他们逐步产生了福利依赖。政府在政策的制定上就是有点太简单粗暴了，它没有细节的设置，比如你要拿到这个东西，你一定要有一个怎样的动作，或者你有一个主动意愿去（做），这样地设置一些门槛。这些门槛可以不用太难。"很多残疾人社会工作者认为自己不应该成为原有残疾人系统的另一种操作者，而应该润色和反思原有的系统，警惕残疾人形成福利依赖。

之前不是鼓励出台一些重残的政策，一直在兜底嘛，政府放的力量太多，很多人都喜欢去做底，人就有惰性了，这其实就是惰性！比如说低保一直提，大家都尽量不去工作，提的都比就业还好，宁可在家躺着睡觉起床以后去打麻将收点房租，比上班还好，我干吗要去就业，那这个社会就不能良性发展。所以我们也向理事长提议了，兜底是要，但兜底的力度，是什么时候下力或者什么时候撤出来多少力，这个东西我觉得，他也认为说应该把握社会正常面，比如就业、经济发展这方面的，帮残疾人、援助中心增能，把残联这个能力逼出来，倒逼出来。（2－LH20160303）

残疾人社会福利分配基础的确定是一个涉及多种要素的复杂过程。在建设适度普惠型残疾人社会福利制度的进程中，是基于普遍性原则抑或选择性原则，成为残疾人社会福利服务供给分配的两难。更何况任何的政策设置背后都是复杂的价值支持与引导，无法简要地一分为二。或许正如访谈中一位项目社会工作者理解的一样，我们应该在一个更大的层面上来协助残疾人，而不是纠结于基于什么进行分配。"当前的残疾人社会福利政策可能又违背了一个平等性的原则，我们一直在呼吁残疾人和健全人是一样的，要平等对待，但是在政策上，你是残疾人，我给你一些其他人没有的帮助，这样的帮助存在一定的标签化。出于这一方面的考虑，我们可以从更宏观的角度去想，不是从福利角度去帮助残疾人，而是换另一个角度去帮助残疾人，因为福利制度是他本身已经是残疾人了，他的能力比一般人要低所以你才来帮助他，跟正常人一样的平台。现在还有一种情况是，残疾人能力相对较低，我们可以从社会宣传方面把这个社会建成一个友好的环境，使残疾人可以像正常人一样出行，他可以上无障碍洗手间，可以顺利去这栋大楼上班，他一步一步上来，就跟正常人一样。只要他有这方面的机会，你就不用从这一块（福利政策）把他扶起来了，从一个更大的方面而不是给他一些补助把他扶起来。通过社会倡导，让他自己有能力。当社会真正平等对待他，他也会觉得：'我只是少一个工具而已，我要去××我只是少个工具，好我用个拐杖，我是盲人我要去××，没关系我少一个工具而已，有个盲道我就可以去了。'有这个平等的机会你就可以去了。我真的觉得福利观念的宣传是至关重要的。"（2 - YHH20151210）

二 孰优孰劣：残疾人社会福利的给付形式之惑

以什么样的给付形式为残疾人提供社会福利也是残疾人社会福利政策设置与实践中必须面对与解决的困扰之一。现金和实物是社会福利供给中最基本的两类给付方式，这样的二分法奠定了社会福利分配内容的分析框架。[1] 以可行能力为框架对残疾人福利需要进行考察，我们发现残疾人需要并非单一，而是呈现出多元化态势。当前残疾人社会福利供给也随之对社会福利的给付方式进行了拓展，除了现金补贴和实物救助外，还有机会、服务、退税等形式的社会福利分配形式。

---

[1] 黄晨熹：《社会福利》，格致出版社2009年版，第148页。

残疾人的贫困是一方面，政策给予现金补助。但实际上还有更多方面是经济之外的。根据这种情况，我们这次购买的社会工作服务项目是残疾人的心理援助，我们就发现这些残疾人特别是自闭症孩子的家长，精神病的家长得精神病的越来越多，从中可以看出这些家长的照顾压力是很大的。所以我们现在就打算拓展服务，准备做一些家长的培训，家长的减压，还有入户给他们做一些调适，提供一些专业的服务。（3 - HQX20160217）

当前政府比较重视两个残疾人专项保障制度：困难残疾人生活补贴和重度残疾人居家护理补贴。这两个制度一定程度上缓解了这两类残疾人的生活和护理问题。可是我个人认为还是需要一些创新，我们现在老是给钱，实际上重度残疾人护理，可通过政府采购护理服务的形式进行输送，比如说可以分区进行，尽可能提供个性化的护理。我们接下来也想尽可能推动以多种方式为残疾人提供福利，使得福利真正被需要的人获得。（3 - GPJ20160310）

在创业方面，残疾人有残疾证，创业会有创业保障金，可以申请创业补贴，继续经营的话，我们会给他申请经营性补贴，包括那种个体工商减税免税申请。可是正常创业启动资金比较多，哪怕是开一个小店，要运营一年也要投入不少。残疾人要享受这样的福利也是有压力的。申请报刊亭的，这种成本会低一点，局限性就是在这个区域有了就不能再申请了。（2 - LY20160302）

残疾人需要的多元化已经逐步被政策所觉察到，可是很多残疾人社会福利供给方式的采用并没有使残疾人的需要得到满足。实际上，在对残疾人社会福利给付方式上的考量中需要面对两个问题：一是以什么形式供给；二是执行标准怎样确定。只有采用了恰当的福利供给形式并以合理的标准进行给付才能真正有效地回应残疾人的需要。基层的一些残疾人服务就存在形式走样的现象，正如社区的联络员 LY 所谈到的："由社区提供康复服务，这样的形式当然好，可以就近享受到服务。可是一个康复室建到三楼、四楼，这样对于残疾人来说很不方便。还有村居这些也不能随便进入。没有那么自由说你想去就去，社区也是考虑到器材的管理。像做康复活动的这些人,就是行动不便,有些又没有电梯,而且也没有宣传广告,很多人确实不知道。更何况康复室和办工场所在一起,社区人员都在上班,残疾人到那去做康复也会有影响。另外,有些器材残疾人根本不知道怎么用,不知道哪一些对他有效果。像我们这边也有这种康复指导,但是康复指导也没有受过相关的培训,也不怎么会操作,而且我们也不知道有没有效果。我们只能想到那个养生啊,卫生院有过来讲的,有一些了解。如何让这种福利真正起作用才是关键。"(2-LY20160302)由于原有津贴和现金补助的福利形式逐步呈现出一些问题,使得很多残疾人福利供给主体不得不依据残疾人需要日益创新服务形式,MLXL社会工作机构负责人DSM在服务中有了这样的见解:"现在很多残疾人福利就是津贴,没有考虑到如何让残疾人逐步自强自立。但实际上,像精神残障,可以从一级演变为二级三级,也能从一级二级变为三级,这是会随时间变化的。事实上,如果及时进行干预,是有可能恢复的。政府这么做,把门又给他关住了,同时社会又排斥他们,那对象很快就会恶化为一级,他们就一辈子只能终老在家,家里就要养他一辈子。所以我们机构现在就在思考如何在我们社会工作和心理学介入后改变一些原有政策所提供的福利形式,引入新的服务形式为残疾人提供服务。"(2-DSM20151215)

服务式的福利越来越多地被引入,成为残疾人社会福利供给的重要内容。可是服务式福利供给的效率却存在一定的偏差。DF残疾人职业援助中心主任SZR在谈及残联购买的社会工作服务时有这样的表述:"现在残联购买心理学或社会工作服务,这样是好的走向。但是实话实说,我是觉得说刚开始搞的话会比较新鲜,但连续搞几次的话就显得单调,很多活动只是浮空,专业性不突出,没有深入到残疾人真正的需要,就是不能很好融合他们的需求。如果服务能来做驻点效果会比较好,驻点一段时间要跟这些人打成一片,每个人的性格、他们的需求这些都掌握了,根据他们的需求来开展会很好。"(2-SZR20160229)同样的话语也在JL残疾人职业援助中心主任口中出现:"现在政府都鼓励购买残疾人社会工作服务,买来服务又青黄不接不适应不接地气。原因其实是什么,就是要培育本土,培育本土的根源就在基层,扎根基层才能接地气。"

个别化服务是一个方向,所以现在政府都期望通过购买社会服务实现,这个部分我自己的感觉是现在是很多,但就是社会组织鱼龙混杂，有好的，有不好的。要怎样建立一个第三方评估机制，要怎样有效地运作，因为毕竟是新生事物，所以大家也没什么经验，整个评估体系都还不完善。这个就限制了服务的有效性和残联购买的动力。（3-CFH20160226）

除服务类福利的局限之外，税收和保险优惠的福利设置在运行中也存在一定的漏洞。

> 我们也碰到过这种家长，因为要照顾孩子没有工作，所以有一些财务上的问题。我们有一批孩子又会做手工，他们去福乐家园好像有一些收入，但是家长就觉得这样自我的实现度还不够。这个时候要对接一些事情，其实你一直鼓励他创业，我自己学心理学，我从学科角度看，这给他们造成了压力，因为创业毕竟是一种很有压力的事情，其实是不合适的。我认为应该由我们这些人去做一些事情，让他们（残疾人）能够比较安稳地生活，这是最好的社会现状。因为现在中国到处鼓励创业，但是我觉得这种创业会带来很多焦虑。其实对残疾人并不见得是好的。每个人都有各自的强项，而不是每个人都去争这些东西。（2-LYJ20160302）

> 残疾人最担心的应该是医社保的问题，有些人就说，"LH主任，我一直想就业，但是企业看我这样就不想要"。他很担心，现在靠他母亲养，那以后母亲走了怎么办，并且他也在担心医社保的问题。当时遇到这样的问题我有两方面的思考：有些人确实没办法就业，政府应该做出一些救济措施的，比如说医社保给他缴交，现在企业有这个精力有这个钱，政府也有这个钱，能给他缴交。这里面还能照顾到一些真正能就业的但是现在还在家里面待着的人，比如说你到援助中心能够缴交医社保，他自己有一些根基嘛，就业以后跟企业合作可以无缝衔接。假设说企业把他辞退了，回来又纳入一个循环系统，那既能保持残疾人能力发展又能体现政府的关怀；第二个触发一些真正能就业的人走向社会，就把那些懒而不想就业的人给倒逼出来，就能焕发更多正能量的东西服务社会，也能让真正想用工又能享受残疾人政策这种良性招工企业鼓励这种阳光向上的一面。等倒逼出来以后，兜底

这方面再视情况而提高。这样两手抓，有个天平的作用、互补的作用，不然太重于兜底，这些人都去追求底，真正去就业的残疾人就少了。最后，短期很太平，但最后还是会爆发出来，担子还是会扔给政府。另外，现在政府都鼓励购买残疾人社会工作服务，买来服务又青黄不接不适应不接地气。原因其实是什么，就是要培育本土，培育本土的根源就在基层，扎根基层才能接地气。（2-LH20160303）

残疾人社会福利的给付方式逐步扩展，逐步在一般性社会保障体系基础上增设针对残疾人的专项社会保障项目。当前残疾人专项保障项目主要针对康复、就业、教育等领域进行设置，然而在生活救助和医疗保险等领域仍没能建立有针对性的服务，更多以低水平的现金补助进行。更重要的困境是任何一种新的福利供给形式的引入都存在一定的磨合期或完善期。因此，残疾人社会福利供给形式仍需进一步拓展，以有效地回应残疾人需要。当前残疾人社会福利给付之惑便在于知道要以多种形式进行，可是到底什么形式最优、什么样的标准最恰当这两个角度却无从确定。

我们假肢这个部分，最刚开始是规定15年一换，现在好像改为8年了，可是我们还是觉得时间长了，有使用的人都知道5年时间就差不多要更换了。而且政府统一采购的都不太能用，很多也是浪费。实际上这方面的政策可以改一下，比如说你给我们一定的经费补助，我们根据自己的身体情况找专门的商家定制。如果政府怕市场不规范，你可以指定商家。但至少我们每个残疾人要用的假肢应该是个别化设计，不然真的统一送的都没用。（1-XM20150731）

残疾人个性化需要的回应是现在整个服务体系的建设重点也是难点。就业培训的针对性、辅助器材的适配度、特定群体的托养服务等都是我们接下来工作要突破的。比如说大龄自闭症的陪养，也是我们准备要做到的。自闭儿童的服务比较多，社会机构办得很多，公办机构也很多。现在是大龄，14岁以上的，福利供给有个空白的地方，而且有的程度很重，他又进不了日间照料机构，日间照料机构人员配比的话，一对一没办法。有的男的已经很高大了，有的又有暴力倾向，要定期服药，他是属于精神类的。这些人的服务提了很多年，我们也了解了全国现在没有针对大龄自闭症的服务，那我们也想能不能通过政府购买服务，有没有机构愿意承担，我们以政府购买服务的形式，你接受一个，我们给你补贴，我们给你承担一些。社会福利的提供越来越需要细化和专业化、个性化地进行。（3 - CYZ20160310）

无论是物品上的供给、服务的推送抑或税收保险的优惠，残疾人个性化需要的回应成为残疾人社会福利供给形式拓展的基础。当然在这当中还是需要考虑社会福利供给方式的可转换程度，即这种福利形式被转换成其他形式的可能性大小。[①] 福利形式的供给除了尽可能地让服务对象有更多的选择自由，也要预防福利被挪用。

残疾人全面而多元需要的呈现是促进残疾人社会福利供给方式不断拓展的基础，近年来残疾人社会福利供给形式逐步完善以不断地回应残疾人服务的需要。由于残疾人群体的特殊性，当前社会福利给付方式还是无法全面地满足这个群体的需要，主要的困境在于：一是回应残疾人各种个性化需要到底应该采用什么福利给付形式？二是引入新的福利供给形式，如何进行操作可以更优地满足残疾人需要？三是如何有效地对一种新的福利给付方式进行专业有效的评估，以更好地优化。

三 系统缺陷：残疾人社会福利的组织输送之困

我觉得现在相对来说，我们的制度已经做得不错。但是我会发现一点，制度的实施有很多好的政策走到基层会歪掉、扭曲。比如我们政府对于残障人的居家无障碍改造，包括在残疾人家中，准备坐便马桶、加个斜坡，等等。我发现有些村居做了，但是有一些村居里就有个残疾人跟我们反映说，我家没有卫生间，我每次都要跑去公厕，或者不能用蹲便，需要坐便。在我们走访时，问他的需求，他就说政府能不能出钱帮他建个卫生间。但事实上，去看我们的制度条款，是有这部分福利的，但是这些有没有传达下去，或者在传达过程中，这些人有没有很好地去实施。我们国家的很多福利政策其实挺不错的，但是一层层走下来之后，却走得没影了。就像我们在玩传话游戏，第一

[①] 黄晨熹：《社会福利》，格致出版社2009年版，第148页。

个人做得像模像样的，但是到后面就变样了，当然这我也说有各种理解差异的问题。所以在制度实施方面有没有一个监管的东西完善。如果残联能够去一些村居抽查，去看看一些家居无障碍的改造到底做得怎样，可能社区报上来 40 人，最后被抽查 5 个，一个个去了解。但它现在可能变成了，连申报的时候（都存在问题）。因为现在残疾人其实能够得到的福利和情报，就是信息无障碍方面的问题。我发现在这方面存在两个问题：一方面是，这些信息的传达都是残疾人联络员，但是有些残疾人联络员，其实是没传达到的。或者是有的联络员去筛选，再汇报，那么当联络员间评估标准不一样的时候，就会使有些人该享受没享受，有些人不需要却占用了，这些情况我都经历过。像我们在发灾款的时候，你跟我关系好可能没那么严重但是多给你一些，你可能受灾更严重，却没办法拿到更多。这是我以前调研写过的，那么现在残疾人工作也一样存在，一个是信息方面没有办法及时得到。另一方面是我们这些需求不是残疾人自己来报，是由联络员来报，信息的宣传没有到位，该享受到政策支持的人却没得到。(2 - WZX20151210)

这是一个残疾人服务机构负责人在进行残疾人需要调查和服务实践中对于残疾人社会福利制度落实不足的描述。社会服务提供主体如何有效组织将福利产品输送到福利对象手中是社会福利供给效果实现的核心环节。通过第五章残疾人社会福利供给的剖析笔者发现，残疾人社会福利供给主体日益多元化，逐步形成了政府主导、社会多元主体参与的服务格局。这些服务提供主体之间如何有效地形成一个整合且综合的残疾人社会福利供给系统，提高福利输送系统的一致性和可及性成了影响当前残疾人社会福利的另一个困境。

我们在服务过程中有遇到过一个服务对象，他告诉我们，他想要一根拐杖。我们就把他的需求反映到残联，他们就说残联可以提供，但是并不是说你想要就给，要等一批人一起申请。但是她又等不了了，福利提供不是以服务对象的需要为导向，而是依照行政办公流程进行。(2 - LXY20151215)

（对残疾人联络员的评价）他就是按制度、按流程做事，其他的像人性的关怀他都不管（很强的行政化倾向）。一开始我不懂，就一直跟那个人对接，因为我们都是一线，我的领导跟他的领导都没有沟通过，我一直找他，他却一直在公休，我不明白怎么一年到头一直公休。后面他才说，你不能来找我，你要找你们领导去找我们领导，要不然我做很多工作，我领导不知道，我又没有钱凭什么做这么多，我才明白。（2－ZZX20151228）

　　政府作为主导残疾人社会福利提供的核心主体，单一进行服务供给过程中伴随行政权力的赋予、扩张和强化，其结果必然是官僚化和行政化过程的强化，从而造就了笨拙和缺乏回应的服务。[①] 过分行政化造成了政府这一残疾人重要的社会福利供给系统输送的不流畅，这样的设置使得残疾人在福利获得上困难重重。很多残疾人服务机构设置管理机制并没有很好地理顺，影响了相关系统的运作和服务的提供。

　　现在援助中心的位置没有定义，虽然我很想按照我的理念去做，但是主管部门是街道，很多是根据街道的理念去操纵中心，我没办法按照我的理念去做，这是我的困惑也是中心要发展的难题。如果我能按照我的理念去做，一定尽力地根据残疾人需要进行运作。可因为上层层层理念的束缚，我没办法按照我的理念去做。我们的业务主管是一级一级的，你想提供什么东西，领导不同意，这个计划就得搁置或者停下来。因为有些东西残联会了解支持，可街道就不一定会理解了。像有些人员的配合我也没办法，我们中心一有优秀人员，就被街道调走，所以工作人员是一直在流动的。残联是我们的业务主管，可是行政管理是属于街道，这样就要两边对话，无法很顺畅地沟通，对服务项目的开展影响很大。（2－LYL20160311）

　　管理关系没有很好地理顺使得服务理念执行过程中存在的偏差一定程度影响了残疾人社会福利服务的输送。由此引发出导致残疾人社会福利供

[①] 陈静、周沛：《老年社会福利供给中的市场作用及实现机制研究——基于福利多元主义视角》，《天津行政学院学报》2015年第2期。

给系统出现障碍的另一个原因是人才队伍建设制度的不健全，使得从事这个领域服务的人员在提供高效高质的服务时存在一定的困扰。一方面是工作者本身对于服务开展的困扰，残疾人社会工作者邓×燕谈及自己的服务困惑："我们一毕业就被安排到项目里，刚毕业又没有什么项目思维，只能从点往上做，点怎么来呢，参考其他机构怎么做的，我从入户开始，然后开手工小组、出游啊，从点往上做，可是做这些没有一个系统的项目思维，所以一年做下来，评估的时候好难过，都没有做什么，然后他们给我的反馈也是让我们毫无成就感，唯一的成就感就是有几个人一年到头和我经常接触跟我很熟，其他人有我没我是一样的，生活照样。成就感找不到，也没有从项目中实现自我成长，因为一进来，没有人教你怎么去做残疾人项目。我们机构每个人都是这样从点开始做。没办法把这些一点一点的东西整合成一个面的东西。"这个问题在很多残疾人援助中心同样存在，很多中心的工作者都会去考一些专业的证书，可是其出发点却不一定是为了服务质量的提升，可能更多的是冲着补贴而参加。"把课本上的知识跟理论相结合还有待潜移默化的过程，这也是说为什么我们本土的实操不够，就是这个原因，光有证，但是你怎么把证的理论化成实践动力，然后产生更多的专业效能出来，这方面很薄弱。光靠培训是没用的，一定要实打实地去操作或者有人来带。人才建设不好，服务质量就跟不上，必然会影响社会福利组织或是提供。"（2 - LH20160303）人才建设的另一方面则是团队的整合与形成的困难。YD残疾人援助中心主任LYL对于中心的服务有着自己的理念，期望能针对性对中心的学员进行合适的引导和培养，可是合理的服务团队建设却一直是使她头痛的地方："援助中心需要一些幼儿教育的或者音乐方面的专业老师，因为这方面都是按照我的理念去开发智力。幼师可以教一些智障孩子，智障孩子的智力水平就是幼儿园阶段，我需要幼师这种受过专业技能训练的，帮助他们就像对幼儿园小朋友，慢慢的。像大学生、本科生让你去教幼儿园他教不好。因为援助中心智力障碍的也很多，所以其实需要幼儿教育这方面的人才。音乐本来就是一个兴趣爱好的培养，也是一个兴趣，一个情绪调节，也是康复训练一种特殊的形式。其实我真的需要这两方面的人才来支持，因为我手中的人才，只要是人才都被街道调走了，街道把其他的人调过来，我手中的工作人员已经被街道洗了好几遍。其实我真正有自己的决定权，按照我的要求我的理念，然后选择适当的人才。但是我觉得幼儿教育和音乐方面的培训是真的很适合援助中心的整个运营。"（2-LYL20160311）残疾人服务体系内的人才成长和培育没有得到足够的重视，人才结构性的偏差严重限制了社会福利的供给质量。

> 我们系统中开会比较多，平时工作问题也有一些交流，针对性的培训比较少。社工考试是我们自己去报的。市里面就组织过一次，我们工作的上岗培训，其他培训都很少。我们工作还是需要专业上的交流和成长。不然真的只是自己靠自己的理解运营，很多服务是不到位的或者说是不能很好地回应残疾人需要的。（2-SZR20160229）

各个系统内部服务人才队伍建设的缺陷与不合理造就了各个系统之间理念的差异，致使残疾人社会福利供给系统之间的协调也存在一定的不匹配，进一步引发了供给系统之间服务提供的整合性不足，服务的碎片化和不连贯倾向明显。

> 现在政策之间和其他部门之间，本身存在着联系，社会落实不好也有很多。现在我们政策怎么跟他们对接好，怎么以全市系统进行思考问题。现在很多情况是我搞我的，他搞他的，而不是站在全市这个角度去统筹。还有管理上资源共享的问题，整个厦门市，现在是大数据时代，公安归公安的，教育归教育的，我们残联做我们残联的，各管各的东西，各管各的数据，不能共享整合，这样很大影响了残疾人服务的开展和提供。（3-LDR20160310）

相对宏观政策设置之间的整合有了缝隙，使得具体残疾人社会福利提供过程中各个提供主体之间的沟通存在间隙，无法进行合理的协调与对接，导致残疾人在获得与使用社会福利产品方面存在各种不便的状况。一个残疾人社会工作者以自己的亲身经历来呈现各个系统之间的分散性和不统一，服务无法高质量提供："我亲身经历过把一个奶奶送到精神病院。在接收的时候很多条件在里面，比如家属签字啊，你有没有家属啊，照顾的这部分钱是谁出的啊。社区说可以申请一个紧急救护的资金，但是后面的钱怎么办。当时医院就把她送回去，警察也在旁边，我们就问要是有人再报警你们怎么办，他们说我们就是走个过场，就是这样。面对这一部分的时候我很惊讶，我无法理解怎么可以这样做，这样的事情可能不止一次发生了，为什么没有改变（各个服务系统没有针对精神残疾的一套应对机制）。她家里严格来说有两个个案，这个奶奶已经70多岁了，她儿子有精神残疾、有暴力倾向，被防暴警察带走，被五花大绑绑走的。奶奶就一直说她脑袋里有一条黑蛇一直告诉她，她儿子被杀掉了。为什么会把她送到精神病院呢，是因为住在她对面的邻居会一直报警，说她有伤害性和危险。因为她在家里舞刀弄棒。社区也觉得先把她送去评定，可是法律要求说是在她发病的时候去评定，签字的时候她到底有没有家属，社区这边查到她好像没有家属，不能百分之百确认，所以就没有人敢去签这个字。因为一旦签字，你就要负责，你这个钱就得签字的人负责，所以当时各方都有交代，机构这边也是交代我们不能签，社区那边也是坚决不签，那我们就推给警察这一部分了。当时就想办法把她送进去，让她在里面住一段时间，看能不能评定，因为跟我们沟通时的语言能感觉出来她的确存在问题，所以就把她送进去了。几天后出来，医院说，一方面她没钱了，另一方面她身体有疾病，需要去其他医院接受治疗。"（2-YHH20151210）由于各个服务主体之间不能有效地协调、沟通，很多本来政策设置中存在的残疾人社会服务便只能被搁置或者放低标准进行执行。

  新的服务引入便会有一个磨合期。我们的残疾人联络员对谁可以享受什么政策都很清楚，结果社会工作服务一进来，社工们就很关心啊，去入户了解需要什么的。然后残疾人有时候就给我们反映了很多问题。因为社会工作者去过问啊，残疾人就觉得是不是这个政策我可以享受，你们没给我享受啊，他们不了解，就来问，增加了很多社区联络员的工作量。我们还要做解释。所以各个系统之间如何先有一个内部的协调很重要，现在很难做到，就会有矛盾，影响服务质量。（3-HQX20160217）

  我们在连接一些相关的资源时存在一定的困境。比如说和医院对接，他们白天门诊的时候，人比较多，我去做一个连接比较困难。我打电话过去到市内各大精神病院，邀请他们的医生给我们的护理人员或社会工作者做培训，电话都不接，我都不知道怎么去说。两个系统可能理念上也有差异，对话还是有些不畅。（2-LQL20160313）

职康中心实际上是残疾人从家庭进入社会的一个中介环节,就是我们在职康中心培育得好的,让他有个过渡带,能过渡,好的就把他推向社会。现在我们发现,职康中心引进了社工,社工知道这一点,可以这样操作。但实际上总体会受到制约,什么制约呢?就是职康中心的工作人员缺乏社工的专业理念,所以社工在推动过程中也会受到很大的阻碍。另外一个是,包括高到我们残联的主席,她从管理的层面来说,如果不能理解我们社工的专业理念,那么我们提出的建议推行的力度就会受到影响。(2 - DSM20151215)

政府主导的传统服务供给,对于其他新兴残疾人社会机构的运作、项目选择、实施方法等方面会有诸多的不解,并以传统思路对其进行过多的限制与干预,一定程度上影响并挤压了很多残疾人社会服务机构的生存空间和行动权利,进一步影响了服务提供。服务系统之间的协调不力使得政府主导、社会多元参与、多中心合作供给的残疾人社会福利服务体系无法有效地运作,只能是形式上的福利多元,真正全面满足残疾人的社会福利需要受到阻碍。

行政化导向、人才队伍建设滞后、各供给主体之间协调不力使得建构由政府、市场、公民与社会多元主体互补合作的残疾人社会福利无缝隙供给长效机制受阻,残疾人社会福利供给系统呈现出管理碎片化、供给结构失衡等缺陷和矛盾。制度的区隔限制了各个服务主体的协调与合作,阻碍了残疾人服务的转移和接续,导致残疾人社会供给的组织输送之困的出现。

四 生态断裂:残疾人社会福利供给导向偏差

就我而言,在做残疾人服务时,不能只把残疾人本身作为你的服务对象,其实应该把关注点扩大到他整个家庭,特别是家庭里面的主要照顾者。因为一些照顾者是老年人,本身的身体状况已经是很无力去照顾残疾人,但是他还是要坚持。所以,其实从制度的层面讲,我觉得在针对残疾人时,他的照顾者也是需要被关注的。通过一些调查可以发现,一些残疾人对他的照顾者其实是有依赖性的,比如说照顾者的一些言语啊动作之类,对残疾人本身影响是非常大的,可是我们

现在政策并没有关注残疾人的整个家庭而只是残疾人本身。（2－YHH20151210）

一位专职残疾人社会工作者在谈及残疾人福利服务生态时有了这样的表述。或许是因为受社会工作专业思维影响的原因，她更多地以"人在环境中"来思考，可是在家本位的中国社会中，家庭在中国各种社会福利供给中的确一直占据了重要位置，弱势群体所在的家庭和扩大家庭一定程度上承担了照顾与协助其成长的责任。随着社会转型与人口政策的实施，中国家庭的主要形式不再是扩大家庭，而是核心家庭。家庭形态与功能的变化，严重削弱了家庭的社会福利供给能力。家庭难以承担相应的社会福利责任。在这样的社会背景下，家庭能力建设越来越依赖于外部支持，特别是来自于社会保障制度、社会福利制度和公共服务等方面的支持。① 当然很多社会福利制度设置是以特定弱势群体为对象进行相关的福利供给，而不是将个体放置于其家庭生态中进行全面考量以更为全面地进行福利政策设定，即很多社会福利制度并不直接或间接地支持家庭功能恢复以有效地回应特定弱势群体的福利需要。残疾人社会福利供给也不例外，个体导向的思维在一定程度上影响了残疾人社会福利供给的效果与质量。家庭实际成为残疾人福利政策能否有效落实、福利产品和服务能否有效地对残疾人生活产生良性效应的核心关键。

现在很多残疾人是独立出来的，就是户口是分出来的。这样他申请一些东西可能就比较容易一些。有的他们是在一起的，就比如说有一个服务对象，他们家里有两个残疾人，而且都是精神残疾，所以他们在申请一些东西的时候根本就没有办法，因为他们户口是在一起的。如果（政策）有关注他的家庭而不仅仅是他本身，可能更能帮助到他。我相信这样的家庭也存在一定比例。（2－WZX20151210）

家庭体系、功能的使用对于残疾人个体的需要满足和影响是很大的。可是我们当前很多残疾人政策和服务都相对单一，是以残疾人个体为政策

---

① 张文馨：《从个体关照到提升家庭整体发展能力：我国家庭发展政策研究综述》，《湖北经济学院学报》2013年第4期。

落脚点。现行的很多残疾人政策无法让家庭实现真正的解放。家园或残疾人援助中心集中的托养也好，企业中的暂时的挂靠（企业为利用残疾人保障税政策空子，为残疾人缴纳保险而实际没有雇用残疾人）只是让家庭实现假性的解放。"这个假性的解放现在是看不出来，但是随着残疾人家里面的看护者逐渐老去或者逝去，那完蛋了，问题还是会抛出来给政府。政策的出台要考虑一个可持续性和整体规划，否则就为残疾人的福利发展埋下定时炸弹。"（2-LH20160303）

政策如何增强家庭的功能，完善第一线的支持体系成为当前残疾人社会福利供给体系中的一个漏洞。SM 区福利家园 ZH 园长很重视家庭维度的服务，会定期开家长会，但是她发现有些家长意识淡薄，这样家园中学员的进步就会很小。比如有的学员不想离开这里或能力还没有成长到可以离开，但他们会被家长叫去工作，为的是让孩子早日成家立业，但这（揠苗助长）对孩子心理健康成长很不利；有些家长不承认孩子有问题，让他们去正常学校读书，这样反而对孩子更不利，孩子被那些正常的孩子欺负会更严重地影响他们的身心健康。"我们下去慰问会发现，实际上是自己的孩子，但家长就说是他亲戚寄养的。家长自己本身不能够接纳，不能够认同，不能正视这个问题，正视他的孩子是残疾，不愿意接受这个事实，那别人怎么来帮他？甚至是说把他关在家里面，那你怎么去帮他？所以，现在也有很多家长是愿意让人家知道他的孩子残疾。"（2-ZH20160322）可见家庭教育很重要，孩子们需要更多的是精神上的帮助和教育，应该对他们有区别地、分类地对待。如何能够引导家庭进行针对性建设成为当前她工作的困扰，很多政策并不以家庭为单位进行设置，所以家园想进行家庭能力的建设或意识提升的培训等工作，由于没有文件依据，很难申请到相关支持。

中国注重家文化，可是现在政策很多是以个人为体系的审计方式，某种意义上就是不考虑个体的生态体系。因为残疾人的很多生活困境、社会融入、心理障碍等问题，包括残疾人家庭照料者的一些困难，是与家庭有很大关系的。以个体为导向进行帮扶残疾人造成一定的人为割裂。KY 残疾人援助中心对中心学员引入个案管理机制，家庭服务变得很重要，可是现在这个部分相对空缺，没有太多政策支持，相应的很多服务也就没有办法提供。中心主任说出了自己的一些想法与担心："当中心成立之后，残疾人进来后，家庭就觉得我丢开了一个包袱，然后就全部交给你们了，他们自己又不承担,这也是一个很大的问题。所以如何思考以家庭为核心进行福利提供才是根本。我们这种中心只能是支持。"

> 我自己看来,虽然厦门出台的政策很多,但是都不彻底。内在的,家庭的负担来说,老了还是需要社会来承担,这方面是一个缺失。如何能够持续保障残疾人的福利,从家庭内在能力建设是很重要的,要有相应的保障政策支持残疾人家庭,维持残疾人最基本生态。(3 - CFH20160226)

> 我们在残疾人社会工作服务中永远不是在做一个个体,都是围绕他的家庭来做的。如果残疾人要提升能力的话相对来讲没那么快,其实从家庭照顾者和经济来源支柱者去做一些工作来调节会更有效果。可是我们总是在工作推进中碰到一些问题,需要一些社会政策或资源支持,可是没有相关的政策支持或公共服务提供。服务的质量与持续性就自然受到了很大影响。(2 - QHY20160302)

现行的残疾人社会政策与其他社会福利政策类似,特别是在支持性和保障性政策上大多是以个人为主要对象,而在限制性或约束性政策上又强调以家庭为主要对象。① 这样的政策引导很多工作人员只是注重个体的服务,而不将家庭置于其服务的重心。

> 我们这一块(做的内容)还是很单纯的,没有你所说的困惑,我们只做这个范围内的(福乐家园范围),家庭内的我们不管,所以他们也不会找我们的麻烦,我们定的性质就是这样,具体的(鉴定工作等)在社区,所以矛盾也在社区,我们是单纯的服务机构,出场所负责管理,对于机构之外我们基本不会进行太多的干预,家庭也没有精力关注。(2 - RYZ20160222)

这种政策目标对象的偏失致使残疾人社会福利供给导向出现偏差,没有充分考虑残疾人的生态机制,导致了现行残疾人社会福利供给在合理

---

① 吴帆、李建民:《家庭发展能力建设的政策路径分析》,《人口研究》2012年第4期。

性、公平性和效率性上存在一定的缺陷。家庭作为人类社会的一个自然系统，承担了一系列其他组织主体无法承担的责任。而当前的残疾人社会福利供给立足点导向个体，在一定程度上出于为家庭分担责任的思维，可是任何在家庭以外建立起来的社会制度都不能取代家庭的功能。[①] 过分孤立地将残疾人作为社会福利供给的目标对象不仅对家庭固有保障的稳定性造成冲击，引致非制度性福利资源的减少，反过来进一步加重了政府和社会在社会福利供给上的压力。基于此，笔者发现过分将家庭成员进行分解服务不仅不利于服务质量的提升，而且还影响了残疾人社会福利制度施行的结果。残疾人社会政策人为地造成残疾人的生态断裂，成为困扰提升残疾人社会福利供给能力的困境之一。

五　小结

以可行能力的框架为引导，本小节基于残疾人在五个维度中表现出来的需要和残疾人社会福利在五个维度供给现状之间的对照，呈现当前中国残疾人社会福利供需矛盾。数据剖析发现，残疾人的社会福利供给在福利分配基础、福利给付形式、福利组织输送和福利目标导向方面都存在一定的困境，一定程度影响了当前残疾人社会福利的供给质量和残疾人的生活质量，这些困境成为残疾人社会福利制度进行转型的基础。

第二节　供给转型：可行能力下残疾人 福利供给改革的可能

上一节基于资料剖析论述了可行能力下残疾人福利供给的困境，即现行残疾人社会福利供给制度无法有效地在可行能力五个维度上为残疾人提供应有的福利服务，以增进残疾人群体的可行能力，进而回应残疾人的福利需要。本节将立足于残疾人和残疾人服务提供主体对于当前残疾人社会福利供给困境的理解总结提炼残疾人福利供给制度改革的方向，以为现行残疾人社会福利制度转型提供可能性的参考。

---

① 张秀兰、徐月宾：《建构中国的发展型家庭政策》，《中国社会科学》2003年第6期。

一 量体裁衣：残疾人福利供给的个性化走向

  从非营利机构的角度来看，我们更多的是从残疾人的需要出发，根据他们的需要提供一些相应的服务。但是从政府部门来讲，制定政策可能不是根据具体需求，而是根据全国的残疾人状况来制定的，但是各个地方这个群体是不一样的嘛。对此，各地的政策落实会有所差异，更有针对性，这又会与政策的统一相矛盾。实际如何在统一与差异之间找平衡是残疾人服务提供中需要解决与面对的。(2 - YHH20151210)

一线社工 YHH 的这个反思道出了当前残疾人社会福利服务制度转型的一个方向。残疾人作为特殊的弱势群体，社会福利需要的多元性更为复杂。这对残疾人福利供给的多样性提出了更多要求。各地的社会经济发展情况各异，过于统一的社会福利供给已经很难回应残疾人的需要了。从可行能力框架进行剖析，残疾人的需要特性各异，每个维度又呈现自己的特性。如何针对这样的需要进行有效供给，个性化走向变得尤为重要。

  比如我在一个社区做残疾人项目，我肯定要有一个大方向，但是残疾人需求又这么多元化，从中整合出一个服务的大方向，我觉得这是一个比较大的困难。我服务了两个社区，一种是农村，需求就不一样，如果说社区我遇到比较多的是生计方面的，那么农村比较多的就是社交的（需求），像农村在厦门一般有自己的房子，有房子出租，经济方面是没有多大问题，农村的观念问题认为家丑不可外扬啊之类的都比较少出门，会比较封闭，所以社交这方面就会比较突出一点。所以服务的形式就要有针对性。(2 - ZZX20151228)

每个人都不一样，每个人的需要也不一样。在建构残疾人社会福利服务体系中，应该坚持以残疾人为本，以残疾人的基本生活需要和社会发展需要为导向提供社会福利服务。不同残疾个体的社会福利服务需要会因为年龄、残疾类别、残疾等级、受教育水平和发展阶段的不同而各异。[①] 残

---

 ① 王齐彦：《中国新时期社会福利发展研究》，人民出版社 2011 年版，第 127—128 页。

疾人社会福利服务应因人而异、因时制宜和因地制宜，注重推进贴近不同残疾类别群体的针对性服务，逐步完善量体裁衣式的服务提供机制，实施个性化服务。

针对不同等级的残疾人，从受伤的那一刻起，政府能不能帮他交一些社保之类的让他在老了之后能有保障。可以家庭出一部分，国家出一部分，通过家庭和政府的共同努力给残疾人的晚年生活一个保障其实是很有必要的。(2－WZX20151210)

在我们这种中心残疾人可以大致分为两种，一种是残疾人中的优质学员，另一种是普通学员。那么优质学员这些人呢，像成年大学生残疾人毕业之后，不懂得来残疾人中心登记，如果政策有一种指导性，说大学生毕业了来街道登记备案，那我们就可以做一些高品质的就业推送，这也是一个亮点，这也是竖旗杆。弄完以后呢，通过这些措施来帮助还没就业的大众学员有针对性地制定个性化需求满足方案。现在这个政策引导还不够，大学生毕业之后都不懂得来街道辖区登记备案，这是整个体制的问题。他不知道来市里备案，来区里备案，来街道备案，这就对就业不好。人家都说化解矛盾在基层，其实我觉得就业也在基层，残疾人就业信息的掌控也应该在基层，因为基层更了解他们，更接地气一些，那你要引导他们在他们毕业的时候来到相关基层备案，基层就会知道这个残疾人是什么专业、什么水平了，可以提高服务针对性。(2－LH20160303)

实际现在的残疾人救助应该从其他方面来看，从其他角度帮助他们，不能只是集中在生活物质补助。比如说残疾人很多希望放在孩子身上的，我们就可以协助这样家庭的孩子成长，将来可以改善他们整个家庭。要有未来的意识，用尽可能多的方式让残疾人及其家庭自我成长与发展。(2－SZR20160229)

不同的残疾人社会福利服务提供主体的工作人员均在自己的工作中有了提供个性化服务的意识。服务提供者的意识如何可以有效地转化为实际的服务行动，这个需要国家与政府从制度设置层面上为各服务主体的服务供给提供有力的制度与政策保障与支持。残疾人社会福利服务必须回应这样两个问题："残疾人需要"是什么？如何提供恰当的服务？福利管理者需要在"服务提供者和残疾人之间建立一种人性化的关系"。残疾人就业方面，一个显著的应对残疾人高失业率的思想和政策导向是从个体而非社会结构来理解残疾人职业的成功与失败。[①] 政府在应对这个问题时侧重于采用为残疾人提供量身定制的就业建议、发展个人的就业技能和适当的自我人力资本投资与增长的激励等个体式的服务策略。[②] 这种持续地专注于个体化的政策过分简单化残疾人就业问题，忽视了残疾人就业的社会结构问题，无法有效地解释和回应残疾人就业不力和不平等的复杂性，而且有可能进一步伤害残疾人的自尊心和促使这个群体边缘化。个性化的供给需要结合结构性要素的考量。

因此，建立量体裁衣的残疾人社会福利服务机制，以有效回应残疾人个性化需要是残疾人社会福利制度转型的重要方向，即残疾人社会福利服务根据残疾人自身及其家庭的具体情况，确定哪些残疾人需要帮扶和具体帮扶什么内容，充分发挥残疾人自身潜能以及同每个残疾人的实际情况和个体需求进行有效对接，从而为其提供更有针对性的服务。[③] 这样的服务供给机制可以着力在以下几个维度进行突破：一是建设动态的残疾人社会福利需要评估机制，科学地调查，及时地掌握残疾人的个别化服务需要，自下而上地进行服务规划，为个性化服务的供给提供方向性指针，规避盲目地提供社会福利服务。二是改变单一以收入维持为导向的残疾人社会福利供给机制，建设收入维持与福利服务并重的残疾人社会福利供给模式，从宏观层面保障回应残疾人需要的可能性。三是立足残疾人的需要，对需要进行一定的分类，依据需要类别开发残疾人个性化回应的援助或扶助的社会福利项目，集中与分散相结合、普惠与特惠相结合分层次、阶梯式地回应残疾人的社会福利需要。四是有针对性地制订帮扶方案。根据需要调研情况，结合现有的资源与条件，残疾人社会福利供给主体要有机配合尽

---

① France, A., *Understanding Youth in Late Modernity*, Milton Keynes: Open University Press, 2007, p. 7.
② Yates S., A. Roulstone, "Social Policy and Transitions to Training and Work for Disabled Young People in the United Kingdom: Neo-liberalism for Better and for Worse?", *Disability & Society*, Vol. 28, No. 4, 2013, pp. 456–470.
③ 张浩淼：《残疾人"量体裁衣"式个性化就业服务研究》，《兰州学刊》2013年第12期。

可能地为每户残疾人或其家庭"量身定做"一套个性化扶持方案，有效地回应残疾人个别化的需要。这套方案大致包括以下三类：充分挖掘、激发残疾人及其家庭自身潜能的方案；帮助残疾人及其家庭发展的方案；对残疾人加以救助的方案。① 五是要建设一支高水平的专业服务人员队伍，这是个性化服务提供的基本条件。

二 能力建设：残疾人福利供给的优势化导向

残疾人的需要呈现从生存性向发展性转向，残疾人社会福利供给方式也基于需要和新的理论导向有了新的转型，残疾人社会福利供给不断创新形式，尽可能地回应和促进残疾人自立自强的需要。可是很多社会福利形式在输送中存在诸多的矛盾，致使社会福利供给的优势导向没有很好地得到落实，影响了残疾人全面发展的进程。残疾人通常会在市场和资本的关系中处于不利的情况，他们很大程度上在就业、平等的社会参与、受尊重和财富等方面受到排斥。② 上述排斥的核心是，残疾人被诬蔑为偏差和不可取的，并服从于各种压迫的层次关系。对于残疾人要实现参与式的平等，他们需要更多的认可，需要物质的帮助、有针对性的资源增强和个人能力建设。③ 残疾根源于社会的经济结构的不公正，要求商品和财富的重新分配。与其他一些被压迫的群体相比，如果残疾人想要实现社会公正，就需要消除更多的社会障碍。残疾人在现实需要方面得到满足比要求意识形态发生变化的需要更大，如果在物质和能力上没有任何改进，只有思想的变化，那么它的作用是微小的。为了更为深化残疾人社会福利的供给形式创新，未来残疾人社会福利转型应该紧扣优势视角，从能力建设角度进行思维创新，开拓新的残疾人社会福利服务供给方式。残疾人福利供给应该转变原来一味从外部给付的问题导向，强调残疾人的赋能服务，内外结合地进行能力挖掘，以残疾人自主性的发展为核心进行社会福利供给。

不管怎么说，无论政府的福利多么的好，都解决不了根本的问

---

① 包雅钧：《"量体裁衣"机制与制度创新》，《成都大学学报》（社会科学版）2007年第1期。
② Wolff, Jonathan, and Avner De-Shalit, *Disadvantage*, Oxford: Oxford University Press, 2007, p. 26.
③ Ibid., pp. 28–29.

题,最重要的还是要让残疾人有一技之长,可以自己生存。保障当然很重要,但是不能治本。你可以想象每个人每个月都要在那里等政府到底这个月会给我多少补助,那是多么可怕的现象。万一哪天政府不给我发了,我日子该怎么过啊?所以这个解决不了问题。特别是如果残疾人还年轻又不是很严重的话,他真的需要尽自己的能力去做事。(2-ZLJ20150724)

所以在残疾人社会福利供给中应该重点思考如何增强残疾人个体的人力资本而不是一味地给予,从根本上解决残疾人的社会福利困境。能力建设强调的是残疾人社会福利向积极社会福利模式转型的表征。积极福利具有变被动为主动、变生存到发展之积极功能,残疾人社会福利必须在普惠性福利基础上,突出残疾人福利的特惠性,摈弃陈旧的"消费开支"理念而采纳崭新的"社会投资"理念。① 这样的积极导向强调残疾人人力资本的建设,通过减轻残疾人身体的残疾程度、提高残疾人的受教育程度,达到其摆脱福利依赖的目标。这种模式认为,就业是一系列过程的综合,尤其是前期的人力资源开发、职业规划、就业歧视消除、就业信息服务等都会对就业结果产生非常重要的影响。②

残疾人就业的第一步是要拥有一技之长。我们区现在已经在设计了,就是准备做一个残疾人的就业、创业指导中心。就是针对有能力的这些残疾人,让他们能够自立自强,我们就给他们培训提升。我们之前零星的有手工、丝网花、烹饪、咖啡做得很好的。我们希望能逐步实现更加高端一些技能培训的提供。那天有一个辽宁电视台的主持人,他自己口才很好,结果他的孩子是聋哑人,自己说想要培训残疾人的主持人。像这种我们也很想说看这个残疾人有什么兴趣爱好,我们针对性地做一些培训、提升。所以这块还是很有必要啦,我觉得整个社会大众,不单单是残疾人,社会大众的这种文明程度,能力的提升都很有必要。(3-HQX20160217)

---

① 周沛:《社会治理视角下中国特色残疾人事业探略及发展路径分析》,《社会科学》2015年第8期。
② 杨立雄:《中国残疾人社会政策范式变迁》,《湖北社会科学》2014年第11期。

如何有效地实现残疾人增能成为未来残疾人社会福利服务转型的方向。方向的确定只是政策变迁的第一步,重要的是以何种方式进行相关福利服务的供给方能有效实现政策设计。

比如就业补助,残疾人就业就能有一些补助,可以少收一些税收啊之类的。有没有像大学生创业资金那样,残疾人大学生有一个专门的创业资金,于一般残疾人的话,比如他是没有固定工作的,想着就业,能不能也有这样的渠道,不是说你先去就业或先去把店开起来,而是可以先以创业项目申请到这方面的就业基金。政府再针对这些创业项目进行有意识的指导与规划,协助残疾人真正实现自立。(2 - WZX20151210)

对于残疾人的服务可以从另一面切入,或许去企业工作他没办法,但是他可能有一些个人才能啊,他有才能我们应该怎么办,政府说要鼓励创业,但是他有才能和创业是两个概念,他有才能,但是没有一个人帮他打理包装,他根本就没办法创业。所以实际更应该做的是平台,展能平台,让残疾人可以发挥自己的才能。那样的情况下就能焕发更多正能量的东西然后服务社会,然后也能让真正想用工又能享受残疾人政策的这种良性招工企业能鼓励这种阳光向上的一面。(2 - LH20160303)

1998年10月,中国残疾人第三次全国代表大会提出了"新残疾人观"思想,"新残疾人观把残疾人看成是能够为社会创造财富的重要一员,是有尊严、有公民权的公民,政府和社会应当创造条件使他们在事实上同健全人一样成为主流社会的一员,共创与共享社会物质、精神文明成果"。传统的人权文本为残疾人提供了名义上的保护,但对这些文本的解释往往对残疾人进行了折扣式的理解,将这个群体视为病态与依赖慈善关怀。[①] 残疾人被定向到社会政策的另一个不同轨道上。在更广泛的社会政

[①] Wade, C. M. Mildon, R. L. and Matthews, "Service Delivery to Parents with an Intellectual Disability: Family-Centred or Professionally Centred?", *Journal of Applied Research in Intellectual Disability*, Vol. 20, 2007, pp. 87 - 98.

策导向上,将没有任何障碍的个体视作社会正常成员,并集中力量发展这个群体的潜能,而将残疾人视为政策干预的目标。虽然福利和康复干预可能对于需要这方面支持的残疾人来说是积极的,但这样的政策应该形成一个更广泛的运动,以在更大层面上为残疾人增权。完全聚焦于"固定"残疾人导致劣质和排斥性政策,如残疾人拥有劣势和隔离的教育;[1] 在很大程度上限制在庇护工场工作,而不是在私人部门工作;[2] 被系统地排除在公共交通和行使政治权利之外;[3] 残疾人一般被视为二等公民。如今,以优势化导向引导残疾社会福利供给的转型、以"积极性"与"投资性"理念引导残疾人政策的顶层设计逐步成为趋势。所以具体的策略应该注重在以下几个角度进行:一是改变过往单一直接的经济性或物质性补助,开拓更多的福利供给方式,重视残疾人的政治意识、心理安全、社会责任以及自我能力的发挥。二是改变残疾人社会福利开支投入方向,从过去以福利消费支出为主逐步通过政策设置转化,变为以教育、培训、创造就业机会、鼓励以风险投资等社会投资为主的福利支出。[4] 三是通过人力资本等社会福利投资培育残疾人自身应对风险的能力。福利供给的形式和内容注重残疾人自我能力的培育,在保障其生存的前提下,逐步发挖其潜能,提升残疾人的文化素养和相关技能,协助残疾人以自己的方式自我实现。四是努力倡导全人福利服务理念,探索如何改变医药+封闭隔离式的管理方法,通过劳动训练、文体活动、志愿服务等开放活动,帮助残疾人康复、融入社会。

三 体系整合:残疾人福利供给的整体性治理

通过前文的剖析可以发现,残疾人社会福利供给体系逐步完善,构建了由政府、市场、社会与家庭等多元主体共同参与的服务供给机制。但是

---

[1] Hehir, T., "Confronting Ableism", *Educational Leadership*, Vol. 64, No. 5, 2007, pp. 8 – 14.

[2] Gilla, M., "The Myth of Transition: Contractualizing Disability in the Sheltered Workshop", *Disability and Society*, Vol. 20, No. 6, 2005, pp. 613 – 23.

[3] Baker, D., and S. Godwin, "All aboard!: The Supreme Court of Canada Confirms that Canadians with Disabilities have Substantive Equality Rights", *Saskatchewan Law Review*, Vol. 71, 2008, pp. 39 – 76.

[4] 葛忠明:《中国残疾人福利与服务:积极福利的启示》,山东人民出版社2015年版,第151页。

由于各个主体内部的建设问题和各个主体之间的互动不良导致了残疾人福利供给体系出现一定程度的碎片化。为了完善残疾人社会福利供给体系，未来残疾人社会福利制度的建设应该努力实现各供给主体供给功能和主体合作的整合，以整体性治理的思维解决残疾人福利供给体系的困境，弥补供给机制的缺失，建设残疾人社会福利体系无缝隙供给的长效机制。

> 我现在提出，我们在职康中心，有四个工作人员，不要求每个人都是社工或心理咨询师，但至少一个中心要有一个专业人员；不然到时候社会工作机构撤走了怎么办，要有专业的人员和工作模式，也要有一个这样理念的人去扎根这里形成一个氛围。(2－DSM20151215)

> 我们中心真的要配备医生。虽然看平时可能没什么事，可是一旦发病，就是危及生命。有的被辞退的就是有些发病的，我们没办法保证他们的安全，所以我们不得不让他们离开。这绝对是一个安全的问题，安全并不是我们能够控制的。而是说他们的病情如果能配备医生的话，平时保健也可以保障。(2－ZH20160322)

实现残疾人社会福利供给功能整合的第一步是以人才队伍的完善与建设健全各服务主体内部的功能。努力促进各残疾人社会福利供给主体优势功能的发挥是实现功能整合的前提。在这个基础上应该明确各个服务主体的服务边界，专业的人做专业的事，各个主体理解自己的优势领域，着力在这个角度上进行服务，避免服务出现简单重复，浪费人力物力。职责明确、权责统一的组织构架建设是功能整合的基础。

> 我的服务就是我做的，你的服务就是你做的，这样的话就有很大的弊端。比如，你做一个残障的服务，我做一个残障的服务，别人已经做了五年了，是一个成熟的模式，而我还在探索。说难听点，那我可能花不到五年，但我可能浪费掉三年的时间，去搞这样的服务，这就导致了整个区域内，不同地区、不同机构负责的这一块残障水平不一样，这就不够整合。我们应该有体制让机构对话，相互了解，明确自己在残疾人社会福利供给中应该扮演什么样的角色，承担什么样的职责。(2－WCZ20160314)

在残疾人社会福利供给结构体系中,政府、市场、社会和家庭都是核心的供给主体,应该根据不同主体的组织功能优势,明确责任界限,承担不同职能,以期构建职责明确、权责统一的残疾人社会福利供给的组织架构。首先,政府作为社会资源的占有者和分配者,是残疾人社会福利供给的主导者,也是最终的责任主体。大到国家法律政策层面,小到基层体系的建设,政府都负有一定的责任。政府应该努力在以下四个维度进行积极作为,为残疾人提供社会福利:一是通过制定相关的法律与政策保证残疾人享受社会福利的权利,确保福利供给均等化;二是政府应该起到监管作用,政府应利用公共权力对各残疾人服务主体提供的社会福利产品和服务过程进行相关的监察,以确保服务质量;三是通过政府购买服务的方式引入专业化的服务机构,从绩效和专业两个维度提升残疾人社会福利供给的水平;四是直接提供残疾人社会福利服务,有一些服务社会层面无法承办,只能由政府实现兜底。其次,市场(企业)作为残疾人社会福利供给的重要主体。一方面应该在相关政策的引导下落实按比例安排残疾人就业的工作;另一方面以市场的思维生产残疾人社会福利供给的各种产品,优化资源配置。再次是社会各类组织作为新兴力量,应该发挥自己的专业特点,以基层视角重视残疾人的需要,以需要为导向及时回应、满足社会公众的特定需要,弥补政府统一性服务供给的不足,体现个别化的人文关怀,深化社会公平。最后是社区和家庭,着力从残疾人生态支持系统的完善与整合进行作为,保障各种服务能及时有效地输送到残疾人身上,提升残疾人的生活水平。所以未来残疾人社会福利供给体系建设走向整合性治理的首要策略是构建职责明确、权责统一的组织架构,保证各主体各尽所能、各得其所,在各自具有比较优势的领域发挥主导作用,同时又互补互强。

当然,残疾人社会福利供给由生存型向发展型转向,残疾人的需要呈现更为多元化和复杂化。单个服务主体即便功能再强大也无法有效地回应,所以在残疾人社会福利供给走向整合性治理的第二策略是服务主体之间的整合,形成合作伙伴关系,共同协作为残疾人提供服务。

有些困惑,我们只在这个圈子里进行服务,就我个人而言,那些困惑不是在我们这个圈子里可以解决的,要涵盖更大范围。我举个例子,学员家长的认识,对于我们来说,有些家长认识相差非常多,成员呈现出来的就完全不一样，这不是我们能改变的。这需要社会教育或社区教育共同来支撑，不能只是依靠我们家园的家长会。（2 - RYZ20160222）

现在处于大数据时代，很多信息可以一目了然，需要建立一个整个市的大数据，没有这个是不行的，还得建立个智能城市。信息化时代，一定要把这个大数据开发出来，让残疾人的需要与服务体系之间可以良性对接，包括服务主体之间可以资源交流。（3 - LDR20160310）

信息系统早就建立了，但是这个信息系统现在出现一些问题，比如市里劳动保障系统里面的残疾人信息常年都没有更新，你如果上网就知道，那个系统就是零几年的数据，市里面和区里面应该做一个垂直系统。我们就希望有一个垂直网络化系统，比如说企业的就业信息通过市里收集，下放到区里面，我们各街道的援助中心都可以通过这个网络平台看到这些信息。各种服务资源可以在一个平台上进行对话和共享。（2 - LH20160303）

残疾人社会福利供给未来的走向应该立足于社会网络创新结构机制，通过信息化的建设促进多元主体的"双向度"互动。一是残疾人联合会应该积极打造和培育残疾人社会福利服务供给的枢纽型组织，以残联为核心整合残疾人社会福利供给的各类社会组织，统筹规划，形成合力，实现多元主体的协作服务；二是运用现代信息技术，实现残疾人需要和服务供给信息的对接，整合服务提供中的政策、规制、服务与监督等环节，以此建立残疾人社会福利供给的信息公开、共享平台，完善服务主体相互借力服务的互动机制；三是整合绩效评价机制，多元化的残疾人社会福利协同供给体系能否有效运行、各类公共服务供给主体的行为是否合理，需要对各主体的行为进行监督、对行为后果的政策绩效进行评价，[①] 注重"软""硬"评价，构建有助于促进主体整合的多元化评价机制。

整体性治理理论的主要倡导者波利特认为，公共治理可以通过横向与

[①] 张贤明、田玉麒：《论国家治理现代化的法治意蕴》，《上海行政学院学报》2015年第2期。

纵向的思想和行动来达到预期利益的实现。在公共服务领域，这种公共治理模式主要体现在四个方面：排除相互破坏与腐蚀的政策情景；更好地使用稀缺资源；政策领域与网络行动者一起工作，产生协同效应；为公众提供无缝隙而非分离的服务。① 整体性治理的基本治理理念是满足公民需求，强调公共利益和政府的责任导向，在政府运行机制上，以整合为主，强调治理主体的整体性，形成治理层级、功能的整合，"从分散走向集中，从部分走向整体，从破碎走向整合"，为公民提供无缝隙而非分离的整体性服务的政府治理图式。② 依据佩里·希克斯的制度化策略，构建残疾人社会福利整合性治理和实现"无缝隙"服务范式需要进行治理功能整合和公私服务主体合作治理两个面向的策略整合。

四　家庭为本：残疾人福利供给的生态性思维

　　我们这边也有个二级的学员，他家庭条件非常好，他的母亲（这个不是她的亲生儿子，是养子）为了她儿子，他父亲还没过世之前来找我，说："林主任，我也是担忧，老了以后怎么办，也不可能委托给他姐姐或者妹妹，他们自己也有家庭，你说老家庭还有父母或直系血缘会照顾，姐姐妹妹会，他们的另一半不一定能接受得了，日后的社会与家庭矛盾还是会有。"这种比较明智的家长，就会讲说200块不要，他就给政府写了200块申请放弃，他母亲愿意陪护他来参与劳动。他有非常多的精力，你看他主要兴趣爱好还是打扑克，但是他也会参与我们的训练比如说包汤匙啊，包装蛋糕刀啊。他的自理能力提高了不少，比原来坐在家里面提高很多，所以他母亲也是感觉很欣慰。母亲为了让她孩子增能，也知道他可能就不了业，但也要让他至少能够自理，主动地进行一些作为，家庭真的很重要的。（2－LH20160303）

　　家在中国文化中有着重要的地位和作用，从某种意义上讲，家庭是最

---

① 李笼彦、胡增文：《从"碎片化"到"无缝隙"：一种农村公共服务治理范式的转换分析》，《内蒙古农业大学学报》（社会科学版）2012年第1期。
② 罗婕、桑玉成：《权力向上，治理向下：关于整体性治理的一种视角》，《学海》2018年第3期。

具中国特性的本源型传统。[①] 它除了为家庭成员提供经济、教育、安全和娱乐等方面的需要满足之外,在中国的文化中强调家庭成员之间彼此的扶持以及家庭作为整体对每个家庭成员的要求和它所需承担的责任。[②] 基于此,残疾人社会福利需要成了整个家庭的需要,出现家庭化的发展趋向。可是当前大多数残疾人公共服务和福利保障均以个人为基础并大都以残疾身份为其准入门槛,在家庭成员间亦不得转移。在实际的残疾人社会福利实施中缺少了对残疾人家庭普遍而形式多样的支持。我们在强调重视家庭是中华民族优秀传统的同时,并没有完整的家庭政策体系予以制度性支持,这无疑是价值理念与政策制度的背离。[③] 这样的残疾人社会福利制度导致了残疾人生态的分裂,影响了残疾人社会福利供给的质量与效果。以家庭为单位进行社会福利提供,这样的服务形式能够增进家庭可行能力,家庭直接照顾才能到位。以家庭为本建设残疾人社会福利制度,支持家庭可持续发展,以生态思维促进残疾人福利提升是未来的走向之一。

> 家庭是最重要的,而且不是一朝一夕的。单纯依靠我们中心的作为是比较没有效果的。我们是在思考如何可以为他的家庭做一些工作,也就是是否借助一些项目家人可以转化成这边的工作人员。比如他自己的孩子在这边康复,我们也需要一些志愿者或者家庭的力量给他支持,这有利于增长家长自身家庭功能的复原,以及家长与这些孩子之间的关系支持。(2 – DSM20151215)

从政策层面上促进残疾人家庭的能力建设及可持续发展,进而为残疾人提供微观生态的关照支持,以从根本上提升残疾人的福利水平成为重构中国残疾人政策的重要思维。残疾人社会福利政策应致力于"支持和引导家庭发展",即合理引导家庭承担应有的责任,并有效支持家庭的生态发展。

---

① 徐勇:《中国家户制传统与农村发展道路——以俄国、印度的村社传统为参照》,《中国社会科学》2013年第8期。
② 童敏:《流动儿童应对学习逆境的过程研究:一项抗逆力视角下的扎根理论分析》,中国社会科学出版社2011年版,第185页。
③ 彭希哲、胡湛:《当代中国家庭变迁与家庭政策重构》,《中国社会科学》2015年第12期。

实际上社会工作一线干预永远都不是在做一个个体，都是围绕他的家庭来做的。残疾人要提升能力相对来讲没那么快，其实从家庭照顾者和经济来源支柱者去做一些工作来调节会更有效果。以家庭的类别来提供有针对性的社会福利服务应该得到制度与政策上的支持。残疾人个人的成长很多是立足于家庭支持的。（2 - QHY20160302）

我们的服务太需要有一个家庭视角，机构视角可以和家庭视角对接，这样的支持体系对于残疾人才是有力的，可以双方配合，一起支撑残疾人的成长，不然学员在机构成长得不错，回到家中又出现反复。当然这个也是社会运行的问题，社会应该给予残疾人家庭足够多的支撑，让家庭承担相应的责任。从宏观角度建设家庭，引领家庭能力建设才能够保证家庭承担责任的可能。（2 - CJX20160307）

家庭不仅是各种社会政策最终发生作用的地方，也是社会政策促进社会整体功能有效发挥的焦点，理应成为社会政策中最基本的政策客体或福利对象之一。[①] 在残疾人社会福利领域，只有强调家庭作为福利对象的整体性，激活家庭的潜力，才能真正支持和强化家庭在残疾人福利供给中的功能与责任，有助于社会其他福利供给主体的有力结合。依照家庭友好的发展型社会政策坚持的五大主张，可行能力框架下的家庭政策转型应该坚守：安全主义、补偿主义、能力主义、保护主义、福利主义。[②] 遵循这样的原则，推行以家庭整体为福利对象的残疾人社会福利政策可优先考虑如下几个切入点：一是以家庭为单位对残疾人提供一定的经济援助，以福利津贴的方式保障残疾人基本生活；针对残疾人群体中特困与特贫的低收入家庭，政策项目应有效增强与扶贫政策的互动，织好家庭这张最有力也是最后一张保护网，政府协助家庭实现兜底保障。二是尝试论证税收与保险补偿优惠政策。将残疾人就业创业等方面的税收优惠政策调整为针对残疾人家庭，尝试通过对家庭的帮扶实现残疾人的自立；在社会保险和医疗保险方面以家庭为单位进行调配，允许部分保险在家庭成员之间适度转移。残疾人家庭护理除了以重度护理补贴的方式进行，论证将家庭成员所承担

---

① 胡湛、彭希哲：《家庭变迁背景下的中国家庭政策》，《人口研究》2012 年第 2 期。
② 穆光宗、吴金晶：《构建家庭友好型政策》，《中国经济报告》2014 年第 2 期。

的这类长期家庭服务纳入社会保险范畴的可行性等。三是以增强家庭抵御风险的能力进行残疾人社会福利项目开发。家庭发展能力建设主要包括情感纽带的强化和家庭成员间良好的互动关系、人力资本投资（包括生育、健康、教育、培训等）、家庭"面包挣取者"的职业发展能力、社会资本投资、家庭分工和家庭资源配置的优化，等等。[①] 残疾人家庭结构相对薄弱，抗风险能力较差，残疾人社会福利应该逐步探索以家庭能力建设为核心，围绕上述内容进行残疾人家庭能力发展项目开发设计，有针对性地提供服务性福利，提高残疾人家庭人力资本的含量。四是残疾人家庭防范风险专项保护计划。在残疾人社会福利制度中除了常规性福利服务外，应该针对残疾人家庭的突发情况设置预防与应对计划，建设风险动态应对机制。在残疾人家庭遭遇风险时，通过专项基金和帮扶计划帮助残疾人家庭渡过难关，对残疾人家庭进行全方位的保护，维持残疾人家庭的稳定性。五是为残疾人家庭提供适度普惠型社会福利，避免因制度的内在不平等导致残疾人中低收入家庭无法从再分配系统中公平获益。充分考虑各类残疾人家庭人口结构和实际需要，以生活保障类制度为基础，配套开展分类支持服务。

五 小结

本小节基于残疾人社会福利供给困境，围绕可行能力框架下残疾人多元福利需要的诉求，结合一线服务提供者的声音，总结提炼了残疾人社会福利供给转型的四个方向：个性化走向、优势化导向、整体性治理和生态性思维。从针对性服务提供、能力建设、体系整合、家庭视角四个方面进行残疾人社会福利服务体系的改革与调整，提升服务供给的顺畅性，提高福利供给的水平。

本章小结

本章在可行能力的框架下，通过对残疾人的需要和残疾人社会福利供给现状的对照，剖析了残疾人社会福利制度的困境。在此基础上，以可行能力提升为引导，结合残疾人社会福利供给各主体的相关声音提炼总结残

[①] 吴帆、李建民：《家庭发展能力建设的政策路径分析》，《人口研究》2012年第4期。

疾人社会福利制度转型与改革的可能方向。

（1）可行能力视角下对残疾人需要特性和服务供给的数据剖析对照可得出以下结论：残疾人社会福利供给在福利分配基础、福利给付形式、福利组织输送和福利目标导向上都存在一定的困境，一定程度上影响当前残疾人社会福利的供给质量和残疾人的生活质量，这些困境成为残疾人社会福利制度进行转型的基础。

（2）以可行能力的提升为引导，结合调研的数据提炼，残疾人社会福利转型的可能角度是：个性化走向、优势化导向、整体性治理和生态性思维。从针对性服务提供、能力建设、体系整合、家庭视角的引入进行残疾人社会福利服务体系的改革与调整。

第七章

研究讨论：可行能力的扩展

之前三章基于深度访谈的剖析和政策文本的解读，研究呈现了可行能力框架下残疾人社会福利需要特性、残疾人社会福利供给的应然与实然状况；剖析了残疾人社会福利供需困境焦点与转型的可能性。立足于研究发现，本章将围绕本土文化视角对研究的核心概念——可行能力进行分析讨论，从理论上对本书进行相关的总结，以提升可行能力本土运用空间和解释力，并基于此提出残疾人社会福利需要满足的供给方向。

第一节 残疾人需要呈现与供给的家庭化

从前面几章研究资料的分析中可以发现，残疾问题不仅影响残疾人个体，同时对其家庭产生重要的影响。家庭作为个体核心的支持系统，残疾问题呈现之后，个体往往是长时间地生活在家庭中，家人是其最主要的支持者和照顾者。虽然研究发现当前残疾人社会福利制度对于家庭的支持不足，但这并没有改变家庭成为承负残疾问题所产生的压力和负担的实际重要载体。因此，可行能力框架下残疾人需要呈现与供给中家庭元素占据重要的位置。

一 残疾人需要呈现中的家庭元素

从第四章残疾人需要呈现的研究资料分析中可以发现，虽然调查是基于个体进行，可是残疾人个体在表达中却都自觉不自觉地将自己的需要置于家庭这个重要生态系统中。每个残疾人表达自己多元需要时，都能从中或多或少看出家庭的元素。残疾人的福利需要不是单独以个体层面呈现，更多落脚于家庭或起因于家庭。

(一) 需要起因于家庭

以可行能力的五个维度引导残疾人表达的多元福利需要中,我们发现,不少残疾个体表达的需要是与家庭或家庭成员的需要紧密相关。如有自己作为残疾个体,需要社会支持以照顾好自己母亲的家庭需要画面;有残疾人渴望外力支持与服务协助孩子成长的子辈需要图像;有作为家中核心劳动力,一心想要谋一份工作来维持家庭却四处碰壁的无奈境况;等等。这样的需要看似个体,却起因于家庭。中国人的身份认同是以家庭为本位的。个人隐藏于家中,个人的身份以家来代替,家成为个人身份外在化的符号,家内的人与物都被视为有机的整体。① 家庭是一个利益共同体,因为其亲属性的关系,这个利益共同体中的成员关系不被经济利益的大小所决定,而是被亲属性所决定。② 因此,对于个人而言,家庭在物质和精神上的支持、保障和激励,是不可或缺的。残疾人作为家庭中的一员,虽然从社会视角进行审视,他可能不完整、存在能力缺陷等,但对于家庭而言,或许他仍然是一个支柱。在中国家庭文化主义中,家庭支柱的需要经常起因于家庭成员或家庭整体的需要,具有家庭的元素正常不过。

(二) 需要受困于家庭

残疾人个体需要的呈现中有一部分是由于家庭及家庭中成员的观念的影响所导致的困扰。需要的满足亟须家庭的调整或是家庭成员观念的改变。如有无奈于公婆阻挠和女儿需要,渴望家人支持、突破现实束缚(言语听力障碍)走出家门、实现自立,协助爱人支撑家庭的自强需要;有由于车祸而导致身体受损,无法照顾家庭与子女,受家人抱怨与误解而自责,进而产生负面心理情绪需要心理建设的理解需要;有由于家长认识偏差与不到位,导致孩子(残疾人)错过最佳康复或教育时机的引导需要;等等。这样的需要均受困于家庭的环境或家人的观念而产生。家是中国社会继替的特点,在中国传统社会中,家庭作为基本的支持资源存在。中国人对"家庭"给予了极大的重视,不仅将家庭视为社会组织的基本单位,而且将家庭视为个体解决各类问题的基本支持和应对各类压力的潜

---

① 麻国庆:《民间概念》,《读书》1997年第8期。
② 罗红光:《"家庭福利"文化与中国福利制度建设》,《社会学研究》2013年第3期。

在支持来源。① 而这个核心的支持来源如果自身并没有得到健康的发展与成长，不仅无法给残疾人个体足够的支持，还会催生残疾人其他层面上的问题，向社会表达出新的需要。

(三) 需要影响了家庭

家庭作为日常个体的基本组织结构为日常活动提供了时空场所。② 家庭作为中国人最基本的生活单位，几乎每个人都卷入了家庭权利和义务的网络之中。③ 残疾人作为特殊的弱势群体，他们的需要或是生活中的困扰都会自觉不自觉地对家庭及成员产生影响。家庭作为残疾人最核心和直接的支持网络，不可避免地要承受成员残疾所产生的所有经济、情感与社会交往上的压力。家庭成员作为照顾者，由于照顾或其他的职能发挥所需要面对的困扰并不一定小于残疾人个体。如有由于儿子重度残疾、家庭深陷困境而不愿意面对现实、面对社会的无奈父亲；有由于受弟弟精神残疾影响，需要照顾弟弟而放弃自己生活、选择不婚的悲情哥哥；有由于儿媳妇车祸导致严重残疾、需要自己全面承担家务和照顾孙子而心生抱怨的焦虑婆婆；有为了自己百年之后，残疾儿子可以生活自理、每天陪伴儿子到援助中心康复的坚强妈妈；等等。这些需要的呈现均可发现，残疾人的生活困境对家庭及其成员产生了重大影响。实际生活中的家，不管个体愿意与否，都会一同领略和面对家庭和成员的欢乐与痛苦，更为重要的是，这些生活中的需要与困境是天天相随的。④ 从某种意义上看，家庭是考察民生日常生活状况的至为真实与重要的领域。⑤ 残疾人的需要对家庭及成员产生影响，所以需要的表达中自然而然存在家的元素。

显然，在可行能力框架引导下残疾人所表达出来的需要充满了家庭元素。无论是起源于家庭或影响于家庭，残疾人的需要与家庭存在着千丝万缕的关系。中国社会非常重视家人之间的道德或情感关系，当个体的需要无法满足或生活的各种任务无法完成时，都会将其转化为家庭内由成员共

---

① Wen-Shing, Tseng, Lin Tsung-Yi and Yeh Eng-Kung, "Culture as the Primary Focus for Examining Mental Health", In Tsung-Yi Lin, Wen-Shing Tseng and Eng-kung Yeh, *Chinese Societies and Mental Health*, Oxford University Press, 1995, pp. 9 – 12.
② 王福民：《家庭：作为生活主体存在空间之价值论旨趣》，《哲学研究》2015 年第 4 期。
③ 麻国庆：《家与中国社会结构》，文物出版社 1999 年版，第 3 页。
④ 同上。
⑤ 王福民：《家庭：作为生活主体存在空间之价值论旨趣》，《哲学研究》2015 年第 4 期。

同完成和面对。因此，残疾人的需要是与家庭及其成员紧密联系在一起的。可见，可行能力框架下的残疾人需要是多元的，而且呈现出家庭化的特征。

二 残疾人福利供给中的家庭元素

第五章残疾人社会福利供给状态和第六章残疾人社会福利供给张力与转型的资料分析中，呈现了残疾人社会福利制度如何通过各种残疾人社会服务主体施行政策、落实服务。虽然在供给矛盾的剖析中我们发现，残疾人社会福利制度设置中存在生态断裂、忽视家庭能力建设的困境，但是家庭的照顾或借助于家庭提供社会服务仍是中国残疾人社会福利制度实施的一个不可或缺的视角。或许这种视角的呈现是以多样化的方式表现，但家庭照顾文化对于残疾人社会福利提供仍是各方关注的一个焦点。

（一）福利供给中的家庭关注

家庭作为人类社会重要的社会制度，构成了基于血缘和互助关系的援助网络，一直为残疾人提供社会、经济、情感的支持。在残疾人社会福利供给中，虽然福利政策设置中没有太多直接针对残疾人家庭，但是实际服务中，各个服务主体都不约而同地将残疾人家庭视为重要的服务与干预对象。如有以支持照顾残疾人的家属、缓解照顾者压力、提升照顾者能力为目标的互助小组；有针对残疾人家庭照顾压力大，社会工作者带领志愿者为重度残疾人家庭提供上门"喘息服务"、缓解其家庭的照顾压力的陪护服务；有链接高校志愿者以一对二的方式辅导残疾人家庭孩子的课业问题、缓解残疾人家庭的教育困扰和经济压力的教育支持服务；有为残疾人家属提供倾诉平台、引导家属共同探讨解决问题办法的，构建残疾人家属之间相互交流、相互支持、相互关怀的互助网络；有通过社区活动在社区内营造关爱残疾人的良好氛围、改变社区居民对残疾人家庭的不良认知，让残疾人家庭感受到社会的关注、防止残疾人家庭的"被边缘化"的家庭社区服务；等等。这些作为均为残疾人家庭提供相应的服务，支持家庭、帮助家庭更好地履行相应的福利责任。中国的福利文化来自于儒家思想中的家庭福利观。家庭福利意味着家庭内部抵御外部侵袭、保证家庭成员安康等诸多内部公共事务，但多数国家并没有将其列入公共事务的计算范围，而把它作为家庭内部的"私事"处置。①但是事实上，残疾人家庭经济与家庭福利之间的张力导致没有任何外力支持下残疾人家庭无法有效地支持和满足残疾人的需要。因此在中国，家庭作为残疾人社会服务生态建设的重要维度，实际成了各个社会福利供给主体关注的对象。

(二) 福利供给中的家庭缺失

在以家庭为中心的中国传统文化中，家庭构成社会生活的核心和基础，为家庭成员提供包括生、老、病、死等全方位的保障。家庭不仅是个人生活的中心和生产的组织体，也是社会制度的基础和国家治理的单位。②第六章残疾人社会福利供需矛盾剖析中，我们可以发现，当前残疾人社会福利制度设置呈现出对残疾人个体的倾向性倚重，忽视了对于残疾人家庭整体有机功能的聚焦，这样的政策设置一定程度上造成了残疾人服务供给中生态断裂，破坏了残疾人本应有的平衡。基于需要的家庭化特征，一线残疾人服务人员在提供社会福利服务时不只把残疾人本身作为服务对象，而是把服务关注点扩大到整个家庭，特别是家庭里面的主要照顾者。但是现实服务中需要有力的政策作为支持时，服务者却很难链接到有效的残疾人家庭政策手段作为支撑，来使得家庭的经济功能、社会功能、抗风险功能等得到增强，进而保证残疾人的社会福利水平。实际上凡是家庭就具备福利保障的功能，残疾人家庭只是由于变故等使得家庭结构和功能变化，导致福利保障功能弱化，需要外力支持以保证结构平衡和功能发挥。单单依靠一线服务者零星的家庭服务是很难从根源上解决残疾人家庭化的问题与满足残疾人家庭化的需要的。所以在转型的可能性中，针对家庭资源与家庭行为进行引导、干预与管理的政策手段的呼声很高。很多相关部门领导和一线的服务者均期待国家能通过集体化的行为为残疾人家庭提供直接或间接的家庭服务。残疾人福利供给的顶层设计中家庭视角的缺失一定程度上从另外一个角度呈现出残疾人福利供给中家庭元素的重要性。

可见，从可行能力的角度考察残疾人社会福利供给中家庭成了重要的干预对象。无论是零星的一线家庭服务或是政策设置中家庭视角的缺乏都从各自角度呈现了残疾人服务中家庭这一主体的不可或缺。依据中国家庭

---

① 罗红光：《"家庭福利"文化与中国福利制度建设》，《社会学研究》2013年第3期。
② 熊金才：《家庭结构的变迁与家庭保障功能的弱化》，《太平洋学报》2006年第8期。

主义文化，政府需要通过残疾人家庭政策支持残疾人家庭的发展，维持残疾人的生态，保证残疾人的福利水平。这些都在一定程度上表明，残疾人的社会福利供给呈现出家庭化的趋势。

三 残疾作为家庭事务的对话

这样的研究发现与已有的研究相类似，过往研究显示，成年人残疾对家庭照顾者健康和生活质量有重要影响，特别是老年人残疾对于配偶和成年子女的影响更为突出。[1] 残疾事实上是一个"家庭事务"，它不仅仅对于残疾者本身有影响，对于健康照顾者和家人均有重大影响。研究结果表明，无论家庭结构如何，与没有残疾家庭成员的家庭相比，有残疾个体的家庭在净收入和收入上有明显减少。[2] 这类家庭往往有很复杂的需要：贫困、健康困扰、社会隔离、沟通障碍、失业、住房、高压力、抑郁症和低自尊等。[3] 而且由于残疾的存在，实际在一定程度上影响了家庭情感满足、相互支持、自创保障和福利等功能的发挥，维护家庭内部平衡、互助共济的家庭责任的能力在日渐削弱，出现"家庭失灵"，家庭的向心力被动摇，不利于家庭利益最大化的决策产生。[4] 因此，提供有效成功的服务，必须充分考虑残疾人所生存的环境，即服务供给必须考虑残疾人家庭复杂的需要，并提供以家庭为中心的支持和技能培训。[5] 在人类学的家族研究中，学者们也非常重视家庭的适应性研究，而且侧重于对弱势群体和少数族群的文化与社会适应的讨论。[6] 各领域研究逐步关注家庭策略的讨

---

[1] Raymond R. Hyatt, Jr., and Susan M. Allen, "Disability as a 'Family Affair': Parental Disability and Childhood Immunization", *Medical Care*, Vol. 4, No. 6, 2005, pp. 600 – 606.

[2] Rimmerman. A., *Family Policy and Disability*, Cambridge: Cambridge University Press, 2015.

[3] Feldman M. A., "The Effectiveness of Early Intervention for Children Whose Mothers are Mentally Retarded", In M. J. Guralnick. Baltimore, *The Effectiveness of Early Intervention: Directions for Second Generation Research*, MA: Paul H. Brookes Publishers, 1997, pp. 171 – 191.

[4] 胡湛、彭希哲、王雪辉：《当前我国家庭变迁与家庭政策领域的认知误区》，《学习与实践》2018年第11期。

[5] Dunst, C. J., Trivette, C. M., & Hamby, D. W., "Meta-analysis of Family-centered Helpgiving Practices Research", *Mental Retardation and Developmental Disabilities Research Reviews*, Vol. 13, 2007, pp. 370 – 378. Epley, R. H., Summers, J. A., & Turnbull, A. P., "Family Outcomes of Early Intervention: Families' Perceptions of Need, Services, and Outcomes", *Journal of Early Intervention*, Vol. 33, 2011, pp. 201 – 219.

[6] 麻国庆：《家庭策略研究与社会转型》，《思想战线》2016年第3期。

论，强调家庭本身的主体性、能动性和其应对复杂多元化社会的调整与适应，并对国家政策和社会制度如何协助家庭的运行和发展进行相应的研究。① 社会服务供给应该立足于家庭优势的开发和当前能力的发挥，而不是简单地弥补缺陷。学者在对有残疾个体家庭服务的研究中得出这样的结论：福利服务提供者在对残疾人家庭进行服务时必须以家庭为本，充分尊重家庭，强化家庭积极的素质，以家庭需要为目标导向提供长效的服务，方能有积极的效果。② 上述有效干预的内容是以家庭为中心的实践的特点。在过去的几十年中，为家庭提供的服务已经从一个专业化模式向以家庭为中心的模式转变，越来越强调家庭能力和支持的基础，而不是仅仅强调他们的需要和困难。③ 有效的服务供给应该充分考虑残疾人个体所处的生活环境而不是专注于个体本身、偏差行为或问题事件。因此，家庭及其支持、能力、需要和资源是以家庭为中心的服务递送所要重点考虑的因素。④

30多年前，实务界就开始将缺陷为本、个体导向的早期干预服务计划转向以能力为本、家庭为中心的早期干预和家庭支持计划。⑤ 研究逐步探索出一套家庭增能的服务机制，包括一系列的概念和操作原则，以结构化为家庭提供服务的方法，这些方法使用不同种类的积极经验和机会努力实现家庭增能与转化。⑥ 构成家庭使能和赋权的八个基础性原则如下⑦：（1）采用家庭社会系统视角和家庭系统的干预定义。家庭被视为一个社会单元嵌入在其他非正式和正式的社会组织和网络中，家庭及其成员的行

---

① 彭希哲、胡湛：《当代中国家庭变迁与家庭政策重构》，《中国社会科学》2015年第12期。
② McWilliam, R. A., *Working with Families and Young Children with Special Needs*, New York, NY: Guilford. 2010.
③ Childress D. C., "Special Instruction and Natural Environments: Best Practices in Early Intervention", *Infants and Young Children*, Vol. 17, No. 2, 2004, pp. 162–170.
④ Wade, C. M. Mildon, R. L. and Matthews, "Service Delivery to Parents with an Intellectual Disability: Family-Centred or Professionally Centred?", *Journal of Applied Research in Intellectual Disability*, Vol. 20, 2007, pp. 87–98.
⑤ Dunst, C. J., "Revisiting 'Rethinking Early Intervention'", *Analysis and Intervention in Developmental Disabilities*, Vol. 5, No. 1, 1985, pp. 165–201.
⑥ Dunst, C. J., Trivette, C. M., and A. Deal, *Enabling and Empowering Families: Principles and Guidelines for Practice*, Cambridge, MA: Brookline Books, 1988, pp. 26–29.
⑦ Dunst, C. J., C. M. Trivette, "Capacity-Building Family-Systems Intervention Practices", *Journal of Family Social Work*, Vol. 12, No. 2, 2009, pp. 119–143.

为受到这些单位的事件和网络反射的不断影响。[1] (2) 专注于家庭，而不仅仅将一个个体作为干预单位，这个原则是基于这样一个事实：没有足够的支持和资源，家庭是不能充分地支持培育健康、有能力的个体的。[2] (3) 以家庭成员赋权为目标的干预。增能是通过为家庭成员创造获得的知识和技能的机会，以更好地管理、处理日常生活，积极地影响家庭的幸福感和家庭的掌控力。[3] (4) 使用推动促进而不是治疗或预防干预模式。干预服务是促进和支持家庭功能的行为，提高家庭获得的能力，允许更大程度地控制随后的家庭生活事件和活动。[4] (5) 服务介入的目标专注于家庭，而不是专业的需求。服务者不能主观认为家庭需要援助，而是需要家庭提出需要援助的请求。家庭确定的需求，反过来，帮助家庭使用他们的优势和能力，以获得必要的资源和支持，以满足需求。(6) 提升家庭功能的方法之一是确认和建基于家庭优势。这个原则是基于这样的信念：所有的家庭都存在优势和转化的能力，[5] 优势为本的服务介入比试图防止或纠正弱点的干预可能更有效率。(7) 利用家庭非正式社会支持网络作为支持和满足家庭需求的主要来源。(8) 采用专业手法的介入，这将主要强调能力增强和避免依赖关系的角色。

"以家庭为中心"（family-centred）始终没有得到很好的解释。[6] 诸多学者尝试了以实践细化"以家庭为中心"的服务概念。[7] 他们将以家庭为中心的服务置于以专业为本向以家庭为本的服务转化中进行解释。具体见

---

[1] Bronfenbrenner, U., *The Ecology of Human Development: Experiments by Nature and Design*, Cambridge, MA: Harvard University Press, 1979.

[2] Hobbs, N., Dokecki, P. R., Hoover-Dempsey, K. V., Moroney, R. M., Shayne, M. W., & Weeks, K. H., *Strengthening Families*, San Francisco, CA: Jossey-Bass, 1984.

[3] Rappaport, J., "In Praise of Paradox: A Social Policy of Empowerment over Prevention", *American Journal of Community Psychology*, Vol. 9, No. 1, 1981, pp. 1 – 25.

[4] Carkhuff, R. R., and Anthony, W. A., *The Skills of Helping*, Amherst, MA: Human Resource Development Press, 1979.

[5] Rappaport, J., "In Praise of Paradox: A Social Policy of Empowerment over Prevention", *American Journal of Community Psychology*, Vol. 9, No. 1, 1981, pp. 1 – 25.

[6] Allen, R., C. Petr., "Toward Developing Standards and Measurements for Family-centered Practices in Family Support Programs", In G. H. S. Springs, L. E. Power, and A. L. Olson. Baltimore, *Redefining Family Support: Innovations in Pubilc-Private Partnerships*, MA: Paul H. Brookes Publishers, 1996, pp. 57 – 86.

[7] Dunst, C. J., "Family-centered Practice: Birth Through High School", *Journal of Special Education*, Vol. 36, No. 3, 2002, pp. 141 – 149.

表7-1 的比较。

表7-1　以专业为中心和以家庭为中心的服务递送的定义以及以家庭为中心服务中关系和参与的构成部分

服务递送类型	定义描述
以专业为中心	专业服务递送是基于由专业人士诊断认定的家庭需要。家庭被视为有问题或病态的，需要专业人士的帮助才能以更健康的方式发挥功能。专业介入是基于家庭被视为不能解决他们自己的问题。评估的重点是家庭功能的专业评估，服务由专业机构安排。
以家庭为中心	家庭的需要和愿望成为确定服务递送内容的关键。专业服务只是家庭的辅助。服务目标在于促进家庭自我决策和可行能力的扩展。基于家庭可行能力的服务递送强调能力导向、个别化、灵活与尊重。服务的目的是强化家庭的能力以满足自己的需要。家庭是有尊严并受到尊重对待的。信息共享以让家庭可以做出明智的决定。家庭有选择自己所需服务的自由和权利。
关系调节	专业具有专业的理念、信仰和做法，表现出对家庭尊严的维护和尊重。专业服务努力强化家庭成员的理念和能力的呈现。家庭友好关系、人际交往能力、良好的个体技能（积极倾听、同情、同情心、尊重、不评判等）是被不断强化的。
参与促进	针对家庭的迫切需要提供个性化的、灵活的服务。信息共享让家庭可以做出明智的决定。家庭有选择服务方案和服务手法的自由。协助建立家庭专业合作伙伴关系。为家庭照顾孩子提供资源和支持。家庭积极参与获取资源和支持，以满足成员的需要。

资料来源：Dunst, C. J., "Family-centered Practice: Birth Through High School", *Journal of Special Education*, Vol. 36, No. 3, 2002, pp. 141-149; Wade, C. M. Mildon, R. L. and Matthews, "Service Delivery to Parents with an Intellectual Disability: Family-Centred or Professionally Centred?", *Journal of Applied Research in Intellectual Disability*, Vol. 20, 2007, pp. 87-98.

尽管过去几十年来各界一直为呼吁支持家庭政策与措施的出台，但是特殊家庭的需要仍然没有得到满足。笔者发现，专业力量无法在家庭成员出现残疾的第一时间给家庭足够支持。这些所谓的专业家庭介入受到各种挑战。以家庭为中心的服务逐步得到倡导，他们追求：如何可以让残疾人家庭生活富有尊严和可持续性？作为个体，大多数专业人士认可以家庭为中心服务的重要性，但在陈旧的支持服务的结构体系中，却不能很好地支持家庭服务。[1] 以家庭为中心的家庭服务给家庭所提供的技能、社会支持和资源及其所产生的效果会因特定文化、不同家庭结构而异。[2]

基于此，世界各国积极倡导和出台"家庭政策"支持服务提供，纷纷采取进一步支持家庭或重返家庭的行动，试图设计和实施以家庭为中心的以上游干预为导向的家庭政策与家庭服务，进而为可持续生计与经济增长奠定基础。[3] 但现行的家庭政策表现出对"个体化"家庭成员的倾向性倚重（如残疾人、儿童、老人等），忽略了对家庭整体功能的聚焦。这种细碎化的发展取向在一定程度上破坏了"家庭"本应有的平衡。同时，目前的家庭政策与其他公共政策目标紧密连接，如刺激就业、培养技能、减贫等，社会目的明显凌驾于家庭的特质化目的之上。因此，在福利国家转型的背景下，内尔·吉尔伯特提出了"能促型国家"（The Enabling State）的理论，其主要观点是：在福利供给中，政府不包办一切，而是促使社会各主体特别是受助对象积极发挥自己的能力，参与到福利的供给之中，提高福利供给的效率。[4] 政府应该看到社会各主体所蕴含的能力，并通过政策保证这些能力在参与福利供给中得到成长和发挥。国家先发地将家庭作为支持对象，为其提供外在资源，增强家庭功能。家庭政策的远景是要建构一个让所有家庭都感到快乐并得到平等对待的社会，总目标是"让家庭中的成员无论年龄、性别都能和谐相处，提高所有家庭成员的生活品质"，基本价值取向应该是注重政府责任与家庭责任并重，家庭福利与成员福利并重，女性权益与男性权益并重。[5]

---

[1] Carpenter B., "Sustaining the Family: Meeting the Needs of Families of Children with Disabilities", *British Journal of Special Education*, Vol. 27, No. 3, 2000, pp. 135 – 144.

[2] Miller G., "Application of Theory to Family-centered Care: A Role for Social Workers", *Social Work in Health Care*, Vol. 51, No. 2, 2012, pp. 89 – 106.

[3] 韩央迪：《家庭主义、去家庭化和再家庭化：福利国家家庭政策的发展脉络与政策意涵》，《南京师范大学学报》（社会科学版）2014年第6期。

[4] Gilbert. N., and Gilbert. B., *The Enabling State: Modern Welfare Capitalism in America*, New York: Oxford University Press, 1989, pp. 17 – 18.

[5] 高春兰、金美英：《韩国家庭福利政策的范式转换：健康家庭基本法》，《社会政策研究》2017年第6期；李桂梅、刘安：《论当代中国家庭政策的基本价值取向》，《吉首大学学报》（社会科学版）2019年第1期；王子彧：《北欧家庭福利政策与服务体系：经验与发展》，《社会政策研究》2017年第6期。

四 小结

可行能力框架下残疾人多元、隐晦、矛盾的社会福利需要背后隐含着家庭影子，残疾人需要表达与家庭整体性的需要紧密相关，从多个角度显示了家庭的元素。残疾人社会福利需要呈现家庭化的特征。与此对应，残疾人社会福利供给运作中，家庭成为福利提供与制度设置探讨的重要维度，实际的家庭服务与政策的家庭缺陷都从各自的视角呈现出残疾人社会福利供给中家庭元素的重要性。以家庭为整体进行福利供给成为从根本上提升残疾人社会福利水平的必然。

第二节 基于家庭的可行能力扩展与残疾人需要满足

残疾人福利需要与供给分析中均显露出家庭元素，具有强烈的家庭化特征。本小节将可行能力概念放置于中国家庭文化背景下进行相关的讨论，并在已有的对家庭可行能力的探讨中提炼家庭可行能力的核心要素，以此讨论残疾人家庭可行能力如何转化以有效回应残疾人福利需要。

一 中国人生活中的家庭概念

传统的中国是以小农经济为主体的农业社会。农业以土地为主要的生产工具，生产工具的落后使得土地的保护与耕种及作物的照料与收获，均为个人能力所不逮，须靠持久而稳定的小团体来共同运作。比较持久而稳定的小团体当然是以血统为基础的家庭。于是家庭成为传统中国社会内最重要和最基本的运作单位。由于家庭是农业经济与社会生活的核心，家庭的保护、延续、和谐及团结自是倍极重要，因而形成了中国人凡事以家为重的家族主义（familism）的想法与做法。[①] 在传统上，中国人很少将自己视为一个孤立的实体，而是更多将自己置于家庭中进行定位，是家庭的一个有机成员，在家庭的血缘氛围里活动、生活，并获得其存在。[②] 个体必须生活在并且从结构上置于家庭之中。家庭而非个体是传统中国的基本

[①] 杨国枢：《中国人的价值观：社会科学观点》，中国人民大学出版社2013年版，第33页。

[②] 童敏：《流动儿童应对学习逆境的过程研究：一项抗逆力视角下的扎根理论分析》，中国社会科学出版社2011年版，第186页。

社会事实。人们生活圈内的运用是一切尽量以家庭为重、以个人为轻；以家庭为主，以个人为从。因此，家庭的生存重于个人的生存，家庭的荣辱重于个人的荣辱，家庭的团结重于个人的自主，家庭的目标重于个人的目标。① 从家庭和社会的关系来看，家庭是社会的基础，家庭组织是社会组织网络中的基石。家庭结构是融经济关系、政治关系、文化关系的开放结构与再生产过程。同时，它也是以政治、经济、文化关系融合的一种家庭与家庭，进而与社会的向非日常生活世界拓展与再生产的社会交往关系。②

基于此，梁漱溟认为：“中国文化最大之偏失，就是个人永不被发现这一点上。”③ 他在对中国社会系统和其他社会系统进行比较后指出，中国社会既非个人本位，亦非社会本位，而是关系本位，且关系本位是以伦理为本，以家庭关系为基础的推广和发挥。④ 儒家思想作为中国家族伦理的重要内核之一，从来不将个体视为孤立的存在，恰恰相反，人被界定为社会的存在。在儒家的观点中，最基本的人际关系是"五伦"，在这"五伦"中亲族关系居其三，其余两项则是以家庭为参照构架而展衍出来的。因此，中国的家庭系统本身就被视为"中国的社会系统"了。⑤ 儒家由修身、齐家到治国、平天下的文化设计中，虽然理念上一以贯之，但实际上到了"家"这一关，便很难再由"家"通向"国"。⑥ 在儒家的"文化设计"中，"家"本来只是由己到国再到天下一条路上的一站，但是这一站却特别大，特别重要，儒家的心计几乎都放在家上，儒家的社会组织原理与伦理规范都是以家为中心的。⑦ 冯友兰认为中国人以"家为一切的出发点、集中点"，并说，"一个人的家是一个人的一切"。⑧ 在以家为本的社会制度中，所有一切社会组织，均以家为中心，所有的人与人的关系，都须套在家的关系中。个体需要在家庭的关系中获得认可并确定个人的行为

---

① 杨国枢：《华人社会取向的理论分析》，载杨国枢、黄光国、杨中芳主编《华人本土心理学》，远流出版事业有限公司2005年版，第173—213页。
② 王福民：《家庭：作为生活主体存在空间之价值论旨趣》，《哲学研究》2015年第4期。
③ 梁漱溟：《中国文化要义》，上海人民出版社2011年版，第260页。
④ 同上书，第94页。
⑤ 冯友兰：《新事论》，台湾商务印书馆1967年版，第21页。
⑥ 金耀基：《中国现代化的终极愿景》，上海人民出版社2013年版，第179页。
⑦ 同上书，第178页。
⑧ 冯友兰：《新事论》，台湾商务印书馆1967年版，第58页。

准则。因此，成立家庭、经营家庭、维持家庭成为中国人生命及生活中最重要的事。家庭生活与亲人关系是形成中国国民性格的主要来源。① 中国的很多生活常态中不强调个人的能力表现，而处处以家庭为重心。

中国家庭与西方社会中所说的那种核心家庭（nuclear family）不同，中国家庭应该属于扩大的家庭（extended family），其成员构成可以是纵向的扩大家庭（祖父母、父母、兄弟、子女），也可以是平行的、横向的（兄弟、子女）扩大家庭。② 家庭在西方是一种界限分明的团体，而在中国则相对含糊。所以费孝通把中国乡土社会基本社群称为"小家族"，其目的是想从结构原则上去说明中西方在家族中的家庭只是社会圈子中的一轮，不能说它不存在，但也不能说它自成一个独立的单位。③ 这样的论述呈现了中国社会中家的一个重要特征——家的多层性。无论如何，家庭作为中国人生活的基础，强调成员之间的相互依存，也强调家庭对于成员的相关责任。它给那些丧失劳动能力的成员提供生活保障，保证家庭成员之间的合作与互助，也保证了社会的延续。④ 随着社会的变迁与西方文化的影响，中国家庭生活方式有了一定的变化，但是家庭成员之间的相互依存与责任仍是生活的重心，个体对于家庭仍抱有强烈的责任感和义务感，⑤ 无论是从经济支持、劳务帮助还是情感联系上都还是表现出浓厚的家庭主义。家庭成员仍然会相互扶持、共同谋事，尽可能地利用家庭资源努力达到个体和家庭整体福利的最大化。

可见，中国社会伦理奠基于家庭，特别重视个人对家庭的责任。但这并不意味着重视家庭等于忽视个人，重视家庭的目标在于实现个人，实现个人的人性与仁心，发展自我。⑥ 家庭成员的生存与发展依赖于家庭成员之间的支持互助，强调家庭成员之间的伦理、责任和义务。中国人的世界

---

① 杨懋春：《中国的家族主义与国民性格》，载李亦园《中国人的性格》，台湾桂冠图书公司1988年版，第113—179页。

② 翟学伟：《中国人的日常呈现：面子与人情的社会学研究》，南京大学出版社2016年版，第26页。

③ 费孝通：《乡土中国·生育制度·乡土重建》，商务印书馆2011年版，第39—40页。

④ 同上书，第43—45页。

⑤ 童敏：《流动儿童应对学习逆境的过程研究：一项抗逆力视角下的扎根理论分析》，中国社会科学出版社2011年版，第186页。

⑥ 沙莲香：《中国民族性（一）：一百五十年中外"中国人像"》，中国人民大学出版社2012年版，第270—271页。

观是"永远将家庭中的亲情维系看成是永恒的；个体因此受此亲情的制约而追求互相依赖"。基于这样的文化背景，残疾人的社会福利需要满足很大程度上依赖于家庭成员之间的互助与扶持，需要表达出现家庭化的特性也在合理之中。将残疾人放置在家庭的场境中进行福利考虑是中国残疾人社会福利供给的不可回避的视角。家庭是具有自我创造、自我设计和自我调整能力的行为主体。家庭具有自造福利和自造资源的社会功能，因此，应该把激发和鼓励家庭功能作为残疾人社会福利制度设计与实施的重要工作。在以可行能力作为框架考察残疾人的需要满足中，应该自然地转向关注如何促进残疾人家庭整合性可行能力的提升，以有效地回应残疾人的福利需要。研究结果的呈现与文化要素的考量共同显示，残疾人可行能力的探讨应该由个体层面扩展至家庭层面，其概念的本土化与适切性方可得到更大范围的推广。

二 基于家庭的可行能力理论对话

可行能力强调一个个体可以做什么的自由。发展要求消除那些限制人们自由的主要因素，如贫困、经济机会的缺乏、系统化的社会剥夺、公共设施的忽视等。[①] 在森的概念中，可行能力是被放置于工具性自由中进行讨论的，他认为，政治自由、经济条件、社会机会、透明性保证、防护性保障五种类型的工具性自由能够帮助人们更自由地生活并提高他们在这方面的整体能力，并且这五种类型相互促进与补充。[②] 因此，可行能力是一种自由，是实现各种可能的功能性活动组合的实质自由。社会制度安排对确保与扩大个人自由可以具有决定性意义。对于人类可行能力形成和使用上极端重要的那些条件的实质性公共资助，很大程度上影响了个人的自由。基于此，所有的制度安排应该致力于消除障碍，促进个体的可行能力扩展。所以无论是森还是后面的纳斯鲍姆、布洛克等可行能力的重要研究学者们更多还是立足于个体层面对可行能力的要素或清单进行探讨和研究。即便森始终拒绝提供或者支持确定的可行能力清单，可是他探讨扩展可行能力提升自由的五个工具性手段的分析也是立足于个体的。可行能力

[①] [印] 阿玛蒂亚·森：《以自由看待发展》，任颐、于真译，中国人民大学出版社2013年版，第2页。

[②] 同上书，第31页。

专注于个人层面的探讨，未能在一定程度上探讨可行能力和社会结构之间的相互作用。[1] 过于个体化使得可行能力理论的扩展引起了诸多学者的探讨。斯图尔特（Stewart）认为可行能力理论虽然在一定程度上忽视了组织性行为对个体可行能力的影响，但是这种个人主义的聚焦并不意味着，该理论视角完全忽视社会结构的影响。[2] 森认为个体是嵌入社会，并通过充分参与所处社会的政治与社会事务来实现个人能力的增强。尽管承认了社会结构的工具价值并强调个人的社会责任，可行能力关注的重点仍然是个人和他/她的能力。森甚至认为，个体的自我要素是包容于对社会承诺的追求的。[3] 然而，个体所重视的能动性与目标部分取决于个体所生活的环境。[4] 个体与社会的关系概念需要在可行能力理论的框架中得以扩展。首先，社会结构的内在重要性需要被承认。其次，个人能力和社会结构之间的双向关系需要强调。社会结构作为个体可行能力提升的重要工具，具有内在性的价值，当然个体可行能力提升也可以改变原有的社会结构，使其更有利于个人和公共福祉的提升。[5]

群体是作为人类福祉直接来源非常重要的一个类别，也是扩展个体可行能力的一种重要机制，并对个体选择何种可行能力更有价值上起着主导性的影响。因此，在可行能力的研究中有必要对个体所隶属的各类组织的自然存在和内在属性进行探讨。基于个人的能力和社会结构之间的互动关系，学者们开始试图将可行能力从人体层面向组织层面扩展，在可行能力的分析框架中引入"集合式可行能力"（collective capabilities）进行讨论。[6] 学者们试图从两个不同的视角来定义集合式可行能力。斯图尔特将

---

[1] Ibrahim, S., "From Individual to Collective Capabilities: The Capability Approach as a Conceptual Framework for Self-help", *Journal of Human Development*, Vol. 7, No. 3, 2006, pp. 397–416.

[2] Stewart, F., "Groups and Capabilities", *Journal of Human Development*, Vol. 6, No. 2, 2005, pp. 185–204.

[3] Sen, Amartya K., *Development as Freedom*, Oxford: Oxford University Press, 1999, p. 271.

[4] Deneulin, S. and Stewart, F., "Amartya Sen's Contribution to Development Thinking", *Studies in Comparative International Development*, Vol. 37, No. 2, 2002, pp. 63–70.

[5] Ibrahim, S., "From Individual to Collective Capabilities: The Capability Approach as a Conceptual Framework for Self-help", *Journal of Human Development*, Vol. 7, No. 3, 2006, pp. 397–416.

[6] Comim, F. and Carey, F., "Social Capital and the Capability Approach: are Putnam and Sen Incompatible Bedfellows?", Paper Presented at the *EAEPE Conference 'Comparing Economic Institution's*, Siena, November. 2001; Ibrahim, S., "From Individual to Collective Capabilities: The Capability Approach as a Conceptual Framework for Self-help", *Journal of Human Development*, Vol. 7, No. 3, 2006, pp. 397–416.

集合式可行能力解释为是由个人可行能力组成的,认为这种可行能力实际上是特定的组织中所有成员的个体可行能力(和能力的来源)的平均水平。[1] 然而有学者则认为集合式可行能力并不是个体可行能力的简单聚合,它的实现必须依赖于特定的组织,是社会互动的结果。[2] 由于个体选择可珍视的生活时更多是集体取向而非个体取向的,所以个体可行能力的获得在一定程度上依赖于集合式可行能力。[3] 集体性能力的不平等对于人们的个人福祉减少有重要影响,同时也是社会不稳定的潜在来源。组织的形成和互动是权力运作的一个来源,它决定了组织成员是否具有讨价还价或是政治动员的能力。此外,因为每个人在生活中都是一个或多个组织的成员,这些组织对于个人的选择具有重要影响,无论个体是选择有价值或无价值的能力。在这方面最有影响力的群体往往更多的是非正式的组织,如家庭、社区等。这类组织同样在个体将可行能力转化为什么样的功能性活动上产生影响。基于此,政策有必要对这类初级组织给予足够支持,让它能有力地协助个体获得可行能力,并可以将可行能力转化为有价值的生活。

研究的发现有力呈现了家庭在个体社会化、支持网、稳定性与社会融入机会等的提供上扮演重要角色。这个对于一个有残疾人的家庭来说更是挑战,它对于照顾的需要有更多的诉求。毫无疑问,这种责任需要家庭成员个人和家庭付出一定代价,主要是经济负担的增加和就业机会的减少。而从本书研究的发现中可见,残疾人的福利状态除了和个人的可行能力有内在联系,家庭的功能效率对残疾人家庭及其个体的福利水平有着重要的影响。家庭作为个体重要直接的社会结构,这个层面的可行能力扩展对于个体的能力和福利的提升均具有重要影响。从 20 世纪 90 年代起,西方国家便注意到家庭功能在社会福利政策中的重要性,并以"发展型社会政策"为导向进行改革,增强家庭功能发挥效率,将家庭作为政策的关注

---

[1] Stewart, F., "Groups and Capabilities", *Journal of Human Development*, Vol. 6, No. 2, 2005, pp. 185 – 204.

[2] Comim, F. and Kuklys, W., "Is Poverty about Poor Individuals?", Paper Presented at the 27th General Conference of the International Association for Research in Income and Wealth, Djurham, August, 2002, p. 15.

[3] Evans, P., "Collective Capabilities, Culture and Amartya Sen's Development as Freedom", *Studies in Comparative International Development*, Vol. 37, No. 2, 2002, pp. 54 – 60.

点，进行相关的经济和社会的投资。[1] 家庭发展的核心在于家庭能力的发展。家庭逐步成为各类社会政策安排关键的一环，要以家庭为整体进行政策评估，以家庭整体作为政策实施对象。[2] 立足于此，研究将可行能力扩展至家庭的层面进行讨论，以期提升可行能力的解释力与应用空间，同时增强家庭政策设置的理论支持。

可行能力放置于家庭层面进行探讨更多是蕴含于家庭功能发展和家庭可持续生计扩展的剖析中。家庭可行能力可视为家庭功能质量和效率的基础，而家庭生计扩展则可视为一个增强家庭可行能力的实践过程。麦克马斯特（McMaster）家庭功能模式理论认为，家庭各项基本功能的正常发挥是维持家庭成员身心健康和发展的前提，这个模型将家庭功能的质量划分为六个维度：问题解决能力、沟通、家庭角色分工、情感反应能力、情感卷入程序和行为控制，主张从这几个方面来评估家庭的功能；[3] 比弗斯和汉普森（Beavers & Hampson）则从家庭的关系结构、反应灵活性、家庭成员间交往质量以及家庭亲密度和适应性等指标评定家庭功能。[4] 吴帆和李建民对家庭发展能力进行具体操作化，划分为：经济能力、保障与支持能力、学习能力、社会交往能力、风险应对能力，并立足于此发展出具体指标体系，用于判断中国居民家庭发展能力的水平及其结构性特征。[5] 在家庭生计扩展研究中，能力要素是作为生计要素的重要组成部分被关注。在家庭可持续生计分析中，能力要素不单单指家庭成员所具备的技术能力，而是从一个更全面的角度所进行的整体把握，主要涉及五个角度：家庭认识力、家庭组织力、家庭决断力、家庭判断力、家庭创造力。[6]

基于这些讨论和本书的研究剖析，可行能力从个体转向家庭的探讨并不是简要的个体能力的加总，而应该是家庭作为一个有机整体的能量呈现。家庭可行能力是一个家庭为了顺利完成家庭生命周期的任务和应对家

---

[1] 张秀兰、徐月宾：《建构中国的发展型家庭政策》，《中国社会科学》2003年第6期。
[2] 吴帆、李建民：《家庭发展能力建设的政策路径分析》，《人口研究》2012年第4期。
[3] Epstein, N. B., Bishop, D. S., & Levin, S., "The McMaster Model of Family Functioning", *Journal of Marital and Family Therapy*, Vol. 4, No. 4, 1978, pp. 19–31.
[4] Beavers, R., & Hampson, R. B., "The Beavers Systems Model of Family Functioning", *Journal of Family Therapy*, Vol. 22, No. 2, 2000, pp. 128–143.
[5] 吴帆、李建民：《家庭发展能力建设的政策路径分析》，《人口研究》2012年第4期。
[6] 郝龙：《家庭生计分析：民族贫困问题治理的微观视角》，《北方民族大学学报》（哲学社会科学版）2015年第3期。

庭历程中出现的特殊情况而具备的自我调整和回应的能力综合，是家庭功能质量和效率的基础。针对有残疾个体的家庭，家庭要学习：（1）调整"残疾"事务对于家人的情感影响；（2）处理同辈团体的反应；（3）接受和合理使用社区与社会资源；（4）调整家庭成员对于慢性疾病的情绪；（5）基于家庭能力的扩展进行角色调整；（6）识别需要持续的家庭责任；（7）处理残疾成员长期依赖的财务问题；（8）为家庭未来的发展规划；（9）安排家庭以外的社会化的机会。家庭的需要和愿望、家庭的优势和能力（家庭功能的风格）、家庭的社会支持和资源看起来是独立的，但在服务评估和干预过程中却是相互依存的部分。专业人士使用的助人行为的方式使家庭增强，有权获得和使用的能力，以获得支持和动员资源，满足需求。[①] 基于个体可行能力的维度和家庭的任务取向，家庭可行能力可以从以下五个维度进行解释：家庭政治参与能力、家庭社会交往、家庭经济能力、家庭凝聚力、家庭风险应对能力。家庭政治参与能力主要指家庭及其成员表达诉求、选举、运用政治资本能力；家庭社会交往指家庭社会支持网络、成员的社会地位、成员的职业及其家庭与其他相关主体良性互动的能力等维度；家庭经济能力可以解释为家庭资产建设、成员就业能力、成员就业机会、运用经济资源能力等方面；家庭凝聚力指的是家庭成员之间的亲密度、成员交流质量、处理家庭关系矛盾能力等；家庭风险应对能力则指家庭享受社会保障水平、收入稳定性、支持系统稳固性等。依据这样的理解，可以结合研究发现将家庭可行能力转化为具体的维度与指标进行解读（见表7-2），以更好地呈现家庭可行能力概念的内涵与操作性。

表7-2　家庭可行能力概念的维度与具体指标解释

一级概念	二级维度	三级指标
家庭可行能力	家庭政治参与能力	表达诉求能力与机会
		选举能力与机会
		运用政治资本能力与机会
	家庭社会交往	家庭社会支持网络情况
		家庭成员的职业、社会地位

[①] Dunst, C. J., and C. M. Trivette, "Capacity-Building Family-Systems Intervention Practices", *Journal of Family Social Work*, Vol. 12, No. 2, 2009, pp. 119-143.

续表

一级概念	二级维度	三级指标
家庭可行能力	家庭社会交往	与相关主体互动的能力
	家庭经济能力	家庭资产建设情况
		家庭成员就业能力与机会
		家庭运用经济资源能力
	家庭凝聚力	家庭成员之间的亲密度
		家庭成员交流质量
		处理家庭关系矛盾能力
	家庭风险应对能力	家庭享受社会保障水平
		家庭收入稳定性
		家庭支持系统稳固性

家庭可行能力（与个人可行能力相对应）关注的结果在家庭的系统水平，至少关注两个家庭成员，它着力于家庭整体与家庭关系。从家庭压力理论的角度审视这一问题，家庭适应的产生是家庭可行能力有效应对家庭风险的结果。家庭可行能力作为一种组织的聚集式可行能力，并不是由纯粹的个体可行能力和社会层可行能力整合而成。如果家庭成员之间保持一种冲突式的互动模式，这种情况可能会导致较低水平的家庭可行能力；相反如果成员是以一种建设性的方式进行互动，就会生成比单独个体简单加总更高水平的家庭可行能力。[1] 家庭可行能力扩展包括提高家庭成员在相互支持上的能力，可以有效地协助成员共同成长，并不断地增强成员在支持上的信心。[2] 可以从内部和外部两个角度进行家庭可行能力建设。内部主要是指家庭及其成员自身的能力建设，主要包括情感纽带的强化和家庭成员间良好的互动关系、人力资本投资、核心家庭成员的职业发展能力、社会资本投资、家庭分工和家庭资源配置的优化等；外部主要是指家庭所处环境与网络的质量与支持，主要包括社区营造、社会保障制度、社会福利制度和公共服务等方面的支持。[3]

---

[1] Anand, P. B., "Capability, Sustainability, and Collective Action: an Examination of a River Water Dispute", *Journal of Human Development*, Vol. 8, No. 1, 2007, pp. 109 – 132.

[2] Swanson, J., Raab, M., & Dunst, C. J., "Strengthening Family Capacity to Provide Young Children Everyday Natural Learning Opportunities", *Journal of Early Childhood Research*, Vol. 9, No. 1, 2010, pp. 66 – 80.

[3] 吴帆、李建民：《家庭发展能力建设的政策路径分析》，《人口研究》2012 年第 4 期。

三 残疾人个体—家庭可行能力转化与需要满足

可行能力关注的不仅仅在于考察"福祉成就",而且也在于"福祉自由"。一个人过得好和生活得好的实际自由在个体评价与社会评价上都具有重要性。[①] 可行能力的观点为如何理解残疾提供了新的见解,因为它提出了不仅要考察一个人实际可以做什么,即他/她的功能性活动,同时也审视他/她选择这些功能性活动的自由范围。因此,它提供一个超越以往医疗、社会和 ICF 相关范例的残疾研究框架。[②] 它的关注点从障碍性环境及其对个体功能性活动的影响转向个体的实际功能性活动和可能的选择。可行能力的方法提供剖析残疾人生活的社会和政治背景的另一个视角,探讨压迫和排斥是通过何种机制产生。增强个体的可行能力和通过增加残疾人的机会从而减少残疾所造成的后果的直接关系,可行能力的扩展有助于提升残疾个体自由选择的机会。通过将关注点从原有限定的残疾类别中转移,可以覆盖全面的残疾经历。事实上,如果每个人都被要求多维度陈述其福祉实现过程中功能性活动运用的困难,那么对于障碍环境的全面评估就会变得容易多了。在此基础上,应该依据人们的需要、价值和选择,设计出适合增强人们可行能力的政策。这些政策将有助于恢复那些经验能力匮乏的个体获得平等机会和选择。因此,贫困如果被理解为物质的匮乏或收入不足就过于狭隘而无法全面评定发展的终极目标:人类福祉。这就将一切与残疾有关的行动和政策放置在更广泛的人类发展维度上进行思考。[③] 森的可行能力有四个角度与残疾的探讨密切相关:首先,在心理、生理和心理能力上存在人际差异,在某些情况下(例如深度的智力残疾、严重的自闭症),这些差异是超越个人的控制。其次,残疾会对一个人的整体可行能力产生影响。在通常情况下,严重的残疾剥夺了人的可行能力。因此,一个残疾的个体需要更多的收入(例如额外的设备或康复)

[①] [印]阿玛蒂亚·森:《资源、价值与发展》,杨茂林、郭婕译,中国人民大学出版社 2008 年版,第 45 页。

[②] Burchardt, T., "Capabilities and Disability: the Capabilities Framework and the Social Model of Disability", *Disability and Society*, Vol. 19, No. 7, 2004, pp. 735 – 751; Trani, J. – F. and Bakhshi, P., "Challenges for Assessing Disability Prevalence: The case of Afghanistan", ALTER Revue Européenne de Recherche surle Handicap, Vol. 2, 2008, pp. 44 – 64.

[③] Dubois, Jean-Luc and Trani, Jean-Francois, "Extending the Capability Paradigm to Address the Complexity of Disability", *Brown School Faculty Publications*, Paper 30, 2009.

执行相同的各种功能性活动。在分析不平等时,如果只将收入作为基本的关注焦点从而只聚焦于收入不平等,就会出现一个重要而又常见的问题:人们所面临真实机会的不平等未必源于收入不平等。如果只看收入,对正常人和残疾人的相对剥夺程度就不能做出准确全面的判断,因为残疾个体在将收入转化为他/她所要追求的成就的过程中可能处于极其不利的地位。① 再次,对于残疾个体的经济挑战,有两种类型与残疾相关的劣势:收入劣势和转换劣势。最后,在残疾和疾病的情况下,平等的机会通常被解释为资源平等的可及性或平等的适用性(或平等的不适用性)必须进行修订。② 从一个充分的和社会公正的方式考虑,真正的平等机会必须是可行能力的平等。

过往的诸多研究表明,如果政策要能积极、有效地影响残疾人的生活,这些政策需要在更大的范围内促进残疾人可行能力的提升,包括教育、③ 医疗保健服务、④ 就业、社会参与、心理健康和身体安全。⑤ 政策设置焦点在于创造一个权利与义务互惠的机制以有效提高个体的可行能力,进而让个体可以较好地运用资源和机会。政策分析和公共决策不能停止于只是探索公共干预措施的经济效率,还应该关注在经济背后的机会分配与行为动机的刺激。

在许多文化环境中,每个个体都嵌入在一个与他人互动的关系网络中,使他们可以集体行动和互相支持。个体功能扩展不仅是通过个体机制完成,也可以通过与自己所处的相关组织及其成员的相互作用生成。因此,个体可行能力扩展并不仅仅依靠个体层面,同时也来自于与其他重要

---

① Sen, Amartya, *Inequality Reexamined*, New York, Oxford: Oxford University Press, 1992, p. 28.

② Sen, Amartya, "Inequality, Unemployment and Contemporary Europe", *International Labour Review*, Vol. 136, No. 7, June 1997, pp. 155-172.

③ Mutanga, Oliver, and Melanie Walker, "Towards a Disability-Inclusive Higher Education Policy through the Capabilities Approach", *Journal of Human Development and Capabilities*, Vol. 16, No. 4, 2015, pp. 501-517.

④ Diaz et al., "An Analysis of the Intentions of a Children Disability Policy through the Lens of the Capability Approach", *Journal of Human Development and Capabilities*, Vol. 16, No. 4, 2015, pp. 483-500.

⑤ Trani, Jean-Francois, Parul Bakhshi, Sarah Myers Tlapek, Dominique Lopez, and Fiona Gall, "Disability and Poverty in Morocco and Tunisia: A Multidimensional Approach", *Journal of Human Development and Capabilities*, Vol. 16, No. 4, 2015, pp. 518-548.

他人（组织）的相互交流作用。① 个体的可行能力的扩展应该置于个体与组织的双重层面进行考量，本章节的研究讨论呈现，残疾个体的需要满足与家庭紧密相关，在本土文化的环境下，对于个体可行能力的建设与提升应该延展至家庭层面。从个体—家庭的框架下探讨可行能力的扩展以有效地增强残疾人群体的内在能量，真正地实现其社会福利需要的满足与福祉的提升。

从有机体视角来看，家庭被视作具有良好组织功能的运作系统。从有机体视角进行实践，有一种基本理念指引着家庭建设的实践：通过整体评估家庭功能和健康问题，服务者可以以此为指引进行介入来解决这个问题（和系统）、恢复功能，从而促进家庭与成员的健康发展。在家庭健康发展实践中，强调协助家庭利用自己的能力或潜在能力去做出选择和改变他们的健康和治疗经验的方式，对他们具有较大的意义。在这样的实践中有一个共识是一个家庭的健康功能可以得到增强，即便其成员的健康问题没有得到解决。同样地，如果一个家庭的健康和治疗能力得到提高，家庭成员任何现有的健康问题将改变的可能性便会增大。② 基于可行能力进行家庭建设与单纯的服务供给是有差异的，其认定每个家庭都有自己的优势和重点，如果干预重心是能力的挖掘和扩展而不是纠正弱点，服务的效果更容易凸显。详见表7-3。

表7-3　　服务型供给和能力促进实践比较

服务型供给	可行能力促进
关键词：问题，功能性活动，结果导向，干预手法	关键词：可行能力，健康，经验，赋权，转化
强调问题	强调健康/可行能力
服务提供	培养家庭可行能力
家庭作为参与者	家庭作为主体
服务提供者作为专家	服务提供者作为合作者
家庭问题的界定	家庭健康和自我修复能力的发掘

---

① Dubois, Jean-Luc and Trani, Jean-Francois, "Extending the Capability Paradigm to Address the Complexity of Disability", *Brown School Faculty Publications*, Paper 30, 2009.
② Ibrahim, S., "From Individual to Collective Capabilities: The Capability Approach as a Conceptual Framework for Self-help", *Journal of Human Development*, Vol. 7, No. 3, 2006, pp. 397–416.

续表

服务型供给	可行能力促进
家庭问题的评估与诊断	在家庭日常生活的健康和自我修复经验中阐明有意义的模式和资源
以干预的方式恢复家庭功能	以合作的方式重构并转换家庭健康与自我修复经验
问题解决	健康提升
评估	转化

资料来源：Hartrick, 1997.

以家庭为中心的干预核心原则可以为残疾人家庭的家庭能力建设提供指引，引导社会支持网络的建设。通过信息提供和生态环境的干预支持家庭的能力建设，可以让家庭成员通过有效的沟通和自助学习的方式参与干预过程，实现服务达成和能力提升双重目标。家庭成员通过信息和资源支持获得处理问题的信心，通过积极的实践与指导提升能力，包括具体的反馈和反思如何支持他们的家庭成员的成长和社会交流。研究表明，这样的家庭有助于特殊人群的成长。[1] 家庭可行能力作为个体成员拥有的一种"社会层可行能力"（social capabilities），是一个相当复杂的机制，这是社会成员之间相互作用交流所生成的。[2] 社会层可行能力是一种新的能力，每一个个体通过与周围重要（组织）他人的互动而获得。这类可行能力，根据理解，包括从事各种形式与他人互动的行动、自尊和规避歧视的社会基础，为探索社会层可行能力提供了启示。社会层可行能力也产生于特定的社会组织，如自助团体、协会、合作社、工会等。[3] 这种能力包括但不限于外部能力，被定义为一个个体通过关系网络互动借助他人的可行能力实现功能性活动的可能性。[4] 因此，相比于个体可行能力的扩展，基于个

---

[1] Schischka, John, Paul Dalziel, and Caroline Saunders, "Applying Sen's Capabilities Approach to Poverty Alleviation Programs: Two Case Studies", *Journal of Human Development*, Vol. 9, No. 2, 2008, pp. 229–246.

[2] Stewart, F., "Groups and Capabilities", *Journal of Human Development*, Vol. 6, No. 2, 2015, pp. 185–204.

[3] Ibrahim, S., "From Individual to Collective Capabilities: The Capability Approach as a Conceptual Framework for Self-help", *Journal of Human Development*, Vol. 7, No. 3, 2006, pp. 397–416.

[4] Foster J. E. and Handy C., "External Capabilities. OPHI Working Papers Series", 8 Paper Retrieved on April 30th 2009 from website: http://www.ophi.org.uk/pubs/OPHI_WP8.pdf.

体—家庭的可行能力扩展更为复杂多元。学者们专门对于家庭可行能力的扩展探讨不多，集合式可行能力扩展则有受到一定的关注，研究呈现了一个从个体层面向集体层面可行能力扩展的路径（见图7-1），借助集体行动的发起和组织结构的调整从经济、个人、社会等维度将可行能力从集体层面上进行拓展，提升集体成员的能力，进而提升个体与集体的社会福祉。[①]

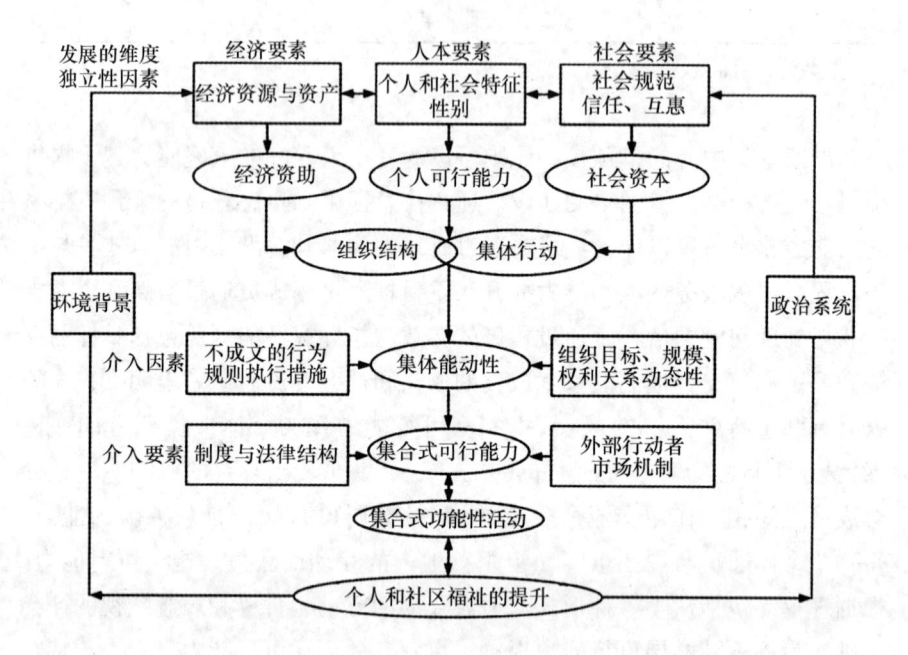

图 7-1 集合层面可行能力扩展路径

资料来源：Ibrahim, S., "From Individual to Collective Capabilities: The Capability Approach as a Conceptual Framework for Self-help", *Journal of Human Development*, Vol. 7, No. 3, 2006, pp. 397-416.

经由上一小节的讨论，家庭作为个体重要的生活组织，其整合式可行能力的扩展对于个体的社会福祉产生重要的影响。可行能力理论强调需要超越功能性活动（个人可以做什么是受选择自由影响）以评估个人能力，

---

① Ibrahim, S., "From Individual to Collective Capabilities: The Capability Approach as a Conceptual Framework for Self-help", *Journal of Human Development*, Vol. 7, No. 3, 2006, pp. 397-416.

基本上个体真的可以做什么或他们的个人能力的考量是和他们特定的生活环境紧密相关的。重点强调在对个体生活情况深入理解的基础上检视个人的可行能力和功能性活动,有助于更为精确地描述他们的整体福祉。[1] 以家庭可行能力为中心的服务方法是建立在和家庭及其成员之间建立合作伙伴关系的基础上,专业服务负责协助家庭实现目标、享受家庭生活、提升家庭力量以解决需要。这种能力视角促使家庭强化自身能力,家庭通过学习积极参与的有效经验实现可行能力的增强和家庭自我效能感的获得。每个家庭的生活质量都是不同的,受家庭的信念、价值观和经历的影响,以及由于家庭做出决定、实现有意义的目标、接受家庭支持的机会不同而会有所差别。[2] 因此,家庭政策和计划设置应该遵循以下原则:(1)鼓励和强化家庭、婚姻的稳定性;(2)支持和补充而不是替代家庭功能;(3)认识到家庭纽带的力量和持久性,即使它们暂时有问题;(4)在为家庭成员个体提供服务时将家庭视为合作伙伴,增强家庭的能力,协助他们实现社会角色和完成社会任务;(5)认识到家庭生活的多样性;(6)认识到亟须社会和经济支持的家庭和功能结构脆弱的家庭应该是政府政策和计划的首要优先关注。[3] 家庭在福利供给中的角色始终是政府在制定家庭政策时特别予以强调的文化传统。当前的重点应该是通过政府政策帮助家庭有能力行使自己的责任。从这个意义上说,家庭政策并不仅仅意味着国家的福利供给,同时也是协调国家、社会、市场、家庭和个人多方合力、积极行动的过程。[4] 关注家庭(family-focused)、以家庭为导向(family-oriented)、以家庭为中心(family-centred)的服务递送模式在家庭支持和早期干预的文献中得到广泛讨论。[5] 许多研究者和实践者认为,以家庭为中心

---

[1] Saleeby Patricia Welch, "Applicalions of a Capability Approach to Disabiiily and the Imemational Classification of Functioning. Disability und Health (ICF) m Social Work Praclice", *Journal of Social Work in Disahiliiy & Relutbiliialion*, Vol. 6, No. 1, 2007, pp. 217 – 232.

[2] Melinda D. Swafford, Kim O. Wingate, Lisa Zagumny, and Dean Richey, "Families Living in Poverty: Perceptions of Family-Centered Practices", *Journal of Early Intervention*, Vol. 37, No. 2, 2015, pp. 138 – 154.

[3] Clara C. Pratt, "Family Professionals and Family Policy: Strategies for Influence", *Family Relations*, Vol. 44, No. 1, 1995, pp. 56 – 62.

[4] 罗红光:《"家庭福利"文化与中国福利制度建设》,《社会学研究》2015年第3期。

[5] Campbell, P. H., Strickland, B., & Forme, C. L., "Enhancing Parent Participation in the Individualized Family Service Plan", *Topics in Early Childhood Special Education*, Vol. 11, No. 4, 1992, pp. 112 – 124.

的服务模式对残疾人个体及其家庭更加人性化和尊重。这种方法旨在增加家庭提供资源给其家庭成员的承受能力，协助解决问题和建立自立和自我维持的做法。以家庭为中心的干预的目的是让家庭和成员有能力继续以一种健康"生态"的方式生活，其中家庭能力的提升和家庭参与是关键。

核心可行能力的提升构成了各种政策制定的重要维度，以有效地提高残疾人的福祉。从这个角度来看，研究者的任务应该是在特定的背景下确定残疾个体—家庭通过可行能力提升而实现福利水平提高的程度。政策可以提供一个平衡和全面的政治战略来整合残疾人及其家庭社会融入和社会正义的两轴：（1）通过无障碍条件建设实现平等的社会生活和主张公平的社会、政治参与权利实现政治差异的消除；（2）通过配置额外的资源、扩大残疾人教育、经济和社会机会，扭转残疾人劣势状况以实现政治权利的再分配。[①] 因此，基于个体—家庭可行能力的残疾人社会福利系统政策应该定位于：减少各类社会不平等、培育包容性社会；提升残疾人群体组织的健康发展，为他们赋权、倡导；支持包括家庭在内的各类组织活动的开展，增强社会凝聚力，融合社会关系，协助个体实现对有价值可行能力的选择。个体—家庭可行能力扩展以实现残疾人社会福利需要满足关键在于两个方面：一是残疾人社会福利政策能够从外部关注个体的同时关注家庭的维度，协助个体—家庭两个维度可行能力的提升，有效协助残疾人家庭以自身基础和外部有利条件为支撑，整合和重构内外部资源，顺应生计与家庭环境变化，增强残疾人家庭生活的发展质量；二是残疾人社会福利政策着力于从外部协助残疾人家庭动态应对生活环境变化的能力更新，个别化地增强残疾人个体—家庭不断更新自身能力的能力，降解生计脆弱性，提高残疾人家庭的生态变化应对能力，要努力把外在性的支持政策变为服务对象内在能力和可行能力，[②] 实现残疾人社会福利需要满足的可持续性。

四 小结

可行能力框架下的研究发现残疾人社会福利需要与满足均呈现家庭化

---

① Anastasiou, D., & Kauffman, J. M., "Disability as Cultural Difference: Implications for Special Education", *Remedial and Special Education*, Vol. 33, No. 3, 2010, pp. 139 – 149.
② 王思斌：《农村反贫困的制度——能力整合模式刍议》，《江苏社会科学》2016年第3期。

走向。将可行能力放置于中国人生活中家庭的概念背景下进行讨论与对话，尝试将可行能力从个体延伸至家庭，并对家庭可行能力概念进行初步的解释，从家庭政治参与能力、家庭社会交往、家庭经济能力、家庭凝聚力、家庭风险应对能力对家庭可行能力的内涵进行解读与概念操作。在此基础上探讨如何基于个体—家庭可行能力扩展创新残疾人社会福利需要满足的路径。

本章小结

本章呈现了实证资料的研究发现，并基于研究发现和本土文化思维对可行能力概念进行扩展讨论，提升概念的本土使用空间和解释力。

（1）残疾人社会福利需要与供给均呈现家庭化的特征。这样的特征对于残疾人可行能力提升与扩展的讨论与实践提出了新的走向，将可行能力从个体层面延伸至家庭层面，以更为全面呈现概念的内涵，从政策实践层面上思考如何有效地扩展残疾人家庭可行能力成为从根本上提升残疾人社会福利水平的必然。

（2）中国人生活中家庭概念的重要位置为可行能力的扩展提供了有效对话的文化背景。研究尝试将可行能力置于中国家庭的概念中，从个体延伸至家庭，并从家庭政治参与能力、家庭社会交往、家庭经济能力、家庭凝聚力、家庭风险应对能力五个维度对家庭可行能力的内涵进行初步解读与概念操作。在此基础上探讨如何基于个体—家庭可行能力扩展创新残疾人社会福利需要满足的路径。

第八章

研究结论

围绕残疾人社会福利需要满足，本书从可行能力视角出发，运用定性研究方法对残疾人社会福利需要特性和残疾人社会福利供给以及供需的困境和转型的可能性展开研究，并在资料剖析的基础上对残疾人需要和供给中所呈现的家庭化特征进行深入探讨，进一步从本土生活文化背景对可行能力的视角进行扩展，提出家庭可行能力的概念，以扩大可行能力的本土运用范围。本章将对本书研究进行整体总结，提出研究的结论，并且简要分析研究的不足与提出未来研究的展望。

第一节 研究发现

2008年《残疾人权利公约》开始运作，该公约采用非激进的社会模型，开创了一个新的动态的残疾人权利范式，[1]旨在从生活的方方面面协助残疾人。《公约》第1条规定本公约的目的是"促进、保护和确保所有残疾人充分、平等地享受所有人权和基本自由，并促进对其固有尊严的尊重"。《公约》要求各国从战略角度对残疾人生活在各个维度无障碍参与的合理性建设进行思考，在这种模式下，残疾人被视为有权享有与正常个体一样的人权。在新的理念下，在功能性框架下对残疾人进行全新的理解是实现残疾人福利服务转型的必然趋势。本书以可行能力为框架对残疾人社会福利需要满足展开研究，具体的研究主题有三个：可行能力框架下残疾人社会福利需要特性；可行能力框架下社会福利供给现状；残疾人社会

---

[1] Harpur, P., "Embracing the New Disability Rights Paradigm: the Importance of the Covention on the Rights of Persons with Disabilities", *Disability & Society*, Vol. 27, No. 1, 2012, pp. 1–14.

福利供需张力与转型的可能性。基于研究主题和研究框架，笔者对实证资料进行了分析并从理论层面进行了相关的探讨。本节将从三个研究主题和研究讨论四个方面总结本书研究的发现，并进行概念综合性的整合分析。

一 可行能力框架下残疾人社会福利需要呈现

残疾人社会福利研究逐步从问题视角向能力视角转化。在这样的研究背景下，本书以可行能力为理论框架对残疾人社会福利需要特性进行了研究，主要从政治参与、社会参与、经济参与、心理健康、福利保障五个维度对残疾人需要特性进行呈现（见表8-1）。经过本书的实证调查与剖析，可以得出以下的研究发现。

（1）政治参与需要特性。研究依据研究理论指引与资料提取了利益诉求和选举两个维度来呈现。从选举上看，残疾人对于这样的政治参与表现得很冷漠，认为这种形式可有可无，也许是它真的改变不了太多残疾人的生活。而在利益诉求上，残疾人则有着强烈的欲望，可是他们却无法获得有效的利益表达指导，呈现一种随机和混乱的迷茫状态。基于此，在残疾人的选举需要中呈现出一定的"空洞"性和可有可无的状态。利益诉求需要上则显相对急切，但在表达方式上有些迷茫和病急乱投医的状态。

（2）社会参与需要特性。基于意识与行动两个视角的实证调查，残疾人在社会参与意识里表现出强烈的渴望，但却表述得很是隐约，或许他们理解这个需要被满足有着各种障碍，所以他们在行动上无力推进，只能是选择无奈接受社会参与实际行动的止步不前。当然这些特性的呈现从另一个侧面呼吁社会环境建设要逐步完善，向通用设计转型。因此，残疾人社会参与需要表现出一种矛盾的特性：隐约的社会参与强意识和无奈的社会参与弱行动。

（3）经济参与需要特性。经济参与是残疾人融入社会的根本与基础，其核心是就业。在实证资料的呈现中，残疾人经济参与需要主要呈现在就业环境改善和就业能力提升两个维度。他们的经历让他们强烈地表达需要一个公平包容性的就业环境，当然在个体有效进行经济参与上，他们表达出对于自身能力的一些担忧；在就业能力提升上，他们渴望政府和社会可以给他们一个针对性强的个性化的培训平台和机会。作为安身立命的经济参与，残疾人的需要表现如下：公平的就业环境建构需要和个性的就业能力提升需要。

（4）心理健康需要特性。残疾人在心理健康方面，研究指引和调查资料主要从心理健康调节需要和援助体系两个角度呈现残疾人在心理健康方面的需要特性。残疾人在心理调节方面的需要表现较为内敛，话语的表述可以发现他们有很强的调节需要，但并没有很强烈地向社会表达。当然这与第二个维度残疾人心理援助体系的建设有着很大关系。援助体系建设滞后是残疾人心理建设需要的另一种表现。

（5）福利保障需要特性。当前残疾人的福利保障不断完善，可是很多的政策享受是基于残疾等级进行规划的，轻度残疾人在福利保障的惠及性上存在差距，可以享受的福利政策不足，同时政策在执行中由于种种限制使得福利可及性也存在障碍。通过调查资料的整理，本书主要从残疾人福利政策惠及面与可及性两个角度来考察他们福利保障平等共享的需要。当前在残疾政策的可及性上，残疾人渴望消除获得性门槛，能够较为顺利支持残疾人生活；而在惠及面上，残疾人希望福利政策可以适度扩展，弥补一些福利真空。

表8-1　　可行能力框架下残疾人社会福利需要汇总

需要维度	具体呈现	表达特点
政治参与	选举行为	"空洞"性、可有可无
	利益诉求	急切、迷茫、亟须回应
社会参与	社会参与意识	含蓄、隐约、强烈
	社会参与行动	矛盾、无奈、微弱
经济参与	就业环境	强烈需要、建构公平、包容性
	就业能力	迫切、个性化、针对性提升
心理健康	调节意识	深沉含蓄、内敛、待唤
	援助体系	亟待建设、针对性、专门设置
福利保障	保障门槛	合理优化、柔性实施、促进可及
	保障项目	适度扩展、惠兼顾及、普惠期待

二　可行能力框架下残疾人社会福利供给现状

在以可行能力为框架对残疾人社会福利需要特性进行提炼与呈现的基础上，本书以可行能力五个考察维度为指引对当前残疾人社会福利供给的现状进行了研究。基于制度文本与服务提供者的访谈资料，研究从应然与实然两个角度呈现当下残疾人福利供给的理想建构与现实样态，从中发现当前残疾人社会福利制度的落实状态与残疾人福利需要满足的供需实况（见表8-2）。

第一，在残疾人社会福利供给的应然状况上，国家基于公平优先、尊重人权的政策理念，以公民权利为理论指引，进行各类各级残疾人社会福利与社会保障政策的设置。在政治参与、社会参与、经济参与、福利保障上政府有较明确的政策设置以促进保障残疾人的福利，但是在心理健康维度却接近空白。从政策设置的内容剖析可见，政策期待通过以政府为主体建构多元的服务体系，提供较为全面的残疾人服务，残疾人社会政策的设置已经逐步呈现重视残疾人内在能量、重视通过机制挖掘残疾人主动性的趋向。虽然并没有明确地具体设置提升与扩展残疾人可行能力的制度，但是政策文本的表达具有较强的增能意向，国家期待通过促能型的政策，努力实现残疾人"平等、参与、共享"的服务目标。

第二，在残疾人社会福利供给的实然状况上，基于残疾人社会福利政策的设置，中国逐步完善残疾人服务体系，呈现了以政府为主导，社会多元主体参与的格局。基于社会经济文化的现实，各服务主体在促进残疾人政治参与、社会参与、经济参与、心理建设和福利保障五个维度提升方面各有特色：中规中矩地保证残疾人政治参与、多维作为推动残疾人社会参与、重点突破提升残疾人经济参与、专业引入促进残疾人心理建设、普特结合扩大残疾人福利保障。对于残疾人内在能力的重视与提升扩展，现实服务中备受关注，整体的残疾人服务体系实际运作呈现多方积极作为、服务逐步下沉、专业力量参与、能力导向明显等特点。服务主体方实际服务中都尽可能地转换服务方式、更新服务内容，期待通过可行能力各个维度来增强残疾人的内在能力，尽可能促进其实现自立或最小限度的依赖，最终有效地提升残疾人的社会福利水平。

表8-2　可行能力框架下残疾人社会福利供给现状简要汇总

福利供给维度	应然状况	实然状况
政治参与	保障依法参与、保障平等权益 提高维权能力、健全处理机制	平稳的保证与满足 着力维权与利益诉求机制建设
社会参与	保障平等参与、倡导无障碍理念 增强参与能力、培育服务组织	积极的协助与扩展 内在能力提升与外在障碍消除并行
经济参与	保障就业权利、健全就业机制 加强就业培训、扶持自主创业	全面的促进与提升 唤醒意识、提升技能、保障机会

续表

福利供给维度	应然状况	实然状况
心理健康	相对空白、精神健康保障	专业的援助与支持 社会多维介入
福利保障	完善保障体系、分类扩大覆盖面 保障享受福利权利、扩大社会福利范围	适度的扩量与提质 扩大福利范围、提高保障水平

三 残疾人社会福利供需困境剖析与改革走向

本书的第三个主题是在可行能力框架下对残疾人社会福利需要与供给进行对照，归纳残疾人福利供给的张力焦点，并基于各方的声音尝试提炼残疾人福利供给制度与体系转型的建议，为解决当前残疾人社会福利供需困境提供方向，促进残疾人福利制度改革（见表8-3）。

（1）基于可行能力视角，残疾人社会福利供给在福利分配基础、福利给付形式、福利组织输送和福利目标导向上都存在一定的困境，一定程度上影响了当前残疾人社会福利的供给质量和残疾人的生活质量，无法很好地通过可行能力的扩展来提升残疾人社会福利水平，残疾人社会福利供需存在一定的失衡性。这些困境成了残疾人社会福利制度进行转型的基础。

（2）以可行能力的提升为引导，结合调研的数据提炼，残疾人社会福利制度转型的可能角度是：个性化走向、优势化导向、整体性治理和生态性思维。从针对性服务提供、能力建设、体系整合、家庭视角的引入进行残疾人社会福利服务体系的改革与调整。

表8-3 可行能力视角下残疾社会福利供需困境与改革走向简要呈现

供需困境焦点	改革可能方向
普特难择：福利分配基础两难 普遍抑或选择：无法简单一分为二	量体裁衣：福利供给的个性化走向 因人而异、因时制宜和因地制宜推进服务供给
孰优孰劣：福利给付形式之惑 什么形式最优、什么标准最恰当无从确定	能力建设：福利供给的优势化导向 以残疾人自主性发展为核心进行社会福利供给
系统缺陷：福利组织输送之困 福利输送系统的一致性和可及性成为难点	体系整合：福利供给的整体性治理 进行治理功能整合和公私服务主体合作治理
生态断裂：福利供给导向偏差 以个人为中心的政策设置影响供给效果	家庭为本：福利供给的生态性思维 强调家庭作为福利对象的整体性，激活家庭的潜力

四 可行能力的扩展讨论

在实证资料剖析的结果基础上，总结可行能力框架下残疾人社会福利需要特性与供给所呈现的共同点：家庭化特征。基于这个发现，对可行能力层面拓展进行讨论，将其放置于中国文化背景下进行延伸的探讨，尝试将可行能力从个人延伸至家庭进行运用，并对家庭可行能力进行概念的解析与实践的操作化，以此提出残疾人社会福利需要满足的政策践行方向。概念讨论核心发现如下。

（1）家庭可行能力是一个家庭为了顺利完成家庭生命周期的任务和应对家庭历程中出现的特殊情况而具备的自我调整和回应的能力综合，是家庭功能质量和效率的基础。基于个体可行能力的维度和家庭的任务取向，家庭可行能力可以从以下五个维度进行解释：家庭政治参与能力、家庭社会交往、家庭经济能力、家庭凝聚力、家庭风险应对能力。

（2）基于个体—家庭可行能力的残疾人社会福利需要满足路径定位于：减少各类社会不平等、培育包容性社会；提升残疾人群体组织的健康发展，为他们赋权、倡导；支持包括家庭在内的各类组织活动的开展，增强社会凝聚力，融合社会关系，协助个体实现对有价值可行能力的选择。基于这样的概念解释与路径探讨，基于个体—家庭可行能力的残疾人社会福利需要满足的整体过程可以用图 8-1 表示。

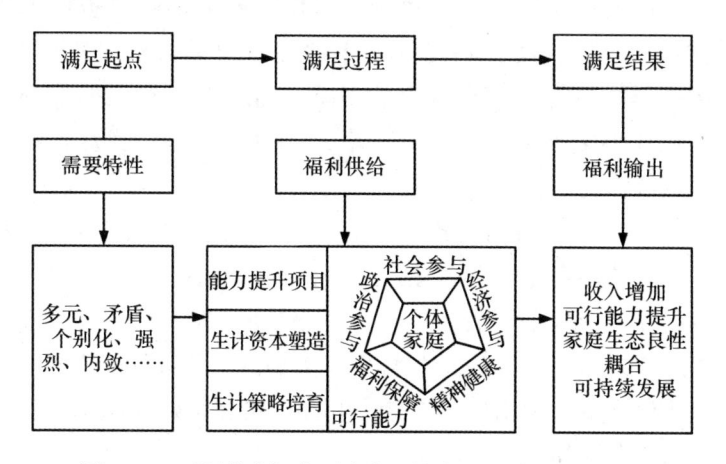

图 8-1 可行能力视角下残疾人社会福利需要满足过程

第二节 研究不足与展望

一 研究不足

虽然笔者尽可能按照社会科学研究的原则进行研究设计和开展研究，但由于能力、时间和经费等方面的局限，使得研究存在一定的不足，主要有以下几个方面。

（1）研究设计中的局限。残疾人的需要具有多样性与动态性，本书以可行能力为框架和指引较为静态地对残疾人的需要和社会福利供给数据进行采集，这样的数据无法很好地呈现供给的动态过程和影响因素，使得研究的发现与结论具有一定的局限性。特别是对于福利制度设置具体如何对残疾人及其家庭可行能力进行服务与干预以有效地提升残疾人的社会福利水平的探究相对不足。另外，本书试图从残疾人基层视角出发，尽可能详细、真实地呈现他们的需要和制度的回应，所以采用定性的研究方法，这样就不能依照统计抽样原则推论更大范围的残疾人群体，使得制度的建议只能是转型的可能性，政策建议资料支持略显不足。

（2）研究方法的操作不足。在样本的选取中，笔者尽可能地实现研究对象的饱和，但是由于学识水平和理论基础的原因，样本的准确度还是存在一定的偏差，样本的偏差可能会对资料的效度产生一定的影响；资料收集中带有一定的理论指引进行研究，可能会使得一些信息由于设计的问题而没有被收集到，一定程度上影响了资料的解释型效度；在资料分析方面，研究是基于理论框架进行资料阅读与分析，在实际的操作中容易受原有概念的影响，出现概念纷杂的情况，资料中的一些社会事实有可能因此被忽略，进而对于理论和资料的张力平衡上可能存在一定的漏洞。

（3）研究在理论对话与提升上存在一定的空间。虽然本书尽力在研究资料呈现的事实基础上与理论进行相关的对话与提升，试图将可行能力的运用与讨论从个体层面扩展到家庭层面，从文化角度入手对"家庭可行能力"进行深入的讨论与解析，但是由于笔者的能力和收集文献的局限，使得研究对理论概念的提升和探讨略显稚嫩和粗糙，这个角度存在较大的提升空间。

二 研究展望

研究以可行能力为框架，呈现了残疾人社会福利需要的特性和残疾人社会福利制度与体系如何作为促进残疾人可行能力提升以满足残疾人社会福利需要，并从可行能力视角出发从中剖析了残疾人社会福利供需之间的张力与转型的可能性。虽然笔者尽可能多维度地阐述与解释残疾人可行能力与需要满足之间的关系，呈现如何以需要为起点，借由可行能力的提升来实现需要满足，但是由于笔者能力、时间与资料的局限和残疾人需要本身的动态性，本书有些问题没有涉及。基于此，由研究发现可以延续出来的研究主题如下。

（1）残疾人可行能力的清单研究。本书以可行能力的五个维度为指引进行残疾人的需要与社会福利考察，但并没有很好地细化残疾人可行能力，列出残疾人可行能力中的核心清单。清单的探讨与研究需要考虑社会、政治、经济、文化等诸多影响因素。在中国社会中，残疾人可行能力清单的明确研究是以增强可行能力为核心的残疾人社会政策出台的另一个重要基础，也是本书之后值得重点探讨的方向。

（2）残疾人及其家庭可行能力的行动研究。残疾人社会福利制度最终落实于行动中，通过福利供给机制有效行动实现残疾人及其家庭可行能力的提升与扩展，进而提高残疾人群体的社会福祉。因此，以行动研究关注残疾人社会工作者或一线服务提供者运用何种服务策略可以有效地落实残疾人社会政策、增进残疾人及其家庭可行能力是真正实践中所重视的。具体为在提升残疾人可行能力中有哪些影响要素、具体的服务策略为何、有什么样的限制条件等都是值得深入研究的，这些对于残疾人社会工作实务具有重要意义。

（3）家庭可行能力的深化研究。本书尝试在研究的讨论部分将可行能力从个人层面提升至家庭层面进行初步的概念解读，可是概念的深化与细化仍存在很大不足，后续如何以实证研究对家庭可行能力进行深入的探讨是一个研究拓展方向。研究可以关注家庭可行能力的维度分析、提升策略的提炼、文化要素中的独特性、不同家庭可行能力类型的总结，等等。

（4）探索性研究的推广。本书是探索性研究，试图从可行能力这一较新的视角对残疾人的社会福利需要和供给进行研究，采用的是定性研究方法，所以研究结论的推广具有一定的局限性。如果可能，在未来的研究中，在人力、财力和物力许可的条件下，应进行更大规模的定量研究，可以全面地发现中国残疾人及其家庭可行能力与福利的内在关系与特点，建设可行能力视角下的残疾人社会福利测度指标。

附　　录

附录1　残疾人访谈概况

编号	姓名	性别	年龄	婚姻状况	学历	就业	残疾类型	残疾等级	社区类型	访谈方式	访谈日期
1-ZQB 20150508	ZQB	男	70	已婚	小学	否	肢体残疾	四级	城郊	直接访谈	20150508
1-ZCY 20150508	ZCY	男	20	未婚	无	否	智力残疾	二级	城郊	间接访谈	20150508 20150612
1-ZWW 20150508	ZWW	男	42	已婚	中学	否	言语听力残疾	二级	村改居	间接访谈	20150508 20150617
1-ZYM 20150508	ZYM	男	53	已婚	中学	是	肢体残疾	二级	城市	直接访谈	20150508
1-ZYY 20150515	ZYY	男	49	已婚	小学	是	言语听力残疾	二级	村改居	直接访谈	20150515
1-WLY 20150515	WLY	女	48	已婚	中学	否	肢体残疾	四级	村改居	直接访谈	20150515 20150701
1-ZLC 20150610	ZLC	女	38	已婚	中学	否	肢体残疾	三级	村改居	直接访谈	20150610 20150714
1-ZGC 20150617	ZGC	男	42	已婚	中学	否	肢体残疾	四级	城市	直接访谈	20150617
1-ZBZ 20150618	ZBZ	女	46	已婚	小学	否	肢体残疾	三级	城市	直接访谈	20150618
1-WBX 20150625	WBX	女	30	已婚	中学	否	言语听力残疾	二级	村改居	直接访谈	20150625 20150721

续表

编号	姓名	性别	年龄	婚姻状况	学历	就业	残疾类型	残疾等级	社区类型	访谈方式	访谈日期
1-WCC 20150626	WCC	男	42	已婚	中学	创业	智力残疾	四级	城市	直接访谈	20150626 20150821
1-ZJJ 20150629	ZJJ	女	36	已婚	小学	否	智力残疾	三级	村改居	间接访谈	20150629 20150824
1-LHH 20150702	LHH	女	9	未婚	无	否	自闭症	二级	城郊	间接访谈	20150702
1-QJJ 20150708	QJJ	男	16	未婚	中学	否	言语听力残疾	四级	城市	间接访谈	20150708
1-YXY 20150708	YXY	女	26	已婚	中学	否	言语听力残疾	四级	城市	直接访谈	20150708 20150716
1-ZY 20150712	ZY	男	22	未婚	小学	否	智力残疾	三级	城市	间接访谈	20150712
1-CMC 20150723	CMC	男	30	未婚	大专	否	肢体残疾	三级	农村	直接访谈	20150723 20150812
1-WWH 20150722	WWH	男	30	未婚	高中	是	肢体残疾	三级	农村	直接访谈	20150722 20150729
1-LJH 20150722	LJH	男	48	已婚	小学	创业	肢体残疾	三级	村改居	直接访谈	20150722
1-LZF 20150722	LZF	男	49	已婚	高中	创业	肢体残疾	四级	农村	直接访谈	20150722
1-HDX 20150722	HDX	男	37	已婚	高中	是	言语听力残疾	三级	农村	直接访谈	20150722 20150907
1-CM 20150723	CM	男	42	已婚	小学	否	精神残疾	三级	城郊	直接访谈	20150723
1-CYH 20150724	CYH	女	48	已婚	小学	否	视力残疾	二级	城市	直接访谈	20150724
1-LYJ 20150724	LYJ	男	62	已婚	小学	否	肢体残疾	三级	城市	直接访谈	20150724
1-XM 20150731	XM	男	38	已婚	本科	创业	肢体残疾	四级	村改居	直接访谈	20150731
1-YSK 20150731	YSK	男	29	未婚	大专	否	精神残疾	二级	城市	间接访谈	20150731
1-DXX 20150731	DXX	男	36	已婚	高中	否	视力残疾	二级	城郊	直接访谈	20150731

续表

编号	姓名	性别	年龄	婚姻状况	学历	就业	残疾类型	残疾等级	社区类型	访谈方式	访谈日期
1-CYZ 20150804	CYZ	女	65	已婚	无	否	肢体残疾	四级	农村	直接访谈	20150804
1-GM 20150806	GM	女	52	已婚	小学	否	肢体残疾	四级	农村	直接访谈	20150806
1-GNL 20150806	GNL	男	32	已婚	中学	否	肢体残疾	四级	农村	电话访谈	20150806
1-GMF 20150806	GMF	女	28	已婚	大专	否	精神残疾	二级	农村	间接访谈	20150806
1-HXZ 20150807	HXZ	女	32	已婚	中学	是	肢体残疾	三级	农村	直接访谈	20150807
1-XLY 20150807	XLY	女	26	已婚	中学	是	肢体残疾	三级	农村	直接访谈	20150807 20150912

附录2 残疾人相关服务人员访谈概况

编号	姓名	性别	工作单位	职务	访谈日期	备注
2-ZLC20150508	ZLC	男	HL区ZZ社区居委会	联络员	20150508	肢体残疾四级
2-GMM20150716	GMM	女	JM区GK残疾人职业援助中心	主任	20150716	
2-WWH20150722	WWH	男	TA区XC社区居委会	联络员	20150722	肢体残疾四级
2-YSJ20150722	YSJ	男	TA区DT残疾人职业援助中心	主任	20150722	
2-HHZ20150723	HHZ	女	HL区FF社区居委会	联络员	20150723	肢体残疾四级
2-GWF20150723	GWF	女	XM市HX社会工作师事务所	项目社工	20150723 20160417	
2-ZLJ20150724	ZLJ	女	JM区DA社区居委会	联络员	20150724 20150823	肢体残疾四级
2-WJN20150729	WJN	女	XM市HX社会工作师事务所	项目社工	20150729 20160415	

续表

编号	姓名	性别	工作单位	职务	访谈日期	备注
2-ZLX20150731	ZLX	女	JM区RD社区居委会	联络员	20150731	
2-GM20150806	GM	男	JM区FZ社区居委会	联络员	20150806	听力残疾二级
2-CQF20150807	CQF	男	XA区MX社区居委会	联络员	20150807	肢体残疾三级
2-HMM20150807	HMM	女	XA区MX社区居委会	联络员	20150807	肢体残疾三级
2-YHH20151210	YHH	女	XM市QF社会工作服务中心	项目社工	20151210 20160303	
2-WZX20151210	WZX	女	XM市QF社会工作服务中心	项目社工	20151210	
2-DSM20151215	DSM	女	HC区MLXL社会工作服务中心	中心理事长	20151215	
2-LXY20151215	LXY	女	HC区MLXL社会工作服务中心	项目社工	20151215 20160226	
2-ZZX20151228	ZZX	女	XM市BA社会工作服务中心	项目社工	20151228	
2-CTY20151228	CTY	女	XM市BA社会工作服务中心	项目社工	20151228	
2-RYZ20160222	RYZ	女	HL区福乐家园	园长	20160222	
2-SXC20160225	SXC	女	HC残疾人职业援助中心	主任	20160225 20160508	
2-SZR20160229	SZR	男	HC区DF残疾人职业援助中心	主任	20160229	
2-CGD20160229	CGD	女	HC区DF残疾人职业援助中心	工作人员	20160229	
2-LY20160302	LY	女	HL区JA社区居委会	联络员	20160302	
2-QHY20160302	QHY	女	XM市BA社会工作服务中心	项目社工	20160302 20160314	

续表

编号	姓名	性别	工作单位	职务	访谈日期	备注
2-LYJ20160302	LYJ	女	XM市GK自闭症协助中心负责人	民间组织负责人	20160302	
2-LH20160303	LH	男	SM区JL残疾人职业援助中心	主任	20160303 20160427	
2-CJX20160307	CJX	女	SM区KY残疾人职业援助中心	主任	20160307 20160326	
2-LYL20160311	LYL	女	SM区YD残疾人职业援助中心	主任	20160311	
2-LQL20160313	LQL	男	DG残疾人服务中心	项目社工	20160313	
2-WCZ20160314	WCZ	男	DK社会工作服务中心	负责人	20160314	
2-ZH20160322	ZH	女	SM区福乐家园	园长	20160322 20160523	

附录3 残联系统工作人员概况

编号	姓名	性别	工作单位	职务	访谈日期	备注
3-HQX20160217	HQX	女	HC区残疾人联合会	理事长	20160217 20160512	
3-CFH20160226	CFH	女	SM区残疾人联合会	理事长	20160226 20160410	
3-ZZR20160226	ZZR	男	SM区残疾人联合会	主任	20160226	
3-CYZ20160310	CYZ	女	XM市残疾人联合会	副理事长	20160310	
3-GPJ20160310	GPJ	男	XM市残疾人联合会	处长	20160310 20160422	
3-LDR20160310	LDR	男	XM市残疾人联合会	处长	20160310	

附录4　残疾人访谈提纲（访谈提纲1）

序号：_____　　编码：_____　　姓名：_____
性别：_____　　年龄：_____　　残疾类型：_____
残疾等级：_____　　访谈时间：_____

本研究采取半结构式访谈的形式，使用提问和追问的技术进行访谈。根据研究问题和框架的指引和试调查的结果，针对残疾人设计如下访谈提纲。访谈前访问员会自我介绍，说明访谈的目的，并征得对方的同意进行录音和做好相关的记录。

1. 最近居委会在换届您知道吗？（访谈时正是厦门所在社区两委换届时间，由此入题。）（追问：您对选举怎么看？这样的事对您生活有什么影响吗？您平时主要关注社区什么方面的活动？对这些活动怎么评价？）

2. 您生活上最近有什么样的诉求吗？（追问：这样的诉求您怎么向社区表达？社区回应如何？您怎么了解国家对于残疾人的政策呢？当一些合法要求得不到回应您会怎么办？您了解当前可以表达的路径有哪些？）

3. 社区平时工作和建设中会向您征求哪些意见？（追问：您提过什么意见？效果如何？如果没有征求过，便问您认为这样的征求必要性如何？社区应该怎样做会好些？）

4. 您在社区享受到哪些福利？您觉得这些福利对您的生活有什么帮助吗？

5. 周围关于残疾人的服务机构或场所有哪些？（您有到过哪些机构？它们的服务怎么样？您去那的最大困难是什么？没怎么去过就追问：为什么没怎么去呢？对于这些机构和场所的建设有什么样的意见？）

6. 平时对社区或其他机构所组织的活动参与积极性如何？（追问：这些活动怎么样？对您的影响主要有哪些？）

7. 平时在参与社会活动中碰到最大的困境是什么？社会协助解决的程度如何？自己对这个部分有什么样的想法？

8. 您平时主要以什么方式出行？政府会给您提供哪些出行支持？您觉得需要在哪些方面做一些改进？

9. 您对于社会上各种信息主要用什么方式获得？获得信息上有什么

困难吗？

　　10. 您个人进行过哪些相关的康复吗？政府在协助康复上为您做了些什么？您个人如何评价？

　　11. 您主要通过什么样的方式找工作？（追问：找工作中有什么样的困难？会寻求什么帮助？企业用工上您觉得对于您态度怎么样？在协助残疾人就业上您有什么建议?)

　　（针对没有工作）11.1 您有尝试过去找工作吗？找工作方面有什么困难吗？

　　　　11.2 您评价一下相关部门提供的就业协助服务。

　　　　11.3 您觉得政府怎么做能让您找工作更方便一些呢？

　　（针对有工作）11.1 您觉得现在的工作怎么样？

　　　　11.2 您在现在的工作中有什么困难吗？

　　　　11.3 对于现在的工作有哪些方面是您希望改变的呢？

　　12. 残疾人自主就业和创业政策了解如何？（追问：以您了解的程度评价一下这些政策的执行情况，有什么样的建议？如有创业经历者向其追问：简要介绍一下您创业的经历，主要困境有哪些？如何解决？)

　　13. 您个人经济压力来自哪些方面？采用什么方式缓解？评价一下社会救助对您的效果。

　　14. 生活中您觉得压力来自哪里？（追问：如何消除？效果如何？)

　　15. 平时有一些心里话主要和谁说？

　　16. 您和家人的关系如何？（追问：如果有矛盾如何化解？和周围邻居的关系如何？有问题如何解决？)

　　17. 了解过社会工作机构吗？（访谈对象所在社区基本上都有购买社会工作服务）（您觉得他们怎么样？有困难会主动找他们吗？希望他们做点什么？)

　　18. 您评价一下国家残疾人社会福利政策？（追问：公平性如何？您获得这些福利的最大困难是什么？提过什么样的建议？效果如何？)

　　19. 对于残疾人社会福利政策的落实情况做一个评价。从您的角度提一些相关的建议与意见。

　　20. 评价一下你们社区的残疾人联络员。（你们的联系怎么样？)

附录5　残疾人服务人员访谈提纲（访谈提纲2）

1. 您在服务调查中发现残疾人在政治参与方面有什么样的需要？这些需要呈现什么特点？

2. 您认为政治参与对于残疾人的社会福利有什么影响？在您的了解中，当前国家有哪些政策促进残疾人政治参与？您在服务中为促进残疾人的政治参与做了哪些工作？效果如何？有何困境？残疾人表达诉求主要会采用什么样的方式？诉求集中体现在哪些方面？

3. 残疾人在社会参与上有什么需要吗？特点为何？在您看来，残疾人社会参与上的困难主要有哪些？

4. 在您看来，社会对于残疾人的态度如何？有什么可以作为的方面？

5. 当前国家有哪些政策促进残疾人社会参与？您在服务中为促进残疾人的社会参与做了哪些工作？效果如何？有何困境？

6. 残疾人康复上有什么样的特点，您工作中主要从哪些角度协助残疾人进行康复？

7. 国家在无障碍环境建设中有哪些相关的政策？在协助残疾人家庭无障碍环境建设上你们做了什么样的工作？效果如何？有何困境？

8. 您觉得残疾人在经济上有什么样的困境？你们如何协助残疾人解决经济问题？

9. 残疾人就业需要如何？他们在就业上主要有什么样的困难？您服务中主要从哪些方面协助残疾人就业？效果如何？有何困境？

10. 您觉得社会上企业对于残疾人用工上主要有什么样的态度？引导企业良性雇用残疾人可以做些什么工作？

11. 残疾人创业上政府有什么支持？这个群体在创业中主要有什么样的困难？你们在服务中做了哪些工作协助残疾人进行创业？效果如何？

12. 您如何看待残疾人心理问题？当前残疾人心理干预体系如何？您在服务中如何协助残疾人化解心理问题？效果如何？有何困境？

13. 您对当前的残疾人社会保障制度如何评价？落实情况如何？有什么问题？您认为应该如何改善？

14. 您对残疾人能力有什么样的看法？您认为残疾人能力的提升或建设需要在哪些方面努力？

15. 残疾人社会福利需要整体呈现什么变化？您怎么看待？

16. 您整体上如何评价目前的残疾人社会福利制度？当前做得比较好的有哪些？做得比较不好的有哪些？

17. 残疾人社会福利制度如果要转型，您觉得在哪些方面需要重点进行？

附录6 残联系统工作人员访谈提纲（访谈提纲3）

1. 依您的工作经验，您觉得残疾人的需要呈现一种什么样的状态？有什么新的变化吗？

2. 您对残疾人这个群体怎么看呢？您觉得社会对残疾人有什么态度？残联在残疾人观念上做了哪些方面的工作？效果如何？有何困难？

3. 您认为政治参与对于残疾人的社会福利有什么影响？当前国家有哪些政策促进残疾人政治参与？残联为促进残疾人的政治参与做了哪些工作？效果如何？有何困境？残疾人表达诉求主要会采用什么样的方式？诉求集中体现在哪些方面？

4. 当前国家有哪些政策促进残疾人社会参与？残联为促进残疾人的社会参与做了哪些工作？效果如何？有何困境？

5. 当前国家残疾人康复有什么样的服务体系？残联主要从哪些角度协助残疾人进行康复？

6. 国家在无障碍环境建设中有哪些相关的政策？在协助残疾人家庭无障碍环境建设上残联做了哪些方面的工作？效果如何？有何困境？

7. 残联如何协助残疾人解决经济问题？在残疾人经济补助上国家有什么相关的政策？

8. 残联主要从哪些方面协助残疾人就业？效果如何？有何困境？

9. 残疾人创业上政府有什么样的支持？这个群体在创业中主要有什么困难？残联做了哪些工作协助残疾人进行创业？效果如何？

10. 您如何看待残疾人心理问题？当前残疾人心理干预体系如何？残联在这个部分有什么样的具体措施？

11. 您对当前的残疾人社会保障制度如何评价？落实情况如何？有什么样的问题？您认为应该如何改善？

12. 您整体上如何评价目前的残疾人社会福利制度？当前做得比较好

的有哪些？做得比较不好的有哪些？

13. "十三五"规划，我们市（区）残联工作上有什么样的重点方向？(调查时正值规划年份)，着力做好哪几个方面的工作呢？

14. 残疾人社会福利制度如果要转型，您觉得在哪些方面需要重点进行？

附录 7 残疾人社会政策文件

表 1　　　　　残疾人工作文件列表（国家、福建省）

时间	文件名称
2006 年 12 月	联合国残疾人权利公约
2008 年 3 月	中共中央　国务院关于促进残疾人事业发展的意见　（中发〔2008〕7 号）
1990 年 12 月通过 2008 年 4 月二次修订	中华人民共和国残疾人保障法
2010 年 3 月	国务院办公厅转发中国残联等部门和单位关于加快推进残疾人社会保障体系和服务体系建设指导意见的通知（国办发〔2010〕19 号）
2010 年 8 月	中华人民共和国住房和城乡建设部 中华人民共和国国家发展和改革委员会关于批准发布《地方残疾人综合服务设施建设标准》的通知　（建标〔2010〕135 号）
2011 年 5 月	国务院关于批转中国残疾人事业"十二五"发展纲要通知
2011 年 8 月	福建省人民政府关于批转福建省残疾人事业"十二五"发展纲要的通知（闽政〔2011〕69 号）
2011 年 12 月	福建省实施《中华人民共和国残疾人保障法》办法
2011 年 7 月	国家基本公共服务体系"十二五"规划残疾人专章
2012 年 6 月	国务院无障碍环境建设条例（中华人民共和国国务院令第 622 号）
2012 年 8 月	中国残联发展改革委　民政部　财政部　人力资源社会保障部　国土资源部　人民银行　税务总局关于印发《关于加快发展残疾人托养服务的意见》的通知　（残联发〔2012〕16 号）
2013 年 5 月	中华人民共和国精神卫生法
2015 年 1 月	国务院关于加快推进残疾人小康进程的意见
2016 年 8 月	"十三五"加快残疾人小康进程规划纲要

表2　　　　　　　　　　残疾人工作文件列表（厦门市）

时间	文件名称
2006年4月	厦门市人民政府关于印发厦门市按比例安排残疾人就业实施办法的通知（厦府〔2006〕126号）
2006年10月	厦门市财政局　厦门市残疾人联合会关于印发《厦门市残疾人就业保障金使用管理办法》的通知（厦财社〔2006〕56号）
2006年11月	厦门市人民政府办公厅关于转发厦门市城镇居民医疗保险暂行办法的通知（厦府办〔2006〕281号）
2007年8月	厦门市财政局　厦门市残疾人联合会关于为贫困白内障患者实施复明手术救助办法的通知（厦残联〔2007〕52号）
2008年	中共厦门市委　厦门市人民政府关于贯彻落实《中共中央　国务院关于促进残疾人事业发展的意见》的实施意见（厦委发〔2008〕11号）
2008年7月	厦门市财政局　劳动和社会保障局　工商局　地税局　残联关于厦门市残疾人个体工商户参加职工基本养老保险和职工基本医疗保险经费补助的通知（厦财社〔2008〕29号）
2008年11月	厦门市残疾人联合会　厦门市财政局　厦门市卫生局　厦门市民政局关于印发《厦门市精神疾病患者医疗康复补助试行办法》的通知（厦残联〔2008〕62号）
2009年4月	厦门市财政局　厦门市残疾人联合会　厦门市邮政局关于扶助残疾人经营"爱心海西书报亭"的通知（厦残联〔2009〕23号）
2009年6月	厦门市民政局　厦门市财政局　厦门市卫生局　厦门市残疾人联合会关于厦门市精神疾病患者医疗康复补助试行办法的补充通知（厦残联〔2009〕34号）
2009年6月	厦门市人民政府办公厅关于印发厦门市建立轻度智力和精神残疾人庇护工场实施方案的通知（厦府办〔2009〕158号）
2009年12月	厦门市民政局　劳动和社会保障局　财政局　卫生局　残联关于做好重度残疾人生活和医疗救助工作的通知（厦民〔2009〕170号）
2010年1月	厦门市人民政府办公厅转发市民政局关于厦门市最低生活保障工作实施意见的通知（厦府办〔2010〕8号）
2010年7月	厦门市残疾人联合会　厦门市民政局　厦门市卫生局　厦门市财政局关于印发厦门市瘫痪重度残疾人居家护理补助暂行办法的通知（厦残联〔2010〕42号）
2010年7月	厦门市残疾人联合会　厦门市卫生局　厦门市财政局关于印发《厦门市残疾人社区康复治疗服务实施办法》的通知（厦残联〔2010〕45号）
2010年7月	厦门市人民政府关于印发厦门市城乡居民养老保险暂行办法的通知（厦府〔2010〕252号）

续表

时间	文件名称
2010年7月	中共厦门市委办公厅 厦门市人民政府办公厅转发市劳动和社会保障局、市财政局《关于完善城乡一体化基本医疗保险制度建设的意见》的通知（厦委〔2012〕26号）
2010年12月	厦门市残联 厦门市财政局 厦门市地税局关于印发厦门市减免残疾人就业保障金实施细则的通知（厦残联〔2010〕76号）
2011年3月	厦门市残疾人联合会 厦门市财政局关于印发《厦门市残疾儿童抢救性康复补助办法（试行）》的通知（厦残联〔2011〕12号）
2011年4月	厦门市人民政府关于调整城乡居民基本医疗保险筹资标准的通知（厦府〔2011〕129号）
2011年5月	厦门市残疾人联合会关于扩大重度残疾人居家护理补助范围的通知（厦残联〔2011〕30号）
2011年6月	厦门市委组织部 厦门市委机构编制委员会办公室 厦门市民政局 厦门市财政局 厦门市人力资源和社会保障局 厦门市公务员局 厦门市残联关于转发省委组织部等单位《关于进一步加强和规范基层残疾人组织建设的实施意见》的通知（厦残联〔2011〕45号）
2011年6月	厦门市人民政府关于提高城乡居民基本医疗保险待遇的通知（厦府〔2011〕252号）
2011年7月	厦门市人民政府办公厅关于印发厦门市建立街（镇）残疾人职业援助中心实施方案的通知（厦府办〔2011〕160号）
2011年9月	厦门市残疾人联合会 厦门市民政局 厦门市财政局 厦门市人力资源和社会保障局关于进一步加强残疾人联络员队伍建设的意见（厦残联〔2011〕74号）
2012年2月	厦门市残疾人联合会 厦门市民政局 厦门市财政局 厦门市人力资源和社会保障局 厦门市工商行政管理局厦门市关于扶持残疾人自主创业的通知（厦残联〔2012〕8号）
2012年4月	厦门市残疾人联合会 厦门市财政局关于对超比例安排残疾人就业实行工资性补贴的通知（厦残联〔2012〕19号）
2012年5月	厦门市残联 厦门市教育局 厦门市民政局 厦门市财政局关于印发《厦门市残疾人和低保户残疾人子女就学补助办法》的通知（厦残联〔2012〕29号）
2012年11月	厦门市人民政府关于印发厦门市困难残疾人生活补助办法的通知（厦府〔2012〕441号）
2012年12月	厦门市残疾人联合会 厦门市财政局关于对我市农村残疾人购置农业机械实行补助的通知（厦残联〔2012〕105号）

续表

时间	文件名称
2013年2月	厦门市残联　厦门市财政局　厦门市卫生局　厦门市民政局关于调整精神病患者医疗康复补助经费额度等有关问题的通知（厦残联〔2013〕21号）
2013年6月	厦门市残疾人联合会　厦门市交通运输局关于残疾人凭证免费乘坐市内公共交通工具的通告（厦残联〔2013〕53号）
2013年7月	厦门市残疾人联合会　厦门市民政局　厦门市卫生局　厦门市财政局关于扩大重度残疾人居家护理补助范围的补充通知（厦残联〔2013〕72号）
2013年8月	厦门市残疾人联合会　厦门市财政局　厦门市农业局关于对我市农村残疾人购置农业机械实行补助的通知（厦残联〔2013〕66号）
2013年11月	厦门市残疾人联合会　厦门市民政局　厦门市财政局关于对重度残疾人托养实施补助的通知（厦残联〔2013〕96号）
2013年11月	厦门市残疾人联合会关于修订《厦门市在岗残疾职工申报核定实施细则》的通知（厦残联〔2013〕97号）
2014年5月	厦门市残疾人联合会　厦门市农业局　厦门市海洋渔业局　厦门市财政局关于扶持残疾人从事农村种养业的通知（厦残联〔2014〕34号）
2014年6月	厦门市残疾人联合会关于做好2014年补助农村残疾人购置农业机械有关工作的通知（厦残联〔2014〕45号）
2014年8月	厦门市残疾人联合会　厦门市财政局关于进一步加强街（镇）残疾人职业援助中心管理有关问题的通知（厦残联〔2014〕66号）
2014年10月	厦门市残疾人联合会　厦门市财政局关于对我市残疾人全日制普通高校毕业生进行就业援助的通知（厦残联〔2014〕75号）

参考文献

爱尔兰国家残障事务署：《残障研究伦理指南》，高薇译，载张万洪主编《残障权利研究》，社会科学文献出版社2016年版。

包雅钧：《"量体裁衣"机制与制度创新》，《成都大学学报》（社会科学版）2007年第1期。

陈静、周沛：《老年社会福利供给中的市场作用及实现机制研究——基于福利多元主义视角》，《天津行政学院学报》2015年第2期。

陈向明：《质的研究方法与社会科学研究》，教育科学出版社2000年版。

陈晓旭：《阿玛蒂亚·森的正义观：一个批评性考察》，（台湾）《政治与社会哲学评论》2013年第46期。

戴建兵、曹艳春：《社会福利研究述评》，《浙江社会科学》2012年第2期。

第二次全国残疾人抽样调查办公室：《第二次全国残疾人抽样调查数据分析报告》，华夏出版社2008年版。

丁建峰：《超越"先验正义"——对阿玛蒂亚·森正义理论的一种解读与评价》，《学术研究》2013年第3期。

丁建军：《多维贫困的理论基础、测度方法及实践进展》，《西部论坛》2014年第1期。

丁雪枫：《阿玛蒂亚·森的比较正义再解构》，《重庆社会科学》2017年第3期。

方劲：《可行能力视野下的新阶段农村贫困及其政策调整》，《经济体制改革》2011年第1期。

费孝通：《乡土中国·生育制度·乡土重建》，商务印书馆2011年版。

风笑天：《社会学者的方法意识和方法素养》，《社会学研究》1999年第

2 期。

风笑天：《社会研究：科学与艺术》，北京大学出版社 2015 年版。

冯友兰：《新事论》，台湾商务印书馆 1967 年版。

高春兰、金美英：《韩国家庭福利政策的范式转换：健康家庭基本法》，《社会政策研究》2017 年第 6 期。

高进云、乔荣锋、张安录：《农地城市流转前后农户福利变化的模糊评价》，《管理世界》2007 年第 6 期。

高进云、周智、乔荣锋：《森的可行能力理论框架下土地征收对农民福利的影响测度》，《中国软科学》2010 年第 12 期。

高景柱：《超越平等的资源主义与福利主义分析路径——基于阿玛蒂亚·森的可行能力平等的分析》，《人文杂志》2013 年第 1 期。

高景柱：《基本善抑或可行能力——评约翰·罗尔斯与阿玛蒂亚·森的平等之争》，《道德与文明》2013 年第 5 期。

高丽茹：《人的需要：从需要满足到三个世界的福利》，《社会福利》（理论版）2014 年第 11 期。

葛忠明：《中国残疾人福利与服务：积极福利的启示》，山东人民出版社 2015 年版。

龚群：《对罗尔斯正义理论的回应与推进——森和纳斯鲍姆的能力论》，《华中师范大学学报》（人文社会科学版）2017 年第 5 期。

龚天平：《阿玛蒂亚·森的"正义"解读》，《哲学动态》2013 年第 4 期。

关江华、黄朝禧、胡银根：《不同生计资产配置的农户宅基地流转家庭福利变化研究》，《中国人口·资源与环境》2014 年第 10 期。

郭巍清：《社会权利与和谐社会：关于中国福利政策的新视角》，载岳经纶、郭巍清主编《中国公共政策评论》第 1 卷，上海人民出版社 2007 年版。

国务院：《国务院关于加快推进残疾人小康进程的意见》，2015 年 2 月 5 日，http://www.gov.cn/zhengce/content/2015-02/05/content_9461.htm。

韩央迪：《从福利多元主义到福利治理：福利改革的路径演化》，《国外社会科学》2012 年第 2 期。

韩央迪：《家庭主义、去家庭化和再家庭化：福利国家家庭政策的发展脉络与政策意涵》，《南京师大学报》（社会科学版）2014 年第 6 期。

郝龙：《家庭生计分析：民族贫困问题治理的微观视角》，《北方民族大学学报》（哲学社会科学版）2015年第3期。

何怀宏：《公平的正义——解读罗尔斯〈正义论〉》，山东人民出版社2002年版。

何慧超：《中国城市贫困与治理：基于可行能力的视角》，《学习与实践》2008年第2期。

贺丹、陈银蓉：《水库安置区居民土地流转前后福利变化模糊评价》，《中国人口·资源与环境》2012年第11期。

洪惠芬：《"分配正义"还是"形式正义"？身心障碍作为福利身份与歧视的双重意涵》，《台湾社会福利学刊》2012年第2期。

胡湛、彭希哲：《家庭变迁背景下的中国家庭政策》，《人口研究》2012年第2期。

胡湛、彭希哲、王雪辉：《当前我国家庭变迁与家庭政策领域的认知误区》，《学习与实践》2018年第11期。

华学成、许加明：《阿玛蒂亚·森的自由发展观对中国农村反贫困的启示》，《学海》2017年第5期。

黄晨熹：《社会福利》，格致出版社2009年版。

黄洪：《从资产为本的角度推行社区经济发展：香港的经验与实践》，载杨团、葛道顺主编《社会政策评论》（第一辑），社会科学文献出版社2007年版。

黄荟：《阿玛蒂亚·森的贫困概念解析》，《江汉论坛》2010年第1期。

黄卫平、陈文：《民间政治参与和体制吸纳的互动》，《马克思主义与现实》2006年第3期。

姜丽：《东北农村残疾人社会保障供需矛盾研究》，博士学位论文，吉林大学，2013年。

金耀基：《中国现代化的终极愿景》，上海人民出版社2013年版。

景天魁、毕天云：《从小福利迈向大福利：中国特色福利制度的新阶段》，《理论前沿》2009年第11期。

兰花：《我国残疾人社会福利制度重构研究——从救助模式到"去障碍"模式》，博士学位论文，南开大学，2008年。

黎洁、妥宏武：《基于可行能力的陕西周至退耕地区农户的福利状况分析》，《管理评论》2012年第5期。

李超杰、王冰、张宇：《基于WVS的中国国民可行能力实证研究》，《自然辩证法研究》2012年第2期。

李德顺：《"满足需要"有何错》，《马克思主义研究》2013年第9期。

李德顺：《价值论》（第2版），中国人民大学出版社2007年版。

李纲、陈璟浩：《从中文问答社区信息内容透视公众针对突发事件的信息需求》，《图书情报工作》2013年第15期。

李桂梅、刘安：《论当代中国家庭政策的基本价值取向》，《吉首大学学报》（社会科学版）2019年第1期。

李静：《从生活救助到就业支持——优势视角下残疾人福利的实现路径》，《南京大学学报》（哲学·人文科学·社会科学）2012年第6期。

李笼彦、胡增文：《从"碎片化"到"无缝隙"：一种农村公共服务治理范式的转换分析》，《内蒙古农业大学学报》（社会科学版）2012年第1期。

李梦玄、周义：《保障房建设的社会福利效应测度和实证研究》，《中南财经政法大学学报》2012年第5期。

李楠、秦慧：《阿玛蒂亚·森可行能力平等理论评析及其启示》，《思想教育研究》2017年第8期。

李翔：《阿玛蒂亚·森正义思想的西方境遇》，《理论月刊》2017年第11期。

李雪萍、龙明阿真：《村庄公共产品供给：增强可行能力达致减贫》，《社会主义研究》2011年第1期。

李迎生、孙平、张朝雄：《中国残疾人社会保障制度现状及完善策略》，《河北学刊》2008年第5期。

李迎生、徐向文：《发展型福利视野下中国反贫困社会政策的改革创新》，《社会科学》2018年第2期。

李祚山、张文默、叶梅：《残疾人心理健康服务体系的构建及实践研究》，《重庆师范大学学报》（哲学社会科学版）2010年第4期。

梁漱溟：《中国文化要义》，上海人民出版社2011年版。

廖慧卿、罗观翠：《从国家到市场——中国大陆残疾人集中就业政策变迁（1949—2007）》，《学习与实践》2010年第10期。

廖原：《残疾人权益保障的国家、社会与公民责任范围研究》，《江汉大学学报》（社会科学版）2013年第5期。

刘迟：《优势视角下残疾人社会保障模式初探——以黑龙江农垦区为例》，《社会科学战线》2014 年第 12 期。

刘桂英、陈洪泉：《论发展的主题及其实现方式》，《东岳论丛》2011 年第 5 期。

刘鸿渊：《后援建时代的汶川灾区农村发展研究》，《社会科学研究》2011 年第 2 期。

刘继同、左芙蓉：《中国残障福利政策模式的战略转型与"积极性"残障福利政策框架》，《人文杂志》2011 年第 3 期。

刘继同：《人类需要理论与社会福利制度运行机制研究》，《中共福建省委党校学报》2004 年第 8 期。

刘婧娇：《从形式平等到实质平等——需要视角下中国残疾人特殊社会保障研究》，博士学位论文，吉林大学，2014 年。

刘婧娇：《建立残疾人特殊社会保障制度的必要性——一项基于需要理论的研究》，《黑龙江社会科学》2014 年第 1 期。

刘伟：《内容分析法在公共管理学研究中的应用》，《中国行政管理》2014 年第 6 期。

罗红光：《"家庭福利"文化与中国福利制度建设》，《社会学研究》2013 年第 3 期。

罗婕、桑玉成：《权力向上，治理向下：关于整体性治理的一种视角》，《学海》2018 年第 3 期。

麻国庆：《家庭策略研究与社会转型》，《思想战线》2016 年第 3 期。

麻国庆：《家与中国社会结构》，文物出版社 1999 年版。

麻国庆：《民间概念》，《读书》1997 年第 8 期。

穆光宗、吴金晶：《构建家庭友好型政策》，《中国经济报告》2014 年第 2 期。

聂鑫、汪晗、张安录：《城镇化进程中失地农民多维福祉影响因素研究》，《中国农村观察》2013 年第 4 期。

潘绥铭、黄盈盈、王东：《论方法：社会学调查的本土实践与升华》，中国人民大学出版社 2010 年版。

裴德海：《马克思"需要理论"的价值向度》，《安徽大学学报》（哲学社会科学版）2009 年第 1 期。

彭华民、齐麟：《中国社会福利制度发展与转型：一个制度主义分析》，

《福建论坛》（人文社会科学版）2011年第10期。

彭华民、万国威：《残疾人社会福利制度：内地与香港的三维比较》，《南开学报》2013年第1期。

彭华民：《福利三角中的社会排斥：对中国城市新贫穷社群的一个实证研究》，上海人民出版社2007年版。

彭华民：《论需要为本的中国社会福利转型的目标定位》，《南开学报》（哲学社会科学版）2010年第4期。

彭华民：《论中国组合式普惠型社会福利制度的构建》，《学术月刊》2011年第10期。

彭华民：《社会福利与需要满足》，社会科学文献出版社2008年版。

彭华民：《西方社会福利理论前沿：论国家、社会、体制与政策》，中国社会出版社2009年版。

彭华民：《需要为本的中国本土社会工作模式研究》，《社会科学研究》2010年第3期。

彭希哲、胡湛：《当代中国家庭变迁与家庭政策重构》，《中国社会科学》2015年第12期。

丘海雄、李敢：《国外多元视野"幸福"观研析》，《社会学研究》2012年第2期。

曲相霏：《〈残疾人权利公约〉与中国的残疾模式转换》，《学习与探索》2013年第11期。

任颐、于真：《译者序言》，载［印］阿玛蒂亚·森《以自由看待发展》，任颐、于真译，中国人民大学出版社2013年版。

沙莲香：《中国民族性（一）：一百五十年中外"中国人像"》，中国人民大学出版社2012年版。

尚晓援：《"社会福利"与"社会保障"再认识》，《中国社会科学》2001年第3期。

宋宝安、刘婧娇：《强调差异性：新自由主义对残疾人社会保障的启示——兼论残疾人特殊社会保障的必要性》，《社会科学战线》2014年第12期。

宋丽玉：《增强权能量表之发展与验证》，（台湾）《社会政策与社会工作学刊》2006年第2期。

孙国华：《中华法学大辞典（法理学卷）》，中国检察出版社1997年版。

孙健、邓彩霞：《我国残疾人公共服务体系：问题与完善》，《国家行政学院学报》2011年第1期。

孙立平：《实践社会学与市场转型过程分析》，《中国社会科学》2002年第5期。

谈志林：《我国残疾人社会福利的发展模式与路径选择》，《残疾人研究》2011年第1期。

田北海：《社会福利概念辨析——兼论社会福利与社会保障的关系》，《学术界》2008年第2期。

田朝晖、解安：《可行能力视阈下的三江源生态移民贫困治理研究》，《科学·经济·社会》2012年第4期。

田蕴祥：《公私协力模式下的劳动就业促进政策研究》，《湖北社会科学》2014年第4期。

童敏：《流动儿童应对学习逆境的过程研究：一项抗逆力视角下的扎根理论分析》，中国社会科学出版社2011年版。

童星：《残疾人就业援助体系研究——由"问题视角"转向"优势视角"》，《残疾人研究》2011年第3期。

童星：《残疾人社会政策的基点》，《甘肃社会科学》2013年第1期。

汪斯斯：《残疾人的人力资本理论审视》，《现代特殊教育》2015年第10期。

王冰、钟晓华：《城镇居民多维福利的追踪测度》，《城市问题》2014年第5期。

王春萍：《可行能力视角下资产积累的社会救助政策探讨》，《社会科学辑刊》2008年第6期。

王福民：《家庭：作为生活主体存在空间之价值论旨趣》，《哲学研究》2015年第4期。

王国羽：《障碍研究论述与社会参与：无障碍、通用设计、能力与差异》，《社会》2015年第6期。

王海萍：《合理性的乌托邦与个人的自我实现》，《学术交流》2017年第4期。

王立：《需要与公民资格》，《理论探讨》2012年第6期。

王丽萍、方然：《参与还是不参与：中国公民政治参与的社会心理分析》，《政治学研究》2010年第2期。

王宁:《个案研究的代表性问题与抽样逻辑》,《甘肃社会科学》2007年第5期。

王齐彦:《中国新时期社会福利发展研究》,人民出版社2011年版。

王绍光:《从经济政策到社会政策:中国公共政策格局的历史性转变》,载岳经纶、郭巍青主编《中国公共政策评论》第1卷,上海人民出版社2007年版。

王思斌:《农村反贫困的制度—能力整合模式刍议》,《江苏社会科学》2016年第3期。

王思斌:《我国适度普惠型社会福利制度的建构》,《北京大学学报》(哲学社会科学版)2009年第3期。

王伟、马超:《基于可行能力理论的失地农民福利水平研究》,《农业技术经济》2013年第6期。

王新宪:《健全残疾人社会保障体系和服务体系》,《求是》2012年第6期。

王颖:《美国福利政策改革和贫困治理模式演进——基于新自由家长主义治理视角》,《东北大学学报》(社会科学版)2013年第4期。

王子彧:《北欧家庭福利政策与服务体系:经验与发展》,《社会政策研究》2017年第6期。

卫知唤:《异质的正义体系:"基本善"与"可行能力"再比较》,《社会科学辑刊》2015年第4期。

文长春:《基于能力平等的分配正义观——阿玛蒂亚·森的正义观》,《学术交流》2010年第6期。

吴帆、李建民:《家庭发展能力建设的政策路径分析》,《人口研究》2012年第4期。

吴军民:《中国残疾人社会政策演进:经验、问题及下一步行动》,《理论与改革》2012年第3期。

厦门市统计局:《厦门市2018年国民经济和社会发展统计公报》,2019年3月22日, http://tjj.xm.gov.cn/tjzl/ndgb/201903/t20190322_2238302.htm。

向德平、陈艾:《连结生计方式与可行能力:连片特困地区减贫路径研究——以四川省甘孜藏族自治州的两个牧区村庄为个案》,《江汉论坛》2013年第3期。

谢立中：《结构—制度分析，还是过程—事件分析？——从多元话语分析的视角看》，《中国农业大学学报》（社会科学版）2007年第4期。

熊金才：《家庭结构的变迁与家庭保障功能的弱化》，《太平洋学报》2006年第8期。

徐勇：《中国家户制传统与农村发展道路——以俄国、印度的村社传统为参照》，《中国社会科学》2013年第8期。

许康定：《论残疾人劳动就业权的法律保护》，《法学评论》2008年第3期。

许琳：《残疾人就业难与残疾人就业促进政策的完善》，《西北大学学报》（社会科学版）2010年第1期。

许琳、张艳妮：《我国残疾人社会保障的现状与问题研究》，《西北大学学报》（社会科学版）2007年第6期。

闫洪丰等：《成年残疾人心理健康现状评估与分析》，《残疾人研究》2013年第4期。

杨爱婷、宋德勇：《中国社会福利水平的测度及对低福利增长的分析》，《数量经济技术经济研究》2012年第11期。

杨国枢：《华人社会取向的理论分析》，载杨国枢、黄光国、杨中芳主编《华人本土心理学》，远流出版事业有限公司2005年版。

杨国枢：《中国人的价值观：社会科学观点》，中国人民大学出版社2013年版。

杨立雄：《从"居养"到"参与"：中国残疾人社会保护政策的演变》，《社会保障研究》2009年第2期。

杨立雄：《中国残疾人福利制度建构模式：从慈善到社会权利》，《中国人民大学学报》2013年第2期。

杨立雄：《中国残疾人社会政策范式变迁》，《湖北社会科学》2014年第11期。

杨懋春：《中国的家族主义与国民性格》，载李亦园《中国人的性格》，台湾桂冠图书公司1988年版。

杨伟民：《论公民福利权利之基础》，北京大学出版社2017年版。

姚进忠：《超越福利国家：自由发展观的考量与审思》，《中州学刊》2016年第6期。

姚进忠：《福利研究新视角：可行能力的理论起点、内涵与演进》，《国外社会科学》2018 年第 2 期。

姚进忠:《项目制:社会工作参与社区治理的专业策略》,《社会建设》2018 年第 2 期。

姚进忠、陈丽清:《需要为本:残疾人社会工作实践模式研究》,载王思斌《中国社会工作研究》(第十三辑),社会科学文献出版社 2016 年版。

易岚:《需要的主观性及其调控》,《齐鲁学刊》2014 年第 6 期。

余向东:《论我国残疾人社会保障的体系性缺失及其建构》,《人口与发展》2011 年第 5 期。

袁方、史清华:《不平等之再检验:可行能力和收入不平等与农民工福利》,《管理世界》2013 年第 10 期。

曾楠:《西方福利国家政治认同的现实挑战及中国优势》,《国外社会科学》2017 年第 6 期。

翟学伟:《中国人的日常呈现:面子与人情的社会学研究》,南京大学出版社 2016 年版。

张浩淼:《残疾人"量体裁衣"式个性化就业服务研究》,《兰州学刊》2013 年第 12 期。

张姝:《论社会保障权利体系重构——基于需要的类型化研究》,《理论导刊》2011 年第 5 期。

张文馨:《从个体关照到提升家庭整体发展能力:我国家庭发展政策研究综述》,《湖北经济学院学报》2013 年第 4 期。

张贤明、田玉麒:《论国家治理现代化的法治意蕴》,《上海行政学院学报》2015 年第 2 期。

张兴杰等:《残疾人社会救助体系优化论析》,《浙江社会科学》2012 年第 12 期。

张秀兰、徐月宾:《建构中国的发展型家庭政策》,《中国社会科学》2003 年第 6 期。

张秀兰、徐月宾、梅志里:《中国发展型社会政策论纲》,中国劳动社会保障出版社 2007 年版。

张延辉:《我国残疾人社会保障制度绩效评价研究》,博士学位论文,吉林大学,2008 年。

赵怀娟、刘玥:《多元复合与福利治理:老年人长期照护服务供给探析》,

《老龄科学研究》2016年第1期。

郑功成：《残疾人社会保障：现状及发展思路》，《中国人民大学学报》2008年第1期。

郑功成：《社会保障学：理念、制度、实践与思辨》，商务印书馆2000年版。

郑功成：《中国残疾人社会保障的宏观思考》，《河南师范大学学报》（哲学社会科学版）2007年第6期。

郑功成：《中国社会福利改革与发展战略：从照顾弱者到普惠全民》，《中国人民大学学报》2011年第2期。

中国残疾人联合会：《2010年末全国残疾人总数及各类、不同残疾等级人数》，2012年6月26日，http：//www.cdpf.org.cn/sjzx/cjrgk/201206/t20120626_387581.shtml。

中国残疾人联合会：《2013年度全国残疾人状况及小康进程监测报告》，2014年7月1日，http：//www.cdpf.org.cn/sjzx/jcbg/201408/t20140812_411000.shtml。

周健林、王卓祺：《关于中国人对需要及其先决条件的观念的实证研究》，《中国社会科学季刊》1999年第25期。

周林刚：《残疾人社会保障体系与公共服务体系建设研究》，《中国人口科学》2011年第2期。

周林刚：《残疾人政治参与及制约因素分析——基于深圳、南昌和兰州的问卷调查》，《政治学研究》2013年第2期。

周沛：《残疾人社会福利体系研究》，《江苏社会科学》2010年第5期。

周沛：《积极福利视角下残疾人社会福利政策研究》，《东岳论丛》2014年第5期。

周沛：《社会福利体系研究》，中国劳动社会保障出版社2007年版。

周沛：《社会治理视角下中国特色残疾人事业探略及发展路径分析》，《社会科学》2015年第8期。

周文文：《阿玛蒂亚·森经济伦理中的自由观》，《江淮论坛》2004年第4期。

周小刚、李丽清：《新生代农民工社会心理健康的影响因素与干预策略》，《社会科学辑刊》2013年第2期。

周义、张莹、任宏：《城乡交错区被征地农户的福利变迁研究》，《中国人口·资源与环境》2014年第6期。

［丹］艾斯平—安德森：《福利资本主义的三个世界》，苗正民、腾玉英译，商务印书馆2010年版。

［德］黑格尔：《法哲学原理》，范扬、张企泰译，商务印书馆2010年版。

［法］让·鲍德里亚：《消费社会》，刘成富、全志刚译，南京大学出版社2014年版。

［美］保罗·萨缪尔森、威廉·诺德豪斯：《微观经济学》（第19版），萧琛译，人民邮电出版社2012年版。

［美］哈特利·迪安：《社会政策学十讲》，岳经纶、温卓毅、庄文嘉译，上海人民出版社2009年版。

［美］克雷斯威尔：《混合方法研究导论》，格致出版社2014年版。

［美］劳伦斯·纽曼：《理解社会研究：批判性思维的利器》，胡军生、王伟平译，人民邮电出版社2015年版。

［美］理查德·拉克曼：《国家与权力》，郦菁、张昕译，上海世纪出版集团2014年版。

［美］玛莎·C. 纳斯鲍姆：《寻求有尊严的生活——正义的能力理论》，田雷译，中国人民大学出版社2016年版。

［美］玛莎·C. 纳斯鲍姆：《正义的前沿》，朱慧玲、谢惠媛、陈文娟译，中国人民大学出版社2016年版。

［美］迈尔斯、休伯曼：《质性资料的分析：方法与实践》，张芬芬译，重庆大学出版社2010年版。

［美］塞缪尔·亨廷顿、琼·纳尔逊：《难以抉择——发展中国家的政治参与》，汪晓寿等译，华夏出版社1989年版。

［美］约翰·罗尔斯：《正义论》（修订版），何怀宏译，中国社会科学出版社2009年版。

［美］约翰·罗尔斯：《作为公平的正义——正义新论》，姚大志译，上海三联书店2002年版。

［美］约翰·洛夫兰德：《分析社会情境：质性观察与分析方法》，重庆大学出版社2009年版。

［印］阿玛蒂亚·森：《论经济不平等/不平等之再考察》，王利文、于占杰译，社会科学文献出版社2006年版。

［印］阿玛蒂亚·森：《贫困与饥荒》，王宇、王文玉译，商务印书馆2001

年版。

［印］阿玛蒂亚·森：《以自由看待发展》，任颐、于真译，中国人民大学出版社 2013 年版。

［印］阿玛蒂亚·森：《正义的理念》，王磊、李航译，中国人民大学出版社 2012 年版。

［印］阿玛蒂亚·森：《资源、价值与发展》，杨茂林、郭婕译，中国人民大学出版社 2008 年版。

［英］Pete Alcock 等主编：《解析社会政策（下）：福利提供与福利治理》，彭华民译，华东理工大学出版社 2017 年版。

［英］安东尼·哈尼、［美］詹姆斯·梅志里：《发展型社会政策》，罗敏等译，社会科学文献出版社 2006 年版。

［英］彼得·德怀尔：《理解社会公民身份：政策与实践的主题和视角》，蒋晓阳译，北京大学出版社 2011 年版。

［英］莱恩·多亚尔、伊恩·高夫：《人的需要理论》，汪淳波、张定莹译，商务印书馆 2008 年版。

［英］路易莎·戈斯林、迈克尔·爱德华兹：《发展工作手册：规划、督导、评估和影响分析实用指南》，社会科学文献出版社 2007 年版。

［英］马丁·鲍威尔：《理解福利混合经济》，钟晓慧译，北京大学出版社 2011 年版。

Alkire, Sabina, "Choosing Dimensions: The Capability Approach and Multidimensional Poverty", In Nanak kakwani and Jacques Silber, *The Many Dimensions of Poverty*, 2007.

Alkire, Sabina, *Valuing Freedoms. Sen's Capability Approach and Poverty Reduction*, Oxford, New York: Oxford Press, 2002.

Allen, R., C. Petr., "Toward Developing Standards and Measurements for Family-centered Practices in Family Support Programs", In G. H. S. Springs, L. E. Power, and A. L. Olson, *Redefining Family Support: Innovations in Pubilc-Private Partnerships*, Baltimore, MA: Paul H. Brookes Publishers, 1996.

Anand, Paul, Hunter Graham, and Ron Smith, "Capabilities and Wellbeing: Evidence Based on the Sen-Nussbaum Approach to Welfare", *Social Indicators Research*, Vol. 74, No. 1, 2005.

Anand, P. B., "Capability, Sustainability, and Collective Action: an Examination of a River Water Dispute", *Journal of Human Development*, Vol. 8, No. 1, 2007.

Anastasiou, D., & Kauffman, J. M., "Disability as Cultural Difference: Implications for Special Education", *Remedial and Special Education*, Vol. 33, No. 3, 2010.

Baker, D., and S. Godwin, "All aboard!: The Supreme Court of Canada Confirms that Canadians with Disabilities have Substantive Equality Rights", *Saskatchewan Law Review*, Vol. 71, 2008.

Barbara M., "Another Perspective: Capturing the Working-Age Population With Disabilities in Survey Measures", *Journal of Disability Policy Studies*, Vol. 25, No. 3, 2014.

Barnes, C., and G. Mercer, *Exploring Disability*, 2nd ed., Cambridge: Polity, 2010.

Barnes, C., M. Oliver, and L. Barton, eds., *Disability Studies Today*, Cambridge: Polity, 2002.

Barnes, C. and A. Sheldon, "'Emancipatory' Disability Research and Special Educational Needs", In L. Florian, *The SAGE Handbook of Special Education*, London: SAGE, 2007.

Beavers, R., & Hampson, R. B., "The Beavers Systems Model of Family Functioning", *Journal of Family Therapy*, Vol. 22, No. 2, 2000.

Beveride, W., *Social Insurance and Allied Services*, Cmd. 6404, London: HMSO, 1942.

Boehnke, Petra, "Does Society Matter? Life Satisfaction in the Enlarge Europe", *Social Indicators Research*, Vol. 87, No. 2, 2008.

Brandolini, Andera, On Synthetic Indices of Multidimensional Well-being, Health and Income Inequalities in France, Germany, Italy and the United Kingdom, Centre for Household, Income, Labour and Demographic Economics, Working Paper 07/2007.

Brock, Gillian, *Global Justice: A Cosmopolitan Account*, Oxford: Oxford University Press, 2010.

Bronfenbrenner, U., *The Ecology of Human Development: Experiments by Na-

ture and Design, Cambridge, MA: Harvard University Press, 1979.

Burchardt, T., "Capabilities and Disability: the Capabilities Framework and the Social Model of Disability", *Disability and Society*, Vol. 19, No. 7, 2004.

Burd-sharps, Sarah, Kristen Lewis, and Eduardo B. Martins, *The Measure of America. American Human Development Report*, 2008 – 2009, New York, NY: Columbia Univ. Press, 2008.

Campbell, P. H., Strickland, B., & Forme, C. L, "Enhancing Parent Participation in the Individualized Family Service Plan", *Topics in Early Childhood Special Education*, Vol. 11, No. 4, 1992.

Carkhuff, R. R., and Anthony, W. A., *The Skills of Helping*, Amherst, MA: Human Resource Development Press, 1979.

Carpenter B., "Sustaining the Family: Meeting the Needs of Families of Children with Disabilities", *British Journal of Special Education*, Vol. 27, No. 3, 2000.

Chiappem Martinetti. E., "A Multidimensional Assessment of Well-Being Based on Sen's Functioning Theory", *Rivista Internazionale Di Scienze Sociali*, Vol. 108, No. 2, 2000.

Childress D. C., "Special Instruction and Natural Environments: Best Practices in Early Intervention", *Infants and Young Children*, Vol. 17, No. 2, 2004.

Clara C. Pratt, "Family Professionals and Family Policy: Strategies for Influence", *Family Relations*, Vol. 44, No. 1, 1995.

Comim, F. and Carey, F., "Social Capital and the Capability Approach: are Putnam and Sen Incompatible Bedfellows?", Paper Presented at the *EAEPE Conference 'Comparing Economic Institution's*, Siena, November, 1998.

Comim, F. and Kuklys, W., "Is Poverty about Poor Individuals?", Paper Presented at the 27th General Conference of the International Association for Research in Income and Wealth, Djurham, August 2002.

Cooke, Graeme and Paul Gregg, *Liberation Welfare*, London: DEMOS, 2010.

Crocker, David A., *Ethics of Global Development: Agency, Capability, and Deliberative Democracy*, Cambridge: Cambridge University Press, 2008.

Deepa Narayan, "Voices of the Poor: Can Anyone Hear Us?", *Journal of International Development*, Vol. 13, No. 3, 2000.

Deneulin, S., and Stewart, F., "Amartya Sen's Contribution to Development Thinking", *Studies in Comparative International Development*, Vol. 37, No. 2, 2002.

Deprez, Luisa S., and Sandra S. Bulter, "The Capability Approach and Women's Economic Security: Access to Higher Education under Welfare Reform", In Melanie and Elaine Unterhalter, *Amartya Sen's Capability Approach and Social Justice in Education*, New York, NY: Palgrave Macmillan, 2007.

Diaz et al., "An Analysis of the Intentions of a Children Disability Policy through the Lens of the Capability Approach", *Journal of Human Development and Capabilities*, Vol. 16, No. 4, 2015.

Dubois, Jean-Luc and Trani, Jean-Francois, "Extending the Capability Paradigm to Address the Complexity of Disability", *Brown School Faculty Publications*, Paper 30, 2009.

Dunst, C. J., "Family-centered Practice: Birth Through High School", *Journal of Special Education*, Vol. 36, No. 3, 2002.

Dunst, C. J., Trivette, C. M., & Hamby, D. W., "Meta-analysis of Family-centered Helpgiving Practices Research", *Mental Retardation and Developmental Disabilities Research Reviews*, Vol. 13, 2007.

Dunst, C. J., Trivette, C. M., and A. Deal, *Enabling and Empowering Families: Principles and Guidelines for Practice*, Cambridge, MA: Brookline Books, 1988.

Dunst, C. J., "Revisiting 'Rethinking Early Intervention'", *Analysis and Intervention in Developmental Disabilities*, Vol. 5, No. 1, 1985.

Dunst, C. J., and Trivette, C. M., "Capacity-Building Family-Systems Intervention Practices", *Journal of Family Social Work*, Vol. 12, No. 2, 2009.

Edin K., Lein L., *Making Ends Meet: How Single Mothers Survive Welfare and Low Wage Work*, New York, Russell Sage Foundation, 1997.

Epley, R. H., Summers, J. A., & Turnbull, A. P., "Family Outcomes of Early Intervention: Families' Perceptions of Need, Services, and Outcomes", *Journal of Early Intervention*, Vol. 33, 2011.

Epstein, N. B., Bishop, D. S., & Levin, S., "The McMaster Model of Family Functioning", *Journal of Marital and Family Therapy*, Vol. 4, No. 4, 1978.

Evans, P., "Collective Capabilities, Culture and Amartya Sen's Development as Freedom", *Studies in Comparative International Development*, Vol. 37, No. 2, 2002.

Feldman M. A., "The Effectiveness of Early Intervention for Children Whose Mothers are Mentally Retarded", In M. J. Guralnick, *The Effectiveness of Early Intervention: Directions for Second Generation Research*, Baltimore, MA: Paul H. Brookes Publishers, 1997.

Finnis, J., *Natural Law and Natural Rights*, Oxford: Clarendon Press, 1980.

Foster J. E. and Handy C., "External Capabilities. OPHI Working Papers Series", 8 Paper Retrieved on April 30th 2009 from website: http://www.ophi.org.uk/pubs/OPHI_ WP8.pdf.

France, A., *Understanding Youth in Late Modernity*, Milton Keynes: Open University Press, 2007.

Gilbert N., and Gilbert B., *The Enabling State: Modern Welfare Capitalism in America*, New York: Oxford University Press, 1989.

Gilla, M., "The Myth of Transition: Contractualizing Disability in the Sheltered Workshop", *Disability and Society*, Vol. 20, No. 6, 2005.

Glatzer, Wolfgang, Jens Becker, Roland Bieräugel, Geraldine Hallein-Benze, Oliver Nüchter, and Alfons Schmid, *Einstellungen zum Reichtum. Wahrnehmung und Beurteilung Sozioökonomischer Ungleichheit Undihrer Gesellschaftlichen Konsequenzen in Deutshland*, Forschungsprojekt im Auftrag des Bundesminsteriums für Arbeit und Soziales. Frankfurt am Main, 2008.

Goodley, D., *Disability Studies: An Interdisciplinary Introduction*, London: SAGE, 2011.

Grasso, Marco, *A Dynaic Operationalization of Sen's Capability Approach*, Working Paper 59, 2002.

Grisez, G., Boyle, J., & Finnis, J., "Practical Principles, Moral Truth and Ultimate Ends", *American Journal of Jurisprudence*, Vol. 1, No. 1, 1987.

Hahn, H., "Towards a Politics of Disability: Definitions, Disciplines and Policies", *Social Science Journal*, Vol. 22, No. 4, 1985.

Harpur, P., "Embracing the New Disability Rights Paradigm: the Importance of the Covention on the Rights of Persons with Disabilities", *Disability & Society*, Vol. 27, No. 1, 2012.

Harris, D., *Justifying State Welfare: The New Right Versus the Old Left*, Oxford: Basil Blackwell, 1987.

Hehir, T., "Confronting Ableism", *Educational Leadership*, Vol. 64, No. 5, 2007.

Hilde Zitzelsberger, "(In) Visibility: Accounts of Embodiment of Women with Physical Disabilities and Differences", *Disability & Society*, Vol. 20, No. 4, 2005.

Hobbs, N., Dokecki, P. R., Hoover-Dempsey, K. V., Moroney, R. M., Shayne, M. W., & Weeks, K. H., *Strengthening Families*, San Francisco, CA: Jossey-Bass, 1984.

http://www.ndis.gov.au/community/why-community-participation-important.

Ian Gough, "Rethinking Human Needs and Well-being", *Newsletter of ESRC Research Group on Well-being in Developing Countries*, Vol. 1, No. 2, 2003.

Ibrahim, S., "From Individual to Collective Capabilities: The Capability Approach as a Conceptual Framework for Self-help", *Journal of Human Development*, Vol. 7, No. 3, 2006.

Ife, J., "The Determination of Social Need—A Model of Need Statements in Social Administration", *Australian Journal of Social Issues*, Vol. 15, No. 2, 1980.

Imire, Rob, "Universalism, Universal Design and Equitable Access to the Built Environment", *Disability and Rehabilitation*, Vol. 34, No. 10, 2012.

James Griffin, *Well-Being: Its Meaning, Measurement, and Moral Importance*, Oxford: Clarendon Press, 1986.

Jeremy Bentham, *An Introduction to the Principles of Morals and Legislation*, Oxford: Clarendon Press, 1907.

Jon Elster, "The Nature and Scope of Rational-Choice Explanation", *Boston Studies in the Philosophy of Science*, 1988.

Jonathan Bradshaw, "The Taxonomy of Social Need", In Richard Cookson, Roy Sainsbury & Caroline Glendinning ed. , *Jonathan Bradshaw on Social Policy Selected Writings* 1972 – 2011, York Publishing Services Ltd. , 2013.

J. McKillip, *Need Analysis: Tool for the Human Services and Education*, London: Sage, 1987.

Kaplan, D. , "The Definition of Disability: Perspective of the Disability Community", *Journal of Health Care Law and Policy*, Vol. 3, 2000.

Krippendorff, K. , *Content Analysis: An Introduction to Its Methodology*, 2nd ed. , Thousand Oaks: SAGE Publications, 2004.

Lelli, Sara, "Operationalising Sen's Capability Approach: the Influence of the Selected Technique", In Flavio Comim, Mozaffar Qizilbash and Sabina Alkire, *The Capability Approach. Concepts, Measure and Applications*, Cambridge: Cambridge Univ. Press, 2008.

Len Doyal & Ian Gough, *A Theory of Human Need*, The Macmillan Press Ltd. , 1991.

Macarov. David, *Social Welfare Structure and Practice*, Thousand Oaks, CA: Sage Publications, 1995.

Manfred Max-Neef, "Development and Human Needs", In Paul, Ekins & Manfred Max-Neef ed. , *Real-Life Economics: Understanding Wealth Creation*, London: Routledge, 1992.

Marshall, Alfred, *Principles of Economics*, London: Macmillan, 1920.

Marshall, C. and Rossman, G. B. , *Designing Qualitative Research*, 4th ed. , Thousand Oaks, CA: Sag, 2006.

Marshall, T. H. , *Citizenship and Social Class and Other Essays*, Cambridge University Press, 1950.

Marshall, T. H. , *Social Policy in Twentieth Century*, London: Hutchinson, 1985.

Martinetti. E. A. , "A Multidimensional Assessment of Well-being Based on Sen's Functioning Approach", *Rivisita Internazionale Di Scienze Sociali*, Vol. 20, No. 2, 2000.

Maureen Ramsay, *Human Needs and the Market*, Aldershot: Avebury, 1992.

McWilliam, R. A., *Working with Families and Young Children with Special Needs*, New York, NY: Guilford, 2010.

Meekosha, H., and R. Shuttleworth, "What's so 'Critical' about Critical Disability Studies?", *Australian Journal of Human Rights*, Vol. 15, No. 1, 2009.

Melinda D. Swafford, Kim O. Wingate, Lisa Zagumny, and Dean Richey, "Families Living in Poverty: Perceptions of Family-Centered Practices", *Journal of Early Intervention*, Vol. 37, No. 2, 2015.

Midgley J., *Social Welfare in Global Context*, London: Sage, 1997.

Miller G., "Application of Theory to Family-centered Care: A Role for Social Workers", *Social Work in Health Care*, Vol. 51, No. 2, 2012.

Mutanga, Oliver, and Melanie Walker, "Towards a Disability-Inclusive Higher Education Policy through the Capabilities Approach", *Journal of Human Development and Capabilities*, Vol. 16, No. 4, 2015.

M. Langan, "The Contested Concept of Need", In M. Langan ed., *Welfare: Need Right and Risks*, London: Routledge, 1998.

Nussbaum, Martha C., *Women and Human Development: The Capabilities Approach*, Cambridge: Cambridge University Press, 2000.

Nussbaum, Martha C., "Capabilities and Constitutional Law: 'Perception' Against Lofty Formalism", *Journal of Human Development and Capabilities*, Vol. 10, No. 3, 2009.

Nussbaum, Martha C., *Frontiers of Justice: Disability, Nationality, Species Membership*, Cambridge, Massachusetts: The Belknap Press, 2006.

Nussbaum, Martha C., *Sex and Social Justice*, Oxford: Oxford University Press, 1999.

Oliver Mike, "Changing the Social Relations of Research Production?", *Disability, Handicap & Society*, Vol. 7, No. 2, 1992.

Oliver Mike, *Understanding Disability: From Theory to Practice*, 2nd ed., Basingstoke: Palgrave Macmilla, 2009.

Oliver Mike, "The Social Model of Disability: Thirty Years on", *Disability & Society*, Vol. 28, No. 7, 2013.

Oliver Mike, "The Disability Movement is a New Social Movement", *Community Development Journal*, Vol. 32, No. 3, 1997.

Oliver, Mike, "Defining Impairment and Disability: Issues at Stake", In Colin Barnes and Geof Mercer, *Exploring the Divide*, Leeds: The Disability Press, 1996.

Oliver, M. and Barnes C., "Disability Studies, Disabled People and the Struggle for Inclusion", *British Journal of Sociology of Education*, Vol. 31, No. 5, 2010.

Pigou, A. C., *The Economics of Welfare*, London: Macmillan, 1920.

P. M. Kettner, R. M. Moroney, L. L. Martin, *Designing and Managing Programs: An Effectiveness-based Approach*, Sage Publications, 1990.

Power A., "Understanding the Complex Negotiations in Fulfilling the Right to Independent Living for Disabled People", *Disability & Society*, Vol. 28, No. 2, 2013.

Rappaport, J., "In Praise of Paradox: A Social Policy of Empowerment over Prevention", *American Journal of Community Psychology*, Vol. 9, No. 1, 1981.

Rawls, John, *A Theory of Justice*, Cambridge, Mass: Harvard University Press, 1971.

Rawls, John, *Political Liberalism*, New York: Columbia University Press, 1993.

Raymond R. Hyatt, Jr., and Susan M. Allen, "Disability as a 'Family Affair': Parental Disability and Childhood Immunization", *Medical Care*, Vol. 4, No. 6, 2005.

Richard K. Scotch and Kay Schriner, "Disability as Human Variation: Implications for Policy", *The Annals of the American Academy of Political and Social Science*, Vol. 549, No. 1, 1997.

Rimmerman A., *Family Policy and Disability*, Cambridge: Cambridge University Press, 2015.

Robert Cummins, "Domains of Life Satisfaction: an Attempt to Order Chaos", *Social Indicators Research*, Vol. 38, No. 3, 1996.

Robert Nozick, *Anarchy, State and Utopia*, New York: Basic Books, 1974.

Robeyns, Ingrid, "Sen's Capabilities Approach and Gender Inequality. Selecting Relevant Capabilities", In Bina Agarwal, Jane Humphries, Ingrid Robeyns and Amartya Sen, New Delhi, *Capabilities, Freedom, and Equality. Amartya Sen's Work from a Gender Perspective*, New York: Oxford University Press, 2007.

Robeyns, Ingrid, "The Capability Approach: A Theoretical Survey", *Journal of Human Development*, Vol. 6, No. 1, 2005.

Rossman, G. B. & Rallis, S. F., *Learning in the Field: An Introduction to Qualitative Research*, 2nd ed., Thousand Oaks, CA: Sage, 2003.

Rovner, L., "Disability, Equality, and Identity", *Alabama Law Review*, Vol. 55, 2004.

Sabina Alkire & Rufus Black, "A Practical Reasoning Theory of Development Ethhics: Furthering the Capabilities Approach", *Journal of International Development*, Vol. 19, No. 2, 1997.

Sabina Alkire, "Dimensions of Human Development", *World Development*, Vol. 30, No. 2, 2002.

Saleeby Patricia Welch, "Applicalions of a Capability Approach to Disabiiily and the Imemational Classification of Functioning. Disability und Health (ICF) m Social Work Praclice", *Journal of Social Work in Disahiliiy & Relutbiliialion*, Vol. 6, No. 1, 2007.

Samara. M., "Disability and Community Life: Does Regional Living Enhance Social Participation?", *Journal of Disability Policy Studies*, Vol. 22, No. 1, 2011.

Sara E. Kimberlin, "Political Science Theory and Disability", *Journal of Human Behavior in the Social Environment*, Vol. 19, No. 1, 2009.

Schischka, John, Paul Dalziel, and Caroline Saunders, "Applying Sen's Capabilities Approach to Poverty Alleviation Programs: Two Case Studies", *Journal of Human Development*, Vol. 9, No. 2, 2008.

Schokkaert E. and Ootegem L., "Sen's Concept of the Living Standard Applied to the Belgian Unemployed", *Recherché Economiques De Louvain*, Vol. 56, No. 4, 1990.

Schwartz, S. H., "Are there Universal Aspects in the Structure and Contents of Human Values?", *Journal of Social Issues*, Vol. 50, No. 4, 1994.

Sen, Amartya K., *Development as Freedom*, Oxford: Oxford University Press, 1999.

Sen, Amartya, *Commodities and Capabilities*, North-Holland, Amsterdam, 1985.

Sen, Amartya, *Inequality Reexamined*, New York, Oxford: Oxford University Press, 1992.

Sen, Amartya, "*Equality of What?*" Tanner Lectures in Human Values, In McMurrin S., ed., Cambridge University Press, 1980.

Sen, Amartya, "Inequality, Unemployment and Contemporary Europe", *International Labour Review*, Vol. 136, No. 7, June 1997.

Shakespeare, T. W., "The Social Model of Disability", In L. J. Davis, *The Disability Studies Reader*, New York, NY: Routledge, 2013.

Small, M. L., "'How Many Cases Do I Need?': On Science and the Logic of Case Selection in Field-based Research", *Ethnography*, Vol. 10, No. 1, 2009.

Stephen Klasen, "Measuring Poverty and Deprivation in South Africa", *Review of Income and Wealth*, Vol. 46, No. 1, 2000.

Stewart, F., "Groups and Capabilities", *Journal of Human Development*, Vol. 6, No. 2, 2005.

Stiglitz, Joseph E., Amartya Sen, and Jean-Paul Fitoussi, Report by the Commission on the Measurement of Economic Performance and Social Progress, Paris, 2009.

Stone, D., *The Disabled State*, London and Hampshire: Macmillan, 1984.

Strauss, A. & Corbin, J., *Basics of Qualitative Research: Techniques and Procedures for Developing Grounded Theory*, Thousand Oaks: Sage Publications, 1998.

Swanson, J., Raab, M., & Dunst, C. J., "Strengthening Family Capacity to Provide Young Children Everyday Natural Learning Opportunities", *Journal of Early Childhood Research*, Vol. 9, No. 1, 2010.

Thompson, G., *Needs*, London: Routledge, 1987.

Tommaso M. L., "Children Capabilities: A Structural Equation Model for India", *The Journal of Socio-Economics*, Vol. 36, No. 3, 2007.

Townsend, P., "Deprivation", *Journal of Social Policy*, Vol. 16, No. 2, 1987.

Trani, Jean-Francois, Parul Bakhshi, Sarah Myers Tlapek, Dominique Lopez, and Fiona Gall, "Disability and Poverty in Morocco and Tunisia: A Multidimensional Approach", *Journal of Human Development and Capabilities*, Vol. 16, No. 4, 2015.

Trani, J. F. and Bakhshi, P., "Challenges for Assessing Disability Prevalence: The Case of Afghanistan", *ALTER Revue Européenne de Recherche surle Handicap*, Vol. 2, 2008.

T. H. Marshall, "Citizenship and Social Class", In T. H. Marshal., *Class, Citizenship and Social Development: Essays*, 2003.

UNDP, *Human Development Report*, New York, Oxford: Oxford University Press, 2000.

United Nations Development Programme, *Human Development Report* 1990, New York: Oxford University Press, 1990.

Van Ootegem, Luc and Spillemaeckers, Sophie, "With a Focus on Well-being and Capabilities", *The Journal of Socio-Economics*, Vol. 39, No. 3, 2010.

Vero, Josiane, "A Comparison of Poverty According to Primary Goods, Capabilities and Outcomes: Evidence from French School Leavers' Surveys", In Achille Lemmi and Gianni Betti, *Fuzzy Set Approach to Multidimensional Poverty Measurement*, Economic Studies in Inequality, Social Exclusion and Well-being, New York: Springer, 2006.

Waddington, L., & Diller M., "Tensions and Coherence in Disability Policy: the Uneasy Relationship Between Social Welfare and Civil Rights Models of Disability in American, European and International Law", In M. Breslin & S. Yee, Eds., *Disability Rights Law and Policy*, New York: Transnational Publishers. 2002.

Wade, C. M. Mildon, R. L. and Matthews, "Service Delivery to Parents with an Intellectual Disability: Family-Centred or Professionally Centred?", *Journal of Applied Research in Intellectual Disability*, Vol. 20, 2007.

Wen-Shing, Tseng, Lin Tsung-Yi and Yeh Eng-Kung, "Culture as the Primary Focus for Examining Mental Health", In Tsung-Yi Lin, Wen-Shing Tseng and Eng-kung Yeh, *Chinese Societies and Mental Health*, Oxford University Press, 1995.

Whiteside, Noel, and Alice Mah, "Human Rights and Ethical Reasoning: Capabilities", *Convention and Spheres of Publication*, Sociology, Vol. 46, No. 5, 2012. (Special Issue: "The Sociology of Human Rights")

Wiebke Kuklys, "An Application of Sen's Functioning Approach Using Structural Equation Models", *Journal of Development Studies*, No. 8, 2005.

Williams, Bernard, *Realism and Moralism in Political Theory. In The Beginning Was the Deed: Realism and Moralism in Political Argument*, ed., Geoffrey Hawthorn, Princeton University Press, 2007.

Williams, Bernard, *The Standard of Living: Interest and Capabilities*, In Geoffrey Hawthorn, ed., The Standard of Living, Cambridge: Cambridge University Press, 1987.

Wolff, Jonathan and Avner De-Shalit, *Disadvantage*, Oxford: Oxford University Press, 2007.

Woodhams, Carol and Corby, Susan, "Defining Disability in Theory and Practice: A Critique of the British Disability Discrimination Act 1995", *Journal of Social Policy*, Vol. 32, No. 2, 2003.

World Health Organization, *International Classificationof Functioning, Disability and Health*, Geneva, Switzerland: Author, 2001.

Yates S., A. Roulstone, "Social Policy and Transitions to Training and Work for Disabled Young People in the United Kingdom: Neo-liberalism for Better and for Worse?", *Disability & Society*, Vol. 28, No. 4, 2013.

Zola, Irving Kenneth, "Bringing Our Bodies and Ourselves Back In: Reflections on a Past, Present, and Future 'Medical Sociology'", *Journal of Health and Social Behavior*, Vol. 32, No. 1, 1991.

致　　谢

刚刚给杜厦图书馆的某个角落和某个位置拍了张照，突然思绪万千，意识到自己刚才下意识的动作是一个即将告别的信号。此时内心是矛盾的、复杂的。有对完成论文的丝丝喜悦，有对"思潮彭派"大家庭的留恋，有对即将离开社会学重镇恩师与同窗的不舍，有对诚朴雄伟的南大气质的流连。三年半的时光，飞快匆忙，三年多来自己既为学生也为师者，这样的身份和经历让自己更为珍惜作为学生的时刻，真心享受这样的时光。而论文的完稿意味着学生生涯即将真正结束，想借论文此部分真心地表达一下自己的感恩之情，感谢这一路来所有支持、帮助与陪伴的人，正是因为你们，我的生命才更为丰满！

作为中国社会学恢复重建后的第一代学者，导师彭华民教授无论是做人、做事还是学术，都是我学习的榜样。可以说，进入彭门学习三年多来，除了老师严谨的治学风格和高大的学术思维引导我的学术之路更上一层，更为让我欣喜和感恩的是，彭老师的生命格局与价值理念为我生命开启了另一扇大门，让我拥有看待世界和对待生命的另一种视角，这样的影响将持续一生。硕导厦门大学童敏教授一路关注我的工作和学术，一直以来给予我前行很大的支持，我铭记于心。一生中可以师从这两位老师，是我人生的一大笔财富，衷心地感恩两位导师的引导与支持，深知仅用"感谢"两字难以表达自己的感恩之情。也许作为学生，唯有谨记恩师教诲，在未来的生活和工作中，坚持理念研究实践三位一体，让自己的研究充满人文关怀、拥有实践可能，专注投入，继承两位老师的做人格局、处事艺术和学术之风，才是对恩师最好的回报。

南京大学社会学院作为中国社会学重镇之一，名师云集。三年多来，感谢这群拥有大爱的社会学大咖们的培育。感谢周晓虹教授、张鸿雁教授、翟学伟教授、刘林平教授、吴愈晓教授课堂上的学术之路分享，从理念、理论到方法上的指引；感谢通过讲座和论坛而让我得以受教的陈友华教授、成伯清教授、朱力教授、范可教授、汪和建教授、张玉林教授；感谢预答辩上周晓虹教授、朱力教授、张玉林教授、方长春副教授和郭未副教授的用心指导。也要感谢政府管理学院的林闽钢教授和周沛教授，谢谢你们的大度让我有机会旁听，拓展自己的专业思维。最后要特别感谢风笑天教授，除了方法课堂上的专业分享，课堂外各种学术的指引和课题申报的指导都让我受益良多，真心谢谢您无私的帮助与支持！正是因为有这样老师团队的影响，才让我的学术之路越走越宽，期待自己可以在"创造健康社会"（院训）上做出自己一点点贡献，无愧于南大社会学学子的身份。

2013级博士班是一个向上的集体，生活积极、学术活跃。同窗的友谊让我的博士生涯多了一道风景。作为精神领袖的老大纪军令，谢谢您人生的分享让我懂得什么是真正的学习态度、什么是"慢慢来，比较快"；书记哥秦永超，同学兼同门，从"撞衫"参加入学考试到一同参加预答辩，感谢您三年来在各方面对小弟的关照；舍友"小科比"王占国，如同在球场上的表现一样，干脆利落地第一个毕业，谢谢您一直在生活上给予我帮助，特别是每次都帮我晒被子，让我一到学校就可以进入学习的状态，真心感谢！同门大姐同雪莉，乐观的笑容、大气的胸怀，大姐大十足，谢谢您的分享与支持；同学又是老师的时昱，谢谢您让我在南大办事方便多了；谢谢福建老乡同学长煜在我论文碰到最大困境时的支持和帮助。谢谢班上其他的同学：张忠、东洋、陈然、佳鹏、芬姐、立松、晓晓、小熊猫、尹总、元来、亚红姐、周晶晶，谢谢你们在学术和生活中的分享。

"思潮彭派"大家庭中藏龙卧虎，人才济济。博士论文的顺利完成也是得益于各位同门的分享与协助。感谢远在美国的睿雯，谢谢你在我入学考试上的各种帮助和论文外文资料的支持；感谢玉兰姐，谢谢你在课题申请上的经验分享；感谢丽茹、黄君和梦怡，谢谢你们协助我办理在校的一些事宜；感谢冯元，谢谢你专业上的对话与分享，你积极向上的心态值得我好好学习；感谢小玲姐、其胜兄、同成兄、金山兄、彬彬、刘玲姐、坤杰、李凯、张婧、杨琨、军杰、佩佩，谢谢你们在每次师门会上对我论文的各种建议。

工作单位集美大学法学院（前身政法学院）各位领导与同仁的支持与帮助是我顺利完成博士论文的重要保障。两届院领导杨贵华院长、庄丽蓉书记、李绍平副院长、梅进禄副院长、郑秀坤副书记、许翠霞副院长、邓玮副院长都为我顺利完成学业提供许多便利，谢谢你们的大力支持；社会学系巨东红老师从我一进集美大学便如长辈一般地呵护、指引、支持我成长，心存万分感激；感谢社会学系其他同仁李友华老师、王瑞华老师、温荣利老师、李静雅学姐、杨澄源老师、林丽芬老师、孙文中老师，感谢各位一同努力，营造了一个轻松、积极、向上的工作环境，让我可以很好地平衡工作与学习；感谢思政部肖仕平主任、李晋玲副主任、财经学院陈志鸿副书记，谢谢你们一直在工作和学术上对我的支持和帮助；感谢院办的董志强老师、张春老师、周雪老师、邢建民老师、裴凌风学姐、笑声、邵书记、赖"文青"，谢谢你们在各个行政环节上给予我的方便与支持。

论文的顺利进行得益于各调研主体、好友和学生的支持与协助。感谢厦门市残联顾处长、思明区残联陈理事长、海沧区残联黄理事长、思明区福乐家园、湖里区福乐家园、开元街道、嘉莲街道、海沧街道、东孚街道、筼筜街道残疾人职业援助中心、湖里区博爱社会工作服务中心、合携社会工作服务中心、海沧区美丽心灵社会工作服务中心、金安社区、西池社区、钟宅社区、枋湖社区、日东社区、东安社区、纺织社区、海滨社区等单位与个人的协助与支持，谢谢你们的协调和分享；感谢兄弟华侨大学侯志阳教授，谢谢您生活、工作和学术上一路的指点，让我少走了很多弯路；感谢厦大学妹海萍，谢谢你在外文文献上的大力协助和写作思路的宝贵意见；感谢学生建川、俊峰、邱彦、青娜、萍芬、思莹、玉骞、振博协助我进行资料收集；感谢冯璇、蓉怡、石忍、璐洁、林茜、子毓、熊倩、曼莲协助我进行录音整理；感谢玉楠、汇红、乐章、静文、玉玲、思宇、晓靖、于皓婉鑫在论文图文上的协助。

家是心灵的港湾，是人生奋斗的归属。家人的支持是自己学业与事业前行的最大动力源泉。爷爷、奶奶、爸爸、妈妈、岳父、岳母，身为农民的他们，也许不知道我学业上读的是什么具体内容，但正是他们身上的质朴，让我深刻理解对联"承先祖一脉相传，克勤克俭；教子孙两行正路，惟耕惟读"的深刻内涵，谢谢长辈们默默无私的支持与关爱，让我可以更为有力地前行；谢谢弟弟、弟媳、妹妹、妹夫与小舅子在两个大家庭的支持与分担，让我少了很多后顾之忧；最后应该将我的谢意送给我的爱人蓝剑琴，从恋爱到结婚到现在的相濡以沫，谢谢你一直用无限的爱与真诚，给予我无条件的理解、支持与包容。正因为有你，才让我面对生命的风雨多了一份成熟与淡定，也正因为生命中有你，让我多了一份心安。

我愿意相信：一切都会是最好的安排！未来的人生路上，感恩投入经历、磨砺成长超越！

2016 年 12 月 28 日草于杜厦图书馆

2017 年 2 月 20 日修于厦门中航城家中

后记：一切都是最好的安排

17年前并不如意的高考成绩和并不谨慎的志愿填报，让自己与"社会工作"从此有了强关系。如果没有重大意外，这样的关联会一直在并持续一生。出身农家的我认为自己一直都是保守安分地接受上天对我的安排，但是自从进入社会工作这个行当，也并不是一开始就是如现在这般坚定，每次重要选择与决定也是深思熟虑后才做出的。现在回过头来整理自己这15年的学习与职业经历，我还是需要用妈妈的话来总结：这都是命。当然我用了另一种表述，如我拿到博士学位证和毕业证的那天，在朋友圈上所说的："我愿意相信：一切都会是最好的安排。"也就在那天，世友邀我能否写一下自己在南京大学的读博经历。当时应下来，却迟迟下不了笔，不知道应该怎样用文字进行书写，最后还是决定以时间为轴、以随性心得的方式来聊聊一个在职高校青年教师的读博过往。

"无奈"的跨校选择

厦门大学研究生毕业后比较庆幸地进入了集美大学社会学系。作为一名小硕青年教师，想在高校立足，无论是个人职业发展还是单位的强制要求，读博是必然的选择，所以在工作两年后（2011年）就开始寻找攻读的学校和导师。出于考取的方便和成功性考虑，厦门大学是我的第一选择，继续在硕导（童敏教授，2012年老师也已经是博导了）的指导下完成博士学习，从学术上的成长也会是一个好的推进。可惜厦大博士录取新的要求中一定要全日制攻读，从生活与家庭压力上来考量，我无奈之下不得不重新选择学校和导师。国内社会工作方向的博士生导师并不多，可以说当时选择导师的元素要大于学校，而且考博的第一关是导师的首肯，考上的概率才会高。所以现在回想，是要真心感谢博导彭华民教授的开放接纳。选择南京大学和选择投考彭华民老师是基于自己的学术经历和兴趣进行选择的。学院方面，南京大学社会学院作为国内社会学重镇之一，名师云集，最大特点就是每个博导在自己研究领域上在国内外都是很有影响力的（大家可以上南大社院的网页好好研究一下）。导师方面，我自己硕士的训练更多在于社会工作实务上，当时想在社会福利与政策的宏观剖析与解读上有所突破，在读了彭老师的《西方社会福利理论前沿》和《福利三角中的社会排斥：对中国城市新贫穷社群的一个实证研究》之后，就觉得这正是可以给我这个方面指导与教育的老师，便战战兢兢地给老师写了一封邮件表达了自己的想法，彭老师很快给了积极与肯定的回复（南京大学社会学院的老师都超温暖），包括介绍学姐让我联系考试复习的指导等，老师的友善让自己的备考之路顺畅许多。

虽然是"无奈"的跨校选择，但是入门之路却是不易。南京大学的博士入门竞争一向都很激烈，报考彭老师的学生每年更是居高不下（30人左右），而录取却总是一二。2012年因为《社会学理论与方法》的2分之差让自己在激烈的竞争中败下阵来。2013年自己封闭式的复习才得以如愿进入南京大学，进入彭门（我们师门中考两年甚至更多年的博士生并不在少数，足见竞争的激烈程度）。现在南京大学社会学院改用申请—审核机制进行录取，那么前期的科研成果可能更为重要了。

"惊喜"的博士学习

博士学习可以简要分为两个部分：课程学习与师门训练。课程学习主要完成学分的修读；师门训练是重点，完成学术论文的写作与学术精神的传承。专业课程方面，作为定向生，单位性允许脱产学习一年。这一年主要是修读各种规定的课程，在博士的课程上真正见识了南京大学大师们的风采，这远远比网页上师资简介精彩太多了，每个课程都是"惊喜"满满。我在上面说过，南京大学社会学院的博导们在自己研究领域中都是顶级学者，我在第一学年修读了周晓虹老师的《当代中国研究》、风笑天老师的《社会研究实例解析》、彭华民老师的《福利社会学》、刘林平老师的《劳工研究》、翟学伟老师的《中国社会的微观研究》，另外旁听了政府管理学院林闽钢老师和周沛老师的课程。老师们在课堂上从理念、理论到方法上的指导，分享的人生心路与研究心得真是让我眼界大开。虽然我与很多老师的研究领域都有点距离，但是老师们深耕的研究精神和高站位的研究视野大大冲击着我的脑洞。大师的课堂最大的特点就是格局的传承大于知识的传递（如果功利一些思考，想想这些老师讲座的费用，就觉得自己一年中赚了好多）。师门训练方面，能入彭门，三生有幸。作为中国社会学恢复重建后的第一代学者，导师彭华民教授无论是做人、做事还是学术，都是我学习的榜样。彭老师用温情传递生活之道，用严谨塑造学术之魂，教会学生幸福生活和用心学术。可以说，进入彭门学习三年多来，除了老师严谨的治学风格和高大的学术思维引导我的学术之路更上一层，更为让自己欣喜和感恩的是，彭老师的生命格局与价值理念为我生命开启了另一扇大门，让我拥有看待世界和对待生命的另一种视角，这样的影响将持续一生。导师特别注重师门文化的营造，师门同学之间学术的讨论交流是论文写作过程中重要的支持力量，基本上师门每个同学博士论文的选题、开题、写作进程、预答辩等都是会事先经过无数次师门内部的"批斗"环节才能真正上"战场"的。在南京大学社会学院，每个博导的师门会都是一大亮点，各有千秋。读书会、论文批判研讨、生活经验分享、幸福时刻见证与共享也许都是各师门会的主要旋律吧。

跨校选择的过程艰难换来的是学术思维的另一片天地，从老师再次成为学生，倍感珍惜。在南京脱产学习的一年中，在图书馆的固定角落享受着没有教学行政任务的单纯学习生活，现在想来还是相当甜美的（这应该是每个在职博士都有的感觉吧）。除了课程与师门活动，南京大学丰富的讲座资源也是让自己兴奋的地方，南京大学各个学科系都是拥有自己的品牌讲座系列。南京大学社会学院就拥有孙本文社会学论坛、合美博士餐叙、社会工作与社会建设论坛、潘菽心理学论坛、河仁慈善论坛、人类学谋思谈等系列的讲座平台，每年会邀请到大量国内外的专家学者到南京大学讲学，那是一个知识数据库的现实版，通过讲座和论坛而得以受教也是一种很好的机会。

另外想说明南大课程有"惊喜"的是，给我们博士生上《马克思主义与中国》政治系列课程是哲学男神、南京大学现党委书记张异宾教授。印象最深的是第一节课A3纸两面的书单便让我觉得自己是井底之蛙，后面课堂更是精彩至极。（这个真的是国内少有的）

"煎熬"的论文之旅

分享读博，有一个事情一定是绕不开的，那就是论文。不管是小论文的写作发表还是博士论文的选题、开题、资料的收集、论证等都会是博士生茶余饭后对话最多的内容。由于在职的原因，工作上也有科研压力，所以小论文的发表上，我意识较强（水平一般），相对顺利，在博一就完成了南京大学对博士毕业的论文发表要求（2 篇 CSSCI）。而在博士论文的写作上，我可谓一波三折。在此，我有必要先介绍一下南京大学社会学院的博士论文完成机制，社院对博士生的论文写作是有一系列机制进行监督和保证的。在博士候选资格考核（按比例对参加者评定优秀、通过和暂缓通过，暂缓通过者不能开始论文的开题与写作）、论文开题（正常有导师负责把关，主要是邀请学院青年教师协助审核）、预答辩（这个一度是南大社院的"鬼门关"，师兄学姐会说这个过，正常后面都问题不大；博一参加了几次师兄学姐的预答辩，真实体会了那种惨烈。原有是3月、6月、9月、12月初由学院统一组织，现在好像也是转为各导师组自己负责，但是听说"惨死率"仍保留着）、外审（社院所有博士生的论文都是100%送外校盲审，三位专家，一票否决，需全部同意答辩方可参加正式答辩）、答辩（走到这一关，基本上就问题不大了，在这之前会有论文查重等，所以写作过程中就要有学术科学精神、谨慎对待）等一系列环节均有相关的"折磨"机制来保证论文的质量。

我的论文之旅一点没有比考试入师门好到哪，可以说是一路"煎熬"前行（这可能和在职也有一定关系，在此建议如果想读博，尽可能脱产全日制学习）。从选题开始说，我在选择学校和老师进行报考时，就是想弥补自己的短板，想在宏观的福利与政策的剖析上有所突破，可以对自己原来社会工作实务研究有所支撑，所以选题时我就放弃自己原本相对熟悉的社会工作实务研究，重新寻找相对宏观的选题。加上导师和我们说，博士选题要慎重，这个选题会决定自己未来在学术圈的领域，较好的选题一定要能保证自己可以在这上面深耕十年［这点我一直谨记，后面我在自己的博士论文的基础上延展申请了国家社科青年项目《残疾人家庭抗逆力生成机制的社会工作研究》，我现在有一个大胆的想法：博文是对残疾人社会政策相对宏观的研究，国家课题回到了自己的专长——社会工作实务的行动研究，期待自己可以出两本专著，一是残疾人宏观福利政策研究（博士论文）；二是残疾人实务服务研究（国家课题）。这样就打通了自己在宏微观之间的研究道路，学术之路一直在路上，期待可以顺利］。所以博一时给自己的任务便是将选题方向确定，所以就结合自己之前的科研经历不断地阅读各种文献，不断地在师门中进行汇报，然后真是几乎不断地被导师否了（那时看到同门选题一一通过时，心里真的挺慌的）。最后的选题是《可行能力与需要满足：残疾人社会福利供需实证研究》，从功能空间多维度考察残疾人社会福利需要特性，在此基础上评估与审视现行的残疾人社会福利制度运行的状况，分析残疾人社会福利的制度安排与需要满足之间存在的矛盾与张力，探讨残疾人社会福利需要满足缺失与制度设置缺位的影响因素，并对未来残疾人福利制度如何转型以充分满足现实需要进行系统研究。选择这个题是基于两点：一是当时我和工作单位几个老师成立了社会工作机构，承接的项目是残疾人社会工作服务，所以对这个群体有真实的了解，在实务基础我也申请了厦门市社科课题，在调查中与残疾人群体、残疾人各服务供给主体、各区残联工作人员有了接触，具备了后面研究的可行性，所以就以残疾人社会福利政策作为我剖析的对象（我的国家课题研究对象是残疾人家庭）；二是理论的选择，在社会学或社会工作的论文写作中，大家都很清楚，好的文章是由好的理论视角、好的数据再加上好的论证分析组成。当时也是纠结了好久，很多理论文献阅读中自己都没有太多感觉，在师门会上也汇报了好多理论视角，彭老师也都不支持。直到看到阿玛蒂亚·森的《以自由看待发展》，便有一种天然的亲切感，然后就疯狂地对可行能力的文献进行了大量的阅读与回顾，导师也认同这是一个不错的理论视角，可以进行深挖。自己对理论的兴奋点与老师的支持让我很自觉深入地进行了文献回顾，后来形成了《福利研究的新视角：可行能力的理论争辩与经验研究》的回顾性论文，我便是以这篇回顾性文章参加自己的博士候选资格考核，这个文章也就成为我论文第三章的一个小节（另外还有一个附产品《超越福利国家：自由发展观的考量与审思》，发表在《中州学刊》2016 年第 6 期），所以建议文献回顾一定要扎实地做，会有很多意外的想法出现的。

在博士候选资格考核通过和选题获导师批准后，就开始了厦门南京"两地生活"（回单位继续承担工作），还好自己是教师，工作性质本来就是教学科研，所以处理这个矛盾相对顺一些。在单位，少了导师的督促，没有师门活动中的他人冲击，的确在论文的进行上会有所缓慢，但还是开始着手理论框架的操作化、访谈提纲的制定和初步调查，同时也开始前三章的写作。这里想分享的是：一是论文写作过程中一定要听导师的话（彭老师让我们一章一章写，每一章基本完成和修改后再进行下一章的写作，每一章建一个文件，最后再统稿，这样方便修改与调整），在论文完成过程中要多听导师的意见和师门的批评，他们一定不可能替代你去完成论文，但他们对你论文的质疑之处便是你论文的不足之处，听了一定要调整；二是论文写作是一个宏大的工程，所以要从小事一点一滴开始，每天写一点点，每天做一点点，哪怕是访谈材料的整理，也不要指望一下子完成，这个对博士生特别是在职的博士生真的很重要，不要不动，因为行动你就会有新的想法，可以有助于你继续完善自己的调查或写作。在职博士生比较忌讳的是拖，因为没有就业压力，一回到工作单位，有工作的事情、有家庭的负担，一拖就是好几年。所以要一鼓作气，不要过于追求完美，从最容易和最简单的入手，逐步完成，可以慢一点，但一定不要不动。

在初步调查完成后，因为我是质性研究，所以这个过程中，所谓的理论的操作化和访谈提纲是有很大的变动的，哪怕到了真正大规模深访时，理论与素材的对话也是一直在进行中，这个实际也就是论文主题写作的开始。在这个写作中，我受人类学的书写影响较大，写作中很喜欢从访谈者的对话中提炼标题，刚刚成形的文章好多小标题都是四个字引领（如病急乱投：迷茫的利益诉求需要、停滞不前：无奈的社会参与弱行动、孰优孰劣：残疾人社会福利的给付形式之惑），当然我自认为这是从资料中来，没有问题，可这也就成了我后面外审受阻的一个因素。所以在论文成形过程中，书写也是一个很重要的功课，特别是质性研究，你一点不提炼，平平写作肯定也没有理论与材料的立体感，但是如果过于追求书写的对称和漂亮，可能也会让自己的研究素材无法真实呈现。平衡之道便是重要的。

社会学和社会工作论文基本上是实证的，但是文章能否有所突破，很重要的或相对规范的论文要在实证基础对理论有所对话与提升（这一点厦门大学研究生期间的训练对我影响很大）。虽然做得不一定很好，但是我还是努力在论文中去实现这个角度。我的论文实证剖析发现，可行能力理论下残疾人社会福利需要特性、供给状况、供需张力与转型可能性的呈现中有强烈的家庭要素，需要和供给呈现出家庭化的趋势。立足于这样的研究发现，我将可行能力放置于中国文化背景下进行延伸探讨，尝试将可行能力从个人延伸至家庭进行运用，并对家庭可行能力从家庭政治参与能力、家庭社会交往、家庭经济能力、家庭凝聚力、家庭风险应对能力五个维度进行解析与实践的操作化，由此提出残疾人社会福利需要满足的政策践行方向。

磕磕碰碰，我总算在2016年7月完成了论文初稿，所以就决定参加

9月份的预答辩，如果顺利就能在12月毕业，当然这只是自己的计划。现在看来，后面半年经历的才是真正的"折磨"。虽然对初稿进行了调整和修改，但是在参加预答辩之前还是没什么自信（和研究生期间的状态完全不一样，研究生时可谓是信心满满，至少对自己的东西有一种掌握感，但是博士的预答辩却没有这样的状态），所以天知道预答辩1个小时我经历了什么，被批得没有了自我，虽然老师们还是同意我送审，但是感觉很是不好。更不好的是我当时的掉以轻心，没有对答辩老师意见高度重视，在送审前没有做太多的调整，这就为我外审受阻埋下了"炸弹"。2016年11月8日外审结果出来，有一个外审专家不同意答辩，其中一个核心意见是："在写作中，各个章节的设计是以一个文学语言的四个字来概述，比如似是而非、病急乱投、苦乐不均，等等，流于简单、单元和肤浅，并不是凝练和概括研究的结论。"这在预答辩中，周晓虹老师有给我提出：论文书写不要为了过分追求对称和一致，有意地去往一个方向提炼四个字的表述，这样有可能会失去材料的真实性，但我就没有足够重视，所以结果需要自己来承担。在那之后的半个月中我睡眠质量很差，这是少有的，我一向吃得好睡得好（笑脸），而且时常被周老师吓醒（因为我不知道外审老师是谁，所以在梦中就转化成对周老师的恐惧吧）。接下来的一个多月就是根据这个专家的意见一点一滴从头到尾翻滚自己的论文（22万字哦，哭，到现在还不大想看自己的论文，这也是我答应社长写心得却一直拖的主要原因）。也许每个要毕业的博士都必然要经历这一段吃不好睡不好的日子吧［你要知道，二次送审还是要送这个专家审的，只有他（她）给出同意答辩方可，不然你就要继续，这样的压力各位看官自己体会哦］。二次送审还算顺利，现在想想真的要感谢这个外审专家，在修改与调整中，我对概念的细化、资料的呈现、文字的书写、理论的对话有了更深的理解（真心感谢），在答辩中成伯清老师对我论文有了较好的肯定（能得到成伯伯的表扬，暗喜了几天）。

2017年3月顺利通过答辩和拿到学位，延了3个月，不长，但对我来说，说实话影响挺大的，一是心态上，我因为这个人生的"延迟"又有了更多的成长；二是职业上，我也因此要推迟一年评副高（集美大学要求所有评职称材料是要上一年完成的，包括学位）。虽然后一点感觉伤害挺大，但一时不磨何以谋一生，一切付出皆会有回报，即便有时会迟到，感恩生命中所有经历。所以我还是坚信：一切都是最好的安排。

从开始有考南京大学彭华民老师博士的想法到拿到博士学位用了接近六年的时间。在这六年懂得了南京大学传承给学子的"嚼菜根、做大事"的胸怀，懂得了南京大学社会学院"创造健康社会"的期待，懂得了彭华民老师给予"做人、做事、成就"的厚望。在未来的生活和工作中，坚持理念研究实践三位一体，让自己的研究充满人文关怀、拥有实践可能，专注投入，继承老师的做人格局、处事艺术和学术之风，才是对恩师最好的回报。最后想说，南京大学社会学院，您值得拥有！

2017 年 7 月 7 日写于集美大学
2019 年 5 月 25 日修于集美大学